城市与社会译丛

# 古希腊城市

## 从荷马到亚历山大

The Greek City: From Homer to Alexander

[英] 奥斯温·默里、西蒙·普赖斯 编

解光云 冯春玲 译

商务印书馆 SINCE 1897 The Commercial Press

本译丛为

教育部人文社科重点研究基地上海师范大学都市文化研究中心
上海高校都市文化 E-研究院
规划项目

主编：孙　逊　陈　恒（执行）

编委：薛　毅　詹　丹　宋莉华　刘旭光　洪庆明

# 《城市与社会译丛》弁言

一、城市研究(Urban Studies)是一门新兴的前沿学科，主要研究城市的起源、发展、嬗变以及这一进程中出现的各类问题。目前已出现了众多与这一领域相关的学科，如城市社会学、城市历史学、城市政治学、城市人类学、城市地理学、城市生态学、城市气象学等。从广义上讲，上述学科都可以归入城市文化研究(Urban Culture Studies)这一范畴。可见城市文化研究的一个重要特点是跨学科性，它综合各门人文科学的优势，吸收不同的观念与方法，以独特的视角研究城市文化的历史、现状与未来。而当代中国正处于急剧转型时期，城市化的速度越来越快，伴随这一进程也出现了一系列问题，因此这一研究不但有着重要的学术价值，而且有着现实关怀的实际意义。因此，翻译一套城市文化研究丛书实属必要之举。

二、城市是一个个不断发展的文化载体，城市一经出现，其内涵也就在不断地发生变化，就这个意义而言，城市的诞生也就意味着城市文化的诞生，城市文化随着时代的嬗变也呈现出不同的面貌，流光四射，因而研究的方法也多种多样，切入的角度也各不相同。放眼城市研究，比较成熟的研究属于城市社会学、城市历史学、城市人类学这三大学科，三者自然也就成为城市研究的三大支柱，这也是我们这套丛书选题所特别关注的。

三、根据我国城市研究的现状，拟将本丛书分为两个系列，即大学教材和专题研究，便于实际教学和深入研究。为了给广大读者奉献一套国内一流的城市与社会译丛，我们既定的编辑出版方针是"定评的著作，最佳的译者"，以期经受得住时间的检验。在此，我们恳请各位专家学者，为中国城市研究长远发展和学术进步计，能抽出宝贵的时间鼎力襄助。同时，我们也希望本译丛的刊行，能为推动我国的城市研究和学术薪火的绵延传承略尽微薄之力。

编　者

2009年10月30日

# 前　言

本书的创作源于牛津大学1986年秋季和1987年春季开办的两个学期的古代史研讨班，研究方向是古希腊城市。书中的十篇论文起初专门用于此课程，其余的四篇是全新的。

本书的书名容易让人联想到前辈 A. H. M. 琼斯(A. H. M. Jones)由牛津大学出版社出版的书籍《从亚历山大到查士丁尼时期的希腊城市》(*The Greek City from Alexander to Justinian*)，但我们不否认琼斯的著作在开辟新的历史研究领域方面具有重要影响。因为研究希腊城市领域的前辈们关注的中心点是古典时期希腊城邦的起源、发展和性质，因此，为了介绍此领域目前的发展状况，我们撰写这本书并提供一系列的研究成果，它们体现出不同的方法论在近期实践中的不同运用。本书每章内容都诠释了独特的观点，而不是如当局权威性的调查报告：我们的目的是鼓励新思想，而不是提供指南。本书适用于普通读者，社科类和古代史专业的学生，为此，语言方面尽可能地避免使用专业性技术类用语，而且出现的古希腊词语仅限于注释和附录。

本书尽量保持词句的平衡性，并为较难单词作出界定和删减。我们主要关注具有自治权的古希腊城市与国家联合体或城邦，它们起源于"黑暗时代"，直到历经亚历山大大帝征服以及城邦体制在整个中东地区扩展而演变为世界文明的发源地的那一刻依然存在。我们将意大利半岛的都市化与更早期的城镇化进程视为一个整体，因此对意大利城市考古研究中心作出的贡献感到欢欣鼓舞。我们尝试着避免将关注点聚焦在单个著名的城邦(即雅典)，但仅获得少许改进和成功。我们力争特意将重点放在城乡关系和城镇规划上，因为它们是推动城邦发展并使之逐渐闻名的原因。近期研究公共空间和私人空间关系的著作、社会心理学方面的著作，特别是受到法国流派影响的著作，影响了我们大多数的投稿者。

本书忽略的最重要内容涉及城邦经济史中贸易与食物供应之间的关系。这个问题很重要，而且存在争议，近期讨论它的著作是彼得·甘西(Peter Garnsey)、基斯·霍普金斯(Keith Hopkins)、C. R. 惠特克(C. R. Whittaker)主编的论文集《古代经济贸易》(*Trade in the Ancient Economy*, London, 1983)以及彼得·甘西编著的《希腊罗马世界的饥荒与食物供给》(*Famine and Food Supply in the Graeco-Roman World*, Cambridge, 1988)。我们意识到被忽略的另一个主要内容是市政机构和希腊文学之间的关系，这个论题值得用一本书的篇幅来进行阐述，塞门·古希尔(Simon Goldhill)的《赏阅古希腊悲剧》(*Reading Greek Tragedy*, Cambridge, 1986)对它们之间的关系进行了精彩介绍。

最后，我们期望将本论文集献给我们研讨班最资深的成员，他出席了每一次研讨会，其睿智的忠告在过去三十年间一直引导着牛津大学希腊历史专业的每届毕业生。

奥斯温·默里　西蒙·普赖斯

牛津　1989 年 1 月

# 作者简介

**布鲁诺·德·阿戈斯蒂诺**(Bruno d'Agostino):那不勒斯东方大学古代史教授,*AION* 期刊编辑(*AION* 是那不勒斯东方大学为古代史专业创办的期刊);目前正编著一部关于伊特鲁利亚人城市的书籍。

**摩根·赫尔曼·汉森**(Mogens Herman Hansen):哥本哈根大学古代史讲师,著有多部关于雅典民主制议事程序和法律方面的著作,最近的著作是《德谟斯提尼时代的雅典议会》(*The Athenian Assembly in the Age of Demosthenes*, Oxford, 1987)。

**米歇尔·詹姆森**(Michael Jameson):斯坦福大学古代史教授,"阿戈斯南部调查"(The Southern Argolid Survey)项目负责人。

**艾米丽·柯恩思**(Emily Kearns):在牛津大学和伦敦大学教授希腊语和拉丁文学,出版著作《古风时期和古典时期阿提卡英雄崇拜的意义研究》(*Studies in the Significance of Attic Hero-Cult in the Archaic and Classical Periods*)。

**戴维·刘易斯**(David Lewis):牛津大学古代史教授,著有多部古代史和碑铭方面的书籍;近期最重要的工作是编纂雅典人的公共墓碑碑文第三版,第一卷是《希腊碑文 1》(*Inscriptiones Graecae* I, Berlin, 1981)。

**奥斯温·默里**（Oswyn Murray）：牛津大学贝利奥尔学院研究员，著有《早期希腊》（*Early Greece*, Glasgow, 1980），主编《牛津古典世界史》（*The Oxford History of the Classical World*, Oxford, 1986）；目前为“英国学术研究特约审稿人”（British Academy Research Reader），从事希腊会饮（*symposion*）研究。

**露西亚·尼克松**（Lucia Nixon）：在纽布伦斯威克大学教授古典文学，指导“斯法基亚调查”（Sphakia Survey，克里特西南部）项目。

**罗宾·奥斯本**（Robin Osborne）：牛津大学科帕斯克里斯蒂学院研究员，著有《德莫：古典时期阿提卡的发现》（*Demos: The Discovery of Classica Attika*, Cambridge, 1985）和《古典时期的历史图景》（*Classical Landscape with Figures*, London, 1987）。

**西蒙·普赖斯**（Simon Price）：牛津大学玛格丽特夫人学堂（Fellow of Lady Margaret Hall）研究员，出版著作《礼制与权力：小亚细亚地区的罗马帝制崇拜》（*Rituals and Power: The Roman Imperial Cult in Asia Minor*, Cambridge, 1984），目前从事“斯法基亚调查”项目。

**尼古拉斯·普塞尔**（Nicholas Purcell）：牛津大学圣约翰学院研究员，与 P. 霍登（P. Hordern）合著《地中海世界》（*The Mediterranean World*, Oxford）。

**奥里佛·纳克汉姆**（Oliver Rackham）：剑桥大学科帕斯克里斯蒂学院研究员，著有《不列颠与爱尔兰乡村史》（*History of the British and Irish Countryside*, London, 1986），主持过众多有关希腊的研究项目。

**W. G. 朗西曼**（W. G. Runciman）：剑桥大学三一学院研究员，编纂三卷本《论社会理论》(*Treatise on Social Theory*)。

**宝琳·施密特-潘黛儿**(Pauline Schmitt-Pantel):法国亚眠大学古代史教授,编著《会饮的城邦》(*La Cité au banquet*),由罗马法语学院(Ecole françise de Rome)出版,主要研究希腊城邦的共餐制。

**克里斯蒂安·苏尔维诺-英伍德**(Christiane Sourvinou-Inwood):在牛津大学和利物浦大学教授古典考古课程,最近的著作是《女孩们的渐进仪式:"熊节"和阿提卡女孩图像表征》(*Studies in Girls' Transition Rites: Aspects of the Arkteia and Age Representation in Attic Iconography*, Athens, 1988)。

**安东尼·斯诺德格拉斯**(Anthony Snodgrass):剑桥大学古典考古专业教授,最近的著作是《希腊考古:一门学科的现状与未来》(*An Archaeology of Greece: The Present State and Future Scope of a Discipline*, Berkeley, 1987);"剑桥大学-布拉德福德大学于庇奥提亚地区探索"(Cambridge-Bradford Boeotian Expedition)项目负责人。

# 缩略词*

| | |
|---|---|
| *Annales*(*ESC*) | *Annales* (*Économies*, *Sociétés*, *Civilizations*) |
| *Ath. Pol.* | the Aristotelian *Athenaion Politeia* (*Constitution of Athens*) |
| BAR | British Archaeological Reports |
| *BCH* | *Bulletin de Correspondance Hellénique* |
| *BSA* | *Annual of the British School at Athens* |
| *CID* | G. Rougemont, *Corpus des inscriptions de Delphes*: *i. Lois sacrées et règlements religieux* (Paris, 1977) |
| *CQ* | *Classical Quarterly* |
| *FGrHist* | F. Jacoby, *Fragmente der griechischen Historiker* (1923 –) |
| *GRBS* | *Greek*, *Roman and Byzantine Studies* |
| *HSCP* | *Harvard Studies in Classical Philology* |
| *IG* | *Inscriptiones Graecae* |
| *IK* | *Inschriften griechischer Städte aus Kleinasien* |
| *JHS* | *Journal of Hellenic Studies* |
| *JRS* | *Journal of Roman Studies* |
| *LSAM* | F. Sokolowski, *Lois sacrées de l'Asie mineure* (Paris, 1955) |
| *LSCG* | id., *Lois sacrées des cités grecques* (Paris, 1969) |
| *LSCGS* | id., *Lois sacrées des cités grecques. Supplement* (Paris, 1962) |
| ML | R. Meiggs and D. M. Lewis, *A Selection of Greek Historical* |

---

* 古典时期的作家及其著作的缩略词,通常遵循《牛津古典词典》(*The Oxford Classical Dictionary*)的惯常用法。

| | |
|---|---|
| | *Inscriptions to the End of the Fifth Century BC*(Oxford, 1969) |
| *PCPS* | *Proceedings of the Cambridge Philological Society* |
| *REA* | *Revue des etudes anciennes* |
| *SEG* | *Supplementum epigraphicum Graecum* |
| Tod | M. N. Tod, *Greek Historical Inscriptions* (Oxford, $i^2$, 1946, ii, 1948) |
| *ZPE* | *Zeitschrift für Papyrologie und Epigraphik* |

# 目　录

# 理性的城市[*] 1

奥斯温·默里(Oswyn Murray)

从严格意义上讲,城邦(*polis*)并非指自然地理上的城市联邦,而是一种人类组织,它源于人类的语言和行动,而且无论人们在哪里,为了形成组织这一目的,将共同生活的人们联系在一起。

(Hannah Arendt, *The Human Condition*, Chicago,1985,p. 198)

伯特兰·罗素(Bertrand Russell)描述了类人猿的一个令人疑惑的心理特征。① 它们的理性思维能力可以通过一系列日常活动进行实验和考察。实验方法:将猴子放进一个笼子里,在它够不着的地方摆放一根香蕉。为了得到香蕉,它不得不进行一些简单的逻辑思考,比如把两块砖叠在一起,拉一根绳子,或者挤压一个它可以抓握的物品。给予报酬引发了猴子学习的回应,这个回应使实验员根据猴子学习的进程,能够在初级任务的基础上设立越来越复杂而多变的任务。

---

* 这篇文章的观点引发了非常广泛的讨论,较早地刊登于《欧洲社会学杂志》,见:*Archives Européennes de Sociologie-European Journal of Socialogy*,28 (1987),它的再版得到了编辑的许可。前一版本含有 M. H. 汉森(M. H. Hansen)大量的重要评论(见 341—345 页),在此不再赘述,考虑到它们,我在必要之处修改了我的评论。写这篇文章的目的是提交给 1986—1987 年开办的希腊城市牛津研讨会。很感谢当时热烈回应我的听众,以及后来的剑桥国王学院(Kings College)参与讨论的大学生。特别感谢埃里克·德·丹皮尔(Eric de Dampierre)、塞门·古希尔(Simon Goldhill)、摩根·赫尔曼·汉森(Morgens Herman Hansen)、约翰·汉德森(John Henderson)、安德鲁·林托特(Andrew Lintott)、杰弗里·劳埃德(Geoffrey Lloyd)、斯蒂文·卢科斯(Steven Lukes)、马丁·奥斯瓦尔德(Martin Ostwald)、西蒙·普赖斯(Simon Price)和加里·朗西曼(Garry Runciman)的帮助。

① 参见:*An Outline of Philosophy* (London,1927),ch. 3. 三十年前我从大学时的读物里记住了这个故事,所以对这个故事作了具体的附注,并将它归功于摩根·赫尔曼·汉森孜孜不倦的好奇心。

据实验员观察，在这些实验中，猴子们的行为各不相同，这令人
2 惊讶。美国人研究的动物在实验中狂奔，奔跑过程中会出现不可思议的无秩序拥挤和亢奋，最终偶然地取得研究人员所期望的结果。德国人研究动物主要靠观察，而且一直坐在那里思考，最终凭借内心的意识得出解决方案。对于像我这样的普通人而言，不适合采用这些方法。

罗素的结论并非那么简单，观察者影响了对结果的诠释，但更有意义的一点，实验本身的性质，受到了实验员预先设定的思想观点影响：

> 据我观察，个人处理此类与动物相关的问题时，会潜意识地依赖他自己的人生观，而且这可能会造成结果的差异。动物用不同的方法回应不同类型的问题，因此不同的观察者获得的结果不同。尽管结论有所不同，但也大体一致。仍需谨记，不要相信单凭一个观察者可以进行整个领域的调查。

德国人不仅对类人猿的思维认识度较低，而且他们相信有规律可循的行为是进行推理的必要基础。因此他们设计的实验如此简易，甚至连最愚蠢的类人猿都可以解决其设计的问题，可是这些问题仅仅是迎合了实验规则而已。类人猿会因此非常自信地完成任务，而且可以证明结论，这个结果使德国人满足，但德国人错了，因为类人猿拥有真正的“洞察力”。另一方面，关于类人猿的智力问题，美国人更加积极乐观，而且倾向于设置提高智力门槛的实验，乃至将门槛提升至测验最有天赋的猴子的智力水平，他们还非常重视自由表达，并把智力作为一个体现理性思维的元素。在实验期间，智力一般的猴子在情绪上受到引导，而且学得很快。观察者获得实验结果的唯一途径是围着看到的动物奔跑并不断地对之给予警示，据此推断，令美国人有满足感的实验都具有机会主义的成分，可见美国人也错了。德国和美国观察者这两

个群体注重客观地接受他们的实验结果，因为实验结果挫败了他们的期望，但事实上，正是他们的期望决定了实验的结果。

类似于对以上现象作出此类显现出不同国家特点的反应，任何一
个研究者都按照不同的思维，期冀能分析出古希腊城邦的特征。对德 3
国人而言，城邦可能只会在宪法手册里有所描述。法国人认为城邦是一种类似于“圣餐礼”(Holy Communion)的模式。英国人眼中的城邦是一个历史事件，而美国人认为城邦将“黑手党政治方针”(Mafia convention)与正义和个人自由的原则结合起来。传统上对城邦的设想和期望预先设定了结论，即使在所预设的与已经形成的观点之间出现矛盾时也是这样。当预测的结果是伪造的时候，我们更多的是不加辨别地接受了结论。这种对结果的预设，不仅可以通过理论，还可以运用方法进行操纵：经验主义者很少因考察他们自己的偏见而受到困扰。

研究行为的心理学家可以设定程序调整猴子与香蕉之间的联系，而且几乎不必去决定什么才能算作智力活动，与他们相比，研究古希腊的历史学家可能会遇到更麻烦的问题。研究城邦的历史学家不仅需要限定什么可以算作理性的政治行为，还必须确立事实上的限制条件。举一个后面将要再次进行讨论的例子，鉴别理性或非理性的政治方面的神话传说：它是如何与修辞学和逻辑学证明产生关联的？诸如此类涉及证明领域问题的答案，在很大程度上决定了任何关于城邦合理性的调查问题的结果。

观察者的问题也很关键，可以将他们分为两个等级。首先是古代的观察者——最具自我意识和最能系统性地研究城邦的早期学者。修昔底德和亚里士多德的观点表明城邦的运转非常有连贯性，因而以他们提供的所有事例作为证据非常有诱惑力，而且声称他们的观点结合得天衣无缝，但其实这么做没有体现那些在这个制度下被统治者的观点。与普通学者的观点相比，他们的观点有哪些不同？当然，他们更加系统化，这很可能说明他们在证据的呈现方面进行了甄选，因此剥夺了我们验证那些对选择有影响的理论的机

会。类似的问题在不够客观的神话表现方面浮出水面，例如斯巴达神话，它的表述具有选择性，尽管反映了现实，但并没有完全与现实相符。即使这些表述伪造了事实，人们仍然可能会问，对于事实来说，是否需要这些表达？

4 若城邦成为一个合理有序的社会组织，需要它在功能方面前进多远？斯巴达神话的真正问题可能在于它不是神话，而是（至少首先是）一个外来者的神话——“他者”（*altérité*）的神话。

其次，我们和观察者一样，都在忙于构建模型，通过系统分析来进行理解，我们还将社会特征定为部落的、游牧的，或城邦的。出于进行系统地研究兴趣的需要，我们接受或拒绝证据，因为它与其他证据相一致：我们不相信事实是无秩序可循的。更糟糕的是，我们运用自己建的模型来创造证据，另外通过对关系更远的“证据”进行理性分析，根据自认为正确的事实进行推断。在构建的模型和分析论证之间，同样存在着复杂关系：理论上的战争社会允许个体进行迁移，这个现象跨越时空在多种历史上的社会体现出来。还有许多其他观点：观点越完整，社会各方面的情况越能连贯起来，也越可能是错误的，或者至少可以肯定它越可能是一个单独观察者的结论，因为任何一个社会的连贯性都是属于观察者的连贯性，而不是社会的。当我们试着分析任何我们认为言之有理的事情时，以上这些批评仍然存在一个基本的错误。

我建议解决这些具有相对性的问题，不要依赖选择或找到捷径，掌握已经证明的、客观的或科学的任何因素，而是应该以有限的乐观精神结合尽可能多的不同类型的方法来解决问题，正如罗素所说：“仍需谨记，不要相信单凭一个观察者就可以进行整个领域的调查。”如果相互对立的方法论可以引起相互对立的结论，这不足为奇，而且我们肯定将会陷入罗素的矛盾论，但是如果在偶然情况下，相互对立的方法论达成了一致的结论，或许我们正走向这样的道路：许多想象只存在于观察者独自的世界。

我要探讨的这个问题具有争议性：希腊城邦的合理程度如何？这

是一个传统的问题,它在19世纪一系列的战争背景下提出,当时的历 5
史学家第一次开始意识到他们正在考察的社会具有潜在的移民因素:《甫斯特尔·德·库朗热的古代城邦》(*The Ancient City of Fustel de Coulanges*,1864)一直被视为研究此类问题的开端。近年来关于这个问题的辩论取得了一些进展,在20世纪出现了明显的复苏,但因为两种长期存在的,又几乎是民族性方面的传统,形成了所有这些问题在专业性方面的诡辩论,所以我对这些问题的认识仍然停留在回答问题的程度上。

第一个传统是盎格鲁-撒克逊人对这个领域的影响,但是要将它在思维上的合理性归功于马克斯·韦伯(Max Weber)的《经济与社会》(*Economy and Society*)第六章中对希腊城邦特征进行的专门陈述。在盎格鲁-撒克逊人的世界,仍然广泛承认这样的观点:希腊社会首先在政治方面形成自我意识,从社会生活的基本传统技能入手,比如军事或宗教事务上的成功经验,或者立法和执法的能力,经过筛选,形成第一批国家管理和政治统治的相关规则。我们大部分人可能会赞同这样的观点:这种特殊的"政治发明"导致了以西方文明为特征的政治中心的确立,它的政权分离造成了政治活动领域的困扰,而政权分离符合韦伯所谓的"正常的理性"。从这个分析来看,希腊人对我们仍然是非常重要的,因为他们阐明了我们的世界观。①

另一个传统是历史研究方法。声称历史研究方法再现了不可复原的早期社会发展至目前状态过程中的场景,这常被视为企图强调希腊社会的原始性。我不确定这些理论是必要部分,无论它们试图说明什么,可能都认为社会体系经过历史发展,变得更加复杂,更加多样化。依我看,与埃米尔·涂尔干(Emile Durkheim)提出的与传统相一致的研究方法的基本特征,是为了说明在不同的活动领域之间,即公共活动

① 韦伯分析爱国主义时运用的发展观点,参见:W. Schluchter, *The Rise of Western Rationalism*: *Max Weber's Developmental Histor*(1979,Eng. trans., Berkeley,1981).

和私人活动领域之间，没有绝对性的差异，因为古代城市的政治体制是
6 在整体性的语境下对多种形式的社会联系进行理解的。另外，如果将古代社会的各方面定为卓越的话，它应该是在宗教方面，而不是在政治上。因为根据涂尔干的理论，起初，“宗教充斥着任何事情，整个社会都是宗教性的：宗教和社会是同义词”。① 以宗教和神话（作为论述宗教的特殊形式）为主导的这种研究方法，近期已经产生了许多关于希腊城市方面的最重要成果。

问题是，以上两种形式上相对立的对社会传统的解释，当它们运用于同一社会时，都显示出具有积极的价值，但我们还希望继续追问：哪个具有更大的效力？为什么？在这两种基本的论点之间存在着某种综合性，有时需要这个特性，但它对我似乎没有吸引力。当然，建议描述这两者不同的本质可能是件容易的事：一方面，古风时期的城邦，在历史语境下分析，它指“无意识的团结一致”的城市，在城邦里能够搜集到的思想都具有高度的宗教色彩，很具体化，有特定性，而且原始的行为准则和社会礼仪居于优势地位。另一方面，有着多种形式社会联系的古典时期城市（可能出现在公元前4世纪而不是公元前5世纪）已经变得非常多样化，政治上的权力分开也可以证明。

鉴于以下两个原因，我认为这种分权的体制无益。首先，它基于19世纪所有最令人怀疑和遭到诱惑的先决条件之一，即社会从原始的、宗教的，向复杂的、世俗的方向发展，它包含了强大的“达尔文式”（Darwinian）的发展模式。其次，我认为这是对经验主义的反驳，通过运用希腊城邦转变的观点，将其包含的思想意识转变，定位于古典时期历史中任何一个关键时刻，做到这非常困难。我相信公元前400年左右雅典人的政治意识出现了改变，这次改变反映出从习俗到民主体制的转变，而且涉及从口头文化到读写文化的发展，但我认为对于读写能力，涂尔干的术语并不能有助于解释从无意识的团结到有组织性的团

---

① *The Division of Labour in Society* (Eng. trans., London, 1984), p. 119.

体的转变,也不能解释集体意识的下降。

城邦的理性程度如何?这看似是一个问题,实则是两个问题,而且 7
重要的是,这两个问题与我前面提出的看待希腊社会的两种方法在某种程度上具有一致性。我们首先可能会问:政治生活方面,希腊思想是如何连贯起来的?怎样形成系统的?人类学家对此类问题非常熟悉,相信一个体系的连贯性是基于持有某种类型的理性,与真实和谎言无关,与成功或失败情境下职能上的客观条件无关,与信仰有关。① 从这个意义上讲,宗教或其他形式的神话,与孤立但又正确的医学和科学信念相比,可能具有更多的理性成分,因为它们属于同一体系。近年来逐渐强调宗教的作用,比如希腊星相学和希腊神话,至少在原则方面与希腊科学和希腊医学一样按照理性被组织成系统。② 当然,这个原则完全符合涂尔干强调的集体意识,是一个同一信仰的体系。

但我们可能还会问,特别是希腊人会问,谁的思想和价值观体系是我们自己的思想和价值观的源头?按照韦伯的标准,希腊人从其他领域分离出政治,实现的程度如何,是否有独立的政治论述类型,其影响如何?针对这些问题,一个积极的答案是认为城邦在此意义上具有理性,这可能会引起反对历史观的争论。

然而,将这两个问题概括在一起几乎不会产生混淆,因为尽管它们不完全一致,但它们明显彼此联系在一起。无论在历史发展,还是在因果关系条件下,一套特殊的信仰系统的一致性是获得认可的先决条件,
而其他不被认可的信仰体系可能是散乱的。相反,分离它们的力量可 8
能确实出于以下事实的原因:对集体意识而言,它们非常重要,或已经

---

① 近期出现了许多关于这些合理性的一致性理论的一般有效性讨论,已经指出结论性的问题:文化间的相似性和确定理性整体概念的标准存在困难。参见:Bryan R. Wilson(ed.), *Rationality*(Oxford, 1970); Martin Hollis and Steven Lukes (ed.), *Rationlity and Relativism* (Oxford,1982)。但是放眼望去,这个问题非常困难,对希腊世界来说,一致性的标准确实没有提出相对性这一无法解决的问题,因为他们和我们的思考方式存在着遗传基因上的关系。

② 通过以下三本著作,可以看出 G. E. R. 劳埃德(G. E. R. Lloyd)的观点逐渐发生的变化:*Magic, Reason and Experience* (Cambridge,1979); *Science, Folklore and Ideology*(Cambridge, 1983); *The Revolutions of Wisdom* (Berkeley,1988).

变得非常重要。

近期工作关注的这些理性问题，落脚于希腊历史的两个方面。它们是：一方面，城邦政治和社会机构的发展；另一方面，不同类型的相关政治论述。

希腊政治生活的一个最显著方面是古风时期和古典时期政治机构的转变或变革的重要性：正如编纂亚里士多德的《雅典政制》(*Constitution of Athens*)作者认识到的那样，古风时期以前，学习这些变革事实上比学习社会习俗体系更容易。所有的社会体系从某种程度上讲都是具有功能性的，变革也通常由于某个原因。因此，如果我们能够理解政治改革的目的，改革也就不是件令人感到奇怪的事。但是，根据涂尔干的观点，如果体系逐渐变得更有逻辑，更有连贯性，这倒可能让人觉得奇怪，因为体系改变了自己——由于变革脱离了无意识、团结的初始状态，它应该经常会导致更明显的不连贯，而不是更系统化，因为政治组织引进新标准是在旧的标准没有被完全废弃的情况下进行的。朝不连贯方向发展的此类变革最经典的例子可能是罗马历史上进行的全面改革，从政治到宗教，再到法律领域：新的社会体系叠置于旧的上面，没有任何旧的体系遭废弃。①

再次，我们自身对政治改革的经验可能引导着我们发现：如果改革的作用定期呈现出与改革的目的相一致，这让人觉得奇怪——依照我们的经验，改革倾向于制造问题和解决问题的频率一样高。如果我们将这归因于现代社会更复杂，这可能仍然会引起争论，引起差异的巨大力量在于所谓的古代希腊的初期改革者，看他们能否成功地获得高水准的预期结果。

因此，如果我们能够通过改革发现社会中不断增长的一致性程度，
9 如果改革使控制社会体系的基本规则变得更加清晰，那么我们可能会说社会本身呈现出高度的合理性，不仅体现在内部的一致性方面，还体

① 参照加图(Cato)的观点，他在 Rep. 2. 1. 2 中有详细说明："我们的公共财富，不是一个天才创造的，而是由很多天才创造的；公共财富的形成不是一个人的一生可以完成的，而需要许多世纪和许多辈人才能实现。"

现在对转变和机构改革原因的自我意识的辨析方面。

我们从表面上了解到的斯巴达社会体制只有宗教方面的改革：一系列非斯巴达的研究者将斯巴达体制看作理想的社会结构，这严重受到传统的人类学缺陷（强调差异性、与标准的差别以及体系的组成模式）影响。我们所知道几乎所有的斯巴达事情在研究者那里都是基本问题。因此，我们约定或遵循：斯巴达发展为分裂的城邦制或社会政体。但是我们可以说，从它的基本社会结构来看，斯巴达体制是古风时代的一个创举，因为大量资料显示，它属于重装备或持重武器的战士作战的时代：它是韦伯将古代城邦描述成“战士之邦”（a guild of warriors）的经典案例。① 虽然这样，但是它可能永远不会在古典时期孕育和建立（尽管它已经发展到完美极限）。因此它可以作为古风时期政治机构的理性例子来帮助我们研究。

显而易见，这种理性通过对已有机构进行改革而实现。社会建立的基础可能是扩散于早期希腊或别处战士群体的共生实践，我们相信克里特也类似，似乎与早期占有一些土地（如多利安部落的土地）有关，至少对临近地区美塞尼亚（Messenia）的征服允许广泛传播这些社会结构方面的实践，创建了全民皆兵的国家。斯巴达教育制度的革命，即公民教育（*agoge*）体制为基础的教育，成年男子同辈群体结构代替了以成年男子衡量家庭年龄级的原则。这种情况主要为了社会成员中的青少年男子能够得到持续的毅力训练（希腊其他任何城邦不是这样），其目的是创建一种特殊类型的战斗精神。斯巴达大的宗教节日似乎也是很好的证据，卡尼亚节（Karneia）和裸体青年节（Gymnopaidia）向此 10
社会体制支持者的角色转变。

因此，当我们谈及诸如祖鲁人（Zulus）等民族在人类学方面的相似性，正如至少从 W. S. 弗格森（W. S. Ferguson）和亨利 · 简阿梅尔（Henri

---

① *Economy and Society*, ch. 16. v. 6: Eng. trans., p. 1359.

Jeanmaire)的时代就已经那样,①我认为我们没有断定斯巴达的体制应该被解释为具有原始部落社会特征的体制。通常我们极少指出按年龄层次划分的原则组织起来的社会与以维持战争功能(*la fonction gurrière*)为主要目标的社会之间不可避免地存在相似性。如果我们希望确定斯巴达社会许多方面的原始性,我们必须承认斯巴达社会的结构建基于它各方面的情况基础上,另外,因为它历经思想意识的转变,在功能的设置上具有目的性,因此它设计得非常合理。几年前,我借用了莱维-施特劳斯(Levi-Strauss)的一个术语来描述斯巴达社会,将其描述为:“伪古风时期”(pseudo-archaic)的特征已经演变,②或者开始转向与理性目标一致。柏拉图和亚里士多德正确地看待斯巴达体制,认为经过规划,它的成员内部创建归属(*andreia*)的个人价值或者遵守纪律的英勇气概,而且以此作为他们期望建立的“乌托邦”的理论模型。政治方面的理论并不以这些公元前4世纪的模型作为开端,而与古风时期的斯巴达有关。我们应该关注古风时期的理性能够克服的困难:根据人类学方面的相关理论,最基本的两个因素已经遭到破坏,而且在城邦的努力下完成了血缘关系和宗教方面的改革。通过一般认为的原始社会的基本特征,即血缘关系和宗教改革,斯巴达城邦已经实现了全方位统治。

依我看,似乎相同的关于城邦理性的出现来自丹麦的学者 M. H. 汉森(M. H. Hansen)的著作,此书主要讲公元前4世纪雅典的政治机构。③ 直到最近,才有可能相信对雅典民主作出以下解释:根据英国巴
11 芝浩(Bagehot)的经济理论,在历史长河中,雅典民主是长期的、有特性的,由大量偶然性的改变累积形成,这些改革已经作为他们聚集公民的

---

① H. Jeanmaire, “Cryptie lacédémonienne”, *Revue des Études Grecques*, 26 (1913), 12–20; *Couroi et Courètes* (Lile, 1939); W. S. Ferguson, “The Zulus and the Spartans: A Comparison of their Military Systems”, *Harvard African Studies*, 2 (1918), 197–234; B. Bernardi, *Age Class Systems* (Cambridge, 1985).

② *Early Greece* (Glasgow, 1980), ch. 10.

③ *The Athenian Eccesia: A Collection of Articles 1976 – 1983* (Copenhagen, 1983); *The Athenian Assembly in the Age of Demosthenes* (Oxford, 1987).

因素，偶然成为包含完全的民主和君主的民主的模式。所以需要注意雅典公共生活中，相互分离的不同方面之间的内在联系是如何形成系统的：所有官员的任期仅为一年，在官员机构及责任承担规则等方面，同僚身份与责任分割，这些之间的关系不是偶然的发展，而是一个互相联系的体系。①

首先，汉森的著作为我们提供了一系列有关操作方法的事实依据，方法是在公元前5世纪雅典人口头表达的习俗上的民主和公元前4世纪成文的正式的民主机构之间进行基本的区分。因此，探讨公元前400年左右从口头到文字的文化以及这两次伟大的转变带来的政治方面的变化成为一种可能。但目前我最重要的目标是证明公元前4世纪的民主，不仅仅是从"帝国主义时代"(age of imperialism)遗留下来一些杂乱无章的传统实践。这些实践恰巧运行得很好：公元前4世纪的民主是一个自我意识的核查和平衡体系，是精心设计的，它包括两个(不是一个)主要的决策中心，而且在法律(*nomos*)和由公众投票表决的法令(*psephisma*)之间进行基本区分——由公众投票表决的法令是法律史上的伟大突破。另外，尽管这种重新建立的民主在其主要脉络上是静态的，但它也可以是整个公元前4世纪不断的微弱调整，证明了雅典的德莫制(demos)自觉地与政治制度的不断恢复和完善相关。

一些人仍然可能会认为雅典和斯巴达的政治制度是奇特的，但是 12
它们是完全不同的，而且我们所看到的两种现象分别发生在两个世纪。也可能有人会说，斯巴达毕竟只是理论家们对公元前4世纪的构想，但它至少是一个古代的构想。另一方面，雅典无疑不是理论家的构想：它是20世纪晚期的一个发现，这个发现与柏拉图和亚里士多德无关，与

---

① 亚里士多德在《政治学》(Aristotle, *Politics* 6.1)中认识到这点：雅典的民主是基于自由的原则进行统治和被统治的，自由的实施随个人意愿，而且在政治权利方面享有绝对的平等。代表这些原则的一系列法律体系体现在亚里士多德的《雅典政制》(*Constitution of Athens*, chs. 42–69)第二部分对机构的相关描述，这些描述还反映了实际的法律机构情况，参见：P. J. Rhodes, *A Commentary on the Aristotelian Athenaion Polititeia* (Oxford,1981),pp. 30–37. 现代作家中，对古典时期的分析，参见：J. W. Headlam, *Election by Lot at Athens* (Cambridge, 1891 and 1933).

忽视它存在的人无关，而且它显然没有被同时代的人充分理想化（甚至包括伊索克拉底）以及在细节上进行系统分析。① 或许我们对这两个社会合理性的认识是错误的，但倘若这样，我们肯定在对每种情况得出不同原因方面也是错误的。

关于古风时期政治机构理性问题，两名法国学者1976年出版的研究成果对其进行了解释。② F. 布里奥（F. Bourriot）和D. 罗素（D. Roussel）成功证明了在相信从城邦建立前的社会体制到城邦社会体制具有连续性方面，至少存在着严重的困难。相信存在连续性主要因为明显有些有名称的机构留存下来，名称似乎反映出原始的具有血缘关系的组织，即过去的部落，这些组织的名字，比如"氏族"（*phyle*）、"胞族"〔*phratria*，其意思与其他语言中的"兄弟"（brother）和类似的词语相同，是通用印欧语词根在希腊语中唯一幸存下来的〕以及"家庭"（*genos*）。但是古典时期带有这些称号的组织，仅仅在行为上不像设想中过去部落中以宗教为基础形成的氏族群体，而且它们只在城邦社会中被发现，从目前能了解到的信息来看，它们不属于幸存部落的按照"族群"（ethnos）组织起来的希腊团体。当然，这些称号可能与隶属于更早期的组织形式有关，但是这些机构本身是完全不同的，而且它们的性质不仅由设想出的过去功能或幸存的最初功能来决定，还由现在认
13 为的它们维护城邦社会秩序的功能来决定。根据从尚未证实的宗族发源的组织到发展成熟的城市组织的假说，对城邦作出的解释，显露出它至少存在严重的缺点，而且这个解释杂糅了关于城邦起源的诸多理论：从古代亚里士多德门徒的理论，到19世纪格罗特（Grote）、甫斯特尔·德·库朗热、梅因（Maine）、摩尔根（Morgen）的理论（还包括了马克思和

---

① 公元前5世纪和公元前4世纪的政治家和雄辩家假定的梭伦民主改革前的原有机构或许是获得同时期关于雅典民主解释的最近途径，它也得到了明确地回顾。参见汉森（M. H. Hansen）的论文："Solonian Democracy in Fourth Century Athens"。《政治学》中亚里士多德的数据（above, n. 11）与《雅典政制》中一样，忽略了公元前5世纪民主的发展。

② F. Bourriot, *Recherches sur la nature du genos: Étude d'histoire sociale Athénienne-périodes archaique et classique* (Lile, 1976); D. Rousel, *Tribe et cité* (Paris, 1976).

恩格斯的理论)以及20世纪所有追随者的理论。貌似只有韦伯独自站在一边,带着他未加注意的警告:"正因为不跟随,希腊城邦实际上最先要么是一个部落,要么是有血缘关系的国家,但是氏族的族群传说(ethnic fictions)是希腊政治生活理性化较低程度的标志。"①

对语言学上的保留和机构改革自相矛盾现象的解释,依据公元前6世纪重大而明显广泛传播的改革,这些改革涉及公民主体的重组。正是因为这样一种国家出现之前模式的根本变革,才创造了全新形式的社会划分。克里斯提尼划分的氏族部落清楚地证明了这个改变过程。从公元前6世纪早期西锡安(Sikyon)的克里斯提尼(Kleisthenes)改革,到此世纪中期的昔兰尼(Cyrene)改革,最后到雅典的克里斯提尼(Kleisthenes)改革,十大区域在数量、成员关系和社会功能方面发生了演变;它被人操控是为了社会改革,好像之前已存在的氏族部落缺乏融入体制的属性。其他城市零散的相关事例,比如在科林斯(Corinth),区域氏族部落从3个变为8个,此类例子都属于同一时期,说明了改革是被广泛采取的方法,在高度发展的古风时期,这个方法可以解决各种类型的政治冲突。

有关更小的社会群体的详细知识,我们将范围限定在斯巴达和雅典。雅典的克里斯提尼改革明显涉及对各层社会机构的功能进行基本的重新思考,以及在发展一系列新型的相关团体方面显示出高度的合理性,通过诉诸宗教裁决表现出传统性,这两个事实不应该遮蔽重建整 14
个公民主体尝试的主要本质。②

为了避免引起争议,我举一个例子,克里斯提尼对雅典胞族进行的改革。胞族可能是典型的国家建立前的社会群体:根据与其他城邦的对比

---

① *Economy and Society*, ch. 5, section ii, Eng. trans., p. 389.

② 这个观点由P.勒维克(P. Lévêque)和P.维达尔-纳杰(P. Vidal-Naquet)提出,参见:*Clisthène l'Athénien: Essai sur la représentation de l'escape et du temps dans la pensée grecque de la fin du VI siècle à la morte le Platon* (Paris, 1964). 尽管事实上,"评论家认为这本书实际上与克里斯提尼改革的历史重要性无关"。J. S. 特雷尔(J. S. Traill)和他的研究者们已经转向了新的证据:*The Political Organzation of Attica: A Study of the Demes, Trittyes, and Phylai, and Their Representation in the Athenian Council*, *Hesperia*, suppl. XIV(1975).

分析，它们可能正好曾经是贵族的军事组织，处于特定的有血缘关系的贵族群体(*gennetai*)统治之下。① 但是在古典时期，没有迹象表明此可能性的来源。每个公民都隶属于某一个氏族，氏族内的成员关系高于整个公民主体内的成员关系，正统的雅典男子甚至在出生前就属于某一氏族，因为他父亲的合法婚约被氏族的成员见证。幼年男子在正式的祭祀活动中由亲戚介绍给氏族成员，这是他的正统性第一次得到公众承认，他第二次出现在氏族公众面前是在成人礼仪式上，而且他的名字会进入氏族的族谱。平时，与氏族成员搞好关系和参加祭祀仪式，都是调节家庭和社会团体之间关系的直接渠道。对于古典时期的个人而言，氏族比其他的个人团体组织更加重要，而且拥有公民权最主要的证据，事实上不是当地德莫保存公民名单的档案，而是得到氏族成员的认可。

氏族部落在公元前 7 世纪便已经存在，因为有证据显示氏族部落成员被诉讼违反了德拉古(Drakon)制定的刑法第三条，前两条是关于家庭和氏族的。② 但是这当然不能作为必要条件来证明氏族部落在当时的雅典社会是普通存在的。出现时间和含义不确定的法律，控制了进入氏族部落的规则，而且体现出氏族部落内部不同的社会地位，这也从某种个方面体现出成员间关系的拓宽。③ 更让人惊奇的是，古典时
15 期的胞族很普遍，而且具有一定标准：它们都崇拜两派相同的神明，即宙斯和雅典娜神系，而且在相同的节日里有同样的庆祝仪式。它们可能也制定了个人活动准则，同时接受所在城市的管理，因此古典时期胞族的模式肯定成为一个城邦思想组织的因素。对时间上明显更早期的体制及其礼仪体系进行的审慎改革是古风时期改革模式中最具特征的例证。亚里士多德明确地将它归功于克里斯提尼，而且指出它与克里

① 相关的例子引自：A. Andrewes, "Philochoroouos on Phratries", *JHS* 81(1961), 1-15.

② C. W. Fornara, *Archaic Times to the End of the Peloponnesian War* (Translated Documents of Greece and Rome, vol. 1, Baltimore, 1977), no. 15.

③ Philochorus, in *FgrHist* no. 328F $35^{a}$.

斯提尼的其他改革具有紧密联系：

> 雅典克里斯提尼所用以促进平民势力的各种措施，以及昔兰尼平民统治创业先辈所采取的各项政策，也是有益的：后至的胞族和宗社要使它们依傍于先在的旧族而得以共存；各族特殊的祭祀要在公开的场地奉行而［逐渐加以废除或合并］减少一邦内［纷杂］的祠坛。
>
> （Aristotle, *Politics* 6. 1319[b]）

诚然，因为亚里士多德所述涉及雅典和昔兰尼两个地方的改革，所以存在模棱两可之处。正因为主流现代理论决定了历史事实，大部分历史学家才摒弃了这种具有一致性的理由，而基于对胞族的后期功能的解释支持了此理由，他们更倾向于亚里士多德在《雅典政制》中对相关概述的转述，“克里斯提尼允许每个家庭、胞族和神职人员群体维持它们的传统功能”（21.6），相信对家庭和宗教尽义务的相关机构的原始性更合适。但即使进行的不是克里斯提尼改革，古典时期雅典人的胞族与改革前可能业已存在的胞族没有重大关系，这个理论依旧正确。古典时期的体制是前克里斯提尼时代的，因此它在精神上鼓舞了克里斯提尼时代的体制，而不是在事实上。

后来出现的用机构名称来反映城邦建立前的形式，不能当作主要证据，因为专有名词本身经常因经历了一系列意义的转变而发生曲解， 16
在很多情况下这些转变已经完全改变了原有机构名的含义。这些争议要么是关于早期城邦的社会体制和宗教礼仪体制而进行的特别低水平的补充，要么是关于愿意转变传统机构，来服务于社会和政治改革进行特别高水平的推理。改述马克斯·韦伯的观点，①这些民族群体的“族群传说”，反映出的不是希腊政治生活较低程度的理性，而是政治生活

---

① Above, p. 13.

发生在非常早的时期，正如赫西俄德（Hesiod）在宗谱的语境下表达抽象的政治概念之间的关系，所以古风时期借用了过去部落的语言描述一个合理而清晰的未来。

我从政治结构方面转向政治表述：希腊人在公共辩论中如何针对这些政治话题进行讨论？现存的直接证据只有公元前4世纪雅典的，尽管其他形式的证据使得讨论公元前5世纪雅典的相关情况成为可能，而且关于一个人应该或不应该进行说服，公元前5世纪和公元前4世纪存在着一个颇为庞大的理论主体。

令人感到吃惊的事实是，不存在德谟斯提尼的逻辑学之类的严肃研究，也没有以他的理性作为前提，标题为“德谟斯提尼作为一名政治思想家”的文章或书籍出现。[1] 肯尼斯·多佛（Kenneth Dover）在他的《希腊的大众道德》（*Greek Popular Morality*, Oxford, 1974）中讨论了特定的基本道德和宗教态度，这些内容是雄辩家们表述的，而且无疑是与选民听众共享的。但是他没有解决把讨论理性放置于个人演讲之前这一问题，而且其他讨论大多关注他们遵从设定的修辞学或雄辩术的规则，而不是它们的逻辑状况。正是亚里士多德，在他的《修辞学》（*Rhetoric*）中指出了进行全新领域研究的方法。我将只陈述一种印象，它从阅读雅典政治演说中得来，现代的历史学家经常会发现，在同等程度上赞成或反对古代雄辩家的观点很容易，公元前4世纪的政治雄辩
17 家运用的表述方式是具有理性的，我通过这种途径加强了印象。古典时期传统的影响，不仅仅确保了我们的政治家们根据同类的前提条件和同样的讨论方式继续前进，而且这些出发点和方法在以下方面还具有理性：忽视以前限定的背景，参与辩论者在一个体系内分享假设与方法，即使那些假设与方法会引起相反结论，或建立一种独立形式的表述以及有意识地区分宗教和历史问题（我愿意增加的）。令人感到吃惊的是，德谟斯提尼和他的对手进行的辩论，对权宜、危险、代价和可能的

---

① Hugo Montgomery, *The Way to Chaeronea* (Oslo, 1983), p. 15.

结果关注非常多，而对宗教职责、禁忌、典礼仪式的纯洁性等方面关注非常少。可能不太令人感到吃惊的是，在诸如爱国主义和情感回应的说服力问题方面，德谟斯提尼的心理预期和我们自己的非常接近，这也表现出政治领域绝对忠诚的价值观体系，正如亚里士多德强调的那样。

历史事实是尤其重要的。尼克尔·洛拉克斯(Nicole Loraux)在他的《雅典大事件表》(*The Invention of Athens*)中呈示了古典时期的雄辩术、公众葬礼的悼词、雄辩家的历史(如何作为神话重新收集起来，它的真实性并不重要)。① 对当时的雄辩提出意见(不是赞扬)：过去的雄辩主题甚至不够集中。雄辩术不仅有助于修饰或支持那些本身具有理性又经过深思熟虑的论点，而且它可以被人随意更改或发明——柏拉图随意地更改或发明了雄辨术使之服务于他的哲学结论。和历史学家们一样，我们可能为之感到遗憾，但是我们必须认识到它在本质上是一个存在理性的程序，远比掺假的历史和现代立法过程中为了政治辩论而进行的规划更加具有理性。②

追溯理性城市概念的表述可以有多种方法：可能将悲剧，甚至是喜 18
剧表演中争论运用的方法延伸到政治领域。但是为了向结论靠拢，我打算集中于神话的方法。神话在希腊历史方面的现代著作中具有突出的重要地位，因为它在初级的、具体化的思维方式和体现理性特征所运用的抽象思维方式之间架起了一座桥梁。希腊的政治神话，至少与公元前 8 世纪后期的赫西俄德一样古老——赫西俄德运用了大量的神话来表达政治主张。近来，塞门·古希尔(Simon Goldhill)在他的著作《阅读希腊悲剧》(*Reading Greek Tragedy*, Cambridge,1986)中证明了政治观点的表述是如何渗透在希腊神话中的，他大幅度地发展了让-皮埃

---

① Paris, 1981, Eng. trans., Harvard,1986. 关于这个话题，参见：M. Nouhaud, *L'Utilisation de l'histoire par les orateurs attiques*(Paris,1982).

② 针对本段内容，汉森(M. H. Hansen)进行了评论，见：*European Journal of Sociology*,28(1987),342－343，他认为我低估了公元前 4 世纪雅典政治雄辩在过去的重要性。但是，我的观点是，目前需要的条件完全取决于过去的观点，前提条件是过去没有影响历史决策。当然，政治机构和历史之间的关系更复杂。直到来库古改革，过去的观点才足够独立自主，来决定目前的决策。

尔·韦尔南(Jean-Pieerre Vernant)的巴黎学派(Parisian school)观点。从这个角度出发，希腊神话，正如它在悲剧中体现的那样，对公民的意识远比对宗教更加感兴趣：阿提卡的悲剧从本质上讲是以城邦为中心的，而且节日是城邦生活的一部分，城邦对公众的政治影响力至少和它的宗教影响力同等重要。悲剧展示的特定故事情节和故事的演绎方法，都反映出政治论述和其他有可能涉及的论述领域之间存在着矛盾冲突，这些问题与家庭、宗教势力，或个人需求有关。阿提卡的悲剧在背后预设了以城邦作为社会机构的中心，而悲剧需要处理的问题正是以城邦为中心导致的。

悲剧是市民思想意识的一部分，而且至今都在为强调市民思想意识的模糊性和危险性服务。在此我们主要运用宗教仪式，它是在城邦的成立和维持节日里化解宗教或“前国家”权力与城邦之间的矛盾冲突的方式。但我想强调的是，即使否认城邦需要绝对的效力，悲剧神话也在化解冲突方面扮演着神话的正常角色，而且化解的中心问题是对城邦的预设，这点很重要。在一个社会里，若它的公众对神话的描述体现出与主体政治的关注点联系非常紧密，这个社会从根本上讲是一个政治的社会。雅典人的悲剧式神话是政治性的，而不是宗教性的。

从这个立场出发，我想最后提出问题：从什么意义上讲，希腊的城市是理性的？迄今为止，我可能已经严重倾向于韦伯对希腊人和现代
19 化的解释，他将希腊人看作和我们自己一样具有理性的人类，但那是一个幻觉。

我认为涂尔干的历史研究方法基本正确，[①]但希腊人的理性并没有依据这个事实：他们已经从未分化的一致的宗教意识出发，分离出对政治观点的表述领域。与之相反，对我而言，似乎弄清楚了参与政治活动对希腊社会来说是最基本的，民主的形成不需要挣扎反抗，而且在希腊得到了高度的发展，因为它一直都是居于中心地位的组织原则。涂

---

① 参见本文后面的附录。

尔干犯的错误是将宗教原则泛化,而且设定集体意识无论在何地,总能在起源方面和一个社会的宗教一样得到人们的认同。城邦作为政治组织的合理形式,成为希腊人集体意识的表达形式。

我认为集体意识的概念本身是很有用的,涂尔干赋予它的许多特征也同样有用,这些特征是:它渗入其他所有的关系中,它的性质最终由社会决定,它通过仪式进行表达和维持,它是真实情况的再现或重组,以上这些主张帮助我们理解希腊政治生活和城邦结构的各个方面。如果我们将城邦视为希腊人集体意识的个性表达,我们可以看到城邦是如何管理宗教、家庭、国家机构、葬礼、军队组织和共餐仪式的,我们能够理解城邦的政治生活怎样按照一套仪式决策发展的,以及为什么传统法庭按照理性的传统被使用。这样的立场解释了为何希腊文化的意义没有体现出政治机构的独立性,而作为对比,其他的社会可能围绕多个不同的中心进行组织管理,比如宗教或战争事务的中心,或者可能具有更加复杂的多价结构。甚至哲学、医学和科学方面的内外真实情
况、理智的顺序也反映出政治的秩序。古希腊城市是理性的城市,因 20
为希腊人自荷马时代起就是政治动物:我们可以追溯其发展的轨迹,但这个发展表现出的不是社会组织从一种类型到另一种在本质上的改变,而是一种体制上的合理改革,但这个体制的基本性质没有发生变化。

面对这样的主张,当然会出现明显的反应,这个反应实际上可能是反对:为何希腊人与众不同,或者这种不同是何时出现的?这些是重要的基础性问题,在解读线型文字B时,让-皮埃尔·韦尔南于1962年提出了这些问题。① 更多的当代作家似乎在逃避这个话题,或许因为不能给出确定的答案,因为下面这个问题非常有争议:"希腊思想的起源"是否可以在迈锡尼王室的经济组织中,在古风时期早期与闪米特

---

① *Les Origines de la pensée grecque* (Paris,1962); Eng. trans. *The Origins of Greek Thought* (London,1982).

文化(Semitic Culture)的对抗过程中，或者从内部变化相关的自我限定过程中找到？我的目的不是回答这个问题，而是通过对城邦定性使它还原，就像它在历史时期曾经存在过的那样。我还准备承认我的分析中存在缺陷，是因为它依附于韦伯的比较学观点，不等同于革命主义者运用历史解析方法的主张。

强调涂尔干的整体法的一个目的是它避免了认为希腊人像我们一样的理论陷阱。希腊人和现代人对待政治的态度是根本不相同的，两者的不同与以下事实无关：希腊人的政治机构规模小，是简单的面对面选举的体系，而我们的政治体系庞大、复杂以及使用匿名选举。这反映出我们对政治功能的看法大相径庭，在马基雅维利(Macchiavelli)和霍布斯(Hobbes)时代，政治功能是政治机构对理论原则进行基本的重新解释的结果。对我们而言，政治学研究的是统治和管理形式、有效行动的组织形式、权力集团之间的冲突，或者权力集团与整个利益集团的调解妥协。这些当权的群体通常是固定的，成惯例的，他们具有我们无法
21 忽视的历史。因此，我们的政治是关于具体历史情况下的矛盾与妥协，阻止了我们理性的行动，因为我们不能摆脱历史的非理性力量。

另一方面，对希腊人而言，政治和政治机构的直接目的是开发和帮助创建大众的行动意愿，并运用有序的仪式来表达普通大众的意愿。①政治被整个社会领域关注，政治共同体的联合(*koinonia*)是非常重要的，因为政治的目的是联合，不是妥协。② 这是好的秩序(*eunomia*)的观念统领了城邦的早期历史的原因，而且它也是阶级斗争对城邦具有极大破坏性的原因。政治停滞、政治派系的斗争，对我们而言是自然的政治状态，但对希腊人而言是一个骇人听闻的现象，可能与人民的生活相矛盾，它可能像病痛(nosos)、疾病和雅典的“大瘟疫”(Great Plague)

---

① 机构、礼仪和行动在德谟斯提尼的记录里得到了很好的表述(几乎无法转译)，见：Demosthenes, *Oration* 3.15. 原文意思是：“行动在顺序上后于演讲和投票，在自身因素方面却更重要，先于演讲和投票。”

② 像F.托尼斯(F. Tönnies)这样的理论家，在表达集体意识时已经看到了政治的本质，他们也将在希腊的历史中发现它的价值。

一样令人讨厌,使语言、信仰和荣誉受到感染,正是诸如此类的事物让政治成为可能。修昔底德的著名文章(3.82—83)分析了这些方面的政派内讧原因。一旦出现政治派系斗争,城邦没有防御措施,希腊人的理性崩溃,语言和行动进入无秩序的混乱状态。

我认为,希腊城市尽管理性,但它与任何一个现代的政治组织都存在着根本的不同,这个观点是正确的,但是在部落社会或传统社会的背景下讨论它,我没有看到理性,好像它是按照惯例形成的。其实城邦社会比我们自己的政治社会有更少的部落特征,其政治观点的表述更有逻辑性,发生改变的潜在性更稳定,很少随意更改。它的政治机构没有包括像英国上议院(House of Lords)那样明显的观点不一致,也没有包含宪法(Constitution)的观点——这个观点只有通过重新解释已经沉睡了两百年的"开国者"(Founding Fathers)的意图,才可以改变。难怪乔治·格罗特(George Grote)会发现,现在的下议院(House of Commons)里礼仪已经失传,它的语言由已死或垂死的宗教支配,充斥着派系争斗,因此他更愿意参加雅典人的集会。① 在宗教和非理性的力量于几 22
乎每个政治体系里逐日壮大的世界里,我们必须承认我们才是原始人。回到伯特兰·罗素,我们为了使希腊人看起来原始,我们只有让他们和我们一样。

## 附　　录

汉森(Hansen)打算在将来的文章里发表独到的观点。他以前对我的论文初稿有过评论(*Archives Europeennes de Sociologie* 28, 1987, 341-345),我不希望参与他的讨论,但是鉴于他已经对我在涂尔干的

① "一个和善的哲人,拥有道德和智力上最高水平的天资,但是贪婪一些东西,为了需要,我选用一个更好的词语魔鬼(devil)。他的抽象推理非常富有理性,目的不是运用任何证明的推理去影响他人。"[理查德·科布登(Richard Cobden)话语,引自:John Morley, *The Life of Richard Cobden* (London,1906), pp. 136-137.]

术语下对雅典社会作出的解释提出异议，或许我应该在此重申我不相信雅典是一个例外的希腊城市的原因，也不认为分析雅典的方法应该不同于那些应用于斯巴达和其他城市的方法。

个人的自由（*eleutheria*），“按照个人的意愿生活”（*Zen hos bouletai tis*），雅典公民喜欢将个人自由作为雅典民主价值观的一部分，这里的个人自由不同于现代的个人自由主义解放的概念。邦雅曼·贡斯当（Benjamin Constant）在他的经典论文《古代与现代的“自由”之比较》（De la liberte des anciens comparee a celle des modernes）里讨论了古代和现代对自由的看法存在不一致性，尽管他准备承认雅典是一个例外。我不愿接受对自认为正确的基本观点进行修改，更愿意按照同一标准分析所有的希腊城市——在发展成熟的城邦，社会约束具有复杂性和矛盾性的情况下，解释雅典个人主义的增长：雅典个人的自由主义不是绝对的自由主义，而是一种与以上的历史分析相一致的有区别的自由主义。关于这种类型的自由主义，我过去尝试进行了描述，详见本人拙作《牛津古典世界史》（*Oxford History of the Classical World*）中的“古典时期希腊的社会和生活”一章。节选内容如下：

> 23 发达的希腊城市是由许多组织构成的网络：正如亚里士多德所看到的那样，正是它们产生了社会与归属感的意识。归属感是城邦的基本特征：血缘关系的纽带，匹配多种形式的政治、宗教和社会团体，而且为了一个目的进行多种形式的联谊活动，无论人们是在航海、会饮，还是举行葬礼，等等。
>
> 在这样的世界里，可能会引起这样的争论：多种形式的联系纽带限制了人们的自由，肯定会存在一个重要的感觉，即个人脱离社会的想法在希腊思想中不存在——希腊人的自由是公众性质的，语言和行动使之具体化。这种自由恰恰源自这样的事实：同一个人属于一个德莫，一个胞族，一个家庭，一群亲戚和一个宗教组织。另外，这个人生活在矛盾的社会群体和社会责任组成的世界之中，

他拥有自由的权利，在需求中作出选择，以此来逃避任何一种管理社会的特殊形式。正是如此，才能够解释古典时期希腊人惊人的创造力和自由思想：多方面的归属感带来的自由不亚于无处可得带来的，而且只有在自由遭到重创时它才能创造一个团结的社会。

引自：*Oxford History of the Classical World*（Oxford，1986），pp. 209－210.

## 参考书目（按时间先后顺序排列）

古典论作

Constant, B., "De la liberté des anciens comparée à celle des modernes" (1819), printed in *De la liberté chez les modernes ; Écrits politiques*, ed. M. Gauchet (Paris, 1980).

Fustel de Coulanges, N. D., *The Ancient City* (1864: Eng. trans., 1874, reprinted Baltimore, 1980).

Morgan, L. H., *Ancient Society* (New York, 1877).

Durkheim, E., *The Division of Labour in Society* (1893, 1902; Eng. trans., London, 1984).

——*The Elementary Forms of Religious Life* (1912; Eng. trans., London, 1915).

Weber, M., *Economy and Society* (1922; 5th German edn., 1976; Eng. trans., Berkeley, 1968).

相关的近代论作 24

Arendt, H., *The Human Condition* (Chicago, 1985).

Levi-Strauss, C., *Structural Anthropology* (1958; Eng. Trans., New York, 1963).

Balandier, G., *Political Anthropology* (1967; Eng. trans., Harmondsworth, 1970).

Fortes, M., *Kinship and the Social Order: The legacy of L. H. Morgan* (London, 1969).

Momigliano, A., "La città antica di Fustel de Coulanges"(1970), reprinted in *Quarto contributo alla storia degli studi classici e del mondo antico* (Rome, 1975), pp. 159 – 178; English trans. in *Essays in Ancient and modern Historiography* (Oxford, 1977), pp. 325 – 343.

Wilson, B. (ed.), *Rationality* (Oxford, 1970).

Lukes, S., *Emile Durkheim* (Harmondsworth, 1973).

Schluchter, W., *The Rise of Western Rationalism: Max Weber's Developmental History* (1979; Eng. Trans. Berkeley, 1981).

Hollis, M. and Lukes, S. (eds.), *Rationality and Relativism* (Oxford, 1982).

Bernardi, B., *Age Class Systems* (1984; Eng. trans., Cambridge, 1985).

Mann. J. M., *Sources of Social Power, 1. A History of Power from the beginning to A. D. 1760* (Cambridge, 1986).

Sahlins, M., *Islands of History* (Chicago, 1986).

城邦方面的近期著作

Vernant, J.-P., *Les Origines de la pensée grecque* (Paris, 1962; Eng. trans., *The Origins of Greek Thought*, London, 1982).

Finley, M. I., "Sparta and Spartan Society" (1968), in *Economy and Society in Ancient Greece* (London, 1981), pp. 24 – 40.

Vernant, J.-P., and Vidal-Naquet, P., *Mythe et tragédie en Grèce ancienne* (Paris, 1972; Eng. trans., *Tragedy and Myth in Ancient Greece*, Brighton, 1981).

Dover, K. J., *Greek Popular Morality in the Time of Plato and Aristotle* (Oxford, 1974).

Roussel, D., *Tribu et Cité* (Paris, 1976).

Bourriot, F., *Recherches sur la nature du genos: Étude d'histoire sociale Athénienne-périodes archaique et classique* (Lille, 1976).

Snodgrass, A. M., *Archaeology and the Rise of the Greek State* (Cambridge, 1977).

Humphreys, S. C., *Anthropology and the Greeks* (London. 1978)

Lloyd, G. E. R., *Magic, Reason and Experience: Studies in the Origin and Development of Greek Science* (Cambridge, 1979).

Ampolo, C. (ed.), *La città antica* (Bari-Rome, 1980). 25

Baechler, J., "Les Origines de la démocratie grecque", *Archives Européennes de Sociologie,* 21 (1980), 223–284.

Meier, C., *Die Entstehung des Politischen bei den Griechen* (Frankfurt, 1980).

Loraux, N., *L'Invertion d'Athènes* (Paris, 1981; Eng. Trans., The Invention of Athens, Cambridge, Mass., 1986).

Runcuman, W. G., "Origins of States: The Case of Archaic Greece", *Comparative Studies in Society and History* 24 (1982), 351–377.

Finley, M. I., *Politics in the ancient World* (Cambridge, 1983).

Hansen, M. H., *The Athenian Ecclesia: A Collection of Articles 1976–1983* (Copenhagen, 1983).

Humphreys, S. C., *The Family, Women and Death* (London, 1983).

Lloyd, G. E. R., *Science, Folklore and Ideology: Studies in the Life Sciences in Ancient Greece* (Cambridge, 1983).

Weiwei, K. W., *Die Griechische Polis: Verfassung und Gesellschaft in archaischer und klassischer Zeit* (Stuttgart, 1983).

Hansen, M. H., *Die athenische Volksversammlung im Zeitalter des Demosthenes* (Komstanz, 1984; revised English edn., *The Athenian Assembly in the Age of Demosthenes*, Oxford, 1987).

Meier, C., *Introduction à l'anthropologie politique de l'antiquité classique* (Paris, 1984).

Polignac, F. DE, *La Naissance de la cité grecque* (Paros, 1984).

Rahe, P. A., "The Primacy of Politics in Classical Greece", *American Historical Review* 89 (1984), 266 – 293.

Gawantka, W., *Die sogenannte Polos: Entstehung, Geschichte und Kritik der modernen althistorischen Grungbegriffe der Griechische Staat, die griechische Staatsidee, die Polis* (Stuttgart, 1985).

Bleicken, J., *Die Athenische Demokratie* (Paderborn, 1986).

Goldhill, S., *Reading Greek Tragedy* (Cambridge, 1986).

Starr, C. G. *Individual and Community: The Rise of the Greek Polis 800 – 500 BC* (New York, 1986).

Vernant, J. -P., and Vidal-Aaquet, P., *Mythe et Tragédie* 2 (Paris, 1986).

Osborne, R., *Classical Landscape with Figures: the Ancient Greek City and its Countryside* (London, 1987).

Farrar, C., *The Origins of Democratic Thinking: The Invention of Politics in Classical Athens* (Cambridge, 1988).

Gilli, G. A., *Origini dell'eguaglianza: rocerche sociologiche sull'antica Grecia* (Turin, 1988).

Lloyd, G. E. R., *The Revolutions of Wisdom* (Berkely, 1988).

Murray, O., "Greece Forms of Government", *Civilization of the Ancient Mediterranean: Greece and Rome*, ed. M. Grant and R. Kitzinger, (New York, 1988), pp. 439 – 486.

# 第一部分：地中海历史上的城市

# 迁移与城邦*

29

尼古拉斯·普塞尔(Nicholas Purcell)

> 根据科林斯人的说法(莱斯博斯人的说法也是这样),在他活着的时候发生了一件极为离奇的事情。他们说美图姆那的阿里昂是乘着海豚给带到塔伊那隆来的。阿里昂这个人在当时是个举世无双的竖琴手。
>
> (Herodotus I.23 – 24)

迈锡尼的阿里昂(Arion)是赞美歌(*dithyramb*)的首创者,虽然他可能不会被选为希腊早期历史最突出的人物,但如果这篇相当普通的论文具有合理性,那么他可能就显得更加具有代表性。这位来自爱琴海东部莱斯博斯岛(Lesbos)的歌者,曾经航海途经科林斯,而且在那里居住了一段时间。他参加了爱奥尼亚和第勒尼安(Tyrrhenian)沿海城市举办的许多竞技性的节日活动,他的行为具有个人迁移特征的倾向,而且他与当地人沟通起来非常轻松。从更加富有神话色彩的层面来看,他的迁移,乘着代表海神的海豚,从地中海最宽阔的海域航行到塔伊那隆海岬(Cape Taenarum),还在这个海岬将航海转为事业。他的航海事迹为所有惧怕暴风雨、海盗、海难和被鱼吞食的人树立了榜样,也为对海洋具有敬畏感的希腊人和罗马人树立了信心。此类范例化或可效仿的叙述被视

---

* 我非常感激本书编辑对这篇论文提出建设性的批评建议:此论文得益于他们的异议与一些争论。页下注的目的在于举例阐述并支持本文,而非提供完整的参考书目,而且经常没有采用标准化的统计数据。

作真实可信，但这些叙述基于超自然的阐释体系，被不断地搁置一边：它们不应该被研究早期希腊的历史学家忽略。

30 这篇文章是对迁移现象进行的探究。迁移在漫长的地中海历史中很早就出现，在包围陆地的海域内，某一沿海地区与另一地区之间迁移的性质和频繁程度已经成为研究中非常重要的目标。[1] 它们之间存在何种联系？

本文第一部分主要探究限制迁移的主要因素并试图加以评判；第二部分讨论影响迁移的潜在的基本因素，并结合地中海的生态环境进行分析；第三部分考察生态环境状况一般以何种方式推动人类的迁移活动；第四部分详述这种推动方式对地中海经济造成的影响：各种物资再分配的运行过程以及迁移在其过程中如何对生态起作用；最后的第五部分，进一步探索这种模式在文化和社会方面对城邦世界造成的一些影响。

本文的统计数据肯定经过严格筛选，而且不可避免地使用图表。地中海地区之间往来的相关考古证据丰富而齐全，可能仅一次调查的考古证据就远超一篇论文的范围。关键是探寻迁移是如何进行的以及它的影响如何。从一个宽泛的时间跨度中抽取出共同点和实例进行探索。如果这些共同点和例子与这里涵盖的所有或部分时期无关（因为最重要的是公元前第一千年的前半期），那么我们了解的情况会更加清楚，但是此类模式的结构距今久远，对不同时期的材料的综合是不可避免的。

在此尝试综述一下学者们的研究状况亦会有所帮助。近三十年来在地中海地区进行的考古调查，在数量上和质量上取得重大飞跃，使得对古代史进行精确研究成为可能，这个成果源自早期在此地区野外考察的先驱们的首创精神。通过拉姆塞（Ramsay）、梅尔斯（Myres）、伍利

---

① 相关的经典讨论见：Fernand Braude, *The Mediterranean World in the Age of Philip II* (Eng. trans., London, 1972), pp. 42-47.

(Woolley)、布雷克威(Blakeway)和盾巴宾(Dunbabin)的遗物发掘,考
古成果扩大到一定规模,近来意大利和法国学者发起的文化遗产辩论 31
也对它有所贡献。这场辩论并没有低估文献资料作出的贡献,但却逐渐倒向这种主导性的考古研究方法,即这些文献资料的研究让位于地中海地区自身发现物的研究。正是这种方法滋生或助长了本文所批判的观点。

## Ⅰ. “小希腊”?

若非给定界限则万物无边界。

(Lucretius Ⅰ. 960 -961)

许多研究早期希腊的历史学家已经开始研究公元前8世纪以后的“有历史”时期的经济史、社会史和政治史。他们采用的方法是假定之前存在着一个封闭而孤立的民族群体(他们偶尔沿着地中海盆地多方位延伸分布),他们存在于“黑暗时代”末期,他们的视野狭隘,和他们相关的一切都很小,受限制,而且原始。[①] 这种“小希腊”的方式近乎一种“早期人类”的虚构理论,正如希腊人自称的那样,是一个服务于辩解目的而编造的理由,是为了勾勒出原始的天真质朴的特征与后来的老练世故作对比。为了解释这是如何产生的,需要将其定义为神话的传播与交往范围突然扩张,而扩张带来了革命性的改变,希腊人很快发现了他们周边的世界,与腓尼基人交战,打开了通往黑海的门户,这些都属于中世纪晚期的传统观点。需要为这个值得注意的观点进行辩护
(只有经过必要的革命,希腊人才能进入黑海),而不是将它单纯地作 32
为一个隐性的背景假设。[②] 作出这个解释的目的恰恰相反,是为了提

① 举个近来的著作为例:Chester G. Starr, *The Economic and Social Growth of Early Greece* (New York, 1986).

② Rhys Carpenter, “The Greek Penetration of the Black Sea”, *AJArch.* 57 (1948), 1 -10.

炼出倾向于相反面的原因，而且也用之评估整体性的迁移和世界观，因为整个公元前第一千年前半期的迁移率很高。

“小希腊”观点的流行可能是多种倾向性观点造成的结果。首先是分阶段的发展进程观点：人类处于向上前进的路上，攀登的脚步可以从历史记录中查证。事实上，没有这样的历史规律：如果在公元前4世纪有频繁的海上交往，在公元前5世纪肯定较少，公元前6世纪必定更少。但是在支持进步主义的许多观点之中，有人认为公元前8世纪的苏醒，结束了落后的蒙昧状态，以及早期航海者的龙骨式艇“阿尔戈号”(Argo mentality)肯定完全驶入了未知水域。

第二，宣称希腊人对航海存在恐惧心理。这是一个简单的原因，对航海采取消极态度这一传统，从赫西俄德和《奥德赛》(*Odyssey*)到早期瓶饰上遭遇海难的水手被鱼吃掉的场景，在某种程度上成为当时社会的准则：希腊人频繁地表达他们对海洋的恐惧，因此他们远离航海。事实上，当然没有人阻碍他们对一些恐惧事物进行表达，因为他们不用频繁地与人交往。至于智力和技术方面所需的条件，如现代航海人拥有《地中海海员指南》之类，这些资源不是在此水域航海的唯一条件。其他社会形态下的人类社会学家的著作表明，不同海员之间对空间概念的传统体系的理解可能是非常复杂的，而且以智力为基础的航海技术十分不同于那些已经成型的、基于地理传统的、主流的航海技术。他们掌握风向、水流和将沿海特征概念化，都没有依靠指南针和航海图。据古代的《环游记》(*Periplous*)而绘制的海岸
33 特征图册，产生于公元前6世纪以前，它的出现可能被视为一个重要事件。①

第三，古希腊人对地中海和黎凡特(Levantine)之外的其他地区缺

① 关于希腊人对海洋的态度，参见：Albin Lesky, *Thalatta* (Vienna, 1947). 关于航海，参见：Charles Frake, “Cognitive Maps of Time and Tide”, *Man*, 20(1985), 254－270; Flfred Gell, “How to Read a Map; Remarks on the Practical Logic of Navigation”, *Man*, 20(1985), 271－286.

乏兴趣,助长了这种“小希腊”思想,人们认清这一点已经很久了。早在 1910 年,梅尔斯(Myres)已经公开斥责能够搜集到的希腊地图,无论古代的还是现代的,基本上都存在不足之处,因为地图里没有包含邻近的地域。① 这个不足(之处)至今仍未得到改进。例如,为了表明昔兰尼和克里特邻近,需要从近代获得的古典时期地图中筛选出一张包含地中海所有地区的地图。希腊的历史学家总是要么忽略地中海地区的其他非希腊人,要么就是强调希腊人与非希腊人之间的区别,后者更为常见。近期的讨论认为叙利亚艾敏纳(Al Mina)地区的殖民点“很少或没有受到希腊殖民带来的大迁徙运动影响,它是许多殖民点中唯一可以证实希腊人与腓尼基人之间存在密切联系的定居点”。② 事实上已经特别提及交往的频繁程度,但是希腊与其他地区的隔绝仍然是显而易见的。因为“大迁徙运动”与“密切的交往”之间存在不可分割的联系,从某种程度上说,这种联系是地中海人关系网的一次转变,地中海沿岸的国家和社会全部纳入这个关系网,达到了希腊人和腓尼基人难以区分的密切程度,尤其是基于工艺品交易的密切联系。关于地中海西部地区的状况,近年来已经认清且很好地表达出来一些事实:“地中海西部是一个文化和贸易不断扩张的充满魅力的熔炉”,而且“西部扩张的近期研究中,希腊中心论可能不再令人接受”。③ 地中海东部情况也是如此,但是它出现的时间甚至比公元前 8 世纪和前 7 世纪更早。

第四,在克服地域的和年代上的障碍方面作出最多贡献的考古学已经分为几派,且各持己见。将“黑暗时代”与公元前 2000 年的文明 34
和历史上的古希腊作对比,其出现了十分明显的衰退。随着物质财富

① John L. Myres, *Geographical History in Greek Lands*(Oxford, 1954), pp. 114 – 115.

② A. J. Graham, “The Historical Interpretation of Al Mina”, *Dialogues d'histoire ancienne* 12(1986), 51 – 65.

③ 参见一篇重要文章:Jean-Paul Morel, “Greek Colonization in Italy and the West (Problems of Evidence and Interpretation)”, T. Hackens, N. D. Holloway, R. Ross Holloway (eds.), *Crossroads of the Mediterranean* (Louvain, 1983), pp. 123 – 161.(本句话分别引自第 150、148 页)

的不断减少，希腊半岛收复的失地被高估了。事实上，即使局部地区统计中人口没有减少，或者文化领域没有变得更窄，但是与地中海更宽泛的年代学观点相比，它们仍然失去更多的价值：年代学的观点非常适合新的殖民据点，比如勒夫坎狄（Lefkandi）地区在公元前10世纪已经显示出复杂的古希腊共同语（*koine*）在沿海地区间交往中使用起来非常顺畅。① 这种联系的持续性最终被完全遏制，因为黑暗笼罩的公元前8世纪的到来，现在考古学作出清楚的解释：要不是先前黑暗的世纪，也会出现一个文化交流的伟大时代。② 这个观点有助于积极地探索以下方面：从已发现的成果，到使证据具有意义的任何体系，正如青铜时代和铁器时代其他地方的考古证据那样，而不是抽取一个完整的文明的全盛期作为相关点，也不是根据貌似掌握的证据缺乏的多少来衡量。③

毋庸置疑，还有其他因素在起作用，而且学界将会对之进行论述，但是以反对"小希腊"观点为目标，根据这方面的碑文，进行了一次更加普遍的讨论。卢克莱修（Lucretius）提出疑问：假定宇宙给出相关的和类似的实体，我们能够说出它的限制是什么吗？

因此，我们必须询问我们所设定时期的希腊世界就是事实上与之相关的希腊世界吗？什么使它与之契合？这些拦路的问题如此艰难以致它们已经被躲避开：当直视它们时，它们总是在视野的边缘，所以回避它们或者将之淡出视野。为了尝试解答这些问题，我们为避免产生
35 争论起见，提出三种有可能的同质性问题。

---

① 有关勒夫坎狄的情况，见：Mervyn Prpham (ed.), *Lefkandi* i (London, 1980).

② 有关持续性交往的内容，见：Thyrza T. Smith, *Mycenaean Trade and Interaction in the West Central Mediterranean, 1600－1000 B. C.* (Oxford, 1987)；案例参见斯巴里（Sybaris）附近的布罗利奥·迪·特雷比萨切（Broglio di Trebisacce）：Cahiers Centre Jean Bérard viii; Ricerche sulla protoria della Sibaritide. 将公元前8世纪作为一个整体的内容，参见：J. N. Coldstream, in R. Hägg (ed.), *The Greak Renaissance if the Eighth Century B. C.*; *Tradition and Innovation* (Stockholm, 1983), pp. 17－25（更早时期的持续性问题，参见同上书第208—210页）. C. Dehl, "Gronologia e diffusione della ceramica corinzia dell", VIII s. a. C. in Itaalia', *Arch. Glass 1983* (1986), 186－187.

③ 参见：below, n, 26.

大部分人可能认为语言学方面的一致性居于第一位，或许有意识或无意识地将语言与民族遗传联系起来（尽管我们完全忽略了古代任何时期的民族遗传类型）。居于第二位的可能是文化上的一致性，尽管在物质文化、社会制度与意识形态上的程度存在不同。当然，仔细考虑，第一位可能作用于第二位：围绕着广泛的地理上的隔离，语言上的一致性本身就是一种文化现象。更加明显的是，如果语言不是用来保存公元前 8 世纪的地方档案、碑铭、口述和书写的文献资料以及后来肯定成为非常专业化和一致性的文化产物，我们应该忽略语言上的一致性。所以我们抛弃将言辞的同质性作为希腊主义的第一现象。

这些表达与一种物质文化紧密相关，这种物质文化以考古学和自身的文献资料的形式为我们所熟知。它是对复杂而散乱的社会资料进行的表述，而区分此类社会的标准是战争和娱乐仪式上身体装扮的精致程度。从这个观点出发，将希腊世界视为装橄榄油的瓶子、重装备步兵的胸甲、遮住头部的头盔以及酒瓶塞的世界，是有一定道理的。然而，不能贸然地假设发掘以上物品的地方与我们提出的第一位同质性限定的背景存在联系。现代考古学的重大成果已经充分证实了各种手工艺品是如何在地中海盆地内广泛传播的。

关于第三种类型的一致性，它可能有利于考察人类与环境、自然界的相互关系。第一种一致性的文献资料以及第二种一致性的物质遗存，帮助我们构建起我们思想中的人类环境，但是文化一致性的第三种类型已经提及了前两种类型。聚居点（村庄或城邦）围绕着一个地区分散开来，为对大片地区的多种谋生手段进行分别抽样提供了可能性。随着有区别性的样本越来越稀少，越来越珍贵，区域之间像细胞聚集一样进行联合，在空间上的均等划分（chorai，指的是城邦和其他类似地域的领土）。这些领土合起来组成一个概念上的集体，即按照它最大的 36
发展程度，它的概念可以指有人居住的地球——至少在公元前 4 世纪就被称呼为“普世”（*oikoumene*）。关于最早清晰表达的世界观，出现在

《伊利亚特》第二卷有关船只的记载下，而且没有被视为理所当然的事。它需要解释。我们可以依照撒克逊（人）征服后英国东南部地区居住点的环境规律进行类推。在大范围内，观念上和社会体制上具有一致性的程度需要在此作出解释，另外，这种一致性几乎不能匹配暴力的野蛮人入侵时的环境，正如希腊实行城邦或殖民形式的观念也几乎不能匹配混乱的黑暗时代的传统观念。①

以上这些同质性，当然还有即将被发现的许多其他同质性，以两种方式来推动我们的讨论。首先，在希腊世界内部，没有大规模的迁移，要弄清这些一致性是如何建立起来的极其困难；其次，这些居民点其实肯定与外界进行着联系。

可能因为"若非给定界限则万物无边界"，卢克莱修以他对宇宙的无穷尽作出的最著名的论证为例，通过运用同时期的问题来限定古罗马世界的疆界。运用同质性的方法，我们恰巧也遇到了类似的困难。前几段中所有的一系列问题，成为可以搁置一边暂不考虑的问题。对限定的希腊人而言，这些特征有利于反对什么？要解答这个问题，不可避免地要运用到逻辑学，才能将我们从复杂的方法论中带出来，而且这个复杂的路径仅存在于希腊世界。从黎凡特、埃及、安纳托利亚或者色雷斯这些与希腊明显不同的临近地区，或者在意大利半岛，或利比亚沿海地区的人们那里（指的不是原住居民），这是一个作用不大，而且经常在实际中有反作用的条件，这个问题的答案肯定会被找到。

既然到了作出限定的时刻，我们必须考察希腊人与非希腊人之间
37 交往的本质。迄今为止的讨论表明，正是因为在交往的区域内找到了希腊世界自身的本质这一问题的答案。换言之，对希腊地区的历史而

---

① Robin Osborne, *Classical Landscape with Figures*; *The Ancient Greek City and its Countryside* (London, 1987). 关于不列颠的撒克逊人，参见：J. N. L. Myres, *The English Settlements* (Oxford, 1986). 关于空间的文化水平和概念，参见：Roger DIon, *Aspects politiques de la gèographie antique* (Paris, 1977).

言,基于逻辑学的背景限定"小希腊"的方法,是整个自我限定的过程,这三个希腊同质性分别限定的联系进一步密切以及希腊主义现象的范围和复杂性,都说明了地区间的联系非常复杂、频繁而且紧密。有多么频繁?根据目前进展,既没有文字记载,也没有考古证据可以提供一定的参考。

研究罗马社会和经济的历史学家同样面临着数据缺乏的困难,他们逐渐采用定量分析的方法。① 在统计学方面证据空缺的情况下,我们仍然可以大致了解可能存在的限制条件,尤其是在证据比较零散时,可能在回答一些问题方面,需要结合与事实相反的情况进行思考,这些问题的答案永远不会很快就能找到,但是这些问题会使我们对问题的构造敏感。所以我们可以想象文化上的同质性这类线索,允许沿着线索进行初步的预测,线索是"两座城市之间,为推动修建彼此间类似的宗教建筑,它们之间每年平均至少航行多少次?"以及"在整个地中海的希腊人区域,为了解释或多或少的神庙设计的传播,假定必要的交通密度是多少?"这样的线索具有不可能性,但它们并没有丧失作用于建筑风格上的功能。更加明显的是,我们可以询问公元前 850 年在整个地中海地区是否仅有 114 艘船只的长度超过 20 英尺?是否共有 8 760 艘船只?在公元前 7 世纪,有多少讲希腊语的本地人曾经旅行到离出生地 20 公里以外的地方?这个数字是群体的 2%,或者 25%,或者是 50%?这些问题尽管无法被证实,但有真正的答案。我们可以想象可能性的范围,能够说出所期望结局的答案依据和原因。有必要将可能性范围称之为存在事实,但不允许一些无价值的趣闻轶事之类的证据潜移默化地把我们引向对主题曲解的方向,以及对我刚才自命为问题 38
的答案采用最小值。到底为什么古代地中海地区的航海活动应该在统计学上与希罗多德著作中大量的海洋航行典故相一致呢?

为了对这些问题进行一些有根据的评估,我们必须对讨论的结

① 见当代著作:Willem Jongman, *The Economy and Society of Pompeii* (Amsterdam, 1988).

果进行实践验证，而且转向希腊人世界同外界一致性的关系。这个课题打算弄清楚在这些交往过程中是否可以查探出偶遇之外的任何其他形式的交往。如果可以探明，那么我们可以继续进一步解释它是如何产生的，足够密切到可以推动我们所考察出的具有一致性的发展。

## Ⅱ. 迁移的东方因素

> “大亚述吸尘器”在比布鲁斯(Byblos)矮人的协助下开始了其征服世界的旅程。
>
> 拉森(Larsen)

对于东方学者而言，这500年最突出的事件是新亚述和新巴比伦帝国时期进行了史无前例的扩张，对其控制的辽阔土地中的丰富资源进行开发。它们开创的一些管理和开发的组织机构对整个西亚地区的人民有非常强大的经济和社会影响，也对后来阿契美尼德人(Achaemenid)建立的波斯帝国有重大影响。关于对其征税系统经济本质进行的激烈讨论是古代经济史领域最激烈的争论之一。虽然许多细节不明确，阻碍了征税系统内部继续发展的进程，但其对新月沃土世界边缘地带的影响是很少有争议的。正是因为这个作用，摩根·拉森(Mogens Larsen)才大胆称之为“亚述吸尘器”。①

39 从根本上讲，为满足不断增长的需要而建立税收体系，这个体系体现了亚述帝国权力的中心结构和威慑力所在，此体系可以促进每个社会发展提高地方产出的方法，而不用理会它们之前的情况。现已发现

---

① Mogens T. Larsen, in M. T. Larsen (ed.), *Power and Propaganda* ( = *Mesopotamia*, Studies in Assyriology 7, Copenhagen, 1979); M. Helter, *Goods, Prices and the Organisation of Trade in Ugarit* (Wiesbaden, 1978); Morris Silver, *Economic Structures of the Ancient Near East* (London, 1985)，但此资料应该谨慎使用.

地方生产活跃的“动能”体系出现普遍发展，而且发现了资源和人口流通的润滑作用。在边缘地区，出现了中央体系的缩减版，它将帝国权力有力地传递到附属国和受其影响小的区域。这种被强化的附属中心，它们的推动力和权力最终要归功于新月沃土，这已经在吕底亚(Lydia)和埃及得到清晰的证明。当然，政治上效忠的程度非常不同，政治上的效忠程度依尼尼微(Nineveh)或巴比伦经济上的推动力而定。对其造成广泛的影响的回应不一定都是平静的：反抗东方政治权力而发起战争的努力，和支持“吸尘器”调配物资和人力的努力在影响方面一样大。

在陆地包围下的黎凡特地区，增强和削弱税收体系成为促进或阻碍生产的一个长期因素。① 陆上交通或河运系统都被很好地建立起来，公元前第一千年强有力的权力机构先辈们已经转身朝向不同的海洋世界进发。② 现在围绕着一个有重大意义的开端，地中海东部沿岸的人们已经被纳入税收体系的网络，而且他们以水为生的再分配系统如新月沃土多为内陆包围的社会一样积极回应了对各种各样贡物的需求，但消极回应了因侵略而损失资源。黎凡特的海岸地区具有独特的地中海人文地理环境，环环相扣的生态链条靠海岸的渔业联系起来。对这样一个系统施加压力，可以引导施压者通过扩大联系的范围，将小 40
块地区的规模扩大，将之纳入再分配的模式。用较为通俗的语言来说明：为了不断追求有价值的资源，腓尼基人的船只航行得更远，出航也更加频繁。在陆地上，这种影响遭到冲突摩擦的惯性限制，而在海上，这个限制条件的影响普遍较小。产生的具体结果是我们所知的腓尼基人的扩张现象，加迪斯(Gades)和迦太基的建立，根据考古证据我们以

---

① 有关中心和外围的有趣观点以及对阿契美尼德人早期城邦事务的分析，参见：Michael Rowlands, Mogens Larsen, Kristian Kristiannsen (eds.), *Centre and Periphery in the Ancient World* (Cambridge, 1987).

② Robert B. Revere "'No man's coast': ports of trade in the East Mediterranean", in Karl Polanyi, Conrad Arensberg, and Harry Pearson (eds.), *Trade and Market in the Early Empires* (Chieago, 1987), pp. 38 - 63.

后可以理解得越来越清楚的地中海沿岸腓尼基人共通语（*koine*）的发展，均发生在西班牙以南的海岸和撒丁岛（Sardinia）。① 最后，当这个影响发展成最大规模，而且壮大到最正规的程度，我们可以明白腓尼基人的舰队本身作为一种军事资源，对波斯权力而言，是可以借鉴的。我们很难抵制这股强大的影响，将环境的改变归因于相同的背景，因此我们猜测公元前8世纪和前7世纪，爱琴海的希腊人围绕着同一片海域，沿着同一路线，进行了大规模的迁移，创建了希腊“殖民地”（*apoikia*）。

爱琴海沿岸和安纳托利亚南部海岸地区成为我们上一部分讨论过的希腊主义的文化一致性的地理中心，它们形成一连片彼此相连但又平等独立的区域，这些区域比黎凡特海岸复杂得多。关于资源的再分配系统，我们将会在第四部分中进行阐述。依靠近海航行——更容易理解的说法是航海贸易（*cabotage*），资源的再分配系统存在了许多世纪。但是根据迈锡尼时期地中海西部地区与爱琴海地区交往过程中对大量物资进行的分配显示，许多航海活动的路线变得更长了。在迈锡尼和希腊殖民地之间，远距离地区的商业开始在勒夫坎狄地区兴起，这证实了航海活动的距离变得更远。这样一个生态学观
41 点自然应该十分迅速地回应这股被强化的推动力，这股推动力由船长和水手从黎凡特的港口向西传播。这个回应明显是席卷了爱琴海世界的航海活动在规模和复杂性方面进行的扩张，而且这次扩张以更加复杂的形式将东西方社会联系起来，我们察觉到这种联系出现在公元前8世纪。

关于航海发展的状况和发展航海业的腓尼基人祖先，现在很难去证明和作出解释。近期航海发展与经济增长的相似之处已经得到了正

---

① Hans-Georg Niemeyer (ed.), *Phönizier im Western* (Mainz, 1983); especially pp. 5 ff. (S. Moscati, “L’espansione fenicia nel Mediterranco occidentale”); pp. 26I ff. (J. M. Coldstream, “Greeks and Phoenicians in the Aegean”); pp. 277 ff. (G. Buchner, “Die Bezichungen zwischen der euböischen Kolonie Pithekoussai und dem nord westsemitischen Mittelmeerraum”以及精彩的评论); pp. 277 ff. (B. B. Shefion, “Greeks ... in the South of the Iberian peninsula”). *Atti det primo congresso intermazionale di studi fenici e punici* (3 vols, Rome, 1983).

确的评价。商业没有实质性增长,这仍然需要某种外界事物的发展,那就是新月沃土发展出的权力开始增长。东方新的掌权者没有忽视这股惊人的推动力的作用去任它发展,而是运用了这股力量,可能将其作为一种新的推动力资源加以利用,这个推动力远超需要提供的东西,甚至可以满足帝王贪婪的需求。

由不断扩张的权力机构的需要而带来的迁移,是对原已存在的权力机构的加强,这点非常重要。新的均衡系统的理论基础是满足帝国的需求,这个系统在太古时代只是一个非常庞大又具有综合性的体制。资源彼此独立,以及通过迁移带来的体制分散的开发资源的机会,都是人类生存的基本策略。没有实际因素可以把在人类历史中定居下来的耕种者设定为常态。从迁移的角度出发,稳定不是基本的常态。我们必须认清对农民产生思维定势的误解。在此时期的欧洲西南部,我们相对能够理解人类群体大规模的迁移活动。从语言学上讲,在历史开始纪元之前的最后一批到来者和他们后继者的语言似乎没有差别,而更加排外的社会系统拒绝后者进入最南部的海岸(尽管希腊人没有意识到这个事实,但是马其顿人自身就是一个讲希腊语人群扩张的例子,马其顿人在地中海沿岸的许多地方大范围地占领了海岛)。① 其实爱琴海沿岸的人们迁移到哈尔基季基(Chalcidice)以及爱奥尼亚地区是 42
移民进程的一部分。后来的希腊人将这次迁移与后来建立的移居点相对比,发现前者的殖民地离爱琴海更远,而且希腊北部新的族群的到来以常见的共同侵略的形式被合理化(使用"侵略"这一术语,我们仍然觉得晦涩难懂)。在迁移早期和出现以城邦为基础单位期间,希腊人建立了许多联络据点。

然而,近代人的观点热衷于在他们之间作出明确的区分,区分的方法是使用诸如离散、移民、扩张之类常见的术语,这些术语表达的迁移

---

① Nicholas G. L. Hammond, *A History of Macedonia* I (Oxford, 1972), pp. 440 – 441; *Migrations and Invasions in Greece and Adjacent Areas* (Park Ridge, N. J.,1976). 关于黑暗时期的迁移状况,目前可参见:Snodgrass (n. 22), pp. 188 – 190.

谨慎地抛开有目的迁移特征,但遗憾的是,这样做盲目地离开了语境,从而鲜有阐明的价值。现代的许多学者认为这些迁移是原始的史前行为;他们是无目的的"流浪者"(*Völkerwanderung*),其迁移是具有偶然性和随意性的游牧和流浪。因此,希腊人的这些迁移活动,能够很容易地与之后文明时期的迁移活动区分开。不管怎样,这些观点于目前发生着转变:认为这些迁移具有进步性和朴素性的观点遭到置疑,研究的焦点已经脱离神话型(mythos-type)的理想解释模式,脱离了孤立存在的家庭关系或带上一小群动物的流浪家庭模式。现在研究的核心目标不是独立的经济单位和孤立的生产者,而是整个均衡系统,这个系统运用高度复杂和曲折的方法开发各种资源,来维持庞大而繁杂的社会群体。迁移能够反映出这种错综复杂的生态系统的一部分:目前流浪者被视为园丁,他们在广袤的土地上耕种,因此以不同形式与其他人开采接壤处的财富,无论这些流浪者是聚居在一起的猎人,还是会耕种的开拓者,他们从某种意义上(讲)都被视为所处社会的一部分,遗憾的是,这没有掩盖共同生活并不需要和平这一事实。①

43 在这些社会团体内部,为了享用基础资源而进行的竞争和社会统治产生的紧张对峙,都引起了社会、体制和政治方面十分不同的反应。著名的威特福格尔(Wittfogel)水力文化便是一例(中央集权的力量开始体现在通过对水资源进行大规模的管理,来满足增加农产品产量的需要而进行的合作与努力)。但是较近时期的体系形成了类似的分析,例如近期一项非常有帮助的研究表明了16—19世纪期间的那不勒斯国作用的大小,发现的这些成果涉及基于原始的和耕种的农业生产

---

① Marshall Sahlins, *Stone Age Economics* (Chicago, 1974); Andrew Sherratt, "Mobile Resources; Settlement and Exchange in Early Agricultural Europe", in Colin Renfrew and S. Shennan (eds.), Ranking, *Resource and Exchange* (Cambridge, 1982). For a good application in the historical period Pierre Toubert, Les Structures du Latium medieval; Le Latium méridional et la Sabine du IX'siècle à la fin du XIII' siècle (Paros, 1973). For pastoralism see e. g. Olivier Aurenche (ed.), *Nomades et sédentaires, perspectives ethnoarcheologiques* (1984), esp. R. Jamo; C. R. Whittaker (ed.) *Pastoral Economies in Classical Antiquity* (PCPS, suppl. 14; Cambridge, 1988); Brent D. Shaw, "Water and Society in the Ancient Maghred", Ant. Afr. 20(1984), 121-123.

系统之间的对抗所进行的管理。① 对于我们所研究的时代而言，此类观点有助于我们分析地中海世界的迁移，当分析巴尔干半岛和其他地中海半岛的原始社会时，或分析希腊殖民地世界的海上迁移时，其分析方法应脱离朴素主义的假设。更重要的是，它适用于新月沃土国家的生态管理体系。

因此公元前9世纪和前8世纪出现的转变，可能既符合涉及人类与环境关系的基本的生态学背景，也适应于同时期新月沃土发展过程中生态系统的特殊模式。这些转变可能与持续很长时间的迁移结构有关，所以我们开始结合史前和历史时期的事件来理解其连续性，并淡化人为界定历史开端的影响。黎凡特权力机构通过税收体系而成型，地中海世界也一样，独立与忠诚、职责和服务交织成的网络，塑造了很少迁移的价值观。我们可以在荷马史诗中看到的效忠的方式、友谊和忠诚，由于希腊海外殖民地和本土城邦的关系形成于公元前8世纪末，可
能被视为例外。对物质再分配作出如此不同又重要的政治反应的推动 44
力是迁移，而不仅仅是商品的流通，尽管商品流通的地位也很重要（其重要地位我们将在后面的第四部分提到）。最重要的资源是与人类社会关系最密切的，即人力资源。理解东方世界和地中海世界生态学的中心点在于人力资源。

## Ⅲ. 人力资源

雅完人、土巴人、米设人都与你交易，他们用人口和铜器兑换你的货物。

《以西结》27:13

① Johm A. Marino, *Pastoral Economics in the Kingdom of Naptes* (Baltimore, 1988). The classic work of K. Wittfogel is Oriental Despotism; A Comprative Study of Total Power (New Hven, 1957).

基于人力资源进行的讨论必须首先面对相关探讨相对不足的现实。关于这个时期的人口统计学历史状况，几乎没有确定的说法，即使在这里根据所有收集到的观点，我们也无法进行讨论。在此只需强调三件事情。

第一，根据比较人口统计学，我们可以对古代地中海的状况作出估计：根据人口统计学的进展来得出人口增长，这是非常不利的。① 对生活的期望值很低，而且在同一生活水平下单纯地繁衍人口，并非在任何情况下都容易做到。因为所有的人口数都可能确实在逐渐增长，我们可能假定在不同时期，许多社会群体都经历过原始的人口增长愉悦期。遭遇人口下滑的群体所在地和原因已经为大部分人所熟知。无论怎样，几乎近一半的人口年龄通常情况下可能低于成年（古典时期的术
45 语为：ephebic age），因此在完全由成年男子从事的活动方面，比如战争，古希腊所能达到水准的人口比例要比一些社会更低。

第二，从呈现给我们的流传下来的文字对希腊人和罗马人的精神面貌（mentalité）的介绍来看，因人口不足带来的危机倾向清晰可见。②另一个常见的主题，资源紧张的压力，由于缺乏最确凿的证据，不能将其原因归于统计学上的人口增长。主要资源成分的多样化以及我们将弄清的人口横向迁移带来的压力，都可能成为资源危机的诱发因素。人口统计学上的增长（即连续几代，保持一对夫妻拥有三个存活的孩子）不是一些人作出的历史解释中的"鬼使神差"（deux ex machina）。最著名的关于人口过剩导致的移民例子，归因于资源的变动或群体规模的增长比归因于人口统计学上的增长更加合理（这是柏拉图的《法

① 有关古希腊人口统计学方面，参见：H. Hansen, *Demography and Democracy*; *The Number of Athenian Citizens in the Fourth Century B. C* (Herning, 1986). 一些重要的相关概述，参见：Bruce V. Frier, "Roman Life Expectancy, Ulpian's Evidence", *HSCP* 86 (1982), 213 – 251. 把该理论应用于古希腊，参见：Chester Starr, *The Economi and Social Growth of Early Greece* (New York, 1977), pp. 40 – 46; Hägg (n. 9), pp. 210 – 212. 也可参考伊恩·莫里斯(Ian Morris)的近期的重要统计数据：*Buial and Ancient Society*; *The Rise of the Greek City-State* (Cambirdge, 1987).

② L. Gallo, "Popolosità e scarsità di popolazione; Contributo allo studio di un *topos*", *Ann Sc, Norm. Pisa* 10 (1980), 1233 ff.

律篇》4.707d－708d这一关于希腊殖民地建议的著名篇章的总结）。特别是对贵族资源的滥用，不管贵族是数十个贵族家庭或几千名拥有独立公民权的成年男子，他们对资源的滥用成为显而易见的问题：富人阶层的扩大，不断的社会迁移，从其他城邦迁移过来的新贵族成员在许多方面的适应，为满足虚荣心而对资源的需求不断增加，以上因素确实可能都会引起人口的实际增长，我们不需要预测所有人口数量在人口统计学上出现反常的繁荣。毕竟没有希腊城邦被强迫建立殖民地，要选择放弃城邦的奴隶。经过近年来的考察，根据考古记录以及公元前8世纪和前7世纪希腊普遍的文化状况，人口繁荣作为转变的一个因素，现在已经得到了正确的评估，用于反对前面提到过的那些看法。①

第三，正如前面已经提到的，在分散且封闭的社会环境下，基于当时人们对自己人口统计状况的依附性，讨论古代世界的人口历史是没有意义的。我们通过文献和考古可以清楚地了解"阿戈斯（Argos）的人 46
口状况"，这更多的是一种社会现象，而不是人口统计学方面的现象。正如阿提卡地区的人口证据，似乎表明了人口繁荣，其实反映了一些新的社会结构，这些结构重新分配了已经存在的人口，而且使他们以新的形式在考古学方面清晰地体现出来，所以在许多情况下从考古学的角度来看，这些现象是那些迁移活动和社会定义下的变化。真正的人口统计学——繁衍的模式是隐性的——并没有受到社会或地形方面的限制。真正的人口统计学历史需要对处于社会边缘的分配体系进行广泛地了解（通过模糊的不同阶层代际间的多种繁衍模式来了解，而不是单纯地通过非婚生子这个比较特殊的概念）。我们掌握的证据在这方面极其缺乏，而且迁移因素对这些现象有着非常重要的作用。

事出有因。人口，尤其是成年男子，是可以支配的宝贵资源，如果

① 安东尼·斯诺德格拉斯（Anthony Snodgrass）提出的人口繁荣，详见：*Archaic Greece* (London, 1979). 目前也可参考：J. McK. Camp, "A Drought in the Late Eighth Century B. C. ?" *Hesperia*, 48 (1979), 397－411; Morris (n. 20); Hansen (n.20).

有可能,男人可以为支配者提供加倍的创造力,前面所列举的情况对这点表达得很清楚。兵役是最重要的因素,在公元前 7 世纪和前 6 世纪,成千上万名男子的个体迁移是为了服兵役。这种不常见的现象,比这段时期到相对偏僻的地区的迁移应该更多。《诺斯托伊》(*Nostoi*)中的士兵训练有素,经验丰富,装备良好,军费充足,好像他们很富裕,可能和史诗里记载的更早期的东方战争中神话式的凯旋之师一样。他们的世界依稀映射着抒情诗传统,北爱琴海的阿尔奇洛科斯(Archilochus),黎凡特的安提曼尼达(Antimendidas),克里特岛的希布里阿斯(Hybrias),以及希罗多德表述得更详细的英雄,还有来自埃及的证据,这些都提醒我们不能完全解释希腊的诸多现象,正如我们可能已经在前面部分就开始的期望的那样。安纳托利亚人,尤其是卡里亚人(Karian),和希腊人一样加入这些迁移的洪流。[1] 他们迁移进程的结果非常多元化而且复杂,复杂程度只能透过其独特的令人费解之处体
47 现,比如在利比亚沙漠之中的一个绿洲,奇怪地出现"埃斯库罗斯宗族中的闪米特人"(Herodutus 3. 26. )。

与之有直接联系的是东方帝国统治时期的大规模人口迁移。整个部落群体经过远距离的跋涉,在人口稀少的地方重新安置下来,这是一个很好的方法。在波斯人统治的土地上,这个方法给后来的希腊人造成相当大的威胁,但西西里的海外殖民地使用过它,很有趣的是,公元前 5 世纪的戴诺米尼德(Deinomenid)僭主很喜欢使用这个方法。[2] 我们通常称这种重新安置的地区为殖民地,例如亚述帝国的卡帕多西亚地区,而且与希腊的海外殖民地相比,这种迁移安置地区并非那么遥不可及。希腊人意识到邻邦的这种移居习惯,正如福西尼德(Phocylides)对城邦建于岩石上的好处和尼尼微的愚蠢进行的对比(Sententiae 4. )。

---

① J. D. Ray, "The Crian Inscriptions from Egypt", J. Egypian, *Archaeology*, 68 (1982), 181－198.

② J. N. Postgate, *Taxation and Conscription in the Neo-Assyrian Empire* (Rome, 1974); Bustenay Oded, *Mass Deportations in the Neo-Assyrain Empire* (Wiesbaden, 1979).

统治者为了维系权力链条中的互通联系,立即对统治下的东方地区使用了类似安置迁移者的方法,在比西尼亚(Bithynia)或亚大米田(Adramyttium)的埃亚塔(Alyatta)地区安置了来自吕底亚的移民。从反对迁移者的基本背景来看,他们自身起源的故事以及附近族群经常发生变化,比如西米里人(Cimmerians)和徐吉泰人(Scythians),我们可以设定迁移者打算改变整个部族,比如福西亚(Phocaea)的撤离以及爱奥尼亚人的有目的移民。他们害怕遭到波斯人大规模的放逐——对这些人首创了海外殖民地的发展模式并对海外殖民地作出实践的人来说,被驱逐实在是太熟悉不过的事了。在昔兰尼或者锡拉丘兹(Syracuse),了解城市人口的增长状况(正如从希罗多德的综合性的希腊文章中所能了解到的那样,1.58)只能通过创造性的人口管理政策,方法是将原住民与地中海迁移洪流中来到这个地方的移民合并到当地人口之中。

基于这种情况,希腊人从某种程度上被视为"人类的组织者",通过海洋贸易从劳动力获取地将人力聚集起来。我们不必对任何个人组成的群体中假定显著的人口增长,以便更好地强化配置可获取的资源,换句话说,我们将这种方法假设成对新的政治需求作出的基本回应。在这个时期的地中海世界,不足为奇的是,我们还清楚地发现 48
人类分配制度的其他形式,即我们通常所称的奴隶制。奴隶制是在原始的生产模式(最重要的是粮食生产)的条件下,许多社会机构发展出的对人力资源进行管理的社会体制。同时也必须看到奴隶制基于人力资源相对稀缺的背景之下,而且将各种独立的其他形式的体制和由于劳动力的配置产生的社会控制搁置一边。奴隶制是成熟的合法体制,将奴隶与自由人之间大的壁垒固定化,以及通过奴隶制下的解放运动使奴隶制确立下来,这些都是早期历史实践后的副产品。我们推想,在古风时期,既没有后来的奴隶制和法律的精确性,也没有应对奴隶解放而进行束缚的常规力度。对劳动力进行控制的制度更加不稳固,而且在两个方向经历数代人社会迁移的加强,不需要依靠这样体制化和明显的转变身份地位的契机。① 黑暗时代和古风时期的奴隶制与人口的重新安置有关，这是一个非常重要的人口学方面的现象。欧迈俄斯（Eumaeus，*Odyssey* 15.402）以及梭伦（Solon）生活的历史时期（fr. 24），涉及从阿提卡流浪到很远的奴隶，奴隶们已经不再讲阿提卡语，这两篇文献是关键性的资料。我们不禁要问，这样背景下人们的子孙后代会变成什么样子？人们很容易设想身份如此低微的群体可能在人口统计上不受重视，如果持有通过整个社会的有效管理使他们完全不繁衍后代的观点，那么这个设想是不切实际的；如果认为这些“外人”在社会分析学方面意义不大，那么这个设想是精英主义（élitist）的。因为这些非自由人融入当地在人口方面具有重要影响，其历程花费了不止一代人的时间，也是非法生子的一个因素（前面大致提到了它的广泛含义）。非婚生子具有极大的隐蔽性，它遭到以贵族男子为中心的人口观念的排斥，但是我们必须继续提问，在公元前600年爱琴海地
49 区的城市里，有多少城镇议员具有非自由身份的伟大祖先，而且这样的人可能来自多远的城镇？

以西结（Ezekiel）奴隶纹饰的金属器皿铭文提醒我们，奴隶们带来的经济转移和其他群体的贸易之间存在着密切联系。我们还发现在人口不足与过剩模式下进行的资源重新分配，这种模式基本上是我们曾提到过的古代人口迁移的模式，而且这种对资源的重新分配也是其他此类迁移活动的特征。

## Ⅳ. 生态与经济

和我们的父辈一样，你是波斯人的大傻瓜，为了寻求好的生

① 在此领域摩西·芬利（Moses Finley）的著作是基础性的，参见：“Land, Debt and the Man of Property”, in B. D. Shaw and R. P. Saller (eds.), *Economy and Society in Ancient Greece* (1981), pp. 62 ff. 最近的应用：T. Gallant, “Agricultural Systems, Land Tenure and the Reforms of Solon”, *BSA* 77 (1982), 111–124.

计，波斯人用船进行了一次又一次的航海。

（Hesiod, *Works and Days* 633 – 634）

人们不曾忘记地中海世界是一个由成千上万个不同微型地区（microregion）组成的多细胞整体。但是正因为这些细胞对人口统计学家没有帮助，所以经济历史学家也仅仅姑且将它们作为孤立的和分散的个体。当地的生态学家具有不同的身份，但是他们不断地互相影响，根据微型地区之间相对差异程度较高的事实，建立起互相依存的体系。

再次以希罗多德对锡拉岛（Thera）的叙述为例，他对推动海外殖民地最终成为昔兰尼地区的那次危机的叙述（4. 150—159），很好地例证了地中海微型区域的特征。运用马尔萨斯的人口危机论不能呈现出一个封闭地区经历的人口繁荣，但是可以设想由当地特殊的自然环境造成的危机：下了七年的严重冰雹。这篇叙述也例证了这些危机以什么方式与公民的团结程度联系起来，另外，奥德赛人在地理上的状况很模糊，还介绍了卡拉依俄斯（Kolaios）的航海经历，这个叙述是神话体系（*mythos*-style）的一部分。《神谱》描绘了一个新世界，其存在顺应了重新调整旧世界平衡的需要，它有利于解释昔兰尼与爱琴海世界后来的相互影响。谷物的过剩可以解决当地的粮食危机——根据谷物的价格 50
引起的供求关系（变化）——神话里这种按需分配的供求关系退缩到最原始的状态，描述发生的戏剧化事件来解释那些地方，通过联想时间和地点呈现出一个理想化的简单状态世界。透过它我们可以清楚地看到重新分配的过程，经由这个过程，其他地区的生态学家被吸引过来研究当地的粮食不足，研究因贸易而产生迁移这一事实。

近年来，史前考古学家已经最有效地探索并清楚了这种重新分配过程的存在和影响，他们根据史前文化系统发展的复杂模式和经济学方面的背景完成了这次探索。这些将富饶地区和跨越了生态上的隔断发展出的文化一致性结合起来的网络不断增长，甚至在以内陆为中心的欧洲地区也能看到：当进行贸易的媒介是阻力非常微弱的大海时，这个网络更加壮观。尤其是在米洛斯(Melos)的爱琴海岛屿的经历，这种模式已经详细地阐明，最初时期的经济和社会与周围岛屿和爱琴海沿岸地区是如何互相影响的，这个模式在整个地中海地区肯定应该被强化，并作必要的修正(*mutatis mutandis*)。①

一个重大成果，在地方生态学相关研究的能力之上，必须提高估算由海域渠道进行贸易而获取的资源量。近来对埃伊纳(Aegina)的研究，对可预测的人口最低营养需求和岛屿环境最可能生产的营养物质之间的差距进行了概述，二者之间的鸿沟截止到公元前6世纪已经非常明显。② 农业和营养方面的改革使古风和古典时期许多地区的新谷
51 物、橄榄油和酒的产量大幅度增加，我们可以从改革中看到这些为数不少的再分配体系的影响。对我们的讨论而言，更加重要的结果是整个群体可以依赖再分配体制这一隐性的进程。在更近代的时期，这些群体靠成为中间经纪人的身份而幸存下来，这是一个策略，它将近代早期的繁荣带到农业地位相对不重要的群体社会，比如伯罗奔尼撒或帕罗斯(Paros)的里奥尼地(Leonidi)地区(因此从某种意义上来说，里奥尼地的航海业的确不如近代希腊的商业舰队)。这些群体对理解地中海地区的迁移状况起着极其重要的作用。埃伊纳岛是一个反映古代迁移状况的恰当实例(这种现象弱化了关于对最低营养需求的论断，尽管这让人感到很奇怪，但是迁移的埃伊纳人已经或多或少地对这个岛屿的资源基础有所依赖)。

我们恰巧有一个后来群体的文献资料，这个群体的所在地比埃伊纳岛地盘更小，环境更恶劣，但是同样也依靠再分配体系幸存下来。从

---

① 欧洲中心地区形成的网络，见：Michael Rowlands, "Conceptualising the Europeam Bronze and Early Iron Ages", in John Bintliff (ed.), *European Social Evolution*; *Archaeological Perspectives* (Bradford, 1984), pp. 147–156; Sherratt (n. 18), "The application to Melos is Colin Renfrew and M. Wagstaff", *An Island Polity* (Cambridge, 1982); Guy D. R. Sanders, "Reassessing Ancient Populations", *BSA* 79 (1984), 251–262.

② T. J. Figueira, *Aegina* (Salem, 1981); Oswyn Murray, *Early Greece* (Glasgow, 1980), pp. 211–212.

某种程度上，可以将它到埃伊纳岛想象成一系列完整的地区，这些地区或大或小，可能按此方法解决粮食供给和所遇到的危机。庇奥提亚（Boeotian）东海岸的安泰东（Anthedon），我们了解它是根据一位希腊作者描写的片段，但这个作家没有关注地理科学方面的内容，而是设置了喜剧的、夸张的、戏剧化的场景：这些设想的假象对我们的研究无益。① 安泰东地区土地贫瘠，几乎不种植谷物，但是生产大量的酒：居民主要是移民，在海边的小屋里，在盐和海藻之间，过着如画般的生活。目前从营养学上讲，这种生活确实存在着不稳定因素，但这些描写并没有体现出我们正在论述的按照每个生产者仅仅以满足家庭需要为目的的生存经济。人们可能会这样讨论：对穷人来说，鱼类太贵而不能成为主要商品，相反，因为渔民的鱼肉不好处理，鱼类的高价格（反映了较大
地区贵族的再分配体系）是安泰东人维系生活的依靠。事实上，腌制 52
的鱼肉和更加奢侈的紫色染料，的确是被提到过的特殊商品；另一个类似的事情可能是在谷物文化基础上选择了栽培葡萄。最后，他们的角色得到了加强，他们成为沿水岸分布的人群：他们的职业是造船者，更重要的是水手。

安泰东地区戏剧化的苦难提醒我们，在分析过程中假定再分配体系是一个基本导向，也伴随着许多普通的公众生活水平下降的进程。一般情况下，再分配系统允许非常容易受到当地粮食缺乏影响的地中海人口增长到高于当地生态可承受的能力的水平，这不会限制幸福感，也不会减少生活的艰辛，甚至是疾病。安泰东人境遇悲惨，但是如果没有离他们边界很远地区人们的需求和资源，他们便无法生存。在资源特别缺乏的情况下，这种再分配系统以及所需的迁移，在很长的历史时期构成了主要的原动力因素。

---

① Müller, *Geographi Graeci Minores* i. 104, translated in M. M Austin, *The Hellenistic World from Alexande to the Roman Conquest* (Cambridge, 1981), p. 153; Anthony Snodgrass, *An Archaeology of Greece* (Cambridge, 1987), pp. 88–91. 关于地中海的渔业经济状况，见：T. W. Gallant, *A Fisherman's Tale* (Ghent, 1985).

安泰东人很可能是赫西俄德的祖先，他们的生活可能依赖我们姑且称之为的贸易。① 但是再分配现象的扩展远得多。在安泰东地区，种植和捕猎方面体现出的共生现象提醒我们，充分开发地中海生态资源的方法具有多样性，而且开发涉及大量的随季节简单迁移的游牧者，其在整个生态圈范围内奔波，并且参与“每年定居与游牧生存状态的相互交替”，②他们不同于那些在沿海贸易港口需要剩余产品的“流浪者”（caboteur）。但是如果再分配体系创造并养活了中间经纪人，正规的贸易就不需要打破和平的环境。暴力革命同样具有特性，海盗、土匪，操控合法化偷盗（*sule*）的闪米特贵族，还有军队的力
53 量或多或少的合法需求，所有这些和早期的贸易者一样都适合用武力解决。③

这是设置强化再分配的迁移模式没有问题的原因所在，这种武力解决模式旁边是嘲笑公平地进行物品交换的社会价值体系。根据这个时期艺术品上的航海元素显示，希腊的艺术家完全卷入这波地中海世界迁移的洪流。④ 事实上，艺术家的相关职责，通过天赋和伴随偏好审美体系进行的表达是最重要的原动力，类似于东方权力有吸引性的拉力。⑤ 效忠、义务与职责交织成的网络，远超过市场的力量，调节着此类再分配系统。同时在其他地中海历史时期，也可以发现社会责任在刺激生产和促进再分配方面起着重要作用。⑥ 毕竟可能正因为通过贵族内部的交流，有效促进再分配体系发展的信息才得以

---

① Alfonso Mele, *Il commercio Greco arcaico*; *prexis ed emporie* (Naples, 1979); S. C. Humphreys, “Homo Politicus and Homo Economics; War and Trade in the Economy of Archaic and Classical Greece”, in *Anthropology and the Greeks* (London, 1978), pp. 159－174.

② R. Jamo, in Aurenche (n. 18).

③ M. Giuffrida Gentile, *La pirateria tirrenica*, *momenti e fortuna* = *Kokalos* Suppl. 6 (Rome, 1983); Michael Gras, *Trafies tyrrhéniens archaiques* (Rome, 1985). Brent D. Shaw, “andits in the Roman Empire”, *Past and Present*, 105(1984),3－52.

④ S. C. Humphreys (n. 29), esp. pp. 164－169.

⑤ Gabriel Herman, *Ritualised Friendship and the Greek City* (Cambridge, 1987), pp. 82－88.

⑥ 公元前6世纪的相关内容，参见：Eveline Patlagean, *Pauvreté économique et pauveté sociale à Byzance* (Paris, 1977)；公元前11世纪，军事力量从其他经济活动中剥离，赠物与商品同期也出现分化，关于此种变化，见：Georges Duby, *The Early Growth of the European Economy* (Ithaca, 1974).

传播。

在这方面，这些情况为希腊人所知，因为工匠、技工（*demiourgoi*）对推动它的传播起着重大作用。我们的代表性人物阿里昂，这位吟唱者是（与之）不相干的，另一件神话色彩较淡的事例是一名著名的腓尼基人（Phoenicizer），或者抄写员（poinikastas）。公元前5世纪初期，一座克里特的城市为了他们独有的利益，提供丰厚的奖赏来获得他的技能，诱惑他并阻止其离开。[①] 这些迁移者、雇佣兵、使节、贸易者、海盗和工匠，构成了古代地中海地区间互相交流的基础。他们运输和加工物品， 54
比如公元前第二千年代末流浪的冶金师，近来在黎凡特海岸城市海法（Haifa）的失事船只残骸里发现了他们的铸块和冶金设备。[②] 海上世界的门特斯（Mentes）塔菲人（Taphian，*Odyssey* I. 179－186），是荷马史诗中的船员，他们的船载满铁锭，并非依靠工业生产或海滨的扶持，而是依赖海洋所具有的功能。尽管公元前第二千年后期，金属铸块的形状，著名的牛皮纸，标记以及使用标记测定的尺寸，所有这些遭到了破坏，但仍旧显示出从公元前一千年到公元前4世纪的连续性。[③] 正是因为在公元前第一千年不断变化的环境中形成扩大的全球性联系，这个时代贵族随身用品中的新染料贸易的通用模式，反映出不断的传播和流通，比如著名的神庙中的青铜器的原料产地非常遥远；东方化运动传播过来的物品，比如萨摩斯岛赫拉神庙中的象牙，可以反映人类的迁移活动，又如卡拉依俄斯（Kolaios）和索斯特拉托斯（Sostratos）的迁移。[④] 但是考古记录中这类物资的大规模传播，不是开创再分配体系

---

① 关于工匠和技工方面，参见：Marie-Francoise Baslez, *L' Etranger dans la Grèce antique* (Paris, 1984)；关于克里特人（Gretan）的描述，参见：Georges Daux, "Le Contrat du travail du scribe Spensithios", *BCH* 97 (1973), 31－46.

② E. Galili, N. Schmueli, Michael Artzy, "Bronze Age Ship's Cargo of Copper and Tin", *IJ Nautical Archaeology*, 15 (1986), 25－37.

③ 见 P. A. Gianfrotta and P. Pomey, *Archeologia subacquea* (Milan, 1982)；在古希腊共同语关于航海的方面，船锚展现了一定程度上的同一性.

④ 对青铜器作出的最好概括：Claude Rolley, "Les bronzes grecs; recherches récents", *Rev. Arch.* 1985, pp. 255－296. On ivories Brigitte Fryer Schauenbury, "Kolaios ud die westphönizischen Elfenbein", *Madrider Mitteilungen* 7 (1966), 80－108.

流通的标志,只是它们加强的象征,并以新的方法体现其用途。①

## V. 迁移与希腊人

> 普拉西提亚(Praxithea):(在雅典)我们不是一个外来民族,但我们基于本土而成长。然而其他的城邦都像掷出的骰子一样分布,彼此之间相互脱离。
>
> (Euripides, *Erechtheus* fr. 50 Austin, 7 – 10)

对于古代地中海地区的大部分原住居民而言,外来者(*epaktos*),或
55 者来自其他区域的人(*eisagogimos*),与普拉西提亚所说的一样普通。对于希罗多德而言,整个希腊的族群是"一个主要靠移民而形成的群体"(1.56)。对于像修昔底德这样的人而言,迁移和稳定是解释希腊过去的基础(1.2)。他提出一系列复杂的反面案例,比如陆地上四处流浪的族群和从事商业交流的人群,土地肥沃的地区和土地贫瘠的地区,还有迁移与无迁移。对他而言,雅典的原住民是贫困的产物,其财富与对外交流之间,特别是财富与航海之间存在密切联系。在流动性相对强的社会,它们的词汇里对于这些概念不需要这么精确的术语,这些词汇是本篇文章中摘用这段文字的一个原因。欧里庇得斯在表达概念的简洁方面很有表现力,他把迁移比作掷骰子游戏,认为其随意且难以预测;他总结了迁移所有的冒险、偶然特征,认为其是如此极具冒险性、完全不确定性,但又充满了现实和想象中的成功机会。因为所有为了生计而进行的探索都具有近乎疯狂的强迫性,所以几乎不能用赌博对之作一个恰当的比喻。

到公元前5世纪,已经开始体现出环境条件的主要影响,关于环境

① Ian Morris, "Gift and Commodity in Archaic Greece", *Man*, 21 (1986), 1 – 17.

条件,我们也一直在考察。迁移重塑了同等权益的(*pari passu*)希腊社会机构,群体之间最显著的“借来主义”殖民地(apoikia)的想法正式产生。附属国(apoikia)和宗主国(metropolis)所有复杂的法律和思想意识体系构成了迁移的附带现象。在特殊条件下,即政策或资源相互辅助,或者国内争议已经解决情况下,地中海长期交往的洪流中体现出合理化趋势,这些趋势的运动能量依靠生态环境(不论在地中海盆地,或盆地之外,比如在伟大的黎凡特城邦)的较大推动力。仔细研究相关词汇,可以看出希腊体制下的推动力稳定增长,而且警示:对抗公元前8世纪的发展模式很容易招致反弹。① 反弹有助于公元前8世纪首创的错误路线,这条路线很难进行解释,实际上它是经过几个世纪时间发 56
展而更加系统化的模式。但是没有哪个历史时期推动“殖民”(colonization)这一术语的使用〔这是一种金融制度,埃蒙德·伯克(Edmund Burke)在1770年用英语创造了通用货币词汇,1849年乔治·格罗特将这个术语运用到古代史〕。这个时期对种族采取的专横态度和目的方面的错误意识与忒勒马科斯(Telemachus)、赫西俄德的祖先和卡拉依俄斯的思想奇妙地混合在一起并无关系。公元前8世纪最后几十年间,从科林斯到奥提伽岛(Ortygia)的船舰拥有者之中发现了闪米特人。另外,当这个术语确实出现的时候,与“背井离乡”(out-home)这个术语相比,什么更能表达海洋地区间的联系?很难想象宾夕法尼亚的荷兰人或者澳大利亚被驱逐的人如此的使用这个术语表达他们离出发地不远。在现代世界,殖民已经作为“向一个新开端启程”而开始,以征服的使命而结束。公元前8世纪机会主义性质的尝试活动,和公元前7世纪与家乡有着密切联系的安置活动,都是不正确的。阿尔奇洛科斯笔下的萨索斯岛,充满了所有希腊人的遗迹(fr. 102),与远处的马萨力阿(Massalia)相比,更具典型性。

像殖民地一样,对客人的情意和与领事制度(proxeny)有密切相关

---

① Michael Casevitz, *Le vocabulaire de la colonization en grec ancien* (Paris, 1985).

的实践活动，再现了通过迁移走向分裂的趋势进行中和作用的企图。[1] 事实上，关于迁移的悖论，即认为迁移促成了这些成就，阿里昂的故事再次成为我们的榜样，而且通过跨越了广大地区鼓励文化的一致性，建立起更广泛的社交体系。每个城市内部设置机构来规范外地人的身份地位，使之达到更少的迁移环境下可能不需要的程度，比如新来者（*epelys*）的概念，与之相对的是定居者（*enoikos*）以及友好款待的寄居机构。由此可见，这些反映了古风时期的生活，事实上通过相同的悖论，这些机构对反映"整个古代的分裂程度"（le morcellement extreme du monde archaïque）没有起到帮助作用，但是它们是克服四处迁移带来的风险而建立的体制上的标志。[2]

57 普拉西提亚将我们引向第二个悖论。通过与非定居者的对比，以及旅行者公民权意识的缺乏，定居者的公民权意识得到了广泛增强。这不仅仅从新来者和定居者之间一分为二体现出来，还特别在个人的放逐（*phuge*）和遣回（*anastasis*）活动中体现出来；这只能存在于相互依赖的世界，那里超越城市，有平衡的公民权，流浪者、客人、出家人，甚至偶尔有贸易者或工匠（demiourgos）沦为牺牲品，他们被连续放逐而加入城邦。[3] 其实返回到我们前面的问题，希腊主义的整体思想，可以被视为对熔炉社会的对抗，熔炉社会的少数民族是一个使人放心和有益的一致性结构。[4] 雅典人因为雅典的政治中心地位，比其他地方的人吸引了更多的迁移人口（尽管据亚里士多德，*Politics* $1326^{a}18-20$ 注释，城邦无疑必须包括大量的奴隶、外邦人和外来者）。雅典人中的原住民坚持认为，与其他城邦相比，雅典在其他方面获得更大的发展：创建了具有排外性质的有关公民权的法律，在成熟的奴隶制度以及外邦

① Herman (n. 33); Christian Marek, *Die Proxenie* (Frankfurt, 1984).

② Baslez (n. 35)；法语引用自第 359 页。

③ Jakob Seibert, *Die politische Fluchtlinge und Verbannten in der griechischer Geschichte* (Darmstadt, 1979).

④ 关于早期起源，参见：Coldstream, in Hägg (n. 9)，强调交流的频繁程度造就了希腊人的"地域性骄傲"（proud to be parochial）.

人管理情况下，对移民问题首创了特殊的解决方法。① 通过发展合作的、有一致决定权的、共同承担责任的政治策略，体现出城邦的优势，因此将这些优势简单地归因于世界性的迁移，作为反对以上几种政治形式行为的解释，可能也具有一定的合理性。如果没有最初的所有外界的迁移使城市发生转变，城市的起源也是不可能的。

另外，最后我们分析“小希腊”这个理论。这个理论很难证明符合第一部分提出的同质性问题体现出的情况，产生困难的原因之一是文化同质性涉及的社会不是联系紧密的社会，而是迁移的世界。这些同质性是人类变迁过程中的特征，是一种以迁移为基础的文化。希腊人不是经过东方的理论或西方的金属物质而来的民族，他们自身就是扩散者。没有 58
人可以将字母传到希腊：字母化是基于当时希腊人和其他民族迁移的整个社会背景下形成的。② 公元前6世纪晚期和公元前5世纪期间，根据我们掌握的众多信息了解，与土生土长的雅典人相比，建立起城市的希腊人的自我意识、排外心理和其他方面变得更加强烈，因此建立起了一个存在界限、具有附属性、同质性、封闭、限制性的世界，而这样的世界模式在公元前6世纪晚期以前是被否定的。

基于原住民的神话建立起社会体制的原因非常明显。但是对地中海的社会和经济生活统治模式，对外来者，对实际在政治体制上不相容的其他社会采取排外措施，这种排外性和改革最终使得雅典不可能形成真正广泛和以政治体制为基础的社会。一般意义上的城邦，我们可以说其走入一个死胡同（cul-de-sac），如果建立广大的、相对和谐而又包容的社会是一个值得奋斗的目标，那么城邦是对地中海现实挑战作出的有力回应。别的地方关于神话的起源，讲述的情况与雅典完全相反，而且事实上很难使城邦世界平行并立。地中海迁移的潮流带来的成功因以下两类人而得以保留下来：第一类人是第一批游牧者，他们的

---

① Nicole Loraux, *Les Enfants J'Athena* (Paris, 1981; Eng. trans., Harvard, 1986); David Whitehead, *The Ideology of the Athenian Afetic* (*PCPS* suppl; Cambridge, 1977).

② Jack Goody, *The Interface between the Written and The Oral* (Cambridge, 1987), pp. 60–61.

团体扩大是通过流浪者和逃亡者数量的增加而实现的，流浪者和逃亡者为了生产资料而依靠更稳定且复杂的邻居；另一类人是第一批统治者，他们靠流浪的狼之奶而活着。

# 古风时期伊特鲁利亚人的军事组织和社会结构* 59

布鲁诺·德·阿戈斯蒂诺(Bruno d'Agostino)

> 伊特鲁利亚人的军事操练的确足够完美,纪律性非常强,然而在这里我没有看到他们的丰功伟绩:因为训练应该成为其他方面的工具,怎么能将之用于使每个农民处于其依附地主的管制之下,以及每个公民处于所在城市的长官之下?
>
> (Jonathan Swift, *A Voyage to Brobdingnag*, ch. 8)

目前我们对伊特鲁利亚人世界的政治和社会组织一知半解,①因为已知存世文献资料里的相关内容缺失,相关的铭文记载也缺乏,而且已有铭文的大部分内容涉及固定仪式的葬礼。由于以上几个因素,考古学方面的证据非常重要,也是获取伊特鲁利亚世界这些方面的信息来源。任何一个政治团体相关资料的缺乏和伊特鲁利亚世界划分的不 60
同区域之间存在迥然差异,都会使情况变得更加复杂。他们最早的起

* 这篇文章写成于剑桥,时间是1987年,当时我在卡莱尔学院(Clare Hall)做短期客座研究员,经费的拨款方为爱尔文·科顿(Alywin Cotto)基金和一项来自意大利的旅游奖金(Italian Consiglio Nazionale delle Ricerche)。古典学院在剑桥举办的研讨会和在牛津举办的希腊城市的系列研讨会上,这篇论文得以展示并进行了讨论。我非常感谢以上提到的所有组织机构,特别是我的合作伙伴A.斯诺德格拉斯(A. Snodgrass)以及O.默里(O. Murry)、P.卡特利奇(P. Cartledge)提出的建议和批评。当然,任何不当之处和谬误都由本人负责。

① J. Heurgon, "L'État etrusque", *Historia* 6(1957), 63ff.; J. Heurgon, "Classes et orders chez les Etrusques", *Rescherches sur les structures sociales dans l'antiquité classique-Caen 1969* (Paris, 1970), pp. 28ff.; M. Torelli, "Tre studĭ di storia etrusca", *Dialoghi di Archeologia* 7 (1974－1975), 3ff.; M. Cristofani, "Società e istituzioni nell'Italia Preromana", *Popoli e civiltà dell'Italia antica* 7 (Rome, 1978), pp. 51ff.; G. Colonna, "Il lessico istituzionale etrusco e la formazione della città (specialmente in Emilia-Romagna)", *La formazione della città preromana in Emilia-Romagna* (Atti Convegno 1985; Bologna, 1988), pp. 15ff.

源可以追溯到公元前9世纪初，①从那时起，伊特鲁利亚世界的每个城市事实上都是独立、孤立的政治实体，尽管伊特鲁里亚地方行政官(Praetor)的存在，表明了在特定的限制条件和特殊情况下，至少存在着某种同盟式的联系。另一方面，这个伊特鲁利亚人的小世界划分成不同的地区，地区之间存在的差异非常明显。

伊特鲁利亚最初的范围位于意大利半岛的西部，从亚诺河(Arno)到台伯河(Tiber)流域(见下页图1)②：可以说，它包括现代的托斯卡那(Toscana)和拉齐奥(Lazio)的北部地区。在这些边界线范围内，伊特鲁利亚人的领土可以划分为三个主要的地区。南部沿海地区在伊特鲁利亚的文化发展中处于主导地位，其地域范围主要从台伯河到菲欧拉河(Fiora)，包括的中心城市有维爱(Veii)、卡瑞(Caere)、塔尔奎尼亚(Tarquinia)、瓦尔奇(Vulci)。北部地区，其中心城市维图罗尼亚(Vetulonia)、波普罗尼亚(Populonia)和鲁塞拉(Roselle)控制了这个地区主要的金属资源。伊特鲁利亚的内陆地区，从亚平宁(Apenninusi)、佩鲁贾(Perugia)，到阿雷佐(Arezzo)。以上三个地区，它们之间的差别不仅仅是经济和文化上的，有时还会转变为政治对手，公元前6世纪末就曾经发生过，当时丘西(Chiusi)的国王柏杉纳(Porsenna)——传统上认为他是罗马的塔克文(Tarquins)的支持者——事实上强化了自己在丘西和伊特鲁利亚内陆的霸权地位。与伊特鲁利亚初期相比，后来主
61 要朝西北和南方扩张。第一次扩张范围包括波河(Po)河谷，在费尔西纳(Felsina)建立中心，即博洛尼亚(Bologna)。第二次扩张覆盖了坎帕

① H. Müller Karpe, *Zur Stadtwerdung Roms* (Heidelberg, 1962); A. Guidi, "An Application of the Rank-Size Rule to Protohistoric Settlements in the Middle Tyrrhenian Area", in C. Malone and S. Stoddart (eds.), *Papers in Italian Archaeology*, iv (BAR International Series, 245) (Oxford, 1985), pp. 217ff; id., "Sulle prime fasi dell' urbanizzazitione del Lazio protostorico", *Opus*, I(1982), 279-289，以及相关讨论文章，见：*Opus*, 2(1983), 423-448. 参见：G. Colonna, "Urbanistica e architettura", in *Rasenna*: *Storia e civiltà degli Etruschi* (Milan, 1986), pp. 371ff.

② T. W. Potter, *The Changing Landscape of South Etruria* (London, 1979): M. Torelli, Etruria(Bari, 1980).

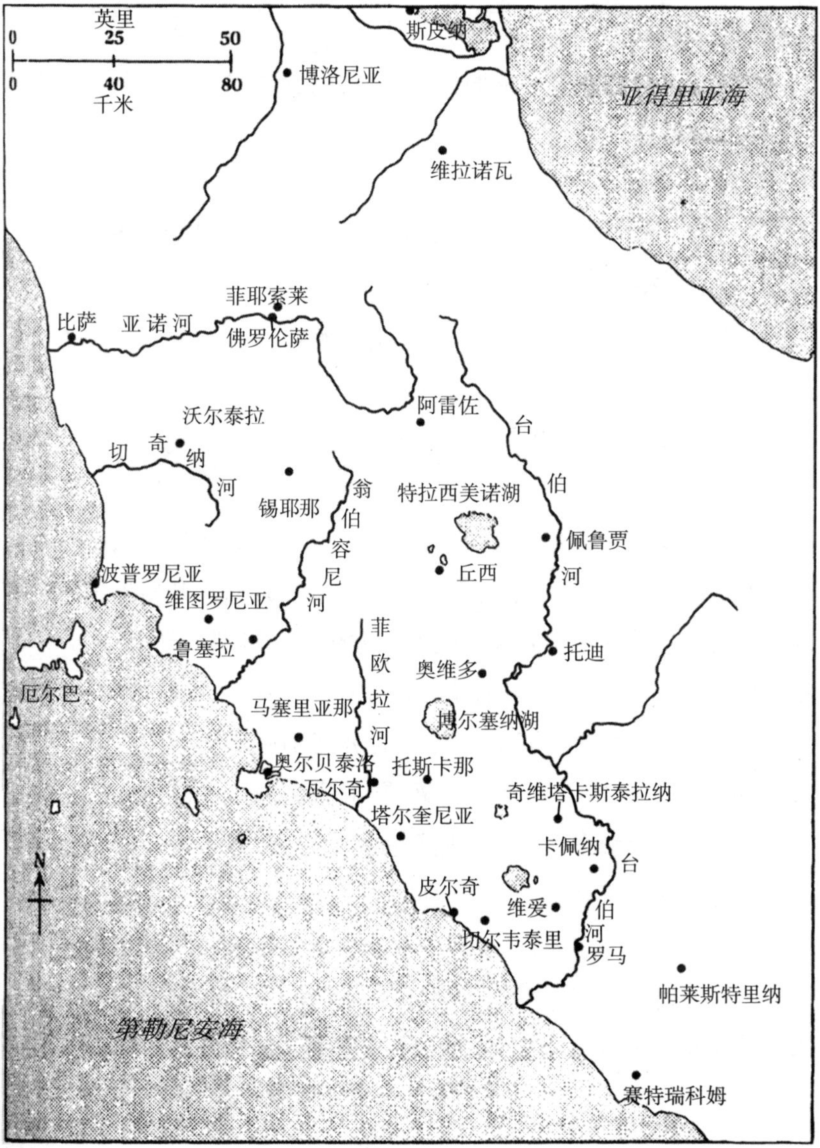
英里
0
25
50
0
40
80
千米
斯皮纳
博洛尼亚
亚得里亚海
维拉诺瓦
菲耶索莱
比萨
亚 诺 河
佛罗伦萨
沃尔泰拉
阿雷佐
台
切
奇
纳
河
锡耶那
翁
伯
容
尼
河
特拉西美诺湖
伯
佩鲁贾
河
波普罗尼亚
维图罗尼亚
丘西
鲁塞拉
菲
欧
拉
河
托迪
奥维多
厄尔巴
马塞里亚那
博尔塞纳湖
奥尔贝泰洛
托斯卡那
瓦尔奇
奇维塔卡斯泰拉纳
塔尔奎尼亚
卡佩纳
台
N
皮尔奇
维爱
伯
河
切尔韦泰里
罗马
帕莱斯特里纳
第勒尼安海
赛特瑞科姆

**图 1　伊特鲁利亚地图**

尼亚海岸的大部分地区，主要的中心位于卡普亚（Capua）、庞特卡格纳诺（Pontecagnano）。

62 伊特鲁利亚人在罗马征服以前，其文化发展按照时间先后顺序可以分为以下五个阶段：

公元前900—前730年　铁器时代早期，维兰诺威文化时期
公元前730—前630年　东方化时代早期
公元前630—前550年　东方化时代晚期
公元前550—前470年　古风时代
公元前470—前400年　古典时期

从社会组织机构的角度来看，一般认为铁器时代早期从平均主义性质的结构团体过渡到按阶层划分的组织团体，而且开始出现不同阶层在社会和经济方面的差别。随着东方化时代早期的到来，社会体制发展成为贵族式的组织类型，贵族们互相联姻形成大的以血缘关系为纽带的群体，其本质特征是经济上的极度不平等，且不说王室贵族（*princeps gentis*）和精英贵族的发展，普通家庭（*gens*）自身也招徕大量平民和奴隶。经济力量与土地拥有量密切相关，外来者可以靠被领养的方式进入普通家庭，从而被社会团体接纳。东方化时代晚期和后来的古风时代与古典时期，贵族式的社会体制逐渐衰落，取而代之的是财权政治的社会体制[1]：经济力量的强弱基于个人财富的多寡，财富的来源是专业化种植经济作物（即葡萄和橄榄）及贸易。这种新型体制的社会基础依靠家庭或家族（*oikos*），家族里面每个父系家族（*paterfamily*）都是独立的单位。正如我前面已强调过的，了解伊特鲁利亚社会经济发展的复苏情况，主要依靠考古学方面的证据，而且考古

① G. Colonna, "Basi conoscitive per una storia economica dell'Etruria", *Ann. Ist. It. Numism.* 22(1975).

学上主要的线索源于葬礼习俗的研究；此外还有对伊特鲁利亚人进行的社会学方面和意识形态方面的分析，研究和分析运用了 H. 穆勒 · 卡普（H. Muller Karpe）研究意大利史前史时开创的方法，他的著作主要阐明了罗马国家形成（*Stadtwerdung*）的过程。①

在城市形成这一问题的分析过程中很快产生一个中心议题；希腊 63
模式的影响，引出许多关于伊特鲁利亚世界也具有与希腊城邦完全相似本质——具有建立法律体制的极大可能性，还具有在内部建立起有差别的公民身份的能力——的假设。然而诸如此类具有不确定性的问题，缺乏可搜集到的证据佐证，而且很难解释，但是希腊城邦军事组织方面进行的研究已经被认为对阐明这些问题作出了重大贡献；同样，学者们对伊特鲁利亚的研究成果也对之作出了贡献——他们的研究方向为与军事组织相关的文献资料和考古证据。②

在希腊世界有件事尽人皆知，③公元前 700—前 650 年间的某一时间，希腊的军事机构经历了一次重要改变：战争的结果不再取决于贵族战士们之间的决斗或徒手搏斗，他们转而像荷马时代的英雄们那样在战车里赢得战斗。取而代之的是重装备步兵军队出现，在这样的军队

---

① 参见：above, n. 2.

② 这个问题首先由 H. L. 洛里默（H. L. Lorimer）提出，参见："The hoplite phalanx, with special reference to the poems of Archilochus and Tyrtaeus", *BSA* 42（1947）, 76 - 138. A. 莫米利阿诺（A. Momigliano）以批评的视角又重新进行了审视，参见："An Interim Report on the Origins of Rome", *JRS* 53（1963）, 95ff；进行重新考虑的还有 A. 斯诺德格拉斯关于重装备步兵的相关文章（n. 7）. 关于伊特鲁利亚人的军队构成，可见：Ch. Saulnier, *L' Armée et la guerre dans le monde étrusco-romain VIII-Vi s.* （Paris, 1980）；另外，J. R. 雅诺（J. R. Jannot）正在从事这个主题的研究："Les Cités étrusques et la guerre"，在多次演讲中展现了他的一些观点和看法。

③ 鉴于提到有关这个主题的所有成果是不可能的，我将只提一下一些最近的论文：A. M. Snodgrass, "L' introduzione degli opliti in Grecia e in Italia", *Rivista Storica Italiana* （1965）, 434ff.; id., "The Hoplite Reform and History", *JHS* 85（1965）, 110 - 122; M. Detienne, "La Phalange: Problèmes et controverses", in J. -P. Vernant（ed.）, *Problèmes de la guerre en Grèce Ancienne* （Paris-La Haye, 1968）, pp. 117 - 147; P. Vidal-Naquet, "La Tradition de l'hoplite Athenien", ibid. 161ff.; P. A. L. Greenhalgh, *Early Greek Warfare*（Cambridge, 1973）; P. Cartledgione, "Hoplites and Heroes: Sparta's Contribution to the Technique of Ancient Warfare", *JHS* 97（1977）, I ff.; J. Salmon, "Political Hoplites", ibid. 84ff.; A. J. Holliday, "Hoplites and Heresies", *JHS* 102（1982）, 94ff.; J. K. Anderson, "Hoplites and Heresies: A Note", *JHS* 104（1984）, 52ff. 目前 I. 莫里斯（I. Morris）的著作表达了一个极端，他对关于重装备步兵改革的历史意义持否定态度，参见：*Burial and Ancient Society: the Rise of the Greek City State* （Cambridge, 1987）, pp. 196 - 205.

里，每个步兵配有标准化的装备，其特征是配有一个更易操作的新型盾牌，而且打仗时兵士位置固定，并严格服从命令。这样的军事组织形式的采用，已经被视为平等的自我意识社会到来的象征，在社会的民主进
64 程中，平等恰好顺应了城邦的产生。关于这类可以作出解释的模式已经进行过多次讨论，特别是二十年前在英国的学者之间进行的探讨。在伊特鲁利亚人的研究资料里，存在着一个明显的倾向——将它作为一个没有争议的模式，存在着需要用图片类证据或墓碑的碑文对之加以证实的不现实想法，偶尔出现重装备步兵的相关内容，也是为了能够研究民主城邦的产生。

在此文章的第一部分，我打算根据已掌握的各类证据对此理论进行研究。

从政治和社会的角度来看，随着公元前6世纪中期左右国王图里阿·塞维乌斯（Servius Tullius）制定百人团大会制度[1]（*comitia centuriata*），罗马国家的形成进程进入尾声。他的这次改革促进了重装备步兵的产生，许多持不同观点的学者还认为这次改革对社会和政治造成多种影响。由于这个事件比较著名，通过古代资料流传下来的传统观念已经得到广泛讨论，而且许多学者逐渐对传统观念产生怀疑，有的甚至坚信图里阿·塞维乌斯肯定是一位传奇人物。[2] 然而，我毫不犹豫地相信与这位国王及其改革相关的主要古代传统观念。

对于伊特鲁利亚，这些事件具有必不可少的重要性，因为一些希腊作家在罗马时期的著作中明确指明了罗马人从伊特鲁利亚人那里学习到重装备步兵方阵的作战方法。[3] 这些文献资料也主张，这就是最初的伊特鲁利亚人优于罗马人的主要原因，而且只有当罗马人提升和改进了这些战术之后，他们才能够打败伊特鲁利亚人。一些现代学者很

---

① 关于这个论题，R. 汤姆森（R. Thomsen）提供了大量的参考文献，见：*King Servius Tullius*（Gylendal, 1980）；参见：J. Ch. Meyer, *Pre-Republican Rome*（Anal. Inst. Danici suppl. xi; Odense 1983），这里可以发现有用的参考文献.

② 参见：R. Thomsen（n. 8）.

③ Diod. Sic. 23. 2. 1; Ined. Vat., ch. 3; Ath. 6. 273.

明确地接受这个版本的事实，作出如下陈述："图里阿·塞维乌斯的百人团大会改革，非常明显是出于对伊特鲁利亚人水平相对较高的重装备步兵战术进行改进的需要。"① 65

但是在接受迪奥多罗斯(Diodorus)流传下来的古代传统观念之前，我们需要仔细考证伊特鲁利亚的相关证据。事实上，在伊特鲁利亚城市，重装备步兵组织的存在引起了一系列的问题，A. 莫米利阿诺(A. Momigliano)对这些问题进行了很好的总结。他于1963年在一篇论文中写道："伊特鲁利亚人的社会机构建立在贵族与平民(*client*)之间尖锐的阶级矛盾之上，我无法想象他们曾经是如何克服矛盾组建重装备步兵的。"②显而易见，这个问题涉及重装备步兵的性质。尽管希腊的不同城邦里重装备步兵的性质不同，但是在步兵方阵里，基本上都体现出那是一个平等的团体。伊特鲁利亚人的步兵方阵如何？这是一个根本性问题，而且它必须在对伊特鲁利亚社会从根本上加以分析的基础上进行考虑。

其实在此研究方向上已经作了一些尝试，但并没有解决中心问题所在：如果伊特鲁利亚社会达到了希腊城邦组织机构的水平，那么将会导致贵族式组织机构在实质上的弱化，比如雅典的克里斯提尼改革所引起的后果。但如果发生了那样的事情，贵族统治的体制如何在公元前4世纪以另一种形式重现？这是真正的问题所在，甚至连坚信伊特鲁利亚城邦存在的一些学者也已经意识到了这点。③ 当时整体的历史形势的确没有研究清楚，因此重新思考这个问题的实质以及伊特鲁利亚重装备步兵军队的特征是值得的。

---

① 参见：R. Thomsen (n. 8), 200.

② A. Momigliano (n. 6), 119；参见：A. Snodgrass, *JHS* 85 (1965), 119："如果伊特鲁利亚思想守旧的寡头政治社会能够组织和维持重装备步兵体系，那么通过什么权力可以使它远远超出在希腊的运用，而且几乎是最直接的因素？"

③ 比如G. 科隆纳(G. Colonna)描述可能催生了新城市的实权派富人阶层的增长状况时，他不由自主地想知道，"新贵族是否仍然受制于以前大贵族形式上的统治"，他还推断："现在仍在用作代指他们的服务阶层(servi)这个名词，据此我们断定他们受制于其统治。"参见：M. Cristofani (ed.), *Civiltà degli Etruschi* (Milan, 1985), p. 242.

P. F. 斯达瑞(P. F. Stary)对这一课题作出的重要贡献，大幅度增加了我们的相关知识，①肯定成为任何一次针对这个问题进行重新审查
66 的起点。斯达瑞对所有涉及装甲步兵和作战技巧的考古证据进行了系统研究，研究内容包括武器的类型、墓碑碑文中出现的武器以及全副武装的士兵的艺术化图像。以下是他作出的主要总结：

> 大约在公元前 8 世纪末期，伊特鲁利亚人放弃了曾在铁器时代早期使用的武器，公元前 725—前 675 年间，他们在兵器方面还受到强烈的东方化影响。但是从公元前 7 世纪开始发生了影响重大的改变：希腊重装备步兵使用的武器开始占优势。圆形的伊特鲁利亚头盔让位于科林斯式头盔，饰以浮雕的盾牌被重装备步兵的盾牌所取代，护胫甲、护胸甲、长剑以及一个或多个箭头的弓箭，这些都是从希腊人那里引进过来的。

然而，我们会不由自主地解释道，在非常明确的情况下出现一些奇怪之处：只有极少的士兵穿整套的重步兵铠甲；重步兵的武器特征有时体现出伊特鲁利亚人的民族特色，比如斧子和双刃斧的使用——它们几乎不适合士兵在方阵中作战。然而，正如斯达瑞明确指出的那样，来自墓碑的证据和图像都不能解释“伊特鲁利亚人是否也采用密集的方阵形式作战”。

鉴于我不可能对斯达瑞搜集到的所有图像进行研究，在此将只提供一些评论。在受东方化影响的那段时间，士兵的装扮，无论风格还是使用的武器类型，都明显模仿了东方简单的装饰风格，正如在普莱奈斯特(Praeneste)地区的伯纳丁(Bernardini)坟墓中出土的银碗上所看到

---

① P. Stary, *Zur eisenzeittliche Bewaffnung und Kampfesweise in Mittelitalien* (ca. 9 bis 6 Jh. v. Chr.) (Marburger Studien zur Vor-und Frühgeschichte 3. Mainz, 1981).

的风格。[①] 我们发现在公元前 7 世纪后半期和公元前 6 世纪初期，当 67
时的次几何陶时期(sub-Geometric)陶器和最早的伊特鲁利亚—科林斯陶瓶上有成排的士兵图像。[②] 一般来讲，仅从简单的装饰风格来看，我认为这些图像原型是从科林斯人的模型中提取的，事实上，在其他同时期受到科林斯人影响较少的地区，这些图像的确几乎不会出现。通过证明伊特鲁利亚重装备步兵军队的存在，能否更容易接受这些图像，这很难讲，但是我们必须承认士兵的图像至今还在伊特鲁利亚文化中广泛传播，而且这些证据表达了对战争类图像的关注。

最有说服力的图像是一支以队列形式排列的伊特鲁利亚军队，它们出现在两个陶器上，而陶器的时间与颇有争议时期的起点和终点相关。第一个是来自卡瑞附近的塔拉格里阿特拉(Tragliatella)的陶器(*oinochoe*，见图 2)，[③]这是一个令人疑惑的坛子，它大约制造于公元前 7 世纪中期。因为坛上画有一排共 7 个重装备步兵的图像，而且每个

---

① F. Canciani and F. von Hase, *La tomba Bernardini di Palestrina* (Rome, 1979), pp. 6, 36 - 37；影响更深远的东方化的例子是马塞里亚那的青铜匾，参见：G. Camporeale, "Su due placche bronzee di Marsiliana", *Stud. Etr.* 35(1967), 31ff.; Stary(n. 14), B 7.9, p.405, pl. 4. 1. 唯一有影响力的例外是塔克文地区的波克霍里斯(Bockhoris)墓地的圆体大陶瓶：H. Hencken, *Tarquinia: Villanovans and Early Etruscans*, (Cambridge, mass., 1968), pp. 368ff., figs 363 - 364. 这个陶瓶，具有明显的地方传统特色，它的出产时间可以追溯到东方化时代最初的时期，即公元前 8 世纪末。瓶画上一排希腊重装备步兵可能来自同一个希腊步兵模型，可以通过拿它与同时期的皮泰库桑(Pithecusan)陶瓶相比推断出来，参见：Stary (n. 14), B I. 19, p. 369, pl. 63. I. 在丘西地区的皮里卡斯纳桶状容器(Plikasna situla)上也可以看到一排重装备步兵，参见：M. Martelli, *Stud. Etr.* 41(1973), 97ff. G. Camporeale, *Mélanges... de l'École Françise de Rome*, 99 (1987), 29f.，该文章作者认为这可能是伊特鲁利亚重装备步兵的最早期的代表。

② 关于"Civitavecchia style"：Stary (n. 14), B1. 4, 359, pl. 12; H. B. Walters, *Catalogue of the Greek and Etruscan Vases in the British Museum* i. 2 (London, 1912), pp. 259ff., H 241, pls. XXII-XXIV. Stary, B 1. 3, p. 13. 1; G. Q. Gigli, *Stud. Etr.* 20 (1948 - 1949), 241 ff., pl. XIII; Stary, B 1. 10 - 11, P. 195, pl. 10. 1,3. 与这个族群紧密相关的是这个陶瓶，见：Stary, B 1.12 - 13, p. 395f., pl. 10. 2, 5. Polychrome style"：*oinochoe* from Vulci, Stary, B 1.9, p. 395, pl. 11. 3. *Olpe* in Villa Giulia, Stary, B 1, 15, pl. 11.2; F. Canciani, in M. Moretti (ed.), *Nuove scoperte e acquisizioni in Etruria Meridionale* (Rome, 1975), n. 13, pp. 203 ff.

③ Stary(n. 14), B 2. 13, p. 397, pl. 9; J. P. Small, "The Tragliatella *oinoche*", *Röm, Mitt.* 93(1968), 63 ff.，此论文提到过以前的文献资料。在此我将探讨其他令人疑惑的陶瓶，如藏于巴黎的长胡子的斯芬克斯画者(Bearded Sphinx Painter)陶瓶，如今认为它是伊利奥乌佩尔西斯(Ilioupersis)的代表，参见：F. Zevi, "Note solla leggenda di Enea in Italia", in Gli Etruschi a Roma (Rome, 1981), pp. 145ff., pl. v a.

步兵都配备有一具圆形盾牌和三支标枪，所以它被经常拿来与出土的戚吉（Chigi）陶瓶作对比。

**图2 塔拉格里阿特拉大酒坛。图像摘自：P. F. Stary, *Zur Eisenzeitlichen Bewaffnung und Kampfesweise in Mittelitalien*（Mainz, 1981）, pl. 9.**

68 围绕这条横饰（frieze）的寓义的解释存有争议，最近对此作出解释的是 J. P. 斯莫尔（J. P. Small），他认为整条横饰带有葬礼的含义。依照他的观点，三个标有名字的人物形象是死去的妇女和她的家人，而骑手和士兵在举行葬礼活动。即使这个解释正确，我们仍然需要面对这一事实：士兵们手持盾牌，有序地排成一排，就像重装备步兵一样。

另一个陶器是来自塔尔奎尼亚的一个伊特鲁利亚人物形象的黑色双耳瓶（见图3），属于公元前6世纪最后十年的物品。它展现了一排重装备步兵，手持圆形盾牌，头戴希腊式头盔，由一个吹号角的人引领着向前行进。① 正如1915年E. 麦卡特尼（E. McCartney）的见闻，这幅图像使人回想起狄奥多罗斯的名篇（5. 40. 1），这篇文章讲述了号角的发
69 明，认为它“对战争非常有用”，并将其归功于第勒塞尼亚人（Tyrrhenians）。但是如果有一只熊跑在士兵的前面，整个场景可能会因此被解释为猎熊的故事。

---

① E. S. McCartney, “The Military Indebtedness of Early Rome to Etruria”, *Memoroirs of the American Academy in Rome I* (1915 – 1916), 121 ff., pl. 51. 3; Stary (n. 14), B 6. 9. 406, pl. 22. 1; B. Ginge, *Ceramiche etrusche a figure nere* (Materiali Museo Traquinia xii Rome, 1987), pp. 51 ff., pl. XXXVI – XXXVIII, XCII; N. Spivey, *The Micali Painter and his Followers* (Oxford, 1987), p. 10 n. 35, fig. 6b, 7a. 关于号角的相关内容，参见：P. F. Stary, “Foreign Elements in Etruscan Arms and Armour: 8 th to 3rd Centuríes BC.”, *Proceedings of the Prehistoric Society*, 45 (1979), 181 ff.

**图3 来自塔尔奎尼亚地区的伊特鲁利亚人黑色双耳瓶。图像摘自：P. F. Stary, *Zur Eisenzeitlichen Bewaffung und Kampfesweise in Mittelitalien*（Mainz, 1981）, pl. 22.**

这些陶器彼此之间过于孤立，以致很难作出整体性总结。然而，即使我们打算承认伊特鲁利亚人在公元前6世纪中期之前就已经进行过一次重装备步兵的重组，我们仍需理解这次改革在特殊历史时期的具体影响。我们还必须注意，在印有伊特鲁利亚人像的不同级别的陶器上，个人之间的战斗或决斗也被广泛地体现出来。与此相关的内容，斯达瑞指出，在希腊这个步兵方阵真实出现的地方，决斗的内容在古风时期阿提卡的陶器上非常普遍。他进一步解释，这是因为体现出方阵很困难，唯一可能涉及战争的就是个人之间的决斗。但是科林斯人的花瓶上却很好地体现了方阵的情况，比如戚吉陶瓶。如果我们在古风时期阿提卡地区的陶瓶上经常发现英雄间决斗的场景，或者发现在倒下的士兵周围英雄们在打仗，这是因为荷马时代的英雄观念在与战士的高尚美德(arete)相关内容的表达方面一直居有优势地位，①尽管重装

① A. Schunapp and F. Lissarrague, "Imagerie des Grees ou Grèce des imagiers", *Le Temps de la Réflexion* 2 (1981), 275 – 297.

备步兵的民族精神(ethos)已经远离了荷马时代的精神。但是只有对雅典人的事情才可能作出这个解释,因为我们从其他材料里了解到重装备步兵的组织形式已经存在。至于伊特鲁利亚人的步兵情况,由于缺乏相应的文献资料,我们不得不根据考古证据对这些图像的含义作出猜测。我们猜测的方式有以下两种:一是运用图解术来研究;二是在有可能的情况下运用社会学的研究方法,将它们放置于依据葬礼所了解到的社会背景之中进行研究。

在决斗成为一个较为广泛的常见场景情况下,我们感受到这样的决斗印象:伊特鲁利亚人的图像里明显涉及一种英雄化的决斗方式。我最近正在研究像伊斯基亚迪卡斯特罗(Ischia di Castro)地区的布克凯洛酒壶(Bucchero *oinochoe*)上的场景(见图4),它表现了重装备步兵之间英雄式的决斗在战车夫驾驭的战车之间进行。① 许多同时期的纪念碑上,战
70 车上的英雄们也出现在重装备步兵的队列中。② 从公元前7世纪后半期开始,一直到公元前6世纪的最后25年,这种图像不断得到了广泛传播。或许这种现象植根于真正的重装备步兵出现之前的贵族观念中,但是关于这个问题,可以从墓地遗址中获得更多的证据。③

在伊特鲁利亚世界,墓穴形式可以追溯到公元前9世纪后半期到公元前8世纪的上半期,那时的上层阶级将自己装扮成战士的形象,④

---

① Stary (n. 14), B 2.14, P. 397, pl. 7.1. M. T. Falconi Amorelli, *Stud. Etr.* 36 (1968), 171, pl. 28. 参见: *olpe* by the Painter of the Bearded Sphinx from Vulci; F. Zevi, *Stud. Etr.* 37 (1969), 40, pl. XIV-XV.

② Ostrich egg from the Polledrara tomb in Vulci: Stary (n.14), B 11.4-5, 409, pl.19.1-2; A. Rathje, "Five Ostrich Eggs from Vulci", in J. Swaddling(ed.), *Italian Iron Age Artifacts in the British Museum* (London, 1986), pp. 397ff. Pania *pyxis* from Chiusi: Stary, B 11.1-2, p. 409, pls. 17, 18.1. 以上的例子都属于公元前7世纪后半期的,但公元前6世纪的图像也很出名,比如 G. Camporeale, *Buccheri a cilindretto di fabbrica orvietana* (Florence, 1972): frieze XXII, pp.70ff., pl. XXIV B,其第一张图中建筑方面的护墙一直被不断地广泛模仿,参见:Stary, B 14 A, pp. 415ff, pl. 34ff.;另外还发现了伯吉奥·希维塔特(Poggio Civitate)对公元前6世纪中期以后的墓地的观点:Stary, B5.6, p.400, pl.21; P. G. Warden, "A Decorated Stand from Poggio Civitate (Murlo)", *Röm. Mitt.* 84 (1977), 199ff.

③ 关于坟墓所提供的资料与真实社会之间的关系,参见:B. d'Agostino, "Società dei vivi, communità dei morti: Un rapporto difficile", *Dialoghi di Archeologia*, 3.1 (1985), 47ff.

④ 关于铁器时代伊特鲁利亚人社会改革的相关问题,B. 德·阿戈斯蒂诺大体上进行了总结,参见:"La formazione dei centri urbani", in M. Cristofani (n. 13), pp.43ff.

**图 4　伊斯基亚迪卡斯特罗地区的布克凯洛酒壶。图像摘自：P. F. Stary，*Zur Eisenzeitlichen Bewaffnung und Kampfesweise in Mittelitalien*（Mainz，1981），pl. 7.**

在他们的墓穴里陈列着尖锐的青铜武器。关于这一点，我有必要提及维爱地区的 871 号墓穴，①它里面有一顶阅兵时用的头盔，在已经出土的伊特鲁利亚头饰中，它的冠饰是最高的。另外，这顶青铜头盔大于其他任何一件装备，既说明了死者与众不同，而且强调其好战性格成为葬 71
礼场景中最重要的一面。

公元前 8 世纪后半期发生了一次重大改革。伊特鲁利亚社会开始出现了尖锐的阶级矛盾：经济上，贫富分化变得更加严重，开始出现下一个世纪的典型特征，即贵族组织。这次改革，在社会内部进行，与希腊世界的交往刺激和促进了这次改革的发展。② 改革的进程与东方文化的发展同时发生。

据伊特鲁利亚南部地区的墓穴来看，死者以战士模样装扮自己这一特征，在东方化时期呈减少趋势。据斯达瑞分析，这一特点减少的现象持续了很长时间，而且这次改革的普及面甚广，他将减少趋势的原因解释为葬礼习俗改革的结果。③ 这当然是事实，但这一现象产生的特殊方式却意义重大。即使在东方化时期随葬品最值钱的墓穴里，武器都普

① 这座坟墓可追溯到第一个铁器时代最末期（即公元前 8 世纪的后四分之三时期），参见：H. Müller Karpe，“Das Grab 871 von Veji，Grotta Gramiccia”，*Prähistorische Bronzefunde* xx. 1（Munich，1974），pp. 89ff.

② B. d'Agostino，“I paesi greci di provenienza dei coloni e le lore relazioni con il Mediterraneo occidentale”，in *Magna Grecia-Prolegomeni*（Milan，1985），pp. 43ff.

③ Stary（n. 14），p. 29.

遍缺乏，但是社会最高层的贵族墓穴里存在一些例外，比如卡瑞地区的里格里尼格拉斯（Regolini Galassi）墓道里埋葬着一个战士装扮的死者，以及一些被称为“王冢”的主人也会出现战士的装扮。①

这些墓穴以新的方式体现出尚武和勇猛的特征，而且遗留至今的王室礼制借用了荷马时代的观念，在厄瑞特里亚（Eretria）地区高层军官的墓穴里也体现出这个特征，但这套王室礼制已经经过了库迈（Cumae）地区优卑亚人（Euboeans）的修改和完善。如果墓穴中出现了剑和盾牌，它们则是士兵列队行进时极好的武器。现在将关注点从尚武的勇猛特征转向等级和贵族的持续性。社会地位可以通过神像（*agalmata*）、制作精美的釜以及青铜和银制的花瓶来体现出来，这些东西藏在类似于荷马时代凯美尼亚（*keimelia*）的一种底层房间
72 （*thalamos*）内。家族的继承礼制体现为一系列活动，以祭拜灶神〔主要是赫斯提亚（hestia）〕为主要特色。现在不再讨论作为战士的某一个人，而是贵族这一群体以及与之相关的一致性和跨越时空的持续性。探究贵族的情况，我们可以考察帕勒斯特里纳（Palestrina）、卡瑞和庞特卡格纳诺（Pontecagnano）地区的王室墓穴，这些墓穴建于公元前7世纪50年代末期到20年代中期。②

就对待战争的态度而言，伊特鲁利亚北部各地区存在一定程度的差异，对我们的研究目的最重要的是维图罗尼亚地区。这个地区尚武精神的炫耀同样仅限于社会最高层的贵族，但是体现得更加明显，而且

---

① 公元前7世纪前半期王室墓穴的相关问题，参见：B. d'Agostino, “Greees et indigènes sur la côte tyrrhenienne au VII sièele”, Annales (*ESC*). 32(1977), 3$^{ff}$.; id., *Tombe principesche dell'Orientalizzante Antico da Pontecagnano*, *Monumenti... dell'Accademia dei Lincei* (Rome) serie misc ii. 1(1977).

② 事实上，伊特鲁利亚南部有两处公元前7世纪末期重要的战士墓穴：其一是塔尔奎尼亚地区的阿伏尔塔（Avvolta）墓穴：参见：H. Hencken, op. cit., 397$^{ff}$., fig. 385 A. 其二是维爱地区的坎帕纳（Campana）墓穴，参见：M. Cristofani and F. Zevi, Arch. Class. 17(1965), 1$^{ff}$; A. Seeberg, “Tomba Campana, Corinth, Veii”, *Hamburger Beiträge zur Archäologie*, iii. 2 (1973), 65$^{ff}$.，后者是伊特鲁利亚南部唯一出土圆形伊特鲁利亚头盔的墓穴。然而，将关注这两个坟墓的问题搁置一边，在很长一段时间之前，它的陈设品散落他地，而且有部分佚失，我们必须强调，在这些实例中，死者尚武特征的标志，也在高水平的文献中出现。因此，这里也一样，这里的死者属于社会最高阶层的贵族。

更能体现出社会地位的不同。正因为维图罗尼亚和波普罗尼亚共同控制了伊特鲁利亚的矿区,在维图罗尼亚地区才会重现战士最突出的尚武特征,即头盔是圆形的伊特鲁利亚样式,①与以前铁器时代的差别很大。

这种圆形头盔有两种不同的类型,它们于公元前 7 世纪中期左右在意大利半岛两侧出现。② 事实上,下面两个墓穴出土了年代更久远的圆形头盔,一个是维图罗尼亚地区的首领墓穴(Tomba del Duce)2 号
坑,另一个是法布里亚诺(Fabriano)地区的 3 号墓穴,③这两个墓穴里 73
藏有非同寻常的财富,类似于伊特鲁利亚南部地区及附近地区同时期的王室墓穴。

首领墓穴属于坟墓群的类型,因白色石头而相异于其他。正如维图罗尼亚大墓地的发掘者法尔奇(Falchi)陈述的那样,④在这个大坟场内,经常出土战车和战马的残骸,同时还有头盔、护胫甲,铁质或青铜质的长矛和叉戟。

首领墓穴坟墓群有五个墓坑。⑤ 如果将五个墓坑出土的所有物品作为整体来看,可以得到一个连贯性的体系,反映了复杂的葬礼观念,特别是对维图罗尼亚地区社会最高层的贵族(élite)而言。神像

---

① 这类圆形伊特鲁利亚头盔的样式:Stary W 5,参见:P. Stary, in Swaddling (n. 21), pp. $25^{ff}$.

② 事实上在罗马,从埃斯奎利诺(Esquilino)著名的 94 号墓穴里面发现了此类最古老的头盔,此类头盔因它的发源地在维图罗尼亚,所以可能被称作“维图罗尼亚式头盔”,参见:H. Müller Karpe, *Zur Stadtwerdung Roms* (Heidelberg, 1962), pp. 55, 89, pl. 20. 关于这座墓穴的年代,可见:id., *Prähistorische Bronzefunde* xx, p. 94. 这座室内墓穴包括的装备有典型的贵族战车,还有头盔,一个盾牌,一把铁戟,还有一辆战车的残骸。这些实物在坟墓中被频繁发现,从公元前650—前625 年,北伊特鲁利亚地区出现头盔,此后列成系统。但是,尽管它的时间是有争议的,但埃斯奎利诺墓穴不可能晚于公元前 8 世纪末。按照时间和地点上的观点来看,这种现象很奇特,很难进行解释。

③ Stary (n. 14), W 5. 1; W 6. PP. 11 - 12. Tomba del Duce: I. Fachi, *Not. Scav.* (1887), $477^{ff}$. 依旧很有价值; G. Camporeale, *La tomba del Duce* (Florence, 1967). Tomb 3 from Fabriano: P. Marconi, *Monumenti... dell'Accademia dei Lincei* (Rome), 35 (1933), $339^{ff}$.

④ I. Fachi, *Not. Scav.* (1892), 384.

⑤ 令人遗憾的是,对于首领墓穴的介绍不够清楚:在白色石头围成的大坟场内,有五处墓穴,其中每个墓穴都出土了大量的随葬品,这些随葬品与在伊特鲁利亚南部和坎帕尼亚地区重要墓穴里发现的那些随葬品有着密切的关系,但墓穴里的陈设品是否属于同一个人,无从可知。

(*agalmata*)与伊特鲁利亚南部王室墓穴出土的种类一样，与之放置在一起的有祭拜家庭灶神的相关用品，即为酒会和会饮准备的成套的瓶子以及战争用品。后来出土的物品类目里，几乎所有类型的武器都有所体现：一个大的青铜盾牌上面斜靠着一顶圆形头盔，一支青铜箭头，叉戟、刀和斧。根据伊特鲁利亚的工艺样式以及墓碑上的陈述推知：没有箭，可能用斧代替。代表了这个墓穴及其他藏有头盔的战争类型的墓穴最重要的特征是两匹马拉的两轮战车，这类战车与维图罗尼亚地区文献里描述的战车很相似，可以确定地将之解释为战车。①

毫无疑问，首领墓穴是在维图罗尼亚地区同类型的墓穴中保存最完好，而且最出名的。但是，除此之外，同一遗址的其他墓穴也出土了大量贵重的陈设品，从它们的特征上可以看出墓穴主人是一名贵族成
74 员，同时也出土了头盔、武器和战车。所有这些墓穴，都清楚地映证了战争英雄的观念：他们在英雄观的感召下，乘上战车走向战场，与敌人决斗至死。

正如斯达瑞指出的，公元前 7 世纪中期之后，装备类型发生了实质性的改革，希腊重装步兵装备的主要元素已经传遍伊特鲁利亚地区。这次改革最有影响力的例证是波普罗尼亚地区的弗莱贝利 · 迪 · 布隆佐墓穴(Flabelli di Bronzo)。② 据报道，这个墓穴的主人有 4 名，其中包含 1 名女人。出土的 4 顶头盔之中，3 顶是科林斯式的，③其他的铠甲也都是希腊样式的，包括 3 对护胫甲。在此情况下，铠甲的陈列方式尽可能地与希腊步兵铠甲接近，然而它明显具有贵族传统和社会上高等级地位的特征。

从比萨(Pisa)地区附近的卡萨戈里亚(Casaglia)墓穴里可以看出，④以上情况与此世纪末的情况几乎相同：一个高的圆顶墓室与它独

① Stary (n. 14), p. 129.

② A. Minto, "Le ultime scoperte archeologiche di Populonia", *Monumenti... dell'Accademia dei Lincei* (Rome), 34 (1931), 289ff.

③ Stary (n. 14), W 13. 7,12,20.

④ P. Mingazzini, "La tomba a tholos di Casaglia", *Stud. Etr.* 8(1934), 59ff.

特的外形,以有效的方式表明贵族集团的权力。尽管墓穴在发现时已经被盗,但它保留了可以代表拥有财富的战士衰败时的基本特征。装备的搭配体现了混搭的特点:头盔是圆形的伊特鲁利亚样式,①而两对护胫甲是希腊式的,还有两个盾牌手柄,两根枪头,还有一个可能是护胸甲。如果仅从保留下来的一些装备部件来看,就有可能认为陈设品非常值钱,其实它包括一些青铜酒杯和酒壶。

这些很容易增多的证据,表明在伊特鲁利亚北部地区,重装备步兵铠甲的装扮仅限于王室。这些墓穴体现的典型形象,突出了死者的高等级和贵族地位,抬高了其区别于平民阶级(*clientes*)和奴隶阶级的差别。

根据以上证据的分析,我们不能得出重装备步兵社会的情况,但是 75
几乎不能否认,在公元前 7 世纪的伊特鲁利亚北部地区,伊特鲁利亚贵族具有尚武特征。另外,在亚得里亚海岸和意大利北部的其他地区,也发现了类似情况。看着这些贵族战士的墓穴,我不禁想起弗雷德里克森(Frederiksen)有关古风时期伊特鲁利亚殖民地兴盛的观点:他在许多年前认为这归功于贵族统治的首领具有野心。② 其实我们现在考察了一些墓穴,分别在卡普亚地区、坎帕尼亚北部以及意大利南部的腹地,在这些地方发现了伊特鲁利亚人的奢侈品,比如所谓的罗得斯岛人(Rhodian)酒壶,还有希腊重装备步兵的铠甲。这些墓穴通常包括有关祭拜灶神的物品,主要用来强调贵族自身的社会地位。所有这些证据似乎都与弗雷德里克森的理论相一致。

至于我们的探究,为了从墓穴获取信息,我们可能会将墓碑提供的信息添加进来。在伊特鲁利亚世界,古风时期和古典时期绘有图案的墓碑,仅限于伊特鲁利亚北部地区。与目前的研究有关联的第一块墓

① Stary (n. 14), Ⅶ 5. 20.

② M. Frederiksen, "The Etruscans in Campania", in D. Ridgway and F. Ridgway Serra (ed.), *Italy before the Romans* (London, etc., 1979), pp. 295ff.

碑是奥力·费卢斯克(Aule Feluske)石碑(见图5),[①]它与已掌握的证据以一种特殊的方式紧密地联系在一起。其实它是法尔奇在维图罗尼亚的墓群里发现的。[②] 这座墓群的规模非常大,以前曾被盗挖,但是它仍然保留了一些“陶土瓶子的碎片及雕刻精美的手柄的残片”,这些碎片帮助我们将这座墓穴的时间断定为公元前7世纪后半期。墓碑上雕刻的图像是一名战士,他的铠甲是希腊式的,头盔是科林斯式的,手里拿着一件重装备步兵使用的盾牌,但是他的武器却是一柄双刃斧。双刃斧是典型的伊特鲁利亚兵器,几乎根本不适用于步兵在方阵(*phalanx*)里作战。

**图5 维图罗尼亚地区的奥力·费卢斯克石碑。图像摘自:P. F. Stary, *Zur Eisenzeitlichen Bewaffnung und Kampfesweise in Mittelitalien* (Mainz, 1981), pl. 227.**

---

① Stary (n. 14), B13. 5, p. 414, pl. 27. 2.
② I. Fachi, *Not. Scav.* (1895), 304f. fig. 18.

奥力·费卢斯克葬在墓群内,他的社会地位清晰可见。另外,从墓碑碑文中也可以获得进一步的证据,①在伊特鲁利亚发现的碑文中,这个墓碑的碑文是最古老的。碑文的内容相当普通,但它运用复杂的命名规则来称呼死者。事实上,碑文中提到他有两个名字,还提到了他父 76
母的名字。通过碑文的内容,我们感受到家族之间的联系与贵族间的联系同样值得关注,关于这些联系,我曾在前面谈论高等贵族的墓穴陈设品时已经说明。

从整个公元前7世纪的情况来看,使用墓碑的情况仍属罕见,②另外,尽管伊特鲁利亚贵族士兵的装扮引进了重装备步兵的许多元素,但固定的步兵形象尚未确立。

公元前6世纪前后,墓碑的使用再次兴起,死者的形象离步兵的装 77
扮相差甚远,这意味着当时社会的阶级分化严重得超乎想象。③ 死者身上的装备具有多样性,一些比较能代表步兵典型特征的装备,比如头盔和盾牌,几乎见不到。武器方面,可能不仅仅有希腊样式的武器,包括矛和剑,还包括斧头和双刃的大刀(*machaira*)。

公元前6世纪,伊特鲁利亚发生了实质性的变革。公元前7世纪末期,贸易已经得到了空前的发展,伊特鲁利亚甚至与相对于其中心地带的偏僻的中欧、北欧地区有贸易往来。而且当时新兴的精耕细作式的农业已建立,比如掌握了橄榄树的培育和葡萄树的嫁接技术。因此,

---

① 参见:G. Colonna, "Nome gentilizio e società", *Stud. Etr.* 45 (1977), 175ff. esp. 189-191.

② 我们只能引用另外两个例子来说明战士的形象,但是在一篇记叙性的文献资料里它们是相反的:一个是佩鲁贾附近的夸兰德罗山(Monte Qualandro)墓碑,参见:Stary (n. 14), B 13.2, p. 414, pl. 52;另一个在塔尔奎尼亚,见:Stary (n. 14), B 13.4, p. 414, pl. 27.1. 它们显示了依次前后排列的两个战士,这个形象似乎暗示了贵族士兵的命运,他们发现自己注定的终极目标是战斗至死。

③ 此处我指的是沃尔泰拉(Volterrae)地区的欧勒·蒂特(Aule Tite)墓碑和拉斯·阿塔尼斯(Larth Atarnies)墓碑: Staty (n. 14), B 13. 6-7, P. 414, pl. 28. 1-2;关于费苏里(Faesulae)地区的拉斯·安尼尼斯(Larth Aninies)墓碑: Stary, B 13. 1, P. 414, pl. 29. 3;来自拉亚帝各(Laiatico)的那些墓碑: A. Minto, "Le stele arcaiche volterrane", in Scritti Nogara (Milan, 1937), p. 306 f., pl. XLIII. I; Roselle: *Enciclopedia dell' Arte Antica*, S. V. Roselle, 1028, fig. 1132;关于蒙泰穆尔洛(Montemurlo)墓碑: Stary, B 13. 12, p. 414.

伊特鲁利亚社会开始以财富为基础，建立起财权政治的政体。

关于这个社会变化实质性的证据，可以在墓穴中找到：从奥尔维托(Orvieto)地区的墓穴(Crocifisso del Tufo)有规律的规划图中可以看出这个变化，[1]或者在成排的组合式的立方体状的墓室里也能看出此变化，后者如今已将卡瑞地区班迪塔齐亚(Banditaccia)墓地的公元前7世纪的贵族古坟包围起来。新型立方体状的墓穴的逐渐盛行，表明以家庭(*oikos*)为基础的氏族在当时胜过传统的贵族组织。

关于这次根本性变革的过程，我们没有在伊特鲁利亚南部地区找到任何证据来证明重装备步兵思想的出现。在塔尔奎尼亚地区可以发掘到图画的墓穴里，体现重装备步兵的图像非常稀少，在仅有的几幅图画里，他们一般体现为佩戴装备的舞者(*pyrrhichistai*)，并在游戏或竞技的情景下出现，根本与军事作战无关。[2]

78 另一方面，如果回顾新兴的财权政治体制下贵族的娱乐场景，会发现他们与传统贵族的思想一致。[3] 其实他们还注重运用酒和狂欢队伍之歌(komos)来助兴，他们的世界观普遍远离成为一名好战士(*arete*)的理想，也不想受规矩(*nomos*)和习俗(*sophrosyne*)约束。

诚然，这种新的现象也在葬礼观念上体现出来，但对伊特鲁利亚南部地区影响不大。举个相关例子供参考，瓦尔奇(Vulci)地区的战士墓穴。[4] 它是一座私人墓穴，始于公元前6世纪的后25年，主人是穿着整套装备的步兵战士。此墓穴出土了一顶伊特鲁利亚式头盔，[5]一对护胫甲，四支矛头和一把剑的铁片。陈设品的确意义重大：包括青铜器

---

① G. Colonna, "L'Etruria meridionale interna, del villanoviano alle tombe rupestri", *Stud. Etr.* 35 (1967), 21 ff.

② Gf. G. Camporeale, "La danza armata in Etruria", *Mèlanges... de l'École Franpaise de Rome*, 99 (1987), 11 -42; N. Spivey, "The armed dance on Ttruscan vases"', 本文于1987年提交给在哥本哈根举办的关于陶瓷的国际研讨会，我非常感激斯皮维(Spivey)博士允许我阅读这篇文章的打印稿。

③ B. d' Agostino, "L'immagine, la pittura e la tomba nell'Etruria arcaica", *Prospettiva*, 32 (Jan. 1983), 2 ff.

④ P. Baglioni, in M. Cristofani (n. 13), p.248, no. 8.8 and 300 ff., no. 11.21，这里可能会找到以前的文献目录。

⑤ Stary (n. 14), W 11.2.

皿和阿提卡绘图的瓶子。这些陈设品的用途绝对与饮酒有关。墓穴里的每样物品都与希腊的思想紧密相关,一件供奉雅典娜的双耳瓶证实了这一点,它上面的图画描绘了运动员竞技活动的情况。

因为目前缺乏表达贵族观念的典型性标志物,M. 托雷里(M. Torelli)认为这座墓穴提供了伊特鲁利亚步兵不属于贵族阶级的形象,①希腊步兵也普遍如此。这个观点可能是正确的,死者是一位有很高社会地位的贵族,这可以根据家里摆放的奢侈品得知,从公元前6世纪末的墓穴里也可得出此结论,公元前5世纪瓦尔奇地区和伊特鲁利亚内陆的墓穴里也反映出这一点。② 正如我们所看到的那样,即使在步兵的形象可以从墓地的证据里辨认出来的时期,貌似这些墓穴的主人与贵族或首领有关,而不是普通的士兵。

然而,在伊特鲁利亚北部的内陆地区,情况以另一种不同的形式演
变,就如同从墓碑中看到的那样。关于墓碑浮雕里体现出重装备步兵 79
形象,最早的代表作是丘西地区附近的珀格里奥盖拉(Poggio Gaieella)的圆形基座(见图6):它描绘了一排步兵行进中(*prothesis*)进行援助的情景。另外,古风时代晚期和古典时期早期丘西地区的墓碑浮雕作品
中,重装备步兵的形象出现得较为频繁且意义更大。③ 在奥尔维托地 80
区和费苏里(Faesulae)的局部地区,④出土了大量墓碑和制作水平较高的圣地纪念碑(*cippi*),它们存在的时间大约在公元前6世纪末期和公元前5世纪前半期。重装备步兵的形象与希腊的接近,最终定格在特

---

① M. torelli, *Dialoghi di Archeologia* 4 - 5 (1970 - 1971), 92 f.; 8. 1 (1972 - 1975), 15 n. 31.

② M. Martelli, in M. Cristofani (ed.), *Gli Ereuschi in Maremma* (Milan, 1981), pp. 253 ff., ead., in *Pittura etrusca a Orvieto* (Rome, 1982), 66.

③ J. R. Jannot, *Les reliefs archaiques de Chiusi* (Rome, 1984). 珀格里奥盖拉的编号为本书的A类,第2—3号.

④ Orvieto: H. Mühlestein, *DieKunst der Etrusker* (Berlin, 1929), figs. 215, 233 - 5; F. Nicosia, *Stud. Etr*. 34 (1966), 163, pl. XXIV b-c; Fiesole; F. Magi, "Stele e cippi fiesolani"', *Stud. Etr*. 6 (1932), ii ff.; 7 (1933), 59 ff.; 8 (1934), 407 ff.; id., "Nuova stele fiesolana", *Arch. Class*. 10 (1958), 201 ff.; P. Bocci, "Una nuova stele fiesolana", *Boll Arte*, 4th ser. 48 (1963), 207 ff.; F. Nicosia, "Due nuovi cippi fiesolani", *Stud. Etr*. 35 (1966), 149 ff. 蒙塔伊奥内(Montatione)地区的石柱和沃尔泰拉地区的石柱属于同样类型的墓碑,可能属于这个墓群,参见:F. Nicosia, *Stud. Etr*. 35 (1967), 516 ff.

图 6　丘西地区的墓碑基座纹饰。图像摘自：J.-R. Jannot, *Les Reliefs archaïques de Chiusi*（Rome, 1984）, nos. 68,70.

定的图像里。令人遗憾的是，集中反映墓碑主人葬礼的证据很少，尤其是费苏里地区的一系列墓碑，而且对典型性墓碑的分析也几乎不能提供任何关于贵族思想的线索，主要的关注点可能是那些可以体现死者所属的特定社会类型的证据。因此，我猜测这些墓碑不属于将领而真正属于士兵。

依我所见，这就是事实，正如考古证据所反映的那样。现在我们试着总结。

正如我们一开始就知道的，罗马时期的希腊元素表明了伊特鲁利亚人不仅知道重装备步兵的装备，而且知道与之相关的军事战术；伊特鲁利亚人在罗马人从他们引进技术之前就已经按军事战术作战。当狄奥尼修斯描述公元前460年伊特鲁利亚军队在维爱地区与罗马人作战时（Dionysius. 9. 5. 4.），他说："敌人的军队……规模大而勇猛……因为来自第勒尼安所有最有影响力的人（*oi dynatotatoi*）和他们的侍从（*tous eauton penestas*）都参加了战斗。"因此，这支军队是容易协调的（*homonoousan*），而且我们可以猜到队伍的形状像方阵。

我认为，军队的队形呈现出方阵的模式，它成型于罗马以及百人团大会的政治机构改革时期。财权政治的改革、选举体制的革新、新的军事战士的产生，所有的这些事件都紧密相关，而且都归功于图里阿·塞维乌斯。公民议会的改革，根据收入（*census*）划分的阶层，严重影响了军队和政治结构的成型。

当然，相信塞维乌斯的改革催生了某种民主政治的想法是天真的。 81
我们从古代的原始资料了解到，在百人团大会上，选举系统的组织采用限制最富有阶层的实权这一方法。然而，此时期贵族和平民之间的差距，好像没有后来它在共和时期早期那么明显：在真实社会和法律意义上的社会关系之间，似乎没有实质上的冲突。

伊特鲁利亚的情况有所不同，这里也发生了财权政治的革命：拥有财富的新兴阶级成长起来，但是这种新的形势从未在司法关系方面上给予完全的认可和修正。相反，传统贵族统治阻碍了新贵族的产生。

真正的经济实权掌握在新兴贵族手中，但是政治和社会权力仍然牢牢地掌握在旧贵族阶层手中。社会的继承制度限定了这些新兴的政治贵族（novi homines）成为平民（*etera*）的条件，“etera”这个单词与拉丁语“clientes”表达的含义相同，尽管“etera”这个单词没有伊特鲁利亚语“lautni”单词表达得那么强烈，但它至少暗示了被奴役这一情况。社会继承制度主要归咎于军队机构，而且妨碍了基于以下前提的重装备步兵家族的产生，这个前提就是：每个人都有同等的政治地位，而且每个公民誓死保卫祖国。

我们宁可用“贵族的重装备步兵军队”这一短语来形容公元前6世纪最后25年的伊特鲁利亚军队。正如德蒂安（Detienne）所指出的希腊世界的情况，①贵族重装备步兵的军队推动了真正意义上的步兵组织的发展，贵族将领在他们的战车上阅兵，我们可以通过一些伊特鲁利亚人图像看到这一军事活动，因为将领们拥有可以陪葬的阅兵装备。与此同时，我们推测普通的伊特鲁利亚战士没有能力为自己提供装备，他们的装备由家族提供。

无论罗马还是伊特鲁利亚，贵族军队成员都由家族成员组成：在公元前5世纪初期的罗马和拉丁姆地区，家族群沿袭古风时期的传统还仍然残存，这一点可以从著名的费边（Fabii）台词（episode，古希腊悲剧中连接两段合唱的部分）中看出，而且《青金石》（*the lapis satricanus*）这
82 一悲剧也说明了这一点。② 我们可以从费边那里了解到塞维乌斯统治时期的情况（*Aeneid* 6.8450）。在《青金石》里面以及最近在沃尔西人的神庙（Volscian sanctuary）发现的古风时期拉丁语铭文，提到普布琉斯·华勒琉斯（*Publius Valerius*）和他的家族的卫兵（*sodales*）。卫兵这个名词已被解释为贵族家族群存在的证据，类似于前边已经提到的费边的军队。

---

① M. Detienne, “La phalange-Problèmes et Controverses”. in J.-P. Vernant (ed.), *Problèmes de la guerre* (Paris, 1968), pp. 119ff.

② C. M. Stibbe (ed.), *Lapis satricanus* (Gravenhage, 1980).

然而,罗马的军队机构经历百人团大会改革而得到重塑。从狄奥尼修斯那里了解到,伊特鲁利亚的军队是有秩序的,看起来就像重装备步兵方阵的队形。事实上,伊特鲁利亚城市的集权统治力量强大,直到公元前4世纪,从未有任何提及其国内社会动乱的记载。

公元前6世纪后半期,伊特鲁利亚中北部的情况可能发生了不同的转变,这个地区出现了军队划分等级的迹象,但我们因缺乏证据无法了解其发展情况。我们只能指出,在这个特殊时期,丘西地区开始居于统治地位,而且能够承担对柏杉纳地区进行远征。另外,公元前6世纪位于台伯河河谷和伊特鲁利亚北部的城市,在与波河河谷与坎帕尼亚交往时居于外交强势地位。

且不提这次独特的发展历程,如果我们从总体上来看伊特鲁利亚的军事组织,拥有重装备步兵军队,特别是伊特鲁利亚步兵图像在南部地区普遍缺乏,尽管事实上南部地区在许多方面更先进,但这似乎并不奇怪。与希腊城邦相比,伊特鲁利亚城市仍然只片面地意识到遭遇罗马征服时,要准备吟唱它的“退场赞美诗”(recessional)以改变它的传统农业经济。

# 第二部分：城市地理

# 古希腊地貌*

奥里佛·纳克汉姆(Oliver Rackham)

古代的希腊地貌状况如何？巴泰勒米神父(Abbé Barthélémy)的书籍写于18世纪80年代,①记录了他所了解的希腊情况:与玛丽·安托瓦内特(Marie-Antoinette)时代的法国相似,英雄们在茂密的森林里用矛猎杀野猪,美丽的少女们在清澈的泉水边嬉戏。从这位著名作家和与他同时代的科学家索宁(Sonnini)②那里,可以得知传统理论认为希腊自从古典时期已经开始衰落。我们知道的那些森林,如今已经被砍伐、焚烧,剩下的又被动物啃食,形成现代游客所看到的多刺的栎木灌树丛。土壤不再受到树木的强力庇护,随雨水冲刷流入平原或海洋;泉水已经干涸,还有些人说特有的气候也恶化了。这些改变应该具有渐进性而且不可逆转,所以那些"铁路时代"犯下的错误被归咎于土耳其人、威尼斯人和拜占庭人。这个理论的影响力很大,而且一直非常有生命力:这个偏见产生于近期的电视节目《最初的伊甸园》(*The First Eden*),该节目和一些学者的出版物同名。但事实是这样吗？

地形历史产生的谬误几乎比其他任何一门分支学科都要多。英国

---

* 这篇论文所依据的实地考察是我在参加考古调查和课题研究时进行的,考察的范围包括:庇奥提亚、拉科尼亚、尼米亚河谷、马其顿(格雷韦纳)、克里特(米尔托斯、干尼亚、沃罗卡斯特罗、斯法基亚)。这些考古课题组的负责人和研究成员给予了我许多帮助。A. T. 格鲁夫(A. T. Grove)向我提供了气候及其成因方面的深刻见解。罗宾·奥斯本和露西亚·尼克松友善地解答了许多问题。我特别感激詹尼弗·穆迪(Jennifer Moody)的热心协助以及她广博的考古学和植物学知识。

① J. J. Barthélémy, *Voyage du jeune Anacharsis en Grèce*(Paris, 1788).

② C. S. Sonnini, *Voyage en Grèce et en Turquie fait par ordre de Louis XVI*(Paris, An IX, 1801).

将这些谬误统计归纳为一个完全相反的概念，即伪史。伪史具有延续
86 性和逻辑性，它为农民、学校教师和内阁大臣所相信，但与真正发生的历史没有联系。① 我们可以根据英国伪史产生的类似方法来对待希腊的同类证据。在本文的开篇我警告读者要避免重复这些错误，而且要避免在很难自信地总结出古希腊的地貌之前的情况下叙述已掌握的各类证据。

关于我们以前知道的希腊乡村历史，与同等确信度的英国乡村历史之间，存在着两大障碍。英国地形史，是成千上万的树木、篱笆、田地、草原、沼泽等个体历史的总和，其中每种地形的历史可能（幸运地）历经千载流传记录于文档之内。它们中有许多仍在传世，而且有可能形成它们在历史学、考古学和植物学方面的证据。我们能够辨识出森林里的壕沟、树篱或者边界，这是因为它们曾经存在于某一特定的历史时期，而且我们还可以运用类似于考古地层学的方法，对那些比它们出现更早或更晚的地貌进行时间断定。② 但是即使档案记录最完备的遗址〔如海利森林（Hayley Wood），哈特菲尔德森林（Hatfield Forest）〕，经实地发掘发现土地使用的相关情况也没有文字记载。③ 在希腊，这种情况发生的可能性极小，土地拥有者的居住具有分散性的传统，每块土地都非常小而且几乎没有特定的名字，因此我们无法证实文献里提到的地貌特征与如今那里的地貌情况是否一致。第二个障碍是由于跨越了长时段的历史鸿沟，古典时期希腊地貌的记录情况被断开：在一千多年的空档期，没有相关的文字记载来说明地貌是如何发展的。架于这条鸿沟之上的桥梁，即考古调查，能为我们提供的帮助也非常有限：许多物质遗存没有经断定的精确时间，而且主要涉及居民点的状况，在地

① O. Rackham, "The Countryside: History and Pseudo-history", *The Historian* 14 (1987), 13 – 17.

② O. Rackham, *The History of the (British and Irish) Counteyside* (London, 1986); T. W. illiamson, "Sites in the Landscape: Approaches to the Post-Roman Settlement of S. E. England", *Archaeological Review*, Cambridge 4 (1986), 51 – 64.

③ O. Rackham, *Hayley Wood: Its history and Ecology* (Cambs&Isle of Ely Naturalist' Trust, Cambridge, 1975); id., *The Last Forest* (London, 1988).

貌方面只有二手资料等。

我希望在不久的将来有可能克服其中的一些局限,但时至今日,希腊乡村研究仍缺乏可靠的详细材料。由于时间上的空档期以及详细研究的不足,英国伪史体现出泛化现象,希腊地貌研究也很难抵御这种泛化趋势而被迫加入其中。 87

## 过去和现在的希腊

古典时期的希腊人没有形成自己的新文化面貌,他们继承了古风时期和几何时期祖辈留下的文化,并且加以改编和不完全地吸纳,使之满足他们的活动和需求。这是从最早的文明延续至今的文明进程中的一部分。为了避免巴泰勒米神父的错误,我们必须把古典时期的希腊与它的原住居民和现代遗民的希腊加以对比。关于"原住居民的希腊",我的意思是指中石器时代末期的希腊,这个时期正好处在人类从完全蒙昧时期开始转变成文明的面貌之前。

经过与现代希腊作比较,如今的希腊是不适宜居住的,因为20世纪80年代有太多的变化涌现:机械化、农村人口骤减、农业从较难开发的地域撤退、梯田遭到遗弃以及林地不断增加。更适合进行对比的时期是19世纪晚期,尽管此时以上的一些改变已经开始,但国家基本上相对比较稳定。我将把古典时期的希腊与维多利亚时代晚期的希腊加以对比,后者的状况由爱德华·李尔(Edward Lear)描绘,菲利普森(Philippson)和弗雷泽(Frazer)叙述,①以及由格若拉(Gerola)拍照。②过去的希腊(沿用安东尼·斯诺德格拉斯的称呼)③是一个看上去明显

① A. Philippson, *Der Peloponnes* (Berlin, 1982); id., "Der Kopaïs-See in Griechenland und seine Umgebung", *Zeitschrift der Gesellschaft für Erdkunde* 29 (1984), 1 – 90; id., Die griechischen (Frankfurt-am-Main, 1951 – 1959); J. G. Frazer, *Pausanias' Description of Greece*, 6 vols (London, 1898).

② e. g. Gerola, *Monumenti veneti nell'Isola di Creta*, 4 vols. (Venice, 1905 – 1932).

③ A. Snodgrass, *An Archaeology of Greece* (Berkeley, 1987).

比现在更加荒芜的国家。但是以下三个重要的方面体现得更像古典时期的希腊，而不像“拖拉机时代”的希腊。这三方面是：过去的希腊几乎到处都有牲畜；它有沼泽，现在全部遭到破坏而变为普通的农
88 田；谷物生长在国家的每个地区，而不是和现在一样几乎都种在平原上。①

## 环　境

希腊盆地属于地中海气候区，夏天炎热干燥，冬天温暖潮湿。冬天是如今农作物生长的主要季节；森林在大部分地区已不常见。

但是希腊气候并不是单一性的。现代的希腊明显分成湿润区和干燥区；两个区域的边界线大致沿着年降水量750毫米的等位线分布（见图7）。湿润区相对比较易于农作物的生长，而干燥区属于半干旱气候，缺乏水分是草木生长和农作物种植的主要限制条件。每年的降水量都差别很大；某一季度的降水量是另一季度的三倍，这种情况很常见。希腊某一地区的年均干旱程度可能与另一地区每季度平均的干旱程度相一致。古代希腊大部分重要的城邦，雅典（Athens）、斯巴达（Sparta）、忒拜（Thebes）、阿戈斯（Argos）、科林斯（Corinth）、埃伊纳（Aegina）、克诺索斯（Knossos）等，都位于如今的干旱区内。一旦降水量出现任何一种变化，它们可能就会受到严重影响，从某种程度上讲，影响的程度堪比近代历史上萨赫勒（Sahel）在撒哈拉沙漠一侧经历过的。

气候的变化或稳定是（或者应该是）古希腊被问及的重要问题之一。据花粉文献的研究显示，希腊在古典时期以前相对比较湿润，但是

① V. Raulin, “Description physique de l'île de Crète”, *Actes de la Société linnéenne de Bordeaux*, 22(1859), 307–426 (pp. 411,419).

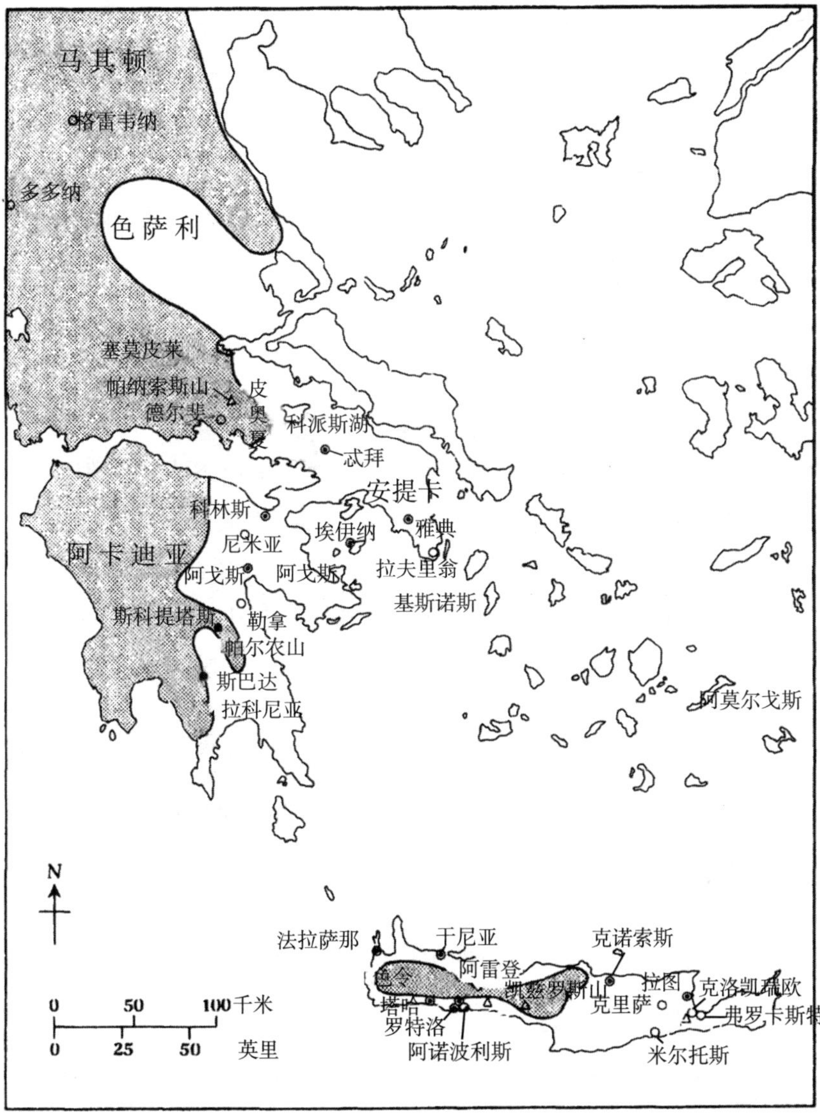


图7　希腊地图。图中粗线为划分希腊的干燥区(东部)和湿润区(西部)的分界线。

到了古典时期，希腊的气候似乎与现在的气候差别不大。① 有关气候方面的文字记载非常浅陋，因为古代的作者视其为理所当然，而且它们是否曾被引证这一问题没有明确的答案。根据彼得·加恩西（Peter Garnsey）对古代世界不足之处进行的透彻分析，粮食歉收的年份频繁出现，事实上由歉收引起的饥荒反而非常罕见，除非是由战争引发
90 的。② 这表明古希腊的农作物产量和降水量可能反而比20世纪中期希腊干旱区的更加稳定。另一个零散的信息点是，古代的猎人必须面对霜冻、降雪甚至是暴雪，与现在相比，这些天气在古希腊出现得更加频繁。③

随着旱涝年份的更替，或者遭受某一次大风暴或霜冻，植被、土壤和土地的使用都可能会受到长期影响，尽管保留下来的文献没有直接记录风暴和霜冻天气。有时天气或气候因素成为解释诸如迈锡尼文明衰落之类事件的理由。④ 考古学记录里此类简单的（但又无法考证的）解释，如今已经过时，但是近来许多非洲的事件提醒我们：从半干旱到干旱气候，暂时性的气候转变带来的影响可能是非常重大的。

希腊的地质情况具有多变性，但为了便于我们的研究，将其划分为三个地带。平原地带属于盆地，地上满是淤泥和雨水侵蚀时从山上冲刷下来的其他冲积物，沼泽地以外的平原地区易于耕种。松软土质的丘陵地带，土壤里含有大量的泥灰土、片岩、火山熔岩和其他可被开垦成梯田的岩石微粒。坚硬土质的山地地带，其地层由诸如石灰岩之类

① O. Rackham, "Land-use and the Native Vegetation of Greece", in M. Bell and S. Limbrey (eds.), *Archaeological Aspects of Woodland Ecology* (BAR International Series, Oxford, 1982), pp. 177 – 198; id., "Observations on the Historical Ecology of Boeotia", *BSA* 78 (1983), 291 – 351; J. A. Moody, O. Rackham, J. Rapp, "Paleoenvironmental Studies of the Akrotiri Peninsula, Crete: Pollen Cores from Tersana and Limnes", J. Field Archaeol. forthcoming; J. A. Moody, "The Environmental and Cultural Prehistory of the Khania Region of West Crete", Ph. D. thesis, University of Minnesota (1987).

② P. Garnsey, *Famine and Food Supply in the Graeo-Roman World* (Cambridge, 1988).

③ Xenophon, *Kynegetikos* 4.9.

④ R. Carpenter, *Discontinuity in Greek Civilization* (Cambridge, 1966); R. A. Bryson and T. J. Murry, *Climates of Hunger* (Wisconsin, 1977), ch. 1.

坚硬的岩石构成，而古典时期希腊的大部分山脉都由石灰岩构成。此地带的土地不能用于耕种，而是被野生植被所覆盖，即使有土壤，历经侵蚀，也会流失大半。

与欧洲其他地区相比，包括其他地中海沿岸的国家在内，古典时期希腊管辖范围内几乎没有垂直分布带，的确只有以上三个地带。在中低海拔的地区，落叶林、常叶林、矮灌木和草本植物主导了自然植被的生长，并且它们分布于不同的地带，主要受气候和生态因素影响，而不是由海拔决定。当我们向上攀登，会发现它们一个个逐渐消失，比如橄榄树在海拔 600—800 米的地方消失，在大约海拔 900 米以下，地貌维持基本相同的特征，可是在海拔 900 米的地方，地貌发生急剧变化，海拔高于 900 米的山脉转变为针叶林带。最高的树木 91
通常生长在海拔 1 700—2 000 米之间，位于无树地带的高山植物之上。这类林带位置偏僻，规模很小，而且古代人对之鲜有记载。只有从色萨利（Thessaly）向北，越过古典时期希腊的管辖范围，才会出现一个比较复杂的地带，这里落叶树普遍比常绿叶树长得高，而不是具有同样的高度。

古代的希腊人和现代人一样，从未找到在高山积雪的环境下生存的方法，在海拔 900 米以上居住长达一年左右的定居者极其罕见。

## 栽培植物

现在许多希腊农场的经营和食物的供应依靠古代人并不知晓的植物，如西红柿、土豆、玉米、烟草、茄子、刺梨和美洲龙舌兰（*Agave americana*），全部都是土耳其统治时期从美洲人那里传播过来的。橘子和栗子可能是在罗马时期传过来的，西瓜和秋葵则在更近时期由亚洲人介绍过来。

栽培植物的传播始于石器时代，其中包括了古代农业的主要野生作物——尚未开化的祖辈从谷类植物里获得的一些可耕种的植物，如山羊草（*Aegilops speltoides*），它在如今的希腊被视为野草。橡树可能是希腊土生土长的植物，但如果是这样，那么橡树在原始时期比在古典时期或现在已变成可以广泛栽植的树木更小。

据说古典时期的希腊人已经引进了很多可栽培的植物。这些植物包括两种饲料用作物：木本苜蓿（*Medicago arborea*），据说它最初是基斯诺斯岛（Kythnos）的本土植物，另外一种是它的同类植物紫花苜蓿（M. sativa）。① 稻子豆（carob），本身没有合适的希腊名字，好像在古典时期早期从巴勒斯坦传播过来。这些豆科植物后来被普遍种植，也是古希腊人引以为豪的一些可栽培植物。②

希腊至今还存在许多引进的野生植物，特别是可种植的草本植物。
92 典型的例子是酢浆草（Oxalis per-caprae），它来自南非，是一种有助于犁地和除草的植物，如今在克里特的种植区，它如此普遍，以致在春天从卫星上可以看到整个岛屿变为酢浆草的颜色。

古代人栽培的许多植物在如今已几乎见不到，例如圣经中提到的无花果树（fig-mul-berry），或者榕属植物（*Ficus sycomorus*）——古典时期它和几种豆科植物一起由巴勒斯坦传播进来。然而，我们可能会对古希腊人过于单调的饮食感到特别奇怪，他们的食物过分依赖谷物制品，③甚至根本没有充分利用已有的那些可替换的食材。为何他们吃的鱼看起来那么少？他们吃肉那么少，为何还要饲养动物？为何橄榄在当时和现在一样主要用于榨油而不是直接食用？为何无花果没有成为主要的农作物？

---

① Pliny, *National History* 13.134;43.144.

② S. Hodkinson, "Animal Husbandry in the Greek *polis*", in G. R. Whittaker (ed.), *Pastoral Economies in Classical Antiquity* (*PCPS*, suppl. 14; Cambridge, 1988), pp. 35–74.

③ L. Foxhall and H. A. Forbes, "*Σιτομετρεια*: The Role of Grain as a Staple Food in Classical Antiquity", *Chiron*, 12(1982), 41–90.

# 生态学历史中的方法和谬论

## 人以外的其他因素

农村的历史,既不能与农村人的历史相混淆,也不能与传说中农村的历史混杂在一起。① 历史学的其他分支学科涉及人类的行为及其动机,但地貌史的研究却不需要研究那么多的人类活动。地貌史的很多研究内容根本不涉及人,而是与植物、动物和环境打交道。若想了解古典时期希腊的地貌状况,必须首先研究现代希腊地貌是怎样发挥功效的。如果研究地貌史不考察植物、动物、山脉和气候的状况,将会书写伪史。

## 骤然改变与渐进性变化

古典时期希腊的一些地方与如今希腊那里的地貌差别很大。典型的例子是温泉关(Thermopylae)地区的山脉和海域,甚至变化到这样的程度:按照现在的地貌情况,根本无法理解那里曾在古代发生 93
过战争。此地的变化过程非常曲折,直到现在都无法完全阐明。这个地区经历了,或者可能经历了海岸线的改变和陆地的地壳隆起,气候和陆地使用的状况都受到了这两种变化的影响,同样精耕细作的土地管理模式也受到影响,②但并非以上所有的变化都影响到各地。

希腊是一个地壳运动活跃的国家,处于非洲板块俯冲欧洲板块的交汇地带。海岸沿线的地区受到地震和断层的影响最为明显,比如克里特岛西部的法拉萨那(Phalasarna)地区是古代的海港,而现在已经高

---

① Rackham (n. 3).

② J. C. Kraft, G. Rapp, G. J. Szemler, C. Tziavos, and E. W. Kase, "The Pass at Thermopylae, Greece", *J. Field Archeol.* 14(1987), 181 - 198.

出海平面5米。① 类似的地壳位移作用于各种地形，并使之不稳定。山脉不仅会因地震发生变化，还会受到其内部渗出的水分溶解石灰岩的腐蚀。人类历史长河中，滑坡和泥石流有时也会发生，或者由于更深的地缝里冒出的蒸汽，泉水偶尔会干涸。由于山脉一直不断升高，侵蚀作用成为地貌的内在属性，而且这不需要由人类活动来决定。过去发生的侵蚀进程形成了希腊大部分适于种植的较好土壤，否则这类土壤将不会存在。

希腊地貌的改变多半是短暂的，而不是持续性的。山崩，或者在36小时内的降水量达到半年的降水量（正如1986年我亲眼目睹到的克里特的降雨情况），有可能一夜之间地貌就会发生局部变化。诸如冲积层的沉淀或树木的成长之类的变化过程是持续性的，但地貌变化通常不具有持续性：有人推断地貌在过去的不同时代发生着变化，但不能表明现在地貌正发生着变化。

## 树木永远不死

自然植被覆盖了大半个希腊，即使在可耕种的地带，野生植物始终
94 攀爬在梯田、障碍物和树篱上。但是所有的自然植被（主要是悬崖峭壁以外的植被）历经数世纪的放牧、焚烧和砍伐，已经得到了改造。植物对人类以上的行为作出了反应，为了掌握地貌状况，必须研究它们不同的应对策略。人类在希腊地区定居之前的很长时间，放牧和焚烧便已延续，植物已经适应了它们。

例如，最普通的野生植物是刺橡、灌木和虫胭脂橡木。这些橡树极易燃，山羊喜欢吃它们的叶子，但是焚烧、放牧和砍伐都不能使它们死亡，因为它们是从根部发芽的。根据遭受火烧、放牧或砍伐的情况，它

① T. A. B. Spratt, *Travels and Researches in Crete* (London, 1865), ii. 232; E. Hadjidaki, "Preliminary Report of Excavations at the Habour of Phalasarna in West Crete", *A. J. Arch.* 92 (1988), 463–479.

们可以长成任何形状：从一个被动物咬过的不足5厘米高的嫩芽，到一棵高大的橡树；如果动物的啃食停止，被咬过的嫩芽可以长成灌木丛，长到60厘米高，它们开始开花结果；再进一步，如果它们在动物啃啮时被单独留下，就会长成高大的橡树。

除了只生长在悬崖上的植物以外，希腊所有的野生植被拥有一种或多种适应方式。地中海白松（Aleppo pine，拉丁语名字是 *Pinus halepensis*），尽管很容易被烧死，但它的种子可以经火烧过后发芽，因此被广泛视为靠火生长的树木。①

## 山羊未必有害

食草的动物不是对植物不加选择的破坏者，但是每种食草的动物都有特定的喜好。一般来说，山羊不介意吃纹质粗糙的植物，但不喜欢吃味道刺鼻的植物。在克里特我曾观察到它们吞食带刺的植物，比如刺橡和蓟类植物，但忽略了味道不佳的柏树和松树。千年已逝，食草性动物不但吃的植物从乔木降到了灌木，而且偏好那些曾经讨厌的植物种类。目前我们认为，动物爱吃植物的结果以及抛弃了美味的植物种类，这些在一定程度上反映了地中海树木常绿的典型特征。

## 自然植被与根的重要性

在众多的希腊常见植物之中，刺橡可根据被啃食、火烧或砍伐的频率判断出是否会成为乔木或灌木，其他类似的植物包括欧洲女贞属植 95
物（phillyrea）、藤地莓（arbutus）和月桂树。这些植物以灌木丛的形式分布很常见，主要生长于无法耕种的山坡上，构成了常绿灌木丛地带（*maquis*，拉丁文名字为 *macchia*）。灌木丛地带中小块地之间的夹缝

① Rackham, "Boeotia" (n.10), 308.

处，各类小灌木组成的常绿矮灌木丛占据其间，比如鼠尾草、百里香和木犀花或岩蔷薇类的植物，这些芳香类（*Cistus*）灌木没有成为乔木的潜在可能性。在常绿矮灌木丛之间是草类、兰花科植物、球茎类植物和其他草本植物组成的草甸（见照片Ⅰ）。①

照片Ⅰ．希腊干旱区的地貌。图中区域位于忒拜附近。近处的两座小山，由松软的岩石构成，点缀其间的是灌木丛（图中黑色生长物即为灌木丛）、矮灌木丛和草甸。浓密的较高大灌木丛位于山脚，这里的土壤可以保持更多的水分，尽管更容易暴露给附近吃草的山羊。后面是在古代可以耕种的泰内罗斯（**Teneric**）平原。远处是坚硬的石灰岩构成的斯芬克斯（**Sphinx**）山，通常情况下异常荒芜，但它较低的斜坡处一块较厚的土壤上长有一片树林。

图片信息：*Mavrommáti, July. 1980.*

植物生长在哪里主要由降水量来决定。在希腊的湿润地带，灌木丛居于主导地位，而在干旱地区，主要分布的是矮灌木丛和草甸。与降水量同样重要的决定因素是不同岩石保持水分的多少以及植物根部能否穿透岩石得到水分。近年来由于开辟道路，我们可以看到许多表面上荒芜的地方，事实上是一个紧密的植物群：灌木丛可能大范围地覆盖在地表，而它们庞大的根系完全布满了地下可延伸到的空间。位于野生植被下面的一些岩石，如大理岩、泥灰岩，可能是贫瘠的，因为植物的根不能穿透它们，

① Rackham, "Boeotia" (n. 10).

但如果地面的表层被打碎,它们可以成为易于耕种的优质土地。

当放牧、焚烧和伐木活动停止几年,灌木便会长成乔木,灌木丛变为林地。松树和落叶橡树之类的树木也会从萌芽生长扩展到荒芜的耕地。希腊到处是有潜力成为树木的植物,如果提供机会,它们将会改变地貌状况,但不能说在如今的气候条件下,自然植被可以发展成浓密的森林。只有突破了降水量和根部可获得空间的限制条件,植物才能生长。只有在如今有连绵不断的灌木丛,而且其间没有矮灌木丛和大片草本植物的地方,才有可能长成大片的森林。

那些记录希腊森林毁灭的人应该谨慎地界定他们所指的"森林"和"毁灭"的含义,而不应该想当然地认为原始森林必须被加工成好的木材,理由是刺橡和其他的希腊树木趋向于变小、硬、弯曲和很难加工,适用于建造大型建筑或船只的树木可能总是难得一见。

## 书写记录需要谨慎查阅 96

索宁(Sonnini)的理论是有根据的,也是很有必要的,而且几乎全部基于他对古典时期作品的解读。在所有来自其他方面的证据距今200 多年的情况下,沿着许多几乎同样的线索进行研究仍然存在争议,这是此理论的一个缺陷。索宁可能设想古典时期在时间上接近文化上所指地貌的发展初期,而不是我们目前所知道的它大约处于文化地貌进程的四分之三阶段。

古代作家几乎没有告诉我们希腊的地貌如何,因为他们认为其读者都已经了解。在文献和碑铭的资料里,零星分布着土地使用的有关信息,博学多才的罗宾·奥斯本据此进行了一项希腊(主要是雅典)农业实践活动的统计。[①] 但那是土地使用的统计,而不是地貌本身的统

① R. Osborne, *Classical Landscape with Figures: The Ancient Greek City and its Countryside* (London, 1987).

计，原始资料也理所当然地这样认为。

必须批判性地对待古代作家无意中所传达的零星信息，因为文学家或哲学家更多地关注文学上韵律或哲学上思想的正确性，而不是提供事实的准确细节，并且记录事物的意愿仅凭兴趣所在。这些信息通常不是第一手的，而且在到达作者之前，可能遭到侵蚀或者过度概括，其中的一些信息只不过是谚语，与现代、不真实、陈词滥调的信息一样，都具有通俗易懂的风气。关于森林的砍伐和自然界的侵蚀作用，每个作者都援引了（或者错误援引了）柏拉图的《柯里西亚斯》（Plato, *Critias*）第三章中的一篇著名文章，且不用提它是一本小说体裁的著作，而且可能根本不是作为历史著作而写的。

士兵和猎人们是更加有用的资料来源，因为他们的生活依赖一双双关注地貌的眼睛。《运动论》（*Cynegetica*）记录了色诺芬（或者可能不是色诺芬）狩猎野兔，或者运气好时猎到熊、赤鹿或野猪，这些动物活动在划分成山脉（*ore*）和耕地（*ergai*）的土地上，这块土地上有岩石、丛林，偶尔会出现森林：它与过去希腊的土地并无二样。他寻找野猪的地点不是在贵族的森林，而是在橡树林（*dryma*）、山地（*anke*）、洼地（*trachea*）、草地（*orgades*）、沼泽（*hele*）和水塘（*hydata*），这些地方正
97 好位于19世纪希腊野猪生存的地方，或者是在今日的普罗旺斯（Provence）。人们不会在现代希腊的森林里迷路，但会在草地或沼泽里迷路。

古代作家偶尔会提供足够明确的零星信息，据此我们可以与那里现在的地貌状况作对比。尽管波桑尼阿斯（Pausanias）并不生活在我们的时代，但他是最有价值的地形学者。比如他提出一片名叫斯科提塔斯（Skotitas）的橡木林，它位于帕尔农山（Parnon）的偏僻地方；这个地点可以被精确地鉴别出来，而且这片树林一直都长在那里。① 泰奥

① *Description of Greece*, 3.10.6; O. Rackham, "Observations on the Historical Ecology of Laconia", forthcoming.

弗拉斯图斯(Theophrastus)告诉我们很多关于树木和其他植物生长的地点,尽管他提供的未必是第一手资料。他详细描述了庇奥提亚地区奇特的科帕伊斯湖(Copais Lake)盆地以及那里大片的芦苇地。① 罗马的黑马斯(Hermas)是公元1世纪或2世纪的牧师,他也提供了更详细的信息,阿卡迪亚(Arcadia)地区十二座地貌迥异的山脉,每座山上都有树木和其他植物生长和动物存活。② 这个信息看起来明显很像如今阿卡迪亚地区的其他山脉。因为文学上的阿卡迪亚地区主要是文艺复兴的产物,③貌似在黑马斯牧师的意念中它就是地理上的阿卡迪亚地区。

希腊的地貌史与英国的一样,一贯存在的特点是夸大过去的森林,每片被提及的森林按现代标准来看规模依旧很大。克里特作为一个树木茂盛的岛屿而驰名,主要得益于斯特拉博(Strabo)形容这个岛的一个单词"*daseia*"。④ 这个单词的意思恰好是多树木的,但它通常被错误地翻译为"树木浓密的"。它的意思完全依赖斯特拉博对比的标准:现代的克里特可能被阿拉伯人描述一个为"多树木的"小岛,但芬兰人却不这样描述。J. D. 休斯(J. D. Hughes)将其收集到的古代伐木情况罗列为一目了然的清单,他最近的一篇论文中提出了相关错误形成的偏见,并指出古典时期的作家认为森林突然发生了变化,比如森林砍伐,但他们没有将这些变化记录到诗歌集里,而且也没有注意到新生树木的成长。如果休斯提到的作家所述的每件事情都真实存在,那么古典时期也完全有可能和20世纪一样成为一个树木呈网状式增多的时代。 98

现代的作家也倾向于贬低如今的地貌状况,比如冯·泰罗塔-托雷登(von Trotta-Treyden)在1916年写道:"如今的克里特岛几乎没有森林",他显然没有读过特雷弗-巴提(Trevor-Battye)的专栏文章。特雷

---

① *Historia plantarum* 4. 10.7ff.
② *Shepherd* 9.1.
③ J. P. Mahaffy, *Rambles in Greece*, 2nd edn. (London, 1907), pp. 290–293.
④ *Geography* 10.4.

弗-巴提曾在1909年到克里特岛旅行，还描述了那里的森林境况。①

碑文，尤其是涉及木材的贸易或运输的碑文，逐渐补充了文献资料方面的证据。② 经过勘察，城邦的边界线明确了下来，它沿着不同的地貌依次向前推进。英国类似的文档明确了每种地貌的具体位置，因而具有极高的价值，③但希腊对地貌的勘察却显得相当老套而且不精确。尽管如此，公元前2世纪德尔斐(Delphi)的边界线表明，我们可能没有其他的了解渠道，甚至帕纳索斯山(Parnassos)在不同邦国内的高度都显示得不同。④ 希腊化时期东克里特的拉图(Lato)地区的边界线表明，那时斯科纳维瑞亚(Skinavria)山脉和克瑞斯塔(Krista)山脉的外观与现代的地貌几乎相同：山上满是岩石，而不是树木，过去和现在都是如此。⑤

## 泛化的风险

希腊是一个地貌极其多样化的国家。克里特岛有一些欧洲最干旱
99 的地域，干旱区沿着南部海岸逐渐延伸到西部的沙漠地带(见照片Ⅱ)。希腊腹地西面降水量大，水分滋养着片岩上的土壤，甚至在炎热的夏季，溪流和瀑布都一直冲刷着那块土地，土地上生长着落叶橡树和在古代被截去了树梢的栗子树，分布着可以灌溉的梯田花园以及一些不耐旱的植物，比如樱草与甚至比它更高贵的蕨类植物(见照片Ⅲ)。"威尔士克里特"(Welsh Crete)和"欧洲撒哈拉"(European Sahara)，二者之间的距离不超过10公里，可以算得上是整块大陆系列地貌的两个极端。

---

① H von Tratta-Treyden, "Die Entwaldung in den Mittelmeerländern", *Petermanns geographische Mitteilungen*, 62 (1916), 248－253, 286－292; A. Trevor-Battye, *Camping in Crete* (London, 1913).

② R. Meiggs, *Trees and Timber in the Ancient Mediterranean World* (Oxford, 1982).

③ Rackham (n.4).

④ Osborne(n. 22), p. 51.

⑤ H von Effenterre and M. Bougrat, "Les frontières de Lato", *Κρητικὰ Χρονικὰ*, 21 (1969), 9－53.

**照片Ⅱ.沙漠**

图片信息:*Near Zakro, E. Crete, September 1986.*

**照片Ⅲ.丛林(悬铃木、落叶橡树、藤地莓).**

图片信息:*Alônes, north of Mount Kryoneritie, W. Crete, April 1988.*

地貌的差异取决于气候和土壤条件,诸如此类的差异可能在古典时期已经存在。因此,从岛屿的不同地方抽取证据残片,并期望将它们统计到克里特的地貌史,这是不合理的。我们必须假设(在能够证明相反的结论之前)克里特的每种地貌以及数量更多的希腊地貌都有它们自己独特的历史。我们必须进一步考察不同人群形成不同文化面貌的喜好，这些不同的文化面貌摆脱了完全相同的自然环境的桎梏。在两个条件类似的古希腊地区，自然环境上和生物学上所指的地貌可能彼此不相同，其不同的程度相当于英国的剑桥郡（Cambridgeshire）和埃塞克斯郡（Essex）的差别程度。

## 花粉分析与原始地貌

古代植物脱落的花粉颗粒是完全独立的证据来源，根据长期湿润的地方保存下来的花粉，可以进行植物的复原和鉴定。我们首先找到湖泊、沼泽或池塘里逐年形成的累层沉积物，接着提取沉淀物的核心部分，在恰当的准备以后进行鉴别，并计算出显微镜下花粉颗粒的数量，最后储存样本备用，并使用放射性碳元素确定年代。

在现代希腊，由于沼泽遭到破坏，合适的沉淀物非常稀少，但不像我们曾经预想得那么罕见。到目前为止，已经出版了八张古典时期希腊大陆的花粉统计图（几张统计图数据源自离得很远的北部地区）以
100 及三张克里特岛的花粉统计图。① 我的同事玛格丽特·阿瑟登（Margaret Atherden）博士和詹妮弗·穆迪（Jennifer Moody）博士已经发现并着手处理其他六个地方的沉淀物。然而，其中的许多沉淀物或者已经失去了最重要的一层，或者很难断定年代。因此，从它们那里直接得到的古典时期的地貌状况比史前时代的资料少，因为古典时期的地貌状况发展了。

① M. C. Sheehan, "The postglacial vegetational history of the Argolid Peninsula Greece", Ph. D. thesis, Indiana (1979); J. R. A. Greig and J. Turner, "Some Pollen Diagrams from Greece and their Archaeological Significance", *J. Archaeol. Science*, I (1974), 177 - 194 [see also Rackham, "Boeotia"; (n. 10)]; S. Bottema, "Pollen Analytical Investigations in Thessaly", *Palaeohistoria*, 21 (1979), 20 - 39; id., "Palynological Investigations on Crete", Rev. *Palaeobotany and Palynology*, 31 (1980), 193 - 217; id., "Palynological Investigations in Greece with Special Reference to Pollen as an Indicator of Human Activity", *Palaeohistoria* 24 (1982), 251 - 289; H. E. Wright, "Vegetation History", in W. A. McDonald and G. Rapp (eds.), *The Minnesota Messenia Expedition* (Minneapolis, 1972), pp. 188 - 199; J. A. Moody and others (n. 10).

另一个困难是许多重要的希腊植物,包括大部分矮灌木在内的植物,靠昆虫授粉,花粉几乎不脱落,因此这些植物在花粉记录中不能被显示出来。不同的植物可能产生难以区分的花粉,例如很难从野草的花粉,或者从湿地上长期采集的芦苇花粉中分离出谷物的花粉。区分常绿的橡树花粉有可能,但很难区分出落叶植物的花粉,也不能从中分离出不同种类的橡树。因为乔木和灌木经常属于同一种植物,因此不能从乔木中的花粉分离出灌木的花粉,因为 60 厘米高的刺橡灌木和 25 米高的刺橡树可以产生同样的花粉。

尽管花粉分析法存在诸多限制条件(我们又无法通过其他任何渠道),但它说明了新石器时代之前的希腊地貌非常不同于现代希腊的自然环境。那时的森林比现在多得多,特别是落叶乔木,包括欧洲北部的树种,比如桦树和柠檬。即使这样,森林带在过去也不能连成一片,特别是南部的森林——所有的花粉统计图包含草本植物(阴凉处不开花)和树木的证据。但是常绿矮灌木丛却是土生土长的,与今日的地貌相比,它对古代地貌的影响少得多。关于过去的气候不如现在干旱的观点,如果从树木在所有土地上连成一片的角度来看,那时的气候还不够湿润。

## 地貌与城邦——我们知多少? 101

### 古典时期原始地貌

一般来讲,古典时期的希腊与原始希腊相比,更接近"过去的希腊"(Greece of Yesterday)。[①] 大多数较大的变化在青铜时代或铁器时代已经发生了。除沼泽以外的平原地带都已经改为耕地。事实上,经过长时间的种植尝试,比如在科帕伊斯盆地,人们已经把耕种地带延伸

① Rackham,"Boeatia" (n. 10); id. (n. 23).

到沼泽地区。森林资源很稀缺，而且主要在山区。截止到古典时期，乡村地区已经得到了完全的开发：据勘察记录显示，即使城乡之间的山区也被详细地划定界线，山区的勘察记录里也满是小地点的地名。

自新石器时代便开始出现的重大变化，部分可以归因于气候变得更加干燥，部分可以归因于人类活动。欧洲北部的树木在古典时期之前便已消失了很长时间，只有在面朝北的悬崖和寒冷地区的河畔，如欧罗特（Eurotas，见照片Ⅳ），受到潮湿的微气候和森林局部地区的气候影响，才会偶尔有树木幸存。平原和土质疏松的丘陵地带，这些本来可能成为落叶橡树生长的地方，几乎都被改造成农田（在20世纪，这些农田已经退耕还林，甚至这些地方还允许培育成一些橡树林）。坚硬的石头上，大多数像马赛克一样的原始森林和草地，已经转变成目前像马赛克一样的灌木丛、矮灌木丛和草甸。

**照片Ⅳ. 清澈的泉水（泉水边是悬铃木、芦苇，偶尔有赤杨木）**

图片信息：*River Eurotas above Sparta, August 1984.*

只有少量证据涉及古典时期希腊地貌的变化，例如古典时期早期存在的森林，却没有在晚期存在，反之亦然。

## 城市和生态区

希腊的所有地方可以归纳为六种生态区：平原、可耕种的山麓、不可耕种的山麓、高山、沼泽和海洋。任何一种区域的性质随着气候、地质和使用类型的变化而发生改变，也可能随着时间的流逝而产生变化。例如，划分可耕种和不可耕种山麓的界限，一定程度上取决于在耕种上投入多少努力。受限制程度更低的高山植被随着气候变化而变化。但是这些古代的生态区不可能比现在的差别更小。最近一百年内，最明显的变化是面积较大的沼泽遭到了破坏，它们被改造成用于耕种的平原。 102

古希腊不同城市的规模、领土面积和资源状况差别很大。雅典和斯巴达这两个大型城市，其中每个城市都含有以上六种生态区。雅典的谷物或木材远不能自给自足，①虽然可以依靠劳里昂（Laurion）的矿物来补充资源不足，但受此牵累，需要专门留出很小比例的土地，用于生产燃料来熔化矿石。出现另一番景象的是许多类似于以下地区的地方：埃伊吉亚勒（Aegiale）、米诺斯（Minos）和阿克兴（Arkesine），位于阿莫尔戈斯（Amorgos）贫瘠的土地上；阿雷登（Araden）和阿诺波里斯（Anopolis）两座城市隔着克里特南部阿拉德赫那（Aradhena）峡谷相望。

## 居民类型

希腊文学集中表现的是城市的状况，尤其是雅典。和20世纪的英国一样，古希腊的许多城市拥有土地，而这些土地由城内的人员管

① Garnsey (n. 11); Meiggs(n. 30).

理。[1] 但许多城市人口住在城外的乡村或小城镇，例如雅典版图上的139个德莫（*demoi*，大致相当于市民的地方自治区）在行政上是分离的。据考古调查显示，一直存在着更小的居民点：依次排列的小村庄和仅用于季节性居住的农场茅舍形成的孤立的居民点。[2] 大多数“过去的希腊”的固定居所以及希腊现在还有的许多此类居所，它们对我们来说可能是无用的，因为每个人都住在空旷的农村村庄里（像现代的庇奥提亚地区一样，通常住在大村庄里）。更有代表性的是，可能存在大片的
103 广阔地区，这些由乡村、村落、单个农场和偶尔出现的小城镇组成的广阔地区，分散于地表，就像在克里特西部现在仍然还可以看到的那样。

## 土地耕种的限制条件

现代希腊的耕地几乎占据了整个平原地带，而且延伸到地貌可变的丘陵地带。小丘陵通常被改造成梯田，尽管偶尔也有（比如克里特凯兹罗斯山附近）山坡上的土地被用犁耕种。显然大部分耕地延伸到丘陵地带，而且向上推进的程度比现在更大。许多退耕还林的行动都是距今时间更近的事，这是拖拉机发明的结果，但是许多地方至少在一个世纪之前便开始了退耕还林的进程。

我们肯定不会假设希腊现在最肥沃的土地在过去和未来一直都是最肥沃的。距今最近的19世纪，一些干燥的平原仅能用来放牧，而一些山脉，尽管陡峭，但它们的土壤却可以留住水分，能够非常成功地耕种。伯罗奔尼撒地区人口最稠密的地方是帕尔农山脉北端不平坦的山地[3]；克里特人口最稠密的地方是西南部塞里诺（Selino）地区偏远的河谷地带。[4] 在英国，沼泽可能特别罕见，它可以为以下这个问题提供一

① Osborne (n. 22).
② Snodgrass (n. 8); Moody (n. 10).
③ Bory de St-Vincent, *Expédition scientifique de Morée* (Paris, 1836).
④ Raulin (n. 9).

部分答案:古代和现代早期的希腊人,在看似不合适的气候条件下,怎样成功地饲养了那么多的牲畜?

我们的古希腊知识中有一个巨大的盲区是关于梯田方面的。希腊地貌发展到更高程度的关键是丘陵(丘陵是理解英国地形的关键),而与丘陵相对的是田垄和畦(即耕地)。① 据大多数现代学者推测,因为古代人经常耕种的土地太陡峭,以致不能在山坡上犁地,所以对梯田开发是经验丰富的,但对于这个观点,不能给出积极的证据。古代学者似乎没有提过丘陵,尽管这可能因为丘陵太过于普遍而不需特别标明,但在丘陵地带发生的重要作用的战争或其他事件的统计里,也没有相关数据,这确实很奇怪。为何在色诺芬笔下只能慢慢匍匐前进的梯田里,野兔或野猪却不能跳起来跃过它而逃脱?

一块碑铭详细地描述了阿莫尔戈斯(阿莫尔戈斯是一个很难开垦 104
作耕地的小岛)的地契,提到了类似于梯田围墙的修补。② 德谟斯提尼的一个关于侵害财产权的诉讼案,提到的财产可能是梯田的围墙,而它被建造的目的不是防止土地遭改道水渠的冲刷。③ 19 世纪许多地方留下废弃的梯田,也存在少量更早时期就被废弃的梯田遗存,有一些证据(比如在阿提卡地区的)偶尔将这些遗存与古典时期的农舍联系起来。④ 克里特岛西南部的罗特洛(Loutro)地区,我亲眼看到了一棵巨大的橡树,我据它的年轮估计,它应该是古希腊时期的树,而且当时生长在一堵古老的梯田护墙内。构成我们知识体系的这些零散的信息,显然成为了解古希腊人如何支配土地这一问题的主要线索。我们对各种类型梯田(网状或阶梯状的,土质或石墙围起来的梯田)的历史一无

① Rackham (n. 4).

② T. Homolle, "Contrats de prêt et de location trouvés à Amorgos", *BCH* 16 (1892), 262 - 294 ( = Dittenberger, *Sylloge*³ 963. 17 - 20).

③ 55 (*Against Kallikles*).

④ J. Bradford, "Fieldwork on Aerial and Rhodes, II: Ancient Field Systems on Mt. Hymettos, near Athens", *Antiquaries* J. 36 (1956), 172 - 180; O. Rackham and N. Vernicos, "On the Ecological History and Future Prospects of the Island of Chalki", in N. S. Margaris (ed.), *Desertification in Southern Europe*, forthcoming.

所知。

可耕种土地的量是有弹性的，量的多少取决于开辟和维护梯田投入的努力程度。较陡峭的山坡和地表层很浅的土壤逐渐使梯田开辟更加必要和困难，这也逐渐成为限制不可耕种土地的条件。可以假设古代和现代一样，在耕地收益较少的地方，人口的变化和对土地的渴求削弱了梯田的优势，将梯田退耕还林。我们认知的另一个不足是各种类型的梯田所代表的劳动力数量。学者们经常假设，开辟梯田需要消耗农民大量的时间和精力，是沉重的负担，这个观点正确吗？如果是这样，为何古代的作家没有提到？或者因为梯田是农民利用闲余时间历经多年逐渐建起来的，或者一旦建成几乎不需要维护？

105 依照我曾经进行过的考古调查的经验，大多数有物质遗存的梯田，如果有人打算克服困难去开辟，它们现在仍可以耕种，它们没有变得不能耕种的原因是土地本身已经发生了变化。这可能因地区而异：在特定土壤和特定气候条件下放弃梯田，或者继续在梯田上耕种，与是否疏于维护因流水侵蚀而失去土壤有关，也许是正确的。[1] 在克里特和其他岛屿，我们偶尔会发现梯田遭遇“恶魔”，可能因为风的侵蚀，致使所有的土壤都已不可耕。

## 道　路

地貌能否推动交通工具的发展是其重要特征，这不仅决定了贸易的形式和运输大而可分的物体的方式，而且决定了乡村的建筑样式。过去的希腊和历史上的英国之间的明显区别是，在英国，很多世纪以来，几乎每个农场都有一辆马车。道路、车道、山谷路（holloways）、小径已经霸占土地一千多年了。在希腊（除了有马车和马路的部分马其顿

---

① T. H. van Andel and C. Runnels, *Beyond the Acropolis: A Rural Greek Past* (Stanford, 1987).

地区①),修整道路是为了用骡子和驴运输:卡尔德里米亚路(*kalderímia*,即骡拉货车道路)通往每个居民点,但这些修路活动是为了服务骡车,不是为了交通的目的。

相对而言,古代的希腊从某种程度上可以说是满是车辙的土地。青铜时代便已有了二轮战车和马拉战车,道路的区分可通过能不能用于驾车(*hamaxitos*)来判定——对今日希腊的游客来说这点很熟悉,这个区分标准可追溯到荷马时代。在古典时期,有一些词汇专门指不同类型的交通工具和道路,但没有古代罗马人的相关词汇多。② 刻有图画和押韵碑文的墓碑,难道不是描绘了被一辆马拉战车碾过的猪吗?③古典时期的希腊道路闻名于世,尤其是在陡峭的多岩石地带为车轮挖掘的凹槽——与之后修建早期铁路的方式相似。大城市的货物和其他 106
的大件货物可能由组成队列的牛群运输。④ 不清楚的是,通向偏僻地区的小路延伸有多远?或者是否每个农场一般都拥有一辆马车?近来的经验表明,对于希腊这样一个多山的国家来说,修路并非容易的事,但如果存在一个复杂的道路体系,我们可能有望找到更加让人信服的相关物质遗存。

## 希腊的多样性

在古典时期,希腊至少存在着一些不同的地貌,例如我已说明庇奥提亚地区在很多方面不同于阿提卡地区,如今也一样。尽管阿提卡地区几乎不生产可用的木材,但它被更浓密的松树林和其他树林覆盖。阿提卡和庇奥提亚地区的边界已经发生了变化,但基本的区别没有变,

---

① W. M. Leake, *Travels in Northern Greece* (London, 1935), i. 34.

② C. Daremberg and M. E. Saglio, *Dictionnaire des antiquités grecques et romains* (Paris, 1881 - 1912), entries for *vehiculum*, *via*.

③ G. Daux, "Epitaphe métrique d'un jeune porc, victime d'un accident", *BCH* 94 (1970), 609 - 618.(我非常感激露西亚·尼克松对此进行的解释)

④ A. Burfird, "Hecvy transport in classical antiquity", *Econ. Hist. Rev.* 13 (1960),1 - 18.

它们都明显不依赖气候和土壤明显不相同。①

地貌状况的不一致可能有助于多样化。自然环境将希腊打造成贸易区，而不是自给自足的小农经济区。每个城市通常把石头和泥土制成泥砖，而且在不能耕种的土地上放牧。每种资源在分配领域的地位不同。一些城市有很多可耕种的平原，而在其他的农耕地区，完全有可能需求梯田。橡树几乎可以在任何土壤上成活，事实上，像希腊梨树，它们几乎根本不需要土壤，但是对它们而言，阿卡迪亚地区的高山内陆盆地可能太寒冷了。木材和矿石一样，只有少数地区能够从自己的领土上获得。木材从很远的地方运来（比如从黑海运到雅典），而且是非常重要的战略储备物资。②

从某种程度上讲，古希腊人的饮食确实非常依赖谷物，使得谷物生产很难自给自足。好年景时谷物的产量（除去种子）可能是差年景时的四倍。为了在粮食歉收时可以存活下来，人们必须在普通年份播种足够多的种子来生产出剩余的粮食，而且在年景好的时候填满粮仓。③

107 因为坏的、一般的和好的年景主要取决于降水量的变化，而降水量在整个希腊地区不均衡，促使了人们依靠贸易为生。数量庞大的小佃农的存在，也可能促进了贸易的产生和发展。在一小块土地上维持生计的一个方法是种植一些比谷物更值钱的农作物。④ 朗内尔斯（Runnels）和范·安德尔（van Andel）已经指明，在阿戈斯地区，定居点的数量和与之相关的人口数量多少可根据是否有机会交易农作物加以判断，在不同时期呈现出增长或减少的情况。当这个地区的两个城镇达到了城邦的水平，出现了最繁荣的局面，时间是从公元前 4 世纪到公

---

① Rackham, "Boeotia" (n. 10).

② Meiggs (n. 30).

③ P. Garnsey, T. Gallant, and D. Rathbone, "Thessaly and the Grain Supply of Rome during the Second Century BC", *JRS* 74 (1984), 30 – 44.

④ Y. Triantafyllidou-Baladié, "Dominations étrangères et transfromations de l'agriculture crétoise entre le XIV et le XIX siècles", *Greek Review of Social Research: Aspects du changement social dans la campagne grecque* (1981), 180 – 190.

元前3世纪早期。① 事实上，拥有市场是一个城邦地位的象征，也被视为一种令人嫉妒的特权，和中世纪的英国一样让人嫉妒。例如，雅典包括自己在内，在广大领土上只确立了两个市场。②

然而，关于放牧和饲养牲畜的发展程度这一重要问题，我们至今几乎没有找到相关证据。斯诺德格拉斯(Snodgrass)认为，根据非关键性的证据，在铁器时代的希腊，乡村居于重要地位，不仅有山羊和绵羊，还有其他牲畜，放牧取代了更早期的农植活动。③ 有人认为，罗马后期的伯罗奔尼撒半岛也出现了类似的转变，但这基于菲洛斯特拉托斯(Philostratus)的一篇文章，④有针对性的夸张演讲词的说服力不够，不能证明那个解释。

在古典时期的希腊，关于猪和用于驮东西的牲畜，存在着大量的文献和碑铭方面的证据。在少许"饲养于"农场的绵羊和山羊和放牧在山上的大型禽类之间，可能已经出现了区分。⑤ 早在赫西俄德生活的时代，骡子和驴就已经用于犁地和骑乘。⑥ 尽管公牛(可以用它的角作 108
为牵引杆)在那些马具设计落后的时代有作为可驮拉动物的优势，然而，相对于在农场和花园里犁地，掘地是一个普遍的选择。据我们所知，古典时期的希腊的牲畜，比19世纪的克里特岛更少，而在克里特，除了最贫穷的农村家庭，都有两头牛或一两头驴。⑦ 在那时的克里特，马并不常见，但却在艺术作品中很普遍，它们实际上主要用来代表身份地位以及用于繁育骡子。

在很多地方，几乎不能获得可以耕种的土地用来放牧成群的绵羊和山羊。⑧ 那时清理残枝和休耕的土地和现在一样，都被用于饲养可

---

① C. Runnels and T. H. van Andel. "The Evolution of Settlement in the Southern Argolid, Greece: An Economic Explanation", *Hesperia* 56 (1987), 303–334.

② Osboune (n. 22), p. 108.

③ Snodgrass (n. 8).

④ *Vita Apollonii* 8.7 (Loeb edn., vol. 2, pp. 336–337).

⑤ Hodkinson (n. 15).

⑥ *Works and Days*, 816.

⑦ Raulin (n. 9), pp. 418–419.

⑧ Osborne (n. 22).

牵引的家畜和家养的绵羊和山羊。当这些动物数量变得很大时,它们可能正好吃掉残枝和杂草。有时专门种植豆科植物,其实是把它们作为家畜的饲料。灌木丛和矮灌木丛可能已有许多用途(包括将杂树用作燃料),但是它们主要的用途是作为成群绵羊和山羊的饲料。成群的动物数量有多少,达到什么程度?它们进行季节性迁移放牧或融入农耕活动的情况如何?关于这两个问题,存在着许多争议。显而易见,每个地方的政策都不同,这取决于当地的生态状况和那里不同的季节被动物吃掉植被的种类。我们不能直接说这些可供放牧的山丘非常集中,文献资料中提供的大致的地貌状况中的植被比过去的希腊植被多一点,而比如今的希腊少一点。我们一直很难解释古希腊是否有传统(这些传统在如今的马其顿和克里特岛东部可以看到):通过截去枝梢来管理橡树和其他野生树木,通过粉碎枝梢来生产以树叶为主制成的饲料,维持不间断的饲料供应。

或许有人会认为,所有的希腊城市至少尝试过靠耕地谋生,但在此可能会发现例外。克里特岛撒马里亚(Samaria)地区著名的大峡谷海岬的小碎石堆里,存在着大量来自塔哈(Tarrha)的物质遗存和它在罗马时期的玻璃制品。① 塔哈地区,尽管只是一个某个注释里提到的地
109 方,极其缺乏内陆土地。在这座城镇背后的悬崖上,陡然隆起一些悬崖峭壁,高度达2 400米,这些峭壁延伸至很深且无处隐藏的大海中。除去峡谷自身贫瘠的碎石梯田,不可能存在其他可供耕种的土壤。除了通过海洋或通过非常艰难的攀爬,没有别的途径通向外界。塔哈人靠什么谋生?在中世纪,它的一个资源是柏树,这是一种珍贵的木材,在那时和现在一样,主要生长在峡谷里面和四周。② 我们试图假设在古典时期这个城市已经专门种植柏树——当时的人们知道柏树这种木材

---

① G. D. Weinberg, "Excavations at Tarrha, 1959", *Hesperia*, 29 (1960), 90 – 108.

② e. g. C. Buondelmonti (1415), *Descriptio Insule Crete*, ed. M.-A. van Spitael (Herakleion, 1981), pp. 115 – 118.

从克里特岛进口[1]——泰奥弗拉斯图将这种树与塔哈联系起来。[2]

## 地貌退化?

有人认为在古典时期,或自从古典时期,希腊地貌遭到了错误的人为修整和毁坏,这个观点难以理解,也很难去证明。无论古代作者告诉我们那里的地貌曾经怎样,但在大部分情况下,他们所说的许多例子与现代生态学不矛盾。例如,橡树从多多那(Dodona)古城绝迹是不正确的,因为最近(1988 年)在象征原始神谕的橡树林遗址方圆 300 米以内存在着一棵古老的大落叶橡树,但是写指南册的作者并没有提到它。斯科提塔斯(Skotitas)是波桑尼阿斯提到过有树木和森林的地方,如今那里仍然还有树木或森林。波桑尼阿斯很少提到勒拿(Lerna)附近地区的旁提翁(Pontions)森林,[3]这个森林如今已不在那里,而且我们确定在正确的地方寻找过它。但是也有一些例子可以证明现在的某个森林于古典时期似乎不在那里。举一个著名的例子,泰格托斯(Taygetos)的大片森林,大量的有关伯罗奔尼撒的古代文献里都没提到它。这片森林规模很大,很壮观,在古希腊可能已经构成一个重要的木材原产地。据知,从 18 世纪起它的树木已经大幅度增多,而且我认为古典时期时这片森林不在那里。[4]

古典时期的希腊比现在拥有更多的土壤,而且因为人类管理不善 110
致使水土流失量减少,我对此观点持怀疑态度。事实上,希腊是一个水土侵蚀严重的国家,但大部分的侵蚀发生在更新世(Pleistocene)时期或更早,出现在人类对土地产生影响之前的很早时间。[5] 历史时期的

---

① Meiggs (n. 30).
② *Historia Plantarum* 2. 1. 2.
③ Pausanias, *Description* of Greece 2.37.1.
④ Rackham (n. 23).
⑤ O. Rackham, "Desertification or De-desertification? Questions in the Historical Ecology of Southern Greece and Grete", in Margaris (n. 44).

侵蚀发生在某些特定的地区，而不是别的地区，例如，据描述，阿戈斯地区形成了一片很长的冲积土区域，①而庇奥提亚地区却没有同步。尽管我们已经进行了所有的相关研究，也没有在侵蚀的发生（时间和地点）与任何特别形式的“管理不善”之间建立起根本的联系。目前最壮观的侵蚀地区在马其顿南部，这里也是最为人迹罕至的地方和森林最多的地区：存在很长且连绵不断的橡树林，还被成千上万条沟渠冲刷着。

对于山脉一直快速隆起的国家而言，侵蚀肯定是常态。但是侵蚀的进程在希腊的很多地方是断断续续的：特定时间和特定地点的环境有利于侵蚀的进程，而其他时间和地区却没有。② 特定的岩石也比其他的岩石更容易遭到侵蚀。克里特岛和庇奥提亚地区的大部分地区，在现在的气候条件下，抵御了所有传统耕种方式的使用或误用，只有推土机的过量使用促使了这些地区的侵蚀进程加快。根据范·安德尔和朗内尔斯的描述，阿戈斯南部的地貌更加不稳定，梯田可以保持水土，但需要很精心地进行维护。马其顿南部的沙岩和蛇纹石，它们自身的构造不断地瓦解，遭到侵蚀，而且也没有植被可以阻挡。其树木对保持水土没有起到巨大作用：据我对近期的洪水泛滥进行的观察表明，那些矮小的植物，像苔藓类和地衣植物，同样对水土起着保持作用。

如果某人越了解现代希腊的地貌情况，那么他越不容易接受地貌从古典时期开始退化的观点。毕竟巴泰勒米可能至今都没有错误。如今希腊的很多地区仍然存在着不易遭到流水冲刷的森林和清澈透明的泉水，而且否认它们存在的作者也没有去寻找过它们。它们在旅行指
111 南册里面被提及：待在某块土地上一整天，快要结束旅行的时候，在意想不到的地方偶然邂逅它们，比如在克里特东部克洛考瑞欧（Kalo Chorio）后面的干燥峡谷深处，突然看到高大的夹竹桃树下有一汪青绿

① van Andel and Runnels (n. 45).

② J. M. Wagstaff, “Buried Assumptions: Some Problems in the Interpretation of the ‘Younger Fill’ Raised by Recent Data from Greece”, *J. Archaeol. Science* 8(1981), 247 - 264.

色的池塘。克瑞那瑞提斯(Kryoneritis)山脉的南边朝向撒哈拉,由巨大、不易生长植物的石灰岩构成,山顶正上面没有树木;但是几乎没有作家到过这座山的北侧,北面是高于1 000米的悬崖,插入一片丛林之中,丛林里有高大茂密的橡树,盘枝错节的石楠树,许多汪泉水,厚厚的苔藓以及一些喜水性植物。这些地方与它们所处的环境相对照,会令人感到敬畏,而且人们会认为它们是上帝和古代英雄们的栖息地。这样的事情现在不多,或许在古典时期它们很罕见,而且很美好;真正的事实是,大部分的森林和泉水对上帝和仙女存在着敬畏之心,它们不是普通的地方,是圣地。

113 # 希腊城市的考古调查和乡村地貌

安东尼·斯诺德格拉斯(Anthony Snodgrass)

对所有学者而言,古代城市研究的好归宿仍然是城镇研究。① 本文既针对那些支持以上观点的学者(当然大多数人是认同者),又针对那些反对以上观点的学者(我认为不少人是反对者)。有关城邦的大部分研究成果至少为一个结论付出绵薄之力,这个结论是:城市和乡村之间形成了一个密不可分的联合体,但是如果将城市和乡村二者从抽象的理想状态转向具体的实际情况,便会发现二者的关系面临着尴尬,几乎不能说出在城乡合作关系中谁居于次要地位。在此,不必纠缠于这种尴尬:如果我们愿意,可以安慰自己而将主要责任归于古希腊。首先,使用了城邦(polis)这一具有双重含义、让人抓狂的术语;其次,目前健在的学者确实表明,在城邦的物资补给方面,以乡村损失作为代价,城市居民具有近乎排外的特权。

近期我们做的是为了消除偏见吗? 这个偏见可以沿着足迹一路追溯到古代,而且在希腊进行的近两个世纪之久的有组织的考古工作却只起到使偏见加深的作用。通常情况下,我们可以从现代古典研究学派的书中知晓,或者从其他机构获得渠道。因此,目前的情况下首先从非古典时期的学者出发,最引入瞩目的是社会学家马克斯·韦伯,他关
114 注了古代城市对农业的依附程度。韦伯的观点长期面临着古典学派的考验,但是它最终赢得了古代史学家极其广泛的认同,而且目前属于主

---

① R. G. Osborne, *Classical Landscape with Figures: The Ancient Greek City and its Countryside* (London, 1987), p. 9.

流思想。这些史学家们的著作影响深远:关于农业经济,尤其是人口统计方面的有价值著作,已经硕果累累。研究文学的古典学家,则受到他们所选的古代学者个人偏好的影响,因此研究受限,效果不太显著。尽管大多数这些古代学者都拥有很多块农田,而且亲自耕种,可是人们很难从他们的遗著中推测出很多信息(至少相对他们同时期的希腊人而言,提供的信息不多)。

研究古典时期的考古学家工作的意义同样不大。直到近几年,研究效果有所改观。我认为需对此作出专门的解释。正因为考古调查和发掘传统方法的性质,才与解释古代世界的农业机构不相称。在古希腊和意大利,所有历史时期伟大的考古成就,涉及公民的居住点、城镇墓地以及重要的神殿,这些神殿要么在城镇兴起,要么经过发展壮大,渐成大都市级别的规模。考古学家在城市据点进行发掘肯定会有一定的成果,尽管在质量和相关时期方面达不到预期。与之相反,考古学家主要的梦魇是乡村文献里的真实可能性。发现的物品没有任何文字记载,虽然史料确实没有记载,但事实残存于民间口头传说的记忆中,流传于考古团队之间。

反对将考古作为考察乡村状况的信息来源,应该认清存在一些关于孤立的乡村遗址的杰出调查。许多考古学家也进一步声称,对某一地区的中心地带进行考古可以获得整个地区的信息。[①] 这一论断自然具有一定的道理,从词汇意义上讲,地区的中心毕竟在所管辖的乡村具
有代表性。问题是对于尚在考虑中的论题来讲,这个意义是错误的。 115
随着希腊城邦以及将带有卫星城的大都市和城邦因为习惯表达而看作一个整体,语义学上受到犯错的诱惑是最大的。在理想的考古情况下,首先发掘整个城市,其次记录下来发现物的整个群体的范围,不仅包括加工制成的耐用品,还包括未经加工的易损日用品,然后断言可能会有

① 可见 R. 霍普-辛普森(R. Hope-Simpson)和 J. F. 谢里(J. F. Cherry)交换意见的论文:“The Analysis of Data from Surface Survey”, in J. F. Field , *Archaeol.* 11(1984),115 – 120,尤其是谢里写的第 119 页的内容。

更多的物质遗存。然而，现实情况是，接近实现首要条件发生的同时，次要条件还没有设想好；而且现如今财政与政治状况挂钩，使考古的首要目标逐渐变得更加不切实际。考古工作者反而满足于所选城市遗址的小型样本；在样本的代表性方面，他们期待的最好状况是样本的选择按科学的标准来决定，而不是由不相干的强制性因素来决定（这些因素更加普遍），比如后期名利性机构的存在，或者所购买土地有选择性的可用性。

对此窘境的本能反应是放弃研究都市化社会的乡村部分，因为在考古学方面难以为之提供证据，另一个持不支持态度的做法是因为无聊而剔除乡村部分。但是一时之念表露出以上两种中的任何一种态度，都可能会带来毁灭性后果，此恶果作用于文化方面的考古工作，不仅关乎乡村产生以前的，偶尔还关乎农业产生以前的，甚至关乎非定居时期的文化。在以上所有文化领域中，非古典时期的考古学在过去拥有一些令人印象深刻的成就，并为之带来荣耀，但最引入注目的是近期的考古学成果以及它的未来前景。① 关于从其他学科或者从同一学科的其他分支进行研究的诉求，目前已是事实。在这些领域获得最大成功的关键，最重要的是，传统的古典时期考古几乎没有采用过遗址定位技术，同样重要的是，考古行业包含了以前所有社会的物质文化这一宗旨，而考古本身主要与遗址的构成有关。

116 我们回归到考古调查的主题。即使“调查”一词前面的定语是“考古”，但调查的含义仍然模糊不清，令人摸不着头脑，甚至在专业的考古学家之间也会产生个人独特的误解。从这个意义上讲，将它用于以前的文章段落，它需要的含义仅仅只是与发掘合意的最早期的表达方式，事实上“发掘”一词的意义可能也受许多词汇限制，如描述性词语，通常为指示性词语。调查，无论是发掘还是调查范围内的活动，都可以

---

① 一些著名的事例，可见：L. R. Binford, *In Pursuit of the Past: Decoding the Archaeological Record* (London, 1983).

产生有价值的考古成果,这一观点目前仍然必须坚持不懈地提倡和拥护。在某种程度上讲,这是因为那些抵制此类观点的学者进行了一些有影响力的考古调查。另一方面,它在某种程度上源于有争议性的论断,即调查以一种不同的方式依附于发掘,顾名思义,考古学家经常进行的调查经常依赖于先前发掘所获取的信息。除此之外,他们怎样断定陶器的年代,识别一枚橄榄油瓶塞(olive-press),或者解释多利安式飞檐碎片(Doric cornice)? 事实上,这些排比式问题的答案不止一个,在解读文物时研究文献的体裁、上下文的描述和矗立的纪念碑碑文,与发掘同样重要,但此时发掘的用处不大。假设全面修改上述有争议的论断,它是否可能会影响调查的作用? 一些医生怎可能会因为"寄生"依赖于解剖学或外科手术而放弃诊断! 一门学科的发展过程中,任何后来居上的技术都有可能吸收利用那些业已确立的。

但是,即使在调查已被完全认可的考古界,仍然留有空间针对更深远的问题进行根本性的彻底讨论:保证调查的精确性。一份调查应该覆盖较小而连续的地块,还是应该从较大地块中进行精确抽样? 如果是后者,抽样应该遵循什么标准? 调查应该集中于某一时期,还是根据调查负责人已有的兴趣和能力选择某些时期,还是所有时期? 最后,针对所选地区的整个范围,它应该集中于目标点吗?

最后一个,也是最重要的问题,对它的解答决定了其他问题的答案。当20世纪70年代首次试用密集式调查时,的确存在质疑其价值 117
的空间。但是随后十年的工作硕果颇丰,而且至今仍有一个观点站得住脚。首先,现已证明①与广泛式调查相比,密集式调查(在可预测地点前提下)发现了大量其他遗址,而广泛式发掘仅在有可能的遗址所在点进行考察:有时候对同一土地单位采用密集式的方法可以发掘出的遗址数比广泛式多一百倍。无论对此考察结果予以怎样尖锐的反

① 参见:J. F. Cherry, "Frogs Round the Pond: Perspectives on Current Archaeological Survey Projects in the Mediterranean Region", in D. R. Keller and D. W. Rupp (eds.), *Archaeological Survey in the Mediterranean Area* (Oxford, 1983), pp. 375-416,特别是391页以及插图1.

驳，密集式的发掘方式有助于支持一种方法，用此方法可以在任意100个可知的考古遗址中预测出99个（更不用说其他方法，甚至密集式的方法都有可能遗漏）。现在已是人口稠密的地方（至少在特定时期），在使用北美和北欧地区倡导的密集式调查方法的地区，发掘出大量意想不到的地面表层物质，古希腊的地貌具有特殊性，基于此，我认为完全有必要去探索每种地形。

如果条件允许，考古也可以运用经过精心准备的抽样技术，但是我认为它确实对支持所谓的分层化样本方法的使用起着决定性作用。分层化样本的方法指的是限定已有相关知识的范围，这些知识一般包括地界、土壤类型和历史证据，而不是完全任由可能性极小的因素来决定所选样本地区的位置。发现物也为我们遗留的问题提供了答案，而无论是否存在可选择的集中时期。因为对参与者来说，密集式调查是一项进度缓慢、耗费人力，而且任务繁重的技术方法。在一个地方耗费那么多的时间和劳力，仅仅为了打发与课题没有直接关系的移民时期的许多发现物，这是资源的巨大浪费。同样，倡导发掘行业古老的职业道德的人，按照某一地区后古典时期的标准无耐性地首创他们的方法，来获得他们所选时期的考古调查，使他们做了太多的徒劳工作。

118 当然，他们也为争议性问题所需证据的永久性毁坏感到内疚。调查决定性的因素摆在我们面前，它被轻率地称为环境因素。调查不像发掘，因为它不会直接造成考古证据的毁坏。若是遇到地块拉伸不规则的地形，需要重新进行调查，如果还不明确，则需要至少勘探好几次，而且通常情况下，每次都可能从地表取出足够多的物质。因为文物是文明进程穷年累月的再现，它为地表调查提供了富有特征性的证据；无论岁月如何延续，有时甚至在没有留下岁月痕迹，自然界侵蚀取而代之的地方，完成了发掘工作，使得埋于地下的物品不断涌现。从本质上讲，这类物质几乎总是不起眼的，但是一旦经过记录和分析，它们就在经济上具有了收藏价值，博物馆储藏对此有微量需求，事实上没有地方供这类物质展览。这解释了它在某种考古学心理上缺乏吸引力的原因，但是近日来希腊博物馆面临着过多的压力，这类地表物质可能被视为一个新的未来优势资源。

本文第一部分概述的考古调查，在极其不同的条件下开展，为了其他不同的目的，共同满足于地中海地区考古的特殊需求。我们相对忽视对古代城市的乡村地区的了解，而考古调查特别适合去弥补这一长期存在的真空地带的研究。从北美平原和位于稀有考古地形之上的欧洲温带，到拥有沉淀层聚集物密度高的地中海地区，移民进程中，考古调查不可避免地经历着改变，特别是当它首先传播到意大利然后再传播到希腊的时候。

经历了一些不太集中的划时代的考古先驱工作之后，20 世纪 70 年代可以看到按希腊比例使用完全覆盖式的调查法的首次尝试。获此殊荣的课题是阿戈斯探索项目（Argolid Exploration Project），它在 1972 年由美国团队开创，于 1979—1983 年重新启动。[①] 70 年代中期最引人注目的项目是米洛斯调查（Melos survey），与阿戈斯课题一样，调查始终与某个主要遗址的发掘相关，或者与被调查地区内部的多个遗址有 119
关。[②] 1979 年剑桥大学和布拉德福德大学开始对古希腊庇奥提亚地区进行考察，他们的著作将在本文其他主题的研究中出现。[③] 20 世纪 80 年代早期，类似的课题数激增，主要由盎格鲁—撒克逊人再次倡议，倡议书目前还未完全出版：谢菲尔德大学的特大都市调查，在科俄斯（Keos）北部的希腊—盎格鲁—美国调查和同一个团队进行的尼米亚峡谷（Nemea Valley）的考古课题，雅典的不列颠学校的迈森（Methane）调查，拉科尼亚（Laconia）调查以及斯特律蒙峡谷（Strymon Valley）的课题（以上列举的课题是挑选出来的，忽略了一些特定时期或者调查范

① 最近期文献可见：T. H. van Andel and C. Runnels, *Beyond the Acropolis: A Rural Greek Past* (Stanford, 1987).

② C. Renfrew and M. Wagstaff (eds.), *An Island Polity: The Archaeology of Exploitation in Melos* (cambridge, 1982).

③ 一份中期报告，见：J. L. Bintliff and A. M. Snodgrass, "The Cambridge/Bradford Boeotian Expedition: The First Four Years", *J. Field Archaeol.* 12 (1985), 123 - 161.

围不集中的项目）。① 这些课题动用了上百名研究人员，涉及了考古学以外的诸多学科，它们的出现及处于比较集中的时间段表明，密集式调查活动的浪潮已经席卷了希腊考古界。如果说以上这些活动被误导或徒劳无功，似乎越来越不可能。

下面转向特定的考古实例以及记录参与庇奥提亚调查课题的一些经历，此课题是我和布拉德福德大学的约翰·宾特里夫（John Bintliff）博士共同主持的。我们 1979 年涉足这个领域以前，就已经确定采用密集式、长时段的方法来考察这个目标范围。虽然选择了庇奥提亚地区，但我们没有把自己限制在单一的城邦范围内，而是选择了松散的城邦联盟，其中的城邦有微弱的独立地位。我们最后在庇奥提亚地区内部考古的地方非常明确地覆盖了至少两个这样的城市地区，因为它的范围一端是忒拜（Thespiai）的市中心，另一端是哈里阿托斯（Haliartos）的区域（见图 8）。从市中心到领土边界线的范围之内，我们致力于收集涉及古典城邦各方面的比较性参考数据以及其他时期的古物，它们与
120 图中的分界线是无关的。以下的数据将有很高的选择性，忽略了一整个千年的时代范围，从上旧石器时代（Upper Palaeolithic）稀少的发现物，到土耳其时代（Turkish）特别真实的图片，它们也有片面性，很少反映引起兴衰的非常具体的方式以及移民和弃城的方式，这从城市本身的研究中可以看出，因为本文的主要目的是阐明乡村地貌。

首先是一些总体的情况。为了确定年代，已经进行了七个季度的田野发掘，还开展了两次研究会议。那时我们的考古范围覆盖了大约
121 40 平方公里，人们很难想到这个面积刚刚超过古庇奥提亚地表的 1.5%。考古范围内的地带构成一个独立的区域，如果此区域的轮廓十分零乱不规则，便意味着按照严格的统计学标准，将庇奥提亚地区整体作为一个样本是不具有效性的。然而，我们将自己的发掘物品看作对

① 有关后者的例子，参见：S. Bommeljé and P. K. Doorn, Aetolia and Aetolians: *Towards the Interdisciplinary Study of a Greek Region* (Utrecht, 1987).

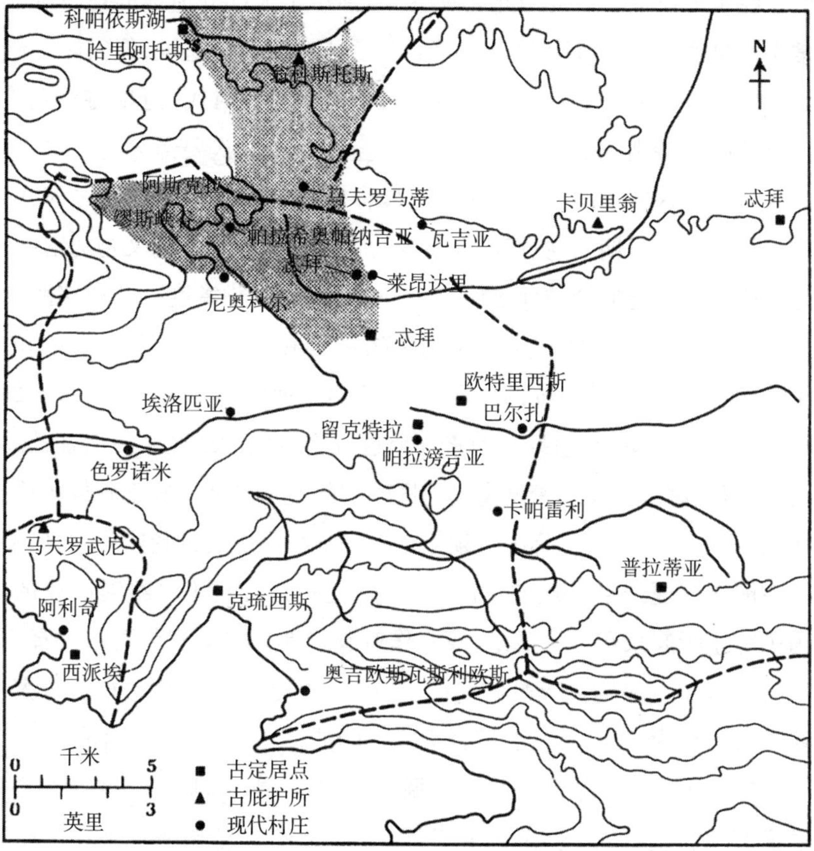


**图 8　庇奥提亚西部部分地区图。阴影部分表示的是 1979—1986 年考古调查覆盖到的区域。**

希腊大陆和岛屿上其他考古工作的补充。正因为古希腊具有整体性，我们才可以合并样本，从考古成果那里获得信心，因为我们许多最重要的古典时期发现物，在其他别处的考古成果中出现了雷同的物品。事实上，如果发掘物品没有雷同，对此作出解释倒是件麻烦事，但似乎相反，对庇奥提亚地区而言是一个例外。

在这约 40 平方公里范围内，我们发现了大约 150 处遗址，从一个时期到另一个时期有规则地分布，出现的频度为差不多正好每平方公里存在 4 个遗址。密度如此之高，已经预示了大部分遗址的规模都非常小的事实。诚然，150 这个数字涵盖了所有时期的遗址，但实际上绝大部分遗址（超过四分之三）显示的时期处于城邦时代（近期将对此给出更精确的特别说明）。在此提醒，调查过程中的次要部分也很重要，命名和解释这些小的遗址对调查过程有很大的影响。1980 年之前，即除去考古发掘初期的，我们已经系统地记录了这些遗址内文物的密度，包括所有地形与遗址彼此之间、周围和内部的文物密度。这项实践引发了对考古地貌学两个特征的强烈关注，而在其他方面仍然是模糊的表述。首先，由于空遗址的因素，存在着整个地区的发现物密度普遍偏高或偏低的现象，空遗址的因素导致遗址密度低的地区某一遗址被忽略，可能是因基于遗址密度高的地区断定的空遗址密度标准延伸所致。换句话说，定义遗址的标准必须结合周围环境发掘物的疏密程度，但倘若在能够保证结果合理的情况下，密度这一标准也不是绝对必要的。为了防止听起来有点像诡辩，我来作解释说明。一旦我们可以解释空
122 遗址地区工艺品的散落是如何产生以及它的密度为何反差如此之大，我们将也会为此进行说明，解释现实中的遗址在知名度上的不同。

第二个观察结果源于所有发掘物的记录，让我们走向了解决问题的道路。它就是：几乎在每个遗址周围，都存在清晰的文物“光环”（halo）区域，其密集程度明显低于遗址本身的密度，但高于属于空遗址水平标准的周围地区。通常在文物的密集性相对较低的区域，“光环”区域的密度不太高，而它在文物密集性相对较高的地区非常高。比起遗址本身的范围，“光环”区域通常延伸到比遗址本身大几倍的地方，而且经常全方位扩展，从遗址四周有规则地向周边延伸。

123 图 9 是我们所有密度平面图的其中之一，它截取于密度相对较高的地区图，忒拜城遗址位于图中西面入口处。此图展示了小的乡村地区的分布以及每个地区和它的“光环”区域从密度特别高的地区中脱颖而出。这些“光环”区域的起源是什么？它们是大自然的进化、地形

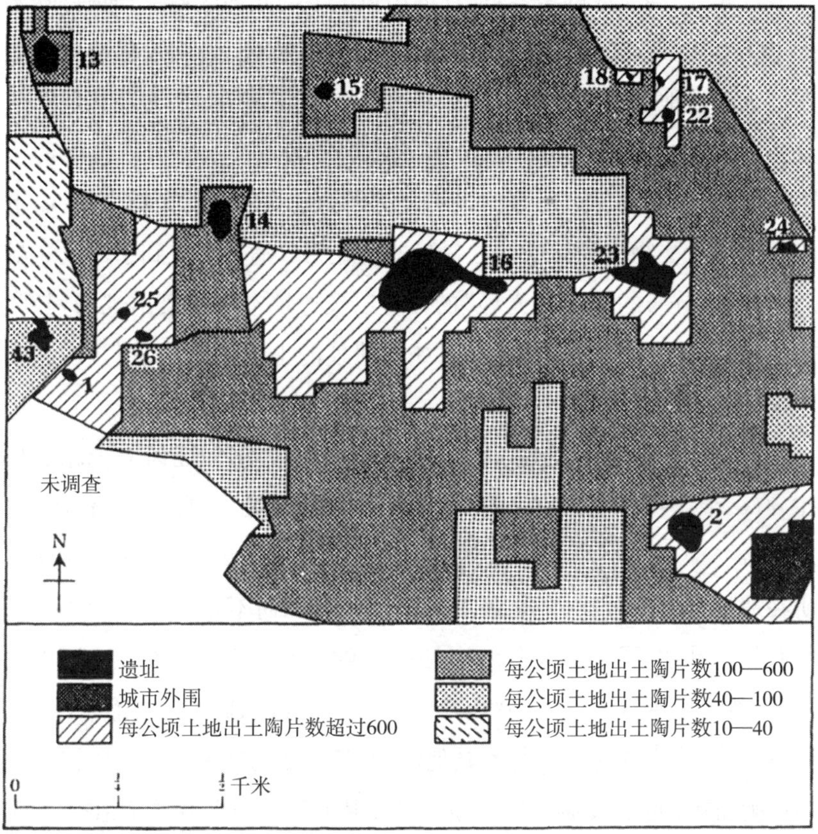


**图9　一张不完整的平面密度图。古忒拜城遗址正好位于图中右方底部拐角处的地下。地图北面，地表由北向南有规则地倾斜；在地图南面，地表与事实上的水平相符。**

或气候的改变，将这些物质从遗址的核心中侵蚀或冲刷出来的产物吗？或者相反，它们的产生原因是人类无休止重复的农耕活动，随着犁耙从土里带出的文物越来越多，挖得越来越深，而将古物流传至今，且有些古物还未被发掘？以上任何一个问题的答案都可能会将“光环”区域在考古学的意义降低，几近抹杀。但幸运的是，如我们所看到的，针对这些偶发性进程里不只一个的次要促成要素，出现了一些坚决反对的论断。

首先，已经完成的考察：遗址内山坡上下的光环区域，有时有 50 米或 100 米长。仅凭天气没有机械设备不能带来这个结果，犁耙也不能在那么深的地下挖出小的碎片。其次，存在这样的事实：文物在地下的分布延续到"光环"中断的地方，经常出现于密集度水平可以忽略的远距离地区，而且很少跌至零的水平。正因为这些散落的文物太多，而不能相信每个文物因为后来与之最近的遗址无故消失都来到了那里。最后，空遗址分布的密度、"光环"的强度以及遗址本身频繁出现的程度，是彼此明显相关联的全部特征。如果遗址的土层很薄，个别文物通常与遗址的关联度不大。

关于"光环"的起源这一问题，与那些未经熟虑的任何一个原因相比，有一个解释可能回答得更好，我们因它发挥最重要的单独作用，也乐于接受。[1] 那就是：农耕活动在事实上为传播效果负责，这些活动与
124 所在遗址为同一时代，与之相关的活动是施肥而不是犁耕。古代原始的肥料是动物的粪便，家畜被关在厩中或拴起来，它们的粪便在厩里被收集，然后经手推车、驴或骡运到田间。因为家畜通常在建筑物里面或附近饲养，这里同时还进行着其他活动，其他活动在古代涉及陶器的应用（因此陶器可能破损），所以损坏的瓦片和陶片与粪便混合在一起作为垃圾，可能是一件非常平常的事情。这些粪便覆盖农田，可能与有一定比例的碎片混在一起，即使个别的碎片落在装粪便的担子里，随着往返路上的颠簸、偶尔的碰撞和从容的清理机会的增加，足以产生我们所看到的情形。遗址四周"光环"密度较高，存在一些合理的解释。最重要的是，在田间耕种非常密集的地方普遍存在着实践活动，紧挨着城镇或农场的地方，园艺的特征比农业耕种出现得更频繁。无论偶然形成的沉积物有多厚，以下情形也属实：每一条辐射状的道路都必须穿过此地中心点附近，而且道路密度在中心点处达到最高值。

---

① J. L. Bintliff and A. M. Snodgrass, "Off-Site Pottery Distributions: A Regional and Inter-Regional Perspective", *Current Anthropology* 29(1988), 506 - 513.

如果这个解释行得通，便具有一些重要的含义。首先，它意味着空遗址密度的水平是农业活动的风向标，尤其是同时期农业活动的风向标（此处指的是古代农业）。文物高密度集中的区域一般位于古代农耕活动集中的地区。因为很多情况下这些区域与后来进行农耕活动的相关地区具有一致性，所以我们能够理解为何文物低密度区域的遗址不仅数量少而且缺乏权威性，原因是没有频繁的农业活动与之相应，在随后的几个世纪里不能将遗址中的古物带到地表。其次，即使考古学家充满自信的调查得来的观点更加重要，但“光环”区的存在有助于证实遗址的真实性，而且事实表明这些区域是古代农业活动的集中地区。我们将很快可以理解以上这一观点的意义。

在弄清以上这些观点以前，我们已经在庇奥提亚地区调查了一段时间。与此同时，希腊地区的每次密集式调查，其实都重复证实了我们 125
关于遗址分布的主要观点：古典时期乡村遗址的分布，最密集的时期出现在过去，而且绝大部分遗址非常小。然而，并非每次调查都揭示了“光环”对考古在方法上具有同样的辅助特征，因此尼米亚峡谷项目发现的“光环”非常不明显，而阿戈斯南部地区的考古报告甚至这样表述：“出现文物最多的地方在非连续的聚集群内，群与群之间的区域几乎没有发现文物，而且几乎没有光环阴影的分布。”①这些不同的表述可能在一定程度上与当地的特殊性有关，首先因为古代的庇奥提亚地区臭名昭著，人们对它的居民产生粗野的成见。

现在讨论古典时期定居模式带来的重要问题：遗址及其分布的解释说明。首先，它们的明显特征列成以下四点：

1. 规模小。在庇奥提亚地区，典型的古典时期的乡村遗址占地面积少于半公顷，也就是说，即使受到当地度量方法的影响，测量出它四周的边长为 70 米或更短。

2. 出现的频度高。根据每平方公里地表的遗址数超过三个以及描

---

① van Andel and Runnels n. 5, p. 33.

述的遗址的平均规模进行计算，任何两个古典时期遗址之间，每隔500米出现一个遗址，有时甚至更近。较大的城市遗址中，在这样短的距离内也会出现遗址。

3. 活动密集。几乎每个遗址都曾经形成过与农业活动有关的中心，我们已证实最初进行的农业活动是施肥。

4. 出土的文物具有典型性。典型的出土文物，构成了所有特征中最基本的一项，正是因为这些文物，遗址才得以识别和鉴定，等等。古典时期遗址出土的文物，通常包含了不计其数的屋顶瓦片，少许家用陶器制成品或半成品，极少数釉光明亮的陶器，偶尔还出现几片有火烧痕迹的厨具和建筑材料残片。

126 在此需特别指出：与特征相关的有趣实例空缺，不是以上第三和第四条特征所体现的。有一类数量非常少的遗址，既没有我们研究农耕活动时出现的“光环”，也没有出现屋顶瓦片之类的任何标志性文物，而在这时，它们的陶器，特别是绘图精美的陶器，显示出异常的优势。我们把这些遗址解释为乡村墓地或公墓遗址，从地形角度上看，它们的出现对解释一大群古典时期的“标准”遗址具有非常重要的作用。

现在我们直面解决这个问题：小规模、稠密的分布类型以及目前对这些遗址用途的说明，与之最一致的乡村活动是哪种形式？“光环”学说表明了家畜的存在，但是建筑物其他的空间仅仅用作动物的棚舍么？当然不是。这些空间暗示了遗址曾被人间歇性地使用过。“光环”说明了它们曾作为进行农耕活动的基地，与此同时，家用陶器表明它们不过是纯粹而空荡的建筑物，或者是放置工具的棚舍。另外，在这些有人居住过的遗址所在的时期内，人类明显依附于土地，遗址间的墓葬地点偶尔交错，据此推测，土地上也存在建筑物。

到现在为止，所有分析似乎指向一个结论：我们所研究的古典时期的乡村遗址是孤立的农场建筑物所在地。但无论这个假设多么合理，它都被看成问题重重。如果这些遗址代表了乡村寓所，是有争议的农场主的唯一住处，那么为什么这些土地所有者选择在离城市非常近的地方建造它们(特别是忒拜的实例,如图9)? 关于希腊社会,无论古代,还是现代,我们了解到的所有信息都表明,在建房选址的因素中,生活在城镇或乡村的舒适度这一标准在选择时的重要性可能被过高地估计,其实建房的目的只是为了农场主可以节约十或十五分钟以走到他们的土地。接下来是希腊的遗产法,包括古代和现代的,我们再次遇到了困难。因为分家产和嫁妆无情地导致家庭土地所有者分开居住,首先是任何一块土地上农舍的构造都可能导致财产分割问题重重,之后是每代人的可用资源逐渐减少。优先考虑生活在城镇可能会成为不合 127
理的选择。

无论怎样,许多这样以经验为基础的论断必须与可提供依据的文物相一致,但至少还有一些可能走出绝境的方法。因此,关于第一次分配土地的情形,最为人熟知的是来自殖民时期文献资料里的事件〔此时反对分遗产的呼声最弱,梅塔蓬(Metaponon)地区的调查结果已经明确地证实了这一点,足以肯定的是,在那里,乡村地区的农场及建筑物建造得很有规律①〕,但是在希腊本土的城市史中,这并非无人知晓的现象。古典时期的忒拜是否可能采取了这些步骤,希腊其他有类似居住模式的地区是否也发生了这类现象? 人们的再次定居与拥有者的占领,二者意义不同:这些根据遗址推断出的许多农舍,被先辈、管家,或农场主的奴隶们占有,这与物质遗存所证实的没有任何明显差别。我们不应该排除有第二个家的可能性,柏拉图的《法律篇》(*Laws*,745E 4-5)作过专门介绍,后来亚里士多德在《政治学》(*Politics*,$1265^b$25-26)中因为它造成生活尴尬而批判过它。以上两篇文献的出处存有异议,而且各自以不同的方式表达了作者熟悉两处寓所的观点。

最后的阐述也许不当:在特定时期,庇奥提亚人和其他希腊人,对

① D. Adamesteanu, "Problèms de la zone archéologique de métaponte", *Rev*, *Arch*. 1967, 3-38,特别是26、32页。

照他们的现代后裔以及在缺乏遗传影响的其他积极证据情况下，确实更喜欢长期居住于在自己土地上建造的房舍，即使他们的土地位于非常靠近城市的地方。毕竟布拉西达斯（Brasidas）同意进入安菲波利斯（Amphipolis），被这座城市的财富所吸引——“那些生活在整片安菲波利斯区域人的财产”（位于斯特律蒙河上的桥和城市之间；Thucydides 4.103.5），我认为“整片”（all over）一词说明他们住在家园里，而不是村落或小村。另外的证据还有庇奥提亚地区希腊化时期的碑铭以及忒拜自己的碑铭，这些证实存在耐久的建筑物——虽然用途不明，但具有
128 少许的经济价值——与土地持有者位于广阔的农村有关。① 古希腊人研究的历史是不系统的，随着长时期建立的教条性原则被颠覆，在观念上可能是另一回事。

在辩论台上，批评家，甚至是不受拘束的旁观者，可能会问：“你确定必须发掘一个或多个乡村遗址才能得到答案吗？”对我们而言，必须具有考古信念，即使提供的这些答案可能看起来有点天真。我们可以指出，即使精心安排进行考古，调查阿提卡的瓦利（Vari）地区②的一座孤立房子，既不能阐明发现的某种农具证实了它们的农业用途，也不能证明居住者阶级地位等情况，还不能说明这座房子就是居住者唯一的家。但可以确定其他问题，比如涉及乡村地区的一个小建筑物的规模和它的平面图，这些无疑都可以经考古得到答案，但是在此，我们通过使用电阻率仪指导地球物理学的实践活动，在良好的情况下，电阻率仪可以不损坏地表，提供埋在地下建筑物的轮廓平面图。

我现在转向这些小的遗址的分布问题，它们姑且被确定为古典时期的农舍。图 10 仅仅包括了我们在 1984 年考察季到达的地区，它解释了为何只包括这个时期刚刚超过 100 个确定的或有可能性的遗址加上另

① 这些文献资料收集在本人拙著：*An Archaeology of Greece: The Present State and Future Scope of a Discipline*（Berkeley, 1987）, p. 118. n. 4.

② J. E. Jones, A. J. Graham, and L. H. Sackett, “An Attic Country House below the Cave of Pan at Vari”, *BSA* 68（1973）, 355-452，特别是第 418—419 页。

外9个被称为不确定的遗址,遗址不确定的原因是相关证据的断代不够精确。这些遗址在一段相当长的时期内呈现减少的趋势,这段时期从古风时代后期到希腊化时代的早期,大致的时间段从公元前600年到公元前200年。在这段时期,大数据可能会比较精确,①因此,比如只有非常少的遗址能够证明它们在公元前5世纪之前就被占据,而大部分的遗址为公元前4世纪有人定居提供了确切的证据,它们似乎代表了庇奥提亚的这部分区域在所有时期分散定居的顶峰。当然,这个论断仍然非常缺乏证据来证明这一大群遗址实际属于同时期,面临的困难是严重缺乏 129
重要的或其他时代与之非常接近的陶器,所以,在此考古中可能不需要解决这个问题。

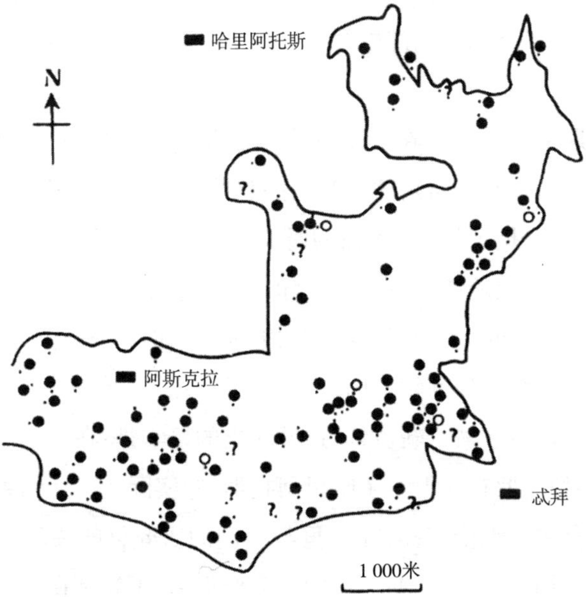


**图10 1979—1984年发现的遗址分布图。这次调查后来延伸到包括哈里阿托斯和忒拜在内的区域。**

① 见宾特利夫和斯诺德格拉斯列的时期表(n.7),第158—160页。

图10中显示的遗址分布是密集的，但却不均衡。图中部一带的遗址几乎空白，大致是阿斯克拉（Askra）地区的范围。我们暂时将这张图确定为忒拜和哈里阿托斯的乔拉（Chora）之间的边界区，这两个城市有时是完全不同的政治体制。这张图的轮廓与图8所示的边界大致相吻合，图8是基于保罗·罗斯切（Paul Roesch）在他有关忒拜的书里对这个特征位置的描述，①尽管罗斯切指出忒拜的碑铭在图10的北部发现，或许碑铭在近些年发生了位移。忒拜和哈里阿托斯在这张图中的轮廓离忒拜更近，这反映出忒拜南部的领土比较广阔这一事实，而哈里阿托斯的北部领土沿着科帕伊斯湖的岸线延伸，现在这个湖已经干涸。
130 我们在此的调查表明，这个湖在古代的规模比19世纪时小很多，具有早于现代的排水系统。在19世纪湖岸线范围内，我们作过详细调查，发现湖的地下阴影消失，北部岸线仅仅剩下一条线，而它出现在所有古希腊的地图册里。

其他时期中只有一个在遗址的密度上接近古典时期，那就是“晚期罗马时代”（Late Roman），这个时期的起始时间可以根据特定等级的简单陶器来断定，据了解，它存在的时间大约为公元300—600年。在那时，许多古典时期的遗址对应的实际地区被重新占领，这说明荒废的建筑物又被重建，同时增加了一些新的遗址。然而，重新建立的居民点主要集中在推定为忒拜的领土内，而在哈里阿托斯的领土上，少于总数一半的古典时期遗址被重新占领，这反映出的事实是：在公元前171年之前的很长时间，罗马人毁坏了哈里阿托斯，它实际上已经结束了作为一个城市而存在。无论怎样，在这里与我们的研究目的关系更密切的是，整个城邦时期里其他时期遗址的密度低得多，不管是在希腊作为独立国家的全盛期，还是在它被希腊化时期的王国和早期的罗马帝国统治作为一个行政单位存在的时期。

下面返回到编年体的时间顺序，首先考虑黑暗时代后期和古风时

---

① P. Roesch, *Thespies et la Confédération béotienne*(Paris, 1965), p.39, map 2, and p.52 n. 5.

代早期(公元前800—前600年)形成的有趣的定居模式。如今这几个世纪被广泛视为城邦体系的形成时期,可是遗址的分布对预示古典时期乡村分散的居住模式几乎没有起到作用。在忒拜所管辖的领土上,我们只有一些这个时期忒拜和阿斯克拉较大的遗址,再加上极少量(最多3个)与研究无关的小遗址。但是真实的忒拜城所在的区域居住模式很有趣:黑暗时代和古风时代早期的农舍并不集中在一个地点,而是3或4所建在一起,这说明其位于一个村庄的聚落里,而不在城市核心区,这让人联想到修昔底德所描述的斯巴达人的居住模式(1.10.1)。哈里阿托斯地区却呈现出一幅不同的景象,在市区,黑暗时代的居住模式显然受到后来的卫星城地区的限制,但是在市区外面存在一系列小的遗址,向东延伸500—2 500米不等,这些小遗址开始有人居住的时间在公元前700年左右。显然,有差别的城邦增长模式可以共存,即使 131
在直接接壤的城市之间。

早期的定居点一般比较稀少,几乎没有形成主要的居住中心,而且规模非常小,非常受制于乡村的分散性,这些至少是对庇奥提亚一些地区的进一步总结。人口增长的突飞猛进,在希腊的许多地区导致了突然有机会发展新的乡村,而且出现了主要的中心地区快速增多的迹象,而在公元前8世纪这些却没有出现。直到又经过了两个世纪之后,这些现象才被发现,但这些遗址却被认为是古风时代后期和古典时期的。按照这个证据推算,庇奥提亚地区发展迟缓,在忒拜短期领导希腊的时期才看到它的兴盛,而且这也可以解释为何我们直到公元前4世纪才听说它以人口众多而出名。

出现时间相对较晚,急剧增长的现象在古典时期达到巅峰,这一现象可以通过随后的衰退大致反映出来。在希腊化时代的后期,整个发展进程出现逆转。在大型遗址方面,忒拜和阿斯克拉地区的大型遗址在数量上明显缩减,而哈里阿托斯地区因量少而被完全遗弃(因为我们刚刚了解到的历史原因)。在小的乡村聚落方面,超过一半也被暂时放弃,有一些被永远遗弃,更多的遗址经常在历经几个世纪后才被发掘。这些幸存的乡村遗址却趋向于较大的遗址。罗马帝国统治初期，这种衰弱的趋势仅仅稍微有点逆转，而且直到4世纪及以后的世纪出现了明显的后罗马复兴，乡村的定居点才重新得以恢复，即使那时的乡村没有配套齐全的主要居住中心，而且也根本不在哈里阿托斯地区内。一些文献资料和碑铭证实了农业萧条的情形（甚至说明了一些萧条的原因），农业的萧条在别处已经出现。① 我们对调查范围内主要城市遗址的总结在此有了成果，主要通过说明乡村住所的兴衰，城市没有抵消这种衰弱的影响而随之反复：在城市和乡村，衰弱是整体性和一致性的。

132 最后我将话题转向另一个希腊乡村景象中被明显忽略的特征，村庄（*komai*），或第二批居民点，它们在城邦的领土内处于附属地位。它们肯定比事实上的城邦数多好多倍，但是它们中极少数被发掘或被仔细调查。在希腊城市中，忒拜罕见地拥有3个村庄明确地位于它的领土内，分别是阿斯克拉、欧特里西斯（Eutresis）和克琉西斯（Kreusis），没有提到留克特拉（Leuktra）非常有争议性的情况——这可能根本就不是真实居住点的名字。在我们所调查的地区，有许多遗址远远超过正常的规模，范围从1公顷到5公顷。在古典时期，无论怎样，人们更愿意将它们解释为村落或小村庄，或者有时可能称之为庇护所，而不是非常大的农场。但是在1981年末，我们找到一个比较大的遗址，直径可以延伸到很远，起初我们断定它的最大面积是25公顷，但这个遗址的集中覆盖区数值缩减至10—15公顷，在古典时期的后期，这个最高值同样有所下降。它的海拔超过1 500英尺，在缪斯峡谷中间上坡的地方，不久后我们确信它正是阿斯克拉地区——赫西俄德的家乡（尽管他并没有明确地陈述其生活在阿斯克拉，或在附近的一个农场）。

再次提及关于鉴别遗址的讨论，我已在其他地方陈述过。② 在此

① Bintliff and Snodgrass(n. 7), pp. 145 - 147.

② 关于阿斯克拉遗址，参见：G. Argoud and P. Roesch (eds), *La Beotie antique*, (Colloques internationaux du CNRS, Paris, 1985), pp. 88 - 95.

它应该能够足以说明:文献资料和碑铭上的文字介绍,加上所调查地区内一些其他合理证据的缺乏,使得我们很难避开这些遗址其实就是阿斯克拉地区这一结论。赫西俄德的名字与他的遗骸被遣返回国的地方有着密切的联系,在他死后的一段时间,仅仅因为他的遗骸要被运到奥尔霍迈诺斯(Orchomenos),在这时(具体时间不确定)阿斯克拉遭受自己的城邦(即忒拜)无端毁灭它的残酷命运。① 无论当时发生这一非正常的插曲的情况如何,它足以说明阿斯克拉在当时是一个非常重要的地方。

经地表调查发现,阿斯克拉地区重建的历史呈现出明显的差别,无 133
论在方法还是在重建结果的细节上。与忒拜的另一个村庄欧特里西斯相比,呈现出明显的差别,这是根据以前针对重建前后两代人的考古情况得出的结果,但是这两代人之间似乎有着非常不连贯的历史。在希腊的希腊化时代早期可以看到两代人的遗址非常密集地聚在一起,②但是后来这种并存局面被打破,因为在青铜时代中期刚刚开始之后的大约一千年间,阿斯克拉地区没有出现有人居住的迹象,而欧特里西斯地区却是一派持续繁荣的景象。然而在青铜时代后期,却是阿斯克拉地区首先复苏。黑暗时期(原几何风格)和随后几何陶风格等几个阶段的陶器在阿斯克拉地区出土,但是在相同的限制条件下,后来古典时期的遗址集中于西北部,因为希腊化时代早期的定居者已经占领此地。在完全相同位置的滞后反应,与我们所考察的希腊古典时期到罗马后期的居民点相呼应,而且具有一致性。在古典时期和罗马后期,明显舍弃阿斯克拉地区的间隔时间甚至更长,但是可见的废墟幸存下来的可能性仍然值得考虑。

赫西俄德终生居住过的小乡村繁荣了好几个世纪,在古风时期和古典时期持续向南和向东扩张,一直扩到毗临长流水渠的居住区边界,

---

① Snodgrass(n. 17),p. 94,提供了这一插曲的证据。

② H. Goldman, *Excavations at Eutresis in Boeotia*(Princeton, 1931).

这条水渠向西汇入缪斯峡谷的主河道。可能是阿斯克拉地区缺乏欧特里西斯对迈锡尼文化遗产的传承，所以会觉得有时需要用防御性堡垒来保护自己：沿着遗址南部边界在最大范围，那里出现一个相当陡峭的斜坡横断面，可以看到很大的障碍物嵌在地里，它使这里变得更陡；在遗址本身所在地区，我们发现了几个多边形的障碍物，拐角处之间使用曲折的连接结构，据了解，其中一类是从古风时期到公元前5世纪庇奥提亚地区的城墙。它们看起来规模太大，肯定不属于居家庭院的墙。定居点外围西边呈现另一个特征：一片小篱笆区域或神圣围地（*temenos*），位于东面和南面墙交汇处，有一部分幸存下来。遗址内部，
134 可以辨识出这个长方形建筑物的地基，四角放置大的长石条：这实际上说明了它的长轴线也运用了同样的测量方法，而且经过了多次测量。假设它们起初是一个公共建筑墙体的对称建筑（*orthostas*），后来向上突起形成一道屏障，我们将这个整体解释为一个墙壁附属的庇护所。

阿斯克拉地区在希腊化时期开始出现衰退的迹象，虽然文物密度在下降，但是遗址规模仍然很大，不能解释为希腊化时期的乡村房子，在欧特里西斯地区范围以外进行考古时发现了此类遗址。更早的罗马帝国时期，阿斯克拉地区的居住者同时消亡，断定这个情况对遗址的鉴定很重要，因为波桑尼阿斯（Pausanias，9.29.1）曾描述过在他生活的时代，阿斯克拉地区有一座塔，附近没有其他的标记物。然而在晚期罗马时代，我们可以看出阿斯克拉地区的复兴，与我们的一些遗址一样令人印象深刻：居住范围重新达到以前的大部分规模，而且居住点密度再次变得非常高。阿斯克拉地区甚至在拜占庭统治时期的早期幸存下来。拜占庭时期是铁器时代的头几个世纪里唯一的时代，我们所有的研究范围内的土地，无论大小，几乎完全是贫瘠的，居民点稀少。拜占庭后期的几个世纪和土耳其统治的前几年，它们继续留存下来，面积比现在减少了许多，在目前遗址所包括的领土内，农业上悄悄地转型到葡萄和适合耕种的农作物的种植。可是在以上所有时期，定居点的核心地区逐渐移到东南部，起初的希腊化时代早期和最后的拜占庭—土耳其时

期的定居点，几乎根本没有重叠的部分。遗址所在的地方最终遭到遗弃的原因可能是通过对另一地方的重新占领，寻求一条近路通向东方(Valley of the Muses 4)，此地长期荒废，直到17世纪才强势复兴，事实上被前往希腊的前几批旅行者中的至少一批人占领。

另外一个琐碎的问题仍然与调查密切相关：它就是波桑尼阿斯文章里提到的塔。几乎不用怀疑这是公元前4世纪的瞭望塔，它一直矗立在今日阿斯克拉地区西部的山上，现在取名为帕罗凯基(Pyrgaki)。事实上，仅仅阅读波桑尼阿斯文章的字面意思，导致许多早期的权威人士认为，阿斯克拉地区的遗址在海拔2 150英尺、土地贫瘠、顶部多石的山上。目前证明波桑尼阿斯只是将这座塔作为阿斯克拉位置的一个 135
散落地标。无论怎样，山顶确实呈现出一些有趣的特点：首先，从遗址下面出土了一些迈锡尼时代的陶器，这暗示了阿斯克拉曾迁移到别处，这里遭到遗弃。可是到了后来，从古风时代到希腊化时代，这座山有可能是阿斯克拉的卫城。因为出土了这几个世纪的一些陶器，更重要的一个证据是：公元前4世纪瞭望塔的周围，有一堵围墙围起了大约三分之一公顷的区域。这座堡垒为了给这座塔腾出空间，经过了一定程度的重新调整，所以它可能体现出这个遗址更早的特征，而且它的土木技术风格与古典时期早期的风格完全一致。这座堡垒围墙的规模可能适合一个村的村民在紧急时期居住。

我认为我们对阿斯克拉地区的考察显示出对较大居民点进行调查的优势和不足。应用它们的方法不同于那些应用于开放性的乡村聚落全方位(*in extenso*)扩展类型的方法，而且局限性在此可能更加明显。我们已经能够做到把遗址与当地文献相结合，当地文献介绍了在人类历史各个时期对这个肥沃峡谷地区的居住和开发情况。我们将这个遗址在历史上扩张、衰减和转变的情况绘制成了一般的图表。我们可以解释供水系统的位置所在和基本的经济基础，发掘了包括酒瓶和蜂巢在内的证据，还可以考察制作陶器过程中的工业化活动：发现了从希腊化时期到晚期罗马时期，尤其是后阶段的流浪人(*kiln-wasters*)的窑洞，经火加工过的容器被抛弃在窑洞周围。但是我们不能将考古的潜力与回答更多的专业问题相匹配：如果居民点用墙围起来，那么是何时围起来的？历史上已证实的阿斯克拉地区遭到的毁灭发生在何时？赫西俄德一生生活的地方情况究竟怎样？或者在波桑尼阿斯旅行期间这个地方情况如何？

这些相互矛盾的观点有助于概述地表调查对理解希腊城邦和乡村
136 地区的贡献。它的优势在于调查结果的发散性，将它全方位地用于研究乡村的地貌不仅仅是最好的方法，还是目前实际上获取系统新知识的唯一途径。只有对某一大片地区进行考察，才能创造出真正有活力的代表性成果。另外，遗址具有不可或缺的作用，也正因为此，有必要进行某一类特定的调查。只有在调查后期，当注意力局限于某一地区和个别遗址内部，此时调查体现出的情况才会变得模糊不清，相对不精确，但是就目前而言，调查是我们研究古希腊城市初始阶段最急需的，对不久的将来而言，只有调查可以满足需求。

# 希腊城邦的规模和资源* 137

露西亚·尼克松(Lucia Nixon)　西蒙·普赖斯(Simon Price)

大多数希腊人,尤其是爱琴海区域的希腊人,居住于城邦,或成为城邦的一份子,据目前搜集到的资料显示,这些城市的政治生活是有据可寻的。我们探究的主题是这些城邦的规模和资源,所鉴用的资料俗称为雅典贡金清单,它提供了公元前5世纪后半期盟国向雅典帝国纳贡的状况,本文第一部分对此清单作了概述。

大部分学者已使用此贡金清单书写雅典帝国时期的政治史,我们反其道而行之,以期使用此清单考察盟国自身的特征。有关古希腊政治和城市居民活动的大量资料确实几乎涉及了古希腊生活的各个方面,然而这些资料出自雅典人之手,从某些方面来说这些资料存在一定的偏见。因此,研究雅典居于主导时期的希腊世界的其他城邦很有必要,这些城邦在无法避免雅典中心主义时要作出选择。研究初期我们考证雅典贡金清单的来源,以期从中得出古希腊城市的人口规模,但时过不久我们发现在人口规模和贡金缴纳额之间可能不存在直接的联系。故而,我们又开始思索有关贡金估定的恰当标准(见本文第二部分)
以及讨论这些清单所反映的雅典同盟国的规模和资源(第三部分和第 138
四部分考察了大小纳贡国的具体细节)。另外,希腊诸邦理想的宏图

---

* 我们首先将此论文提交给曼彻斯特大学历史学院,然后提交给泰因河上游的纽卡斯尔大学,两所学校的读者对之给予了极其积极的肯定。同时我们向米切尔·克劳福德(Michael Crawford)、克里斯·郝吉戈(Chris Howgego)、戴维·里维斯(David Lewis)和奥斯温·默里先生致以最衷心的感谢,特别感谢奥斯温·默里先生对附录中手稿的注解,以及阿梅丽·库特(Amelie Kuhrt)提供的有价值的指导意见。尼克松还感谢马尔科姆·麦格雷戈(Malcolm McGregor)在其毕业专题研讨会上提供的《雅典贡物清单》。

是建立一系列自给自足的农业共同体，我们将就此观点作出纠正（见第五部分）。

# I

希波战争之后不久，雅典和其他同盟国成立了提洛同盟（Delian League）。在此所分析的数据便是缴纳给提洛同盟的贡金。众所周知，提洛同盟在一定程度上是一个海军同盟，它的目标是保护希腊人免受波斯人侵扰以及解放波斯人统治下的希腊人。起初，此同盟是一个积极主战的群体，它需要保持雄厚的海军实力，同盟国可以提供船只或者用缴纳钱财代替。① 同盟的成员国主要为爱琴海沿岸的国家，从我们分析例证时所使用的一张纳贡国的地图中可见一斑（如图 11）。大部分成员国是沿海的殖民地，它们的领土范围根据外来势力界定（北部是马其顿，东部是波斯）。

许多提洛同盟的相关资料起初来自碑铭，这些碑铭最初散落在雅典卫城，其中以雅典贡金清单（The Athenian Tribute Lists）最为著名。尽管雅典贡金清单这个命名很常见，但从某种程度上讲，这个叫法并不完全正确。因为碑铭没有列出具体的缴纳款额，而是列出每次每笔纳贡额的 1/60（1*mna* 指的是 1 塔兰特），而且所缴的额度也被雅典预先设定。因此，经学者分析，古代世界的贡金支付额被重新设定，用乘以 60 的方法来增加总额，供献给女神。

雅典贡金清单这个名称容易使人误解还有另一原因：碑铭上的数值乘以 60 肯定不等于雅典从同盟国所收到的总岁入。起初存在供应

---

① 提洛同盟或雅典帝国时期的相关内容，常见于：B. D. Meritt, H. T. Wade Geryand M. F. McGregor, *The Athenian Tribute Lists*, vol. 4.（Cambridge, mass., 1939－1953）；R. Meiggs, *The Athenian Empire*（Oxford, 1972），我们使用了这本书中贡物支付款额的列表，为此深表感激。P. J. Rhodes, *The Athenian Empire*（*Greece and Rome* New Surveys, 17；Oxford, 1985），是一份有帮助性的介绍材料。亦可见：M. F. McGregor, *The Athenians and their Empire*（Vancouver, 1987）.

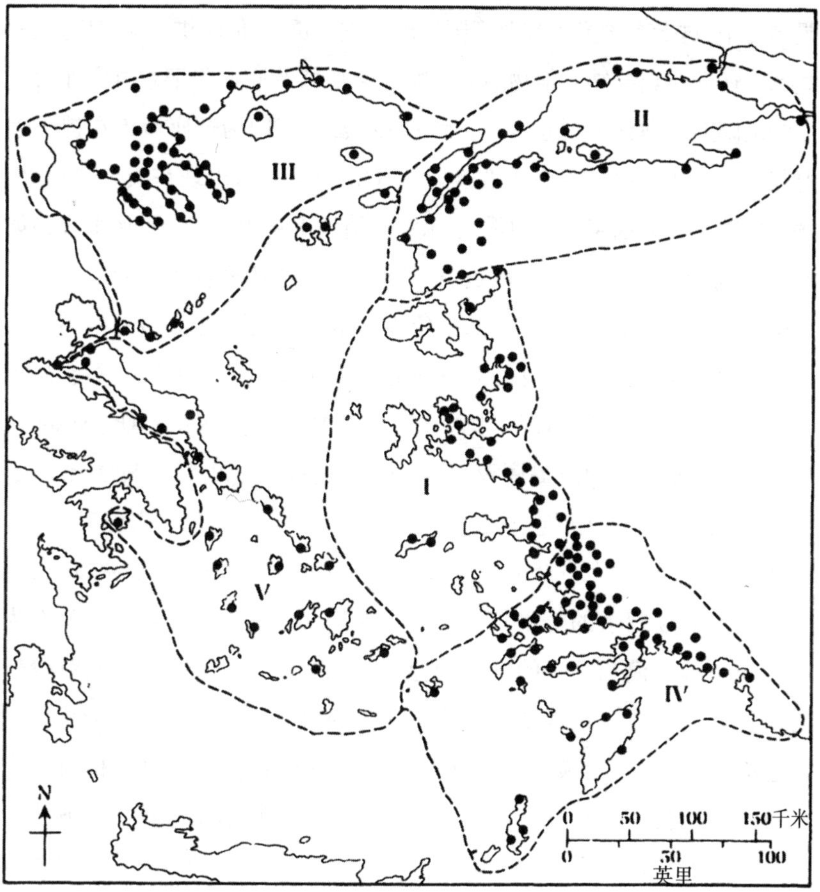


**图 11　公元前 441 年向雅典缴纳贡物的城邦分布图。图中用虚线勾勒出五个纳贡区域的轮廓。摘自：N. J. G. Pound，*Annals of the Association of American Geographers*，59（1969），p. 136，fig. 1。**

船只的条款。经我们研究，过去一直有七个邦国供应船只，其中五个在 139
莱斯博斯（Lesbos），另两个在希俄斯（Chios）和萨摩斯（Samos），尽管萨摩斯在反叛后企图摆脱舰队的束缚。或许正因为一艘三层桨座战船在纳贡款额上等于 1 塔兰特，所以在公元前 428 年米蒂利尼（Mytilene）提

供10艘船相当于缴贡10塔兰特，"与同盟条款相契合"。[①] 在众多同
140 盟国之中，这七个国家为雅典帝国作出了重大贡献，但除供应船只以外，一些邦国还向雅典缴纳其他物品或钱财。恰巧修昔底德曾记录过安菲波利斯的沦陷对雅典人来说是一个巨大的打击，主要因为这座城市在提供钱财和船只所用木材上具有重要性。安菲波利斯从未出现在贡金清单上，萨摩斯曾于公元前439年纳贡，也未在此清单上列出。[②]同盟从来自诸如安菲波利斯和萨摩斯之类地区获得的收入，以及从没收的土地及其他资源中的所得金额，在伯罗奔尼撒战争前的多年间，总计达200塔兰特。[③]

一些学者也曾认为清单上所列的数据从邦国角度上讲并不能体现出纳贡国的所有缴纳情况。例如米利都（Melitos）、纳克索斯（Naxos）、塞斯托斯（Sestos）和波提底亚（Potidaia），这些国家的经济能力不能承担所征收的分摊费用，它们通过向舰队提供服务的方式来弥补差额。因此，这些学者认为贡金清单仅仅记载了海军作战和进驻要塞以后，每年所缴纳金额剩余的额度。[④] 如果此理论属实，使用此贡金清单作为考察同盟国规模和资源的证据便是不适宜的。然而事实上，相对较低的纳贡额可以在一定程度上反映出邦国的政治状况以及与波斯战争所引起的财富变化（希波战争时期是我们唯一有其他证据可以核对监查账目的时期）。另外，由于至少有一些缴纳给雅典的剩余款额被花费在维持雅典的军舰上，于是很难去描述给雅典纳贡的仅仅是"剩余的分摊额"，而不是所有缴纳的定额。因此，这份定额清单为所列出的那些国家的总估定缴纳额提供了证据。

我们查看了公元前441年的统计，它完整地记录了伯罗奔尼撒战争前这一单个年份的系列数据（54个统计表被完整地保存下来）。关于战

---

① Thuc. 3.3.4. 公元前440年希俄斯和莱斯博斯供应55艘船只（Thuc. 1. 116.2，117.2），在公元前430年提供船只50艘（2.56.2），而雅典在公元前430年也可制造100艘船只（1.116）. 参见：S. K. Eddy, *Cl. Phil.* 63（1968），189－194.

② Thuc. 4. 108. 1；7.57. 4.

③ Thuc. 2.13.3.; below, p.164.

④ A. French, "The Tritube of Allies", *Historia*, 21（1972），1－20.; R. K. Unz, "The Surplus of the Athenian phoros", *GRBS* 26（1985），21－42.

争期间的统计资料，公元前 429 年的数据保留得更加完整（达 62 个），但是截止到公元前 429 年，战前征收额的相对稳定已经结束，其他年份所提供的数据不太可信。纳贡周期通常为每四年一次，公元前 441 年 141
为第四期的第二年。公元前 454 年金库从提洛岛移到雅典，开始定期征收贡金。假如公元前 441 年的数据没有被保留下来，我们便会尽可能地提供同一纳贡期内的数据，或者在排除不可靠的数据后，采用战前与第四个纳贡期征收比率相同的其他纳贡期的资料。其中，205 个邦国的相关数据是有价值的，248 个邦国偶尔出现在清单上。本文的附录将纳贡总额统计成表（见后面附录），圆括号内国家的总额被重新修正，方括号内国家的名字也被重新修定，两种符号兼有的表示均被修改。附录中特别标注所有数据是公元前 441 年的，因为我们同时使用了遗留下来的原始数据和通过其他资料或渠道获得的数据，这些数据的计算方法为 6 000 德拉克马（drachmae）等于 1 塔兰特，即 1 塔兰特 3 000 德拉克马等于 1.5 塔兰特。

碑铭记录了各成员国的纳贡金额，通常情况下各国为本国纳贡，但有时个别国家或群体为许多共同体缴纳，比如此纳贡期内米利都人的支付款额包括了莱罗斯（Leros）和泰茨欧萨（Teichioussa），而基恩人（Keans）替他们所在岛上的四个邦国缴纳。碑铭上古老的标题将各纳贡邦国划分为五个区域（爱奥尼亚、赫勒斯滂、色雷斯、卡里亚、岛屿）。应该特别说明，首先，这五个区域皆包括岛屿，其中岛屿（Island）这个区域其实是指是基克拉泽斯（Cyclades）群岛加上埃维厄（Euboea）、埃伊纳、利姆诺斯（Lemnos）和印布洛斯（Imbros）等岛国。其次，我们对公元前 441 年的纳贡国进行了研究。以科俄斯（Keos）为例，尽管它有四个城邦，仍算作一个纳贡国（克雷索斯作为四个城邦之一，至少单独纳贡一次）。

显而易见，雅典纳贡清单为特定类型的学术研究提供一个极好的机遇，毕竟它提供了将近三十年间零散的具体数据，而这些数据又展现了古代帝国的冰山一角。学者们逐步使用这些数据仅仅去复原帝国时期的政治史或个别城邦的历史，但这些数据的整体形式鲜有学者进行分析。

图 12 用柱状图表示纳贡国的数量与缴纳金额的关系，缴纳金额以 0.5 塔兰特为单位。当庞兹(Pounds)谈及纳贡国和缴付金额之间的关
143 系时，他指出这一限额清单证据体现了一个纳贡初期缩减版的体系。例如，提洛同盟被雅典领导，尽管有资料暗示雅典与大部分纳贡国相比其所缴数额巨大，但具体的缴纳金额我们却无从知晓。①

图 12 用数字表明提洛同盟存在广泛的支持基础，大多数纳贡国缴纳金额为 1 塔兰特或更少(在公元前 441 年的 205 个纳贡国中的比例为 71%)。尽管它们一共仅缴付了总额的 14%(407 塔兰特中的 55 塔兰特)，但是从它们值得团结与联合的角度来看，显然它们对同盟有重要意义。

既然公元前 441 年总收入的 86% 由 29% 的成员国缴纳，它们的缴纳金额均超过 1 塔兰特，随后我们将根据缴纳数额和据有资源的多少，将纳贡国分为大纳贡国和小纳贡国两类。然而，对造船区和像安菲波利斯之类的地区统计的忽略，意味着大小纳贡国之间的平衡在一定程度上不同于限额清单上的所体现得那样，庞兹对清单的删减，应被理解为除去其他的城邦而要加上雅典。

目前关于数据本身，运用大多数的计量方法可以得到恰当的精确数据，但常有一定数量的四舍五入致使一些数据稍有失真。当我们运用金融系统进行计算时，可以根据众多的流通单位推测出这些重要的数据。英国十进制的货币基准是：1 镑等于 100 便士，以下是面值更小的硬币，1/100、1/50、1/20、1/10、1/5、1/2、2、5、10。在此货币系统中 10 是重要的数字，在这些货币单元值方面的运用趋向于四舍五入。希腊的计算系统不是十进位制，而是六十进位制(6 000 德拉克马等于 1 塔

---

① N. J. G. Pounds, "The Urbanization of the Classical World", *Annals of the Association of American Geography*, 59 (1969), pp. 135 – 157, 144 – 145; N. J. G. Pounds, *An historical Geography of Europe 450 BC – AD 1330* (Cambridge, 1973), pp. 27 – 36, 60.

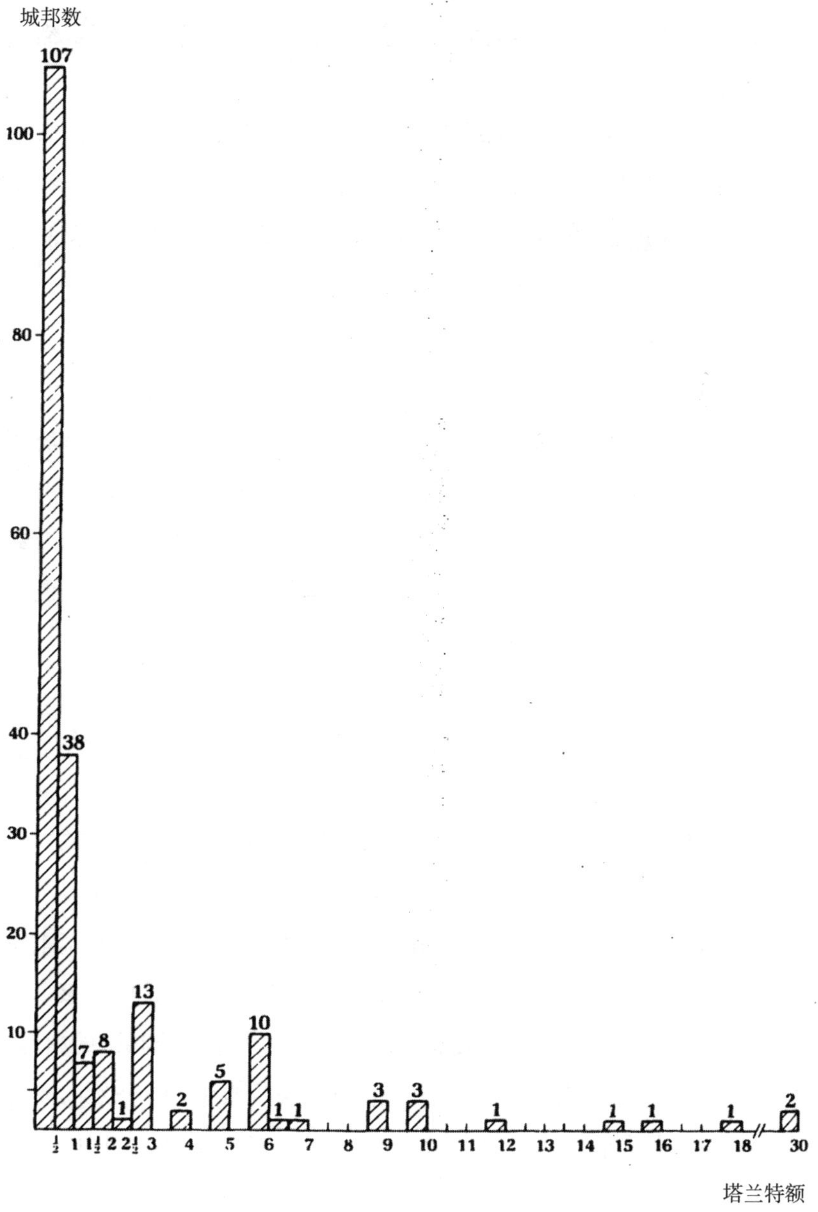


图 12　公元前 441 年每 0.5 塔兰特金额对应的纳贡国数量

兰特）。基于以60作为进位的进位制体系比100作为进位制数字更具有伸缩性，而且易分出更多的数字单位。希腊以1/60作为分配定额的单位更加印证了这一点。

144 若想非常严谨和精确地运用此清单，比如推算人口的规模，就需要核对纳贡额看其是否存在四舍五入。图12中3塔兰特和6塔兰特额度出现有启发意义的峰值，它也可以注解为缴纳6塔兰特以上金额的大部分纳贡国，以3塔兰特和(或)6塔兰特作为区分点。

图13提供了1塔兰特及以下征收金额所对应国家数的细目。最大值为1/6塔兰特（即1 000德拉克马），事实上近20%的纳贡国的支付额达到此数。其他较低值出现在1/3和1/2塔兰特，最低值出现在2/3塔兰特，而在1塔兰特时有较大升浮。这说明当征收额确定下来时，六十进位制运算存在一定数量的四舍五入。因此，若将这些纳贡数额等同于精确的数字，并用于人口和财产运算方面，应当极其谨慎小心，最好多考虑量值的大小顺序而不是绝对的数字。

145

## Ⅱ

估定纳贡金额的规律不能按所谓的纳贡清单去解释，它必须经过推断，一方面从缴纳范围上，另一方面从客观证据上。经推断所得出的一些纳贡标准可以使我们能够运用纳贡清单概括出同盟的一些基本特征。制定征收额之初，雅典人没有成型的希腊模式，这是希腊国家第一次从盟国那里寻求并筹集定期的财源。然而，在各个希腊邦国的内部，物品的生产、销售和流通领域均有一系列的税收政策。① 公元前6世纪，雅典本国的谷物税占谷物产量的5%或10%（即1/20或1/10），而

① 参见：H. Francotte, *Les Frances des cités grecques*（Paris，1909），pp. 11－22，57－61；A. M. Andreades, *A history of Greek Public Finance*（Cambridge, Mass., 1933），pp. 126－161. A. H. M. Jones, *The Greek City*（Oxford, 1904），pp 244－246. H. W. Pleket, *Epigraphica* i（Leiden, 1964），提供了许多档案文献。

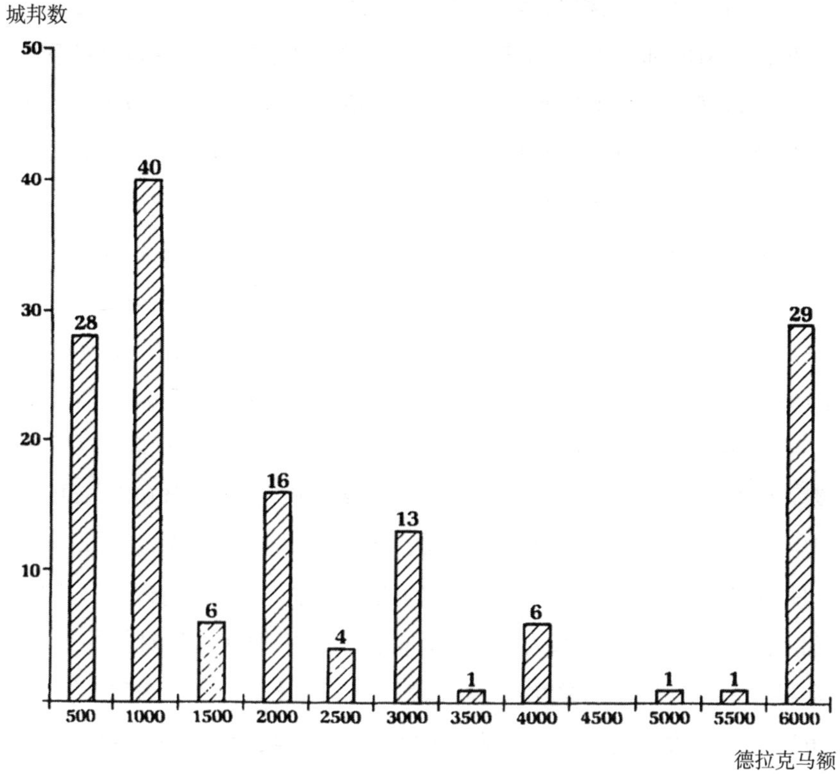


**图 13 公元前 441 年缴纳 1 塔兰特及以内纳贡金额的城邦数**

库齐库斯(Kyzikos)地区的个人附加税可能被准许为特权免税,征税范围包括马匹和奴隶买卖、公共设施的使用、货物的船运以及令人费解的四分之一税。在公元前 4 世纪的后 25 年,希腊的税收体系在亚里士多德的《经济论》(*Oeconomicus*)第二卷的论述中有所体现。书中前半部分辨析了国家、地方、城市和个人的年收入差别。关于城市的收入,书中写道:"此地财政收入最重要的来源是地方特产,其次是集贸市场和运输点,最后是常规性的税收收入。"(1346[a])公元前 4 世纪的作者不由自主地假定国家财源来自国家自身的权力和所拥有的丰富资源,而我们认为,雅典人估定各国纳贡标准时,已经将以上这两项税收计算在内,但是地方税的多样化并没有被考虑在估定征税额的基本标准之内。

显而易见，波斯税收体系不同于希腊模式。① 毕竟波斯人曾统治
146 过雅典同盟的部分地区，于是波斯人的贡物征收体系在这些地区实施，并靠武力维持了整个公元前5世纪。波斯帝国税收的筹集似乎是各地方总督的义务，总督们采用多种方法来筹集，有的依靠他们的地方性组织。在爱奥尼亚地区，当地总督在爱奥尼亚人的叛乱之后，征税前先丈量城市的土地面积，并在此基础上确定缴收多少，即按城市征收，此税收征收方法是在当时不得不单独制定收税方法的情况下制定的。同样，雅典人也按城市征税，但税收的名称有所改变（从 *dasmos* 到 *phoros*），而且征收的基准从单一的领土面积开始计算并扩大。

雅典人征税所采用的标准多而不同。首先是按人口征收。关于雅典帝国内某一地区的农业生产方面的研究，如哈尔基季基（Chalcidice）地区，引起了争论——从现代生产状况到古代人口的规模，从人口规模到每个人的平均征收额——但是此争论仅仅从某地区的农业潜力的基础上进行考察。② 然而，人口因素目前已经被更加详细的具体探讨：有资料显示，雅典税收的缴纳直接按公民数量的比例征收，这意味着人们可以根据税收的缴纳推算出人口的数量，如税收为3 000德拉克马的地区暗示了当地有400名成年男性公民（Athenian male citizens），而1塔兰特意味着有800名公民，等等。③ 事实上，这是我们在本文中设计

---

① F. Altheim and R. Stiehl, *Die aramäische Sprache unter den Achaimeniden* (Frankfurtam-Main, 1963) i. 109 - 181; O. Murray, "ὀἀρχαῖος δασμός", *Historia*, 15 (1966), 142 - 156; C. Tuplin, "Achaemenid Administration", in I. Carradice (ed.), *Coinage and Administration in the Athenian and Persian Empires* (BAR International Series, 343; Oxford, 1987), pp. 109 - 166; 参见R. 德斯卡（R. Descat）的统计，"Mnésimachos, Hérodote et le système tributaire achéménide", *REA* 87 (1985), 97 - 112. Herod. 6. 42. 2，即参考希罗多德有关爱奥尼亚的部分.

② Pounds (n. 6). 在1961年，基克拉迪（Cyclades）地区每平方千米农业耕地的税率已经被计算出来，详见：C. Renfrew, M. Wagstaff, *An Island Polity: The Archaeology of Exploitation in Melos* (Cambridge, 1982), p. 280，表格20.2。据此表显示，不存在固定的税率，从某种意义上看，1961年的耕地与古代的实践活动研究不具备可靠的指导意义。

③ E. Ruschenbusch, "Tribut und Bürgerzahl im ersten athenischen Seebund", *ZPE*, 53 (1983), 125 - 143; id., "Die Bevölkerungszahl Griechenlands im 5. und 4. Jh. v. Chr.", *ZPE* 56 (1984), 55 - 57; id., ". Die Zahl der griechischen Staaten und Arealgrösse und Bürgerzahl der 'Normalpolis'", *ZPE* 59 (1985), 253 - 263; 参见：id., "Modell Amorgos", *Hommages à Henri van Efenterre* (Paris, 1984), pp. 265 - 271.

的需要核实的假设情况，但我们已经断定税收的缴纳和人口之间并没有直接关系。

纳税额不可能与精确的人口总数相吻合，甚至对英国历史来说，可靠的数字都很难获得。英国最早的人口调查出现在1832年，在此以前的人口统计是以教区的记录作为依据推算而获得的，推算的过程中数据精确度的失真度日益增加。① 但是在希腊地区，即使在雅典，它的规 147
模符合进行人口调查的要求，也没有完整的调查数据供我们去推算它的人口数量，我们所说过的唯一数据可能是关于重装备步兵的数据统计，而且在希腊其他地区，似乎人口调查同样被限制在某些特定范围（如成年男子服军役方面）。② 相比之下，罗马方面做得较好：奥古斯都（Augustus）在他的《奥古斯都功德碑》（*Res Gestae*，8.4）中记录了公元后共注册了144 937 000名公民。在公元前5世纪，没有任何一个国家将进行人口统计付诸行动。

然而，希腊国家能够用船只数量表示它们的军事实力。见从荷马史诗中船只的相关目录（*Iliad* 2.484－877）到萨拉米战役的记载（Herodotus 6.8；8.43ff）。除此以外，可能存在其他可以确定个别邦国海军实力的证据。正如我们所了解到的，一些邦国大致知道它们的重装备步兵的总数，甚至一些国家的数据可以据此进行精确计算。因为向雅典纳贡之初，邦国可在提供船只或水手中二选一，因此纳贡和成年男性公民的数量之间可能会存在一定的联系，但它们之间的关系不可能非常简单。尽管在纳贡方面1塔兰特看起来等于1艘三层桨座战船，但是大部分纳贡国，即缴纳额少于1塔兰特的邦国，它们纳贡额基础肯定基于其他某个方面的条件或因素，但不可能仅仅是人口数量。此外，纳贡范围太大以致它与人口数量不成直接的比例。纳贡金额从

---

① E. Wrigley and E. Schofield, *The Population History of England*, *1541－1871* (London, 1981), esp. pp. 455－457.

② M. H. Hansen, *Demography and Democracy* (Herning, 1986), pp. 28－36. 雅典人在公元前322或前321年的人口调查仅仅可以计算出那些一定的财产所有权资格。

100 德拉克马到 18 塔兰特不等，也还存在 1 080 倍的差距（即使我们将埃伊纳和萨索斯缴纳 30 塔兰特不考虑在内）。如果强行将 30 名雅典男性公民纳贡额标准归于缴纳额最少的国家，那么缴付最高金额的国家则有 32 400 名"雅典男性公民"，这显然是荒唐的。事实上，此荒唐之举是因为那些专门制定按人口纳贡标准的人迫于压力提出一种理论：至少有一些较大的纳贡国是"大户"，由于一些特殊的地域性因素，这些邦国缴纳了按人口比例计算而高出的那部分差额，但是这种"大户理论"从本质上讲是带有专制性质的。

148 第二个制定纳贡额的可能依据是土地，在爱奥尼亚人叛乱后，波斯人曾使用土地标准对爱奥尼亚人征税。然而，地图上没有区域供雅典人开拓个别城邦，也没有任何针对某一城市地区进行专业调查（非常耗时）的证据。事实上，在缴纳额与领土规模之间进行对照，可知这个理论将土地多少作为标准进行征税有难度。如果计算大陆领土面积时不将岛屿考虑在内，那么大陆的领土范围便容易确定下来，在领土面积方面，没有简单的纳贡比率与之相对应。以下两个例子可以将这解释清楚。埃伊纳和萨索斯都缴纳 30 塔兰特，但是前者的领土面积是 83 平方千米，而后者是 380 平方千米。萨索斯几乎是埃伊纳的五倍大，却缴纳同样的金额，如果萨索斯岛同时再有一些大陆领土，那么税率甚至会更糟糕。① 或者以纳克索斯和帕罗斯为例。纳克索斯领土面积为 430 平方千米，而帕罗斯为 196 平方千米，前者面积超过后者的两倍多，但缴纳的金额却是帕罗斯更多，达 18 塔兰特，而纳克索斯仅付了 6.4 塔兰特。可以算出，平摊到每平方千米的领土上，帕罗斯支付的金额是纳克索斯的六倍多。每平方千米支付德拉克马比率的总范围，从喀帕苏斯（Karpathos）的 6.64 到埃伊纳的 2 168.67 不等，即使排除这两个端值，比率范围仍然可以从锡罗斯（Syros）的 11.76 到帕罗斯的

① T. J. Figueire, *Aegina* (Salem, 1981), pp. 38－39, 122－125, 特注明庞兹的理论不合理。

551.02 不等。可以看出，雅典征税的标准不可能是领土的大小。

然而，根据土地面积大小对农产品征税的可能性却大得多。因为在梭伦所处的时代，雅典人已经习惯于根据谷物（或谷物等价物）的产量来估定个人的财富。农产品（如酒、油、蜂蜜）税收流行甚广，一些城邦还根据畜牧产品的贩卖情况收税。也就是说，各种类型土地的使用都被计算在内，另外，海洋也是有价值的资源。以伊阿索斯（Iasos）为例，据说它的土地不肥沃，但它从渔业中获得大量财富，同时众多城邦也出售捕鱼权。① 由此可见，能够被计算进征税中的因素，是土地类型的特性和多样性，而不是单纯的领土规模。

地下蕴藏的资源也很重要。一些城邦从金银矿（如萨索斯）、铜矿 149
（如卡尔西登）、赭石矿（如科俄斯）、大理石采石场（如萨索斯、帕罗斯）中获益。这些城邦和其他一些城邦的高税收，一定程度上从事实那里得到验证：雅典将从这些天然资源中获得的收益算进了这些城邦的总收入。

再次，还有一些国家筹集的税务来自市场的销售税和通行税，尤其是港口税。公元前 5 世纪末，各地征收港口停泊税。公元前 413 年，雅典人放弃纳贡，转向直接向盟国征税，他们计划在整个帝国内征收 5% 的港口税。② 征收港口税的过程中，尽管可能实施更低的 2% 税率，但肯定已经转变为一种措施，即这种方法更适合贸易国，而不是自给自足的农耕共同体，因为大部分的同盟国属于海滨城市，有可能所有税收都已经把港口税计算在内。

战利品是最后一个可能相关的征税基础。在帝国早期，对富裕的波斯人的据点进行袭击很重要，所得的战利品为雅典和它的盟国补充了财富，一直持续到公元前 5 世纪 60 年代中期。但是，这些来自战利品的收入是雅典帝国财政体系的一个构成因素，而且几乎没能形成纳

---

① Strabo 14.658c, cf; below on Byzantion, pp. 153 – 154.

② Thuc. 7.28. 详见 G. E. Bean, *JHS* 74 (1954), 97 – 105; H. W. Pleket, Mnemosyne, 11 (1958), 128 – 135.

贡的基础。从某种意义上讲,我们起初考虑的战利品的因素,到了帝国稳定时期,对税收几乎已经没有影响。

总之,在纳贡方面没有一个基本的标准,在纳贡和人口或农业用地之间建立简单联系的任何尝试都注定会失败。依我们所见,关键在于资源的概念,它是一个有伸缩性的术语,包括了刚刚讨论过的任何可能性因素。① 毕竟,缩减地方资源是一种公平合理地使征税收入最大化
150 的最好方法。事实上,这恰恰正是基于传说中阿里斯提德(Aristides)制定的第一个征税方案。据普鲁塔克记载(*Aristides* 24.1),同盟国要求阿里斯提德统计它们的土地和收入,以此制定合理可实行的缴税标准。根据领土和收入进行征税并入账到提洛同盟,以期获得比波斯人更公平的纳税原则。普鲁塔克的著作写成之后的600年内,他的观点没有被人勉为其难地接受,但幸运的是,他的陈述被其他更可靠的证据印证。当雅典人于公元前425年或前424年果断决定按一般标准筹集税额时,公民大会颁布的法令包括以下条款:公民大会将在整个会议期间持续进行商议,除非公民在别处投票,税收政策都可能是有效力的。任何城邦征都比以前缴纳更多的税款,除非因为地区贫困而不能缴付更多税收。② 可见,"地区的贫困"而不是"公民数量",被容许作为减轻税负的因素。

当个别城邦的税收发生变化时,相同的原则奏效。城邦可以上诉到雅典法庭要求降低缴纳标准,从公元前430年起,还为此专门设立了一个法庭。基于此情况,我们了解到一些事实上曾经真实使用过的辩论辞。代表萨摩色雷斯(Samothrace)的一篇演讲辞残篇碰巧幸存下来。这篇演讲辞讨论了其居民从未真正地想生活在那里,但

① 这也是H.沙菲尔(H. Schaefer)的观点,见:"Beiträge zur Geschichte der attischen Symmachie",*Hermes*, 74 (1939),225 – 264,此论文再版于他的*Probleme der alten Geschichte* (Götttingen,1963),pp. 41 – 81.关于这些因素,首先进行探究的是:K. J. Beloch, *Griechische Geschichte*, Znd edn. (Strasburg,1916) ii. 2,pp. 356 – 371. E. Cavaignac, *Population et capital dans le monde mediterraneen antique* (Stasburg,1923),p. 39,认为税收与耕地收入的10%相吻合。

② ML 69.19 – 22.

是公元前6世纪从萨摩斯被放逐后,他们就已经在萨摩色雷斯自生自灭。关于此观点,还有更多论据:"从远处可以清楚看到,我们所居住的这个岛屿,它是陡峭、不平坦的。只有一小部分土地有价值,可以耕种,其他的都是没用的,况且这个岛屿很小。"①与此岛情况相类似,公元前450年安德罗斯(Andros)建立了一个属地(cleruchy,或解释为雅典公民的移居地),它需要支付的纳贡额从12塔兰特降到了6塔兰特。安德罗斯岛民的数量保持不变,但因为这些属地的人们不用纳贡,他们的土地因被充公而急剧减少。换句话说,他们的资源遭到了削减。

151 资源构成了纳贡的基础,因为纳贡不是税收,但至少在原则上,它由军队服役(特别是海军的)承担。纳贡额肯定与邦国军事潜力在一定程度上相关,不仅与公民人口数量有关,还与从所有可能的资源那里所获得的财富有关。这些财富不单单包括农民的农产品收入,也包括从陆地和海洋那里所获得的产品,还包括了单个城邦内部以及各城邦之间进行货物和服务交换所得的财富。

个别城邦如何缴纳款额是另一含糊的论题。传统观点认为纳贡的责任主要由富人承担,换句话说,城邦的个别成员,特别是上层阶级,已经进行了将资源转化成钱财的活动。② 或许筹集贡额的责任落在了富人身上,因而富人被委派为收集者,但却几乎没有证据说明富人必须正规地直接支付贡额。另外,关于那些提供船只而不是钱财的邦国,我们不知道这些船只是否由富人通过维修三层桨座战船的义务体制出资建造。可能较为合理的解释是,至少有一些国家缴纳的贡额来自它们自己的税收,也就是说,它们用税收的形式将资源转换为钱财。如果以上

---

① Antiphon fr. 51 Thalheim. ATL(n.1) iii. 77-81,此处讨论了法庭;Meiggs (n.1),pp. 525-526,总结了岛屿城邦的多样性。更多激进的法国及不确定基本理论见上述,140页。

② Rhodes ( n.1), p. 37 . ML 68 ( 426BC) 表明雅典曾命令众城邦委派地方性的筹集者,但事实上当地的贡金的收集者可能形成贡献者(*Synteleiai*),他们是从富人中选出的(见Antiphon frs. 53,56 Thalheim),不一定支持传统观点,认为的富人是纳贡者。Thucydides 3.19 暗示了在战争时期富人可能有责任追加支付款额。

属实，沉重的纳贡担子难免间接地落在富人身上：他们出售剩余农产品供养更大比例的非直接性税收。从雅典人的角度来看，如何筹集纳贡金额对他们影响不大，仅仅和向波斯人纳贡一样。事实上，提洛同盟的自治权包含了可以选择不同方式去筹集资金的自由。但是，不管资源与纳贡额之间的联系纽带是通过富人还是通过地方的税收，关于资源与收入，我们提出的学说暗示：没有必要将一些或所有大纳贡国看成超常的国家，它们按照人口比例支付一定程度的贡额。从原则上讲，每个城邦的纳贡比率与它的资源相称。

152 现在我们转移到对各邦国纳贡进行更详细的分析上来。我们已经将它们分为两类：大纳贡国每年的支付额超过 1 塔兰特，占总纳贡国的 20%，而小纳贡国支付 1 塔兰特或更少。以下两部分的内容以大小纳贡国为主题。

## Ⅲ

根据我们的学说，雅典纳贡清单上列出的大纳贡国是那些资源特别富足的邦国，它们被征税的名义是常规的公民税。我们根据雅典帝国五个区域中三个大的纳贡国为例进行研究，它们是萨索斯（来自色雷斯区域，纳贡 30 塔兰特），拜占庭（来自赫勒斯滂区域，纳贡 15 塔兰特）和科俄斯（来自岛屿区域，纳贡 4 塔兰特）。在这些邦国所拥有的资源和如何开采方面，相关研究将为我们提供一些暗示。

萨索斯位于便利的古代贸易路线上。[①] 在大陆领土内外，它拥有可被征税的一系列资源。酒和醋是这个地区的主要产品，据公元前 480 年或前 470 年的文献记载，这两种商品的贸易已经由国家认真管理，到公元

① J. Pouilloux, *Pecherches sur l, histoire et les cultes de Thasos* i. (Études Thasiennes, iii, Paris, 1954), pp. 10－12.

前5世纪末，还强制实施了非常详细的有关酒的法规。① 但是对萨索斯人来说，最有价值的产品是那些矿产。据希罗多德(Herodotus 6.46)描述，大陆上的金矿每年产值达80塔兰特，在公元前465年萨索斯叛乱后，产量遭到损失。然而，就萨索斯岛本身而言，有金、银、铅和铜矿，而铜矿有相当的产量(不过相对较少)。② 因此，用以铸造的金属总是容 153
易获得，所以古风时代后期萨索斯的钱币现今可以在远及埃及、黎凡特和大希腊(Magna Graecia)的地方找到。③ 尽管萨索斯在公元前463—前435年间没有铸造货币，但萨索斯人依然足够富裕地去建造索特拉(Soteira)神殿，并且在公元前5世纪后半期首次在神殿演出戏剧。④

拜占庭的纳贡额是14.43塔兰特，即15塔兰特加上2/3塔兰特再加1/20塔兰特。⑤ 第一位概括性地评论拜占庭资源的古代作家是波利比乌斯(Polybius)，关于地理位置(非常有利于贸易)，他提到拜占庭

---

① 有关公元前480年或前470年的文献：Pouilloux (n. 20), pp. 37-45，同时期印有图案的酒罐，见：*Archaeological reports for 1987-1988*, p. 63. 有关前5世纪后期的文献：购买酒的日期被严格控制，需顾虑收获的季节。只有盖了专门印章的大口陶坛里的酒，才可以出售。萨索斯人的船只不能将外来的酒运进阿托斯(Athos)和帕西角(Paxi)之间的地区。酒只有装进容器里才能出售，容器无论大小，如 amphora, pithakne, pseudo-pithos，但在数量上须是整数。酒里不能兑水(见 IG XII Supp. 347, 1 和 2，以及 Pouilloux, pp. 41, 130-131). 关于古典时期萨索斯人的贸易，芬利提供了普尤的一些其他评论的观点，见：2nd *International Conference on Economic History*, 1962 (Paris, 1965), i. 28-32.

② Meiggs (n. 2), pp. 570-578. 关于岛上的矿产：L. A. Muller, *BCH* supp. 5 (1979), 315-344; J. des Courtils, T. Koželj, and A. Muller, *BCH* 106 (1982), 409-417. 据说阿利奇(Aliki)地区的大理石矿产，从公元前6世纪之前便已开采，见：Aliki i (Études Thasiennes, ix; Paris 1980), p. 125，因此可以算作萨索斯的另一特产。但是没有直接的证据来证明这是一种需要缴税的资源。关于萨索斯的情况，大体可以参考：R. Oabore, *Classical Landscape with Figures: The Ancient Greek City and its Countryside* (London, 1987), pp. 76, 79-81, 89-92, 104-108.

③ Pouilloux (n. 20), pp. 51-55.

④ 关于货币的缺口：Guide de Thasos (Paris, 1968), p. 186. 新的解释：Y. Grandjean, *Recherches sur l'habitat thasien à l'époque* (Études Thasiennes, xii, Paris, 1988), p. 476.

⑤ 参见：S. K. Eddy, "Some Irregular Amounts of Athenian Tribute", *AJPhil.* 94 (1973), 47-70. 他认为阿提卡术语中的这些没有规律的数字，可以被24整除，赫勒斯滂(达达尼尔海峡)周围的国家按此计算方式缴纳贡金，而且这些数据可能是库齐科恩(Kyzikene)地区缴纳金币时使用的。然而，他没有对拜占庭的情况特别说明。也可参考 Meiggs (n. 1), pp. 442-443. 对于那些来自达达尼尔海峡的一些有规律的数据，也不能被24整除：库齐库斯(Kyzikos)自身几乎一直缴纳9塔兰特，或者2 250斯托特(staters)。为何4 300德拉克马被算进这个数据，这点不清楚，但那时的总数，计算出来一共有3 939托斯特加1/6托斯特。

土地肥沃和渔业繁荣。① 距今时间更近的一份资料指出：部分地区拥有金矿和铜矿。如果真是如此，那么拜占庭直到公元前5世纪都没有铸造自己的货币便更令人觉得奇怪。② 为获得更多关于资源的主要成
154 分的知识，我们回到前面所提到过的《经济论》，它在摘要中探讨了行政管理，并且大致按编年顺序提供了一系列具体实例。有关拜占庭的章节与公元前5世纪的铸币情况有密切联系。据《经济论》所述（*Oeconomicus*, 1346[b]），拜占庭的居民在财政上很困难，因此使用一些常见的方法筹集钱财。例如，他们出售神圣的宗教禁地使之私有化，租赁店铺给城市的商人，还出卖捕鱼权和采盐权。另外，拜占庭市民向巫师、占卜师、贩药者出售通行证，并收取这些人收入的三分之一。他们还组织官方的城市间贸易，同时禁止其他任何流通货物的买卖。若子女父母中仅有一方是公民，他们甚至可以花30迈纳（minas，即1/2塔兰特）来购买公民权。

鱼和盐可算作地方特产，但这里提供的其他的所有例子可以被划分为两类：新增的税收以及常规税收。这些方法也许被加进惯例的税收之中，包括了港口停泊税在内。

---

① J. Dumont, "La Pêche du thon à Byzance à l'époque hellénistique", *REA* 78/9 (1976/1977), 96－119. 他指出，到公元前3世纪渔业已经成为高度经济化、专业化的产业；阿忒那奥斯（Athenaeus）引用一首诗歌来说明拜占庭是金枪鱼、马鲛鱼和煎鱼的原产地（3.116c）。T. Gallant, *A Fisherman's tale: An Analysis of the Potential Productivity of Fishing in the Ancient World* (Miscellanea Graeca, 7; Ghent, 1985), pp. 35－38. 作者认为设想蓝鳍金枪鱼在拜占庭经济中的重要性是说明古代渔业经济上的重要性是如何被夸大的很好例子。但是据了解，普罗滂（土耳其马尔马拉海）海域的其他地区，都已经开展了渔业经济，例如帕里昂（Parion）地区的罗马殖民地，见：J. and L. Robert, *Hellenica*, 9 (1950), 80－97; L. Robert, *Hellenica*, 10 (1955), 272－274. 关于库齐库斯地区古风—古典时期的钱币上印有金枪鱼的图案，参见：H. von Fritze, *Nomisma*, 7 (1912), 1－38, with pls, 4 and 5 (coins of Group III, 475－410 BC).

② 但是戴维斯（O. Davies）指出金子不可能在当地出现，而且他没有在古代著作里找到那里有铜矿的证据。见：O. Davies, *Roman Mines in Europe* (Oxford, 1935), pp. 237－238. 关于拜占庭的钱币，见：W. Newskaja, *Byzanz in der klassischen und hellenistischen Epoche* (Leipzig, 1955), p. 51. 书中指出，早期钱币的匮乏，是由于库齐科恩托斯特金币的广泛使用，但公元前5世纪末矿石开始匮乏是因为拜占庭贸易的大幅度增加。关于库齐科恩金币的发行量和流通情况，可以参见：M. Laloux, "La Cirulation des monnaies d'électrum de Cyzique", *Revue Belge de Numismatique*, 117 (1971), 31－69; 参见：above, n. 25. E. Schönert-Geiss, Die Münzeprägung von Byzantion (Berlin-Amsterdam, 1970)，但是这些资料没有讨论拜占庭钱币起步晚的情况。

我们进行研究的第三个实例是科俄斯,其面积大约是萨索斯岛的三分之一。① 它位于阿提卡海岸,但是古典时期在那里没有领土。科俄斯有四个城邦(通常情况下它们合在一起纳贡),纳贡额为 4 塔兰特,如果仅有克雷索斯(Koressos)单独缴贡,需支付 2 塔兰特 1 500 德拉克马。在公元前 480—前 465 年间(或者有可能是公元前 450 年),卡热苏斯(Koressos)、卡尔萨亚(Karthaia)和尤利斯(Ioulis)共同铸造了货币,但是面值仅仅比 1 德拉克马小一点,后来克雷索斯在公元前 5 世 155
纪单独铸币(大约公元前 420 年)。②

如此小的岛屿达到此等的繁华程度,除了常见的受限于岛屿规模的农业因素以外,还有两个可能性因素。第一,科俄斯是几种矿产的源地,可以生产高纯度的红耀石(*miltos*),它既可以用来为三层桨座战船的外壳涂色又有药用功能。据雅典公元前 4 世纪中期的碑铭残片记载,雅典恢复了科俄斯人对红耀石的专营权。③ 红耀石因此可以被描述为一种"战略物资",而对那些控制它出售的人们来说,红耀石则没有太大的经济价值。

第二,科俄斯在阿基亚斯尼古拉斯(Aghios Nikolaos)海湾拥有两个优良港口〔即维拉里(Vourkari)和克里西亚(Korissia)〕。④ 或许值得指出,在这个海湾沿岸,还有主要的青铜矿点(在阿基埃里尼),而且只有城邦克雷索斯单独缴贡款额。由此可以看出科俄斯的财富主要源自红耀石的税收、地方特产和港口税。

---

① 关于科俄斯的相关考古调查:H. Gorgiou and N. Faraklas, "Ancient Habitation Patterns of Keos", *Αριάδνη*, 3 (1985), 207 – 266; E. Mantzourani, J. Cherry, and J. Davis, "*Αρχαιολογικη ερευνα επιΦανειζατη νηαν Κεα*", *Παρουαια* 4 (1986), 189 – 201; G. Galani, L. Mendoni, and Kh. P apageorgiadou, "*ΕπιΦανειακη ερευνα ατην Κεα*", *Αρχαιογνωαια* 3 (1982 – 1984, 1987), 237 – 244; L. Mendoni, "Surface Survey in Kea", Acts of the Aegean Islands Colloquium, Canadian Archaeological Institute at Athens1987, published as a BAR vol., eds. C. and H. Williams, Archaologischer Anzeiger (1987), 728. 也可见:Osborne (n. 22), pp. 60 – 62.

② E. S. G. Robinson, "The Athenian Currency Decree and the coinages of the Allies", *Hesperia*, supp. 8 (1949), 324 – 340, at p. 329; E. Erxleben, Das Münzgesetz des delisch-attischen Seebundes II, *Archiv für Papyrus forschung*, 20 (1970), 66 – 132, at pp. 71 – 72.

③ Tod ii. 162. 所有运往雅典的红耀石,只能装在经授权的船只上,把红耀石运到比雷埃夫斯时,征税 2%。

④ *Admiralty Handbook for Greece* iii (London, 1945), pp. 444 – 445, 142 – 143.

关于60个大的缴纳国其中20个邦国的原始资源状况，通过核查诸如《经济论》之类的文献资料，我们可以将零散的信息拼凑在一起，但是这些信息并不完整，而且对整个公元前5世纪来说也不会一贯真实可靠。不管怎样，我们需要运用一种独特的方法来获取所有纳贡国资源规模的整体概况。我们将纳贡额超过1塔兰特的城邦划为大纳贡国，将1塔兰特及以下的划为小纳贡国，这种划分法究竟有多合理呢？

诚然，我们认为受相关资料的启发，可能会为我们带来帮助，如通常由公共资金捐建耗巨资的建筑工程项目。事实上，雅典本国，加上两个纳贡邦（波提狄亚和锡夫诺斯）建成了德尔斐的金库。至少两个城邦（以弗所和萨摩斯）建有新的神庙。另外，许多城邦建有古风时期的
156 城墙（如埃雷特里亚、帕罗斯、萨摩色雷斯和萨索斯）。但是这60个大纳贡国在总共205个纳贡国中毕竟占少数，而且这60个纳贡国的情况不是所有都经过发掘或调查而得到考古学方面的证实。

尽管这样，有一类物证被很好地保留下来，我们可以大致推断它们的年代，还可以精确地判定它们的出处，而且已经完全开发利用了，它们在研究经济活动方面上具有潜在价值，它们就是货币。事实上货币和雅典贡物清单一样有说服力，是提供希腊各邦资源全貌的唯一证据。

对公元前5世纪货币的研究并非没有困难。在过去的50年间，极少数的铸币厂被广泛研究，而且几乎没有形成可断定它们所属时期的独立标准。因此相关问题的辩论时间可以持续达20年或更久。雅典禁止地方性货币的法令（或禁止货币与其他东西进行交换）使问题更加复杂化。[①] 此法令颁布的时间在公元前5世纪40年代早期到20年代之间，而且货币收藏家朝着收藏历史断层时代的铸币努力，以期追溯此禁令的具体时间，而不是关注铸币基本样式的意义。这项法令依然被认为是有必要的，因为它至少说明了地方性货币的象征性价值。

---

① D. M. Lewis, “The Athenian coinage decree”, In Carradice( n. 8), pp. 53 -63.

如果跨过法令和同盟国货币铸造的中断期这两个问题,一个有趣的有关铸币的大致情况便出现了。公元前480—前400年间的某个时候,我们所研究的205个盟国中的60个城邦发行了货币。① 雅典贡物清单与缴纳规模之间非常明显存在着联系。60个铸币的城邦中,不少于40个支付的纳贡额多于1塔兰特,换句话说,大多数大纳贡国(占67%)有它们自己的货币。另外补充一下,7个缴纳船只城邦中的4个也有自己的货币。

仅有20个铸币的城邦缴付了1塔兰特或更少,如较小纳贡国的14个属于此类。这20个城邦中的3个只在这一时期的前15年铸造货币。大部分小的纳贡国仅仅制造不足发行量的货币,而且在面值上少于1德拉克马。只有安提斯的尼阿波利斯(Neapolis)货币看起来似乎是完全真实的。一般来说,小的纳贡国的确铸造生产了相当少的货币, 157
也几乎没有价值。

大纳贡国的铸币在产量方面颇有不同。判定货币产量多少的方法之一是计算铸造货币丢弃的模具的数量。下面的数据顾及了幸存货币的比率因素,提供了正面朝上的货币模具的理论数据。② 为了对比起见,我们还将这些推理出来的总数转换为以雅典德拉克马币值为标准的数字(也就是说,我们计算4德拉克马银币模具的数量时,加上货币自身重量,还要考虑雅典德拉克马的重量)。虽然已经进行的模具研究在铸币领域仅仅占一小部分,但是它们似乎说明了支付贡额的水平

① Robinson and Erxleben (n. 29). 它们的证据根据最近的研究已经作了轻微的修改。

② 模具的相关研究,见: J. M. Balcer, "The Early Silver Coinage of Teos", *Schweizerische Numismatische Rundschau* 47(1968), 5-50; J. P. Barron, *The Silver Coins of Samos* (London, 1966); H. A. Cahn, Knidos, *die Munzen des sechsten und des fünften Jahrhunderts v. Chr.* (Berlin, 1970); J. M. F. *May*, *Ainos*, *its History and Coinage* (London, 1950); May, *The Coinage of Abdera* (London, 1966). 尽管其他方法或许可以提供更有说服力的数据,但在此我们还是采用了F.卡特(F. Carter)阐明的方法,即统计模具数量的方法。此方法见:W. A. Oddy (ed.), *Scientific Studies in Numismatics* (British Museum Occasional Paper, no. 18; London, 1980), pp. 17-29. 在进行数据运算时,币值低于1德拉克马的货币予以忽略。我们虽然没有尝试计算出已发行的货币量,但我们寄希望于模具制造的平均值与货币量大致相等。然而每种模具在各城邦之间的输出量可能不尽相同,这在一定程度上归因于货币的尺寸大小,它上面浮雕的不同以及其他工艺因素。

与货币发行的规模之间存在着联系。阿夫季拉(Abdera)缴纳的额度(15 塔兰特)和艾诺斯(Ainos)缴纳的额度(10 塔兰特),远远多于忒奥斯(Teos,6 塔兰特)和尼多斯(Knidos,3 塔兰特)。阿夫季拉出土了490 个以上的模具,艾诺斯有 270 个,忒奥斯有 118 个,尼多斯有 39 个。作为比较,供应船只的萨摩斯岛出土了 140 个货币模具。由此可见,缴贡金额越多的城邦,它铸币的产量越高。

人们可能会反驳:这不足为奇,因为大纳贡国为了纳贡,不得不铸造更多的货币,所以货币发行量不是评估地方资源的唯一衡量标准。但是事实上,铸币在一些大纳贡国内出现(如拜占庭缴纳 15 塔兰特 4 300德拉克马;佩林托斯缴纳 10 塔兰特),这说明了不需要用地方性的铸币缴纳贡额。支付贡额,可以用金银条,或者其他某一城邦的货币。贮藏财宝这一证据支持了此观点。例如,尽管尚未公诸于世,但是大量的埃伊纳岛货币从宝藏中被发掘出来,这表明许多钱币流向普通
158 的货币流通,而没有注入雅典的资金。这些城邦之所以选择自己铸币,主要是出于它们自己的利益。

我们为何解释大的纳贡国与铸币之间的关系？出口有时与铸币的出现有关,特别是在马其顿和色雷斯地区,但这仅仅是猜测,因为铸币是地方资源的一个重要组成部分。① 更重要的是,一些没有本邦货币的大纳贡国(如埃伊纳),它们确实铸造货币,而且发行量还很大。但有些大纳贡国,如拜占庭,使用其他城邦的货币,因此它们不铸造本邦的货币。换而言之,资源多少不需要用造币来体现,但造币确实暗示了地方资源的状况,所以一般铸币的模式暗示了单个铸币城邦资源的规模。由此可见,发行一定规模货币的盟国,确实存在着某些共性,对于古代城邦而言,地方的稳定繁荣通常取决于资源的丰富程度和可获得总收入的水平。可以说,大纳贡国也很正常,即便是最大

① 即使在罗马帝国时期,矿石的出口也可能已经影响了货币的生产。若期待进一步探索出口和支付费用之间的关系,可参见:G. D. B. Jones, *JRS* 70(1980),161 - 163,力拓(Rio Tinto)矿产的相关内容。

的。它们之所以成为大纳贡国,是因为拥有丰富、种类多样的资源,而且多种资源的组合方式不同,因此这些城邦组成了属于它们自己的群体。

## Ⅳ

我们现在继续向前探索那些支付1塔兰特及以下的纳贡国,它们占了总数的71%。这幅统计图(图13)出现了三个峰值,一个在1塔兰特的刻度,另外3个在刻度的低端。因此不少于总数52%的城邦支付了1塔兰特或更少,并且33%的城邦支付1 000德拉克马或更少。

我们是否可以讨论关于清单中所列盟国的资源,甚至人口吗?这个问题由鲁申布什(Ruschenbusch)提出,我们愿意去考证它。尽管我们认为资源是贡额征税的基础,但纳贡额也有可能与人口之间存在关联。有必要提出两种假设。第一个假设:这些城邦的基本资源是农业耕地,虽然可能还有其他资源收入(如港口税),但都微乎其微,而且在比例上与 159
土地上的收入差距很大,可以忽略不计。第二个假设:同样条件下的农业土地可以养活相同数量的人口。土壤肥沃程度不同会带来农作物产量的不同,虽然以上理论不够确凿,但或许可以寄希望于能够平衡这些差别。如果这两个假设成立,那么较少的纳贡国的贡金支付反映了相对的人口数量在此份纳贡国细目内可按规模划分为60类。

我们可以将这些相对的数量转换成绝对的数据吗?我们假设支付1 000德拉克马贡金,需要多大的人口规模?这是我们将要探讨的话题,尽管一些学者已经作了尝试,但我们的研究数据将不采用他们已经尝试过的量化。为了获得绝对性的数据,有两种主要的途径:涉及公民数量的个别古代文献和现代的人口数据。

首先是古代文献资料。公民大会选票的数据或许是有吸引力的信息来源。在法令的沿袭过程中,石刻上的法令涉及了关于已确定的选票量的相关内容。例如在卡里亚地区的凯拉莫斯(Keramos),一块希腊化时期的碑铭记录了一项特殊议案的投票情况，95（91）张选票是赞成票，44（144）张是反对票。[①] 但是我们也不愿意使用这类数据。在205个同盟国中，我们只收集到五个盟国的选票，因为对于大部分的盟国，我们只有单独的一个数字而已。我们如何阐明凯拉莫斯地区这1 100份选票代表的是传统的淘汰制（turn-out）还是公民个体的比例？我们最多可以说这提供了一个最小值。仅仅从一个城邦，如从科洛丰（Kolophon）来看，我们确实有这个城邦的一系列数据，共六组，值得注意的是，它们的数量范围在903—1 342；最高值比最小值几乎大40％。[②] 但不管怎样，所有数据均源自希腊化时期，而且到那时为止，古典时期的科洛丰曾经遭到废弃并被再次占领。因此
160 我们不能使用选票的数据作为衡量相关贡金缴纳国的绝对尺度。[③] 另一类古代文献包含了特定地区公民数量的相关陈述。此类文献资料不能令人感到宽慰，因为数量极其稀少，而且对其翻译解读相当困难。鲁申布什已经在伊阿索斯案例的研究上投入了许多精力，他指出伊阿索斯有800名公民。事实上我们仅有的资料不能说明以上是否属实。历史学家狄奥多罗斯·西库鲁斯（Diodorus Siculus）曾陈述过，临近伯罗奔尼撒战争结束之时，斯巴达赖山德人（Lysander）突袭这座城镇，而且"射箭杀死了800名战争年龄内的成年男子（*hebontas*），还将妇女儿童贩卖为俘虏"（13. 104. 7）。但是那些战争年龄内的男子可能仅仅是成年男子中的一部分，这也可能意味着它有1 000名"雅典男性公民"。不管怎样，我们不清楚赖山德人是否成功杀死了列出的所有人，也不清楚那些被害者的数据是否精确。虽然伊阿索斯向雅典缴纳1塔兰特贡金，但我们不能使用这个证据去证明1塔兰特代表了800名雅典男性

---

① E. Varinlioglu（ed.），*Die Inschriften von Keramos*，*IK* 30（Bonn，1986），9.

② W. Blumel（ed.），*Die Inschriften von Iasos*，*IK* 28（Boon，1985），81；Hiller von Gaertringen（ed.），*Inschriften von Priene*（Berlin，1906），57；L. Rorbert，*REA* 65（1963），307 = Opera Minora Selecta iii. 1502；*ZPE* 13（1974），113.

③ 图斯（Toes）的贡金6塔兰特和阿夫季拉的15塔兰特，与它们法庭的法定人数成比例，法定人数分别为200和500，见：D. M. Lewis，*ZPE* 47（1982），71－72，但是这可能只是一个巧合。其他唯一可以作对比的数据来自萨索斯，它的贡金为30塔兰特，法定人数为300。

公民。

第二,学者们尝试使用现代人口调查统计出的数据来证实古代城邦的人口数量。然而事实上,现代的数据不能按这种过分简单化的方法来使用。1879 年之前,可以得到雅典帝国的岛屿成员国的统计数据(对于一些东部岛屿来说,是或者 1920 年或者 1922 年),①但是不能证明"这个时期的数据代表了与公元前 5 世纪相同的人口规模"的观点存在合理性。诚然,在公元 15、16 世纪,许多岛屿已经荒废,到了 19 世纪初,它们的人口仍然极其稀少。虽然在 19 世纪人口有所增长,但是此世纪的人口历史变得复杂化,因为有移民进入雅典,还有移民从希腊出境。无论如何,在贡金缴纳水平和人口之间,不存在真正意义上的联系,比如在 1879 年。每塔兰特所对应的人口数量范围为 0.38—162(以"千"作为单位)。如果除去两端的极值,范围变为 1—6.3。② 换句话说,现 161
代的人口数据,并不能成为估定古代人口的可靠依据。

鲁申布什根据他的人口统计数字,从海军影响人口规模方面进行辩解:许多城邦甚至不能为一艘三层桨座战船配置人员,因此它们总是不得不缴纳贡金。③ 但是在我们看来,他的人口数据是不真实的,而且仅仅涉及了公民。也许为三层桨座战船配备人员时使用了没有公民权的人口。真正起抑制作用的是成本:如果一艘三层桨座战舰等于 1 塔兰特贡金,那么对于大部分同盟国而言,缴纳贡金比提供战船更具经济优势。

对于纳贡金额在 1 塔兰特或更少的城邦的人口来说,或许更好的

---

① E. Y. Kolodny, *La Population des iles de la Grèce: Essai de géographie insulaire en Méditerrannée oriental*(Aix-en-Provence,1974).

② Renfrew and Wagstaff(n. 9), p. 277,使用 1961 年的人口数据进行计算,尽管他们的图表 20.2 显示,每一千人所缴贡塔兰特的范围为 0.18—4.22,他们断言这有极其紧密的联系(see above,n. 9)。与其类似,M. zahrnt, *Olynth und die Chalkidier*(Munich, 1971),p. 137,探讨了 20 世纪 60 年代支付的贡金与人口规模之间存在更紧密的关系。但是它的计算是错误的。比率不是 0.26—0.36,而是 0.145—0.483,后者比前者更难记。J. M. Cook, *The Troad*(Oxford,1973),p. 383,假定基于道路网密度,1940 年的人口调查数据与 15 世纪的相吻合,每塔兰特贡金由 4 000—5 000 人均摊,但这是一个武断的假设。

③ 参见:E. Ruschenbusch, "Das Machtpotential der Bündner im ersten athenischen Seebund", *ZPE* 53 (1983), 144 - 148.

建议是考虑特殊地位的人群人口按多少排序，而不是精确的人口数据。很遗憾不能这样做，因为试着决定其顺序仍然需要假定支付贡金多少与人口数量之间存在不断的联系。毋庸置疑，小纳贡国的人口少，但却不能确定它们的人口数量。

虽然这是非常不利的消息，但也许我们能够在那些小纳贡国资源方面取得一些进步。尽管很难将这些城邦和那些大纳贡国描述得一样清楚，因为它们在那段时期属于为人所知甚少的城邦。学者们可能会被表象迷惑，因而假设那些大纳贡国是“大户”，而小纳贡国的经济符合农业上自给自足的模式，然而这可能是一个错误的假设。下面以地势较低的米安德（Maeander）冲积平原为例，在那段时期，五个城邦按贡金额大小属小纳贡国的范围：美杜尼斯（Mydones，即亚马松，1 500德拉克马）、帕帕里泰（Parpariotai，1 000 德拉克马）、塔斯萨拉（Thasthares，500 德拉克马）、美塞尼（Myessioi，1 塔兰特）、普里内（Priene，1 塔兰特）。安林达（Alinda）在第一次缴贡时，支付了 2 塔兰特，但是后来退出纳贡。地域性的研究显示，前三个城邦的人们位于内陆和山地，好像
162 几乎没有自然资源：土壤非常贫瘠，几乎不能为农业的开发提供机会。然而，公元前 5 世纪早期，亚马松建成了一座神庙（后来在公元前 4 世纪利用殖民地总督的钱财重建此神庙）。但是安林达位于较矮的山麓，管辖区内洼地土壤肥沃，它缴纳的贡金高达 2 塔兰特。与之相比，那时的沿海城市迈乌斯（Myus）和普里内在公元前 6 世纪和前 5 世纪早期却相当繁荣昌盛，为镇压爱奥尼亚人叛乱，它们分别提供 3 艘和 12 艘战舰，而且迈乌斯在公元前 5 世纪早期也有两所神庙。这两个城邦因肥沃的农田和位于海陆通道而获益匪浅，事实上，迈乌斯在那时还有一个以渔业闻名的优良港口。①

---

① R. T. Marchese, *The Lower Maeander Flood Plain: A Regional Settlement Study*（BAR International Series, 292, Oxford, 1986）. 令人遗憾的是，在公元前 5 世纪和前 4 世纪进程中，迈乌斯和普里内都因米安德三角洲向海洋推进而成为废墟。普里内于公元前 4 世纪中期在一个新地点重建，而迈乌斯在公元前 3 世纪末被合并进米利都。

在公元前5世纪，这些临近爱奥尼亚和卡里亚缴纳贡金额少的城邦提供了一些有关自然资源规模的线索：从卡里亚高地拥有贫瘠也许适合放牧的土壤，到安林达较为肥沃的农业土地，再到迈乌斯和普里内位于的沿海地区。显而易见，这些小纳贡国，没有诸如金银矿之类的重要资源，但是它们也同样不是完全单一的农业国。相反从塔斯萨拉到萨索斯岛之间，存在着连成一大片的城市，而且它们的资源很丰富。

## V

诸城邦规模和资源的状况对我们正确认识两个关于古典时期希腊城邦的主要理论著作具有启示意义：柏拉图的《法律篇》和亚里士多德的《政治学》。柏拉图的《法律篇》试图创建一个理想国，建立各方面都成体系的规则，包括它的规模。柏拉图判定它应该有5 040名公民(737EE－738B;771A－C)。5 040是一个奇怪的数字，但是它被柏拉图选中，在数学方面的大致原因是：它既可以被1—7除尽，还可以被8、9、10、12除尽。在《法律篇》的某些特定章节中，柏拉图借用了雅典或其他城邦的通用惯例，受到理论上人口规律的指引，选用了这个公民数。此数字对大多数纳贡城邦来说都是一个比可能的事实情况大得多的数字。 163

亚里士多德在《政治学》中批判了柏拉图建议的如此大的公民数："我们不能忽视这个事实，即这样大的一个人口数，可能需要巴比伦或其他某个大国那样的领土"(1265$^{a}$13)，而且巴比伦"据说被占领整整两天以后，一些居民才知道这件事"(1276$^{a}$29)，因此巴比伦几乎不能算作一个真正的城邦。亚里士多德的观点是国家的伟大不能以公民数量来衡量。如果人口太多，国家几乎很难有一个真正的管理机构。"谁可以成为如此庞大人口的领导者？谁能够成为他们的呐喊者？除非他有斯藤托耳(Stentor)"，因此城邦规模的最佳状况是"最大的人口数与满足自给自足生活的需要相一致，但数量也不能太大，那导致不容易调查"(1326$^{a-b}$)。关于资源方面，亚里士多德认为，理想国应该拥有生产各种农作物的土地，那样可以保证自给自足的最大可能性。城市自身所处的地理位置应该能方便接收粮食、木材及类似的一些原材料，因为土地可以影响任何大规模生产的进程（1326$^{b}$26）。但是他认识到他的理想国不可能自给自足："如果这些不幸的因素可以避免（城邦内有太多的外来人口），那么显然会更有利于确保必需品的充裕，还有利于防御，因为国家和它的领土应该有通道进入大海……人们必须进口他们自身不能生产的物品，出口那些他们剩余的物品。"（1327$^{a}$18；cf. Plato, *Republic* 370E－371A）事实上，在正常运转的国家内，人们可能从事各种不同行业的工作：农业、手工业、商业、贸易业、海洋业（1297$^{a}$17）。尽管平衡不同职业之间的方法在每个地方都不同，但是这五类中的两个预先假定了城邦之间存在着联系。

雅典贡金清单已被描述为"一份经济方面的文献，与其他任何早期的帝国资料相比，也许在城邦的规模和地理方面的精确性上，没有相同点"。① 我们这篇论文已经分析了 205 个不同城邦的数据，但这个数字当然仅仅是那时希腊城邦总数中的一部分。据估计，希腊城邦的总
164 数大约有 700 个，但是并非所有的城邦都存在于公元前 5 世纪。② 从我们选取的 205 个城邦的样本对所有城邦进行概括归纳，其可能性有多大？样本存在的第一个不足是雅典帝国和雅典本身的重要成员数的缩减。帝国时期七个提供船只的盟国和安菲波利斯应该被划入大的纳贡国之列，雅典人依凭自己的资源亦属此列。在战争时期，雅典城邦内部的总收入为大约每年 400 塔兰特，等于那时所获贡金的总和，但是少于 600 塔兰特——这是修昔底德估计出雅典从盟国那里所得的总收入。③ 其实雅典除了贡金，还可以通过直接征税的方式筹集到相当可观的金额。比如在公元前 428 年，通过对雅典公民征收附加税筹集到

① Renfrew and Wagstaff (n. 9), p. 277.

② Ruschenbusch(n. 10)，忽略了罗马时期小亚细亚联盟的希腊城邦，这些城邦在数量上超过 300 个。

③ 2. 13. 3, with Xen., *Anabasis* 7. 1. 27.

200 塔兰特。另外，在公元前 4 世纪，通过一项新的财产税每年筹集 60 塔兰特，这占其公布的 6 000 塔兰特财产的百分之一。① 在和平时期，雅典可能筹集的资金多于盟国贡金总数的两倍，而它的资源量也远远超过任何一个盟国。

即使将提供船只的盟国和雅典的资源都计算在内，仍然存在样本是否具有典型性的问题。所选取的样本城邦的所属范围主要位于爱琴海区域，也主要由沿海城邦组成。所有同盟国的经济基础是农业，是地方资源和航海贸易的综合体。② 样本城邦以外的内陆城邦更多地依靠它们自己的地方性资源，进行贸易的可能性微乎其微。③ 遗憾的是，对于那些没有向雅典缴纳贡金的城邦（无论是位于沿海还是内陆），没有直接的方法去估定它们的资源状况。但据我们观察，贡金缴纳的高水平与 165
货币铸造之间的联系可能会更加有说服力。货币提供了唯一一套数据，这些货币不仅被完好地保留下来，而且源自广阔的地理范围。对那些不属于雅典帝国城邦的铸币模型进行分析，可以在我们分析的贡金缴纳与古典时期希腊诸城邦的资源和规模的大致状况之间架起一座桥梁。

事实上，雅典贡金清单是理解古代希腊城市状况的重要资料。在贡金支付这架天平较低的一端是缴纳 1 塔兰特及以下的城邦，拥有有限的资源和相对较少的人口；另一端是大的纳贡国，它们不能按所提供的人口数字来支付贡金，但可以着重考察它们的资源，其支付的金额从 1 塔兰特到 30 塔兰特。这为希腊城市研究启发了新的思路。古典时期希腊历史的研究必然聚焦于雅典和斯巴达，但当学者们认识到这两

① Thuc. 3. 19. 1. G. E. M. de Ste. Croix, "Demosthenes" τίμημα and the Athenian Eisphora in the Forth Century BC, *Classica et Mediaevalia*, 14(1953), 30 – 70. 精确地估定雅典城邦本身的输入资金几乎是不可能的，但是它却能够派遣出由 100 艘船只组成的一支探险队。另外，雅典用于建筑上的费用看起来也很高。帕台农（Parthenon）神庙的宗教性雕像以及卫城山门（Propylaia）总成本达 2 000 塔兰特，见：ML pp. 164 – 165，斯塔尼尔（R. S. Stanier）进行了修正："The cost of the Parthenon", *JHS* 73(1953), 68 – 76.

② H.-J. Gehrke, *Jenseits von Athen und Sparta*: *Das dritte Griechenland und seine Staatenwelt*(Munich, 1986)在对希腊城邦进行分类时，采用了这个观点，但是虽研究了一系列实例，却没有形成任何概括性的总结。

③ 公元前 388 年阿卡那尼亚人（Akarnanians）与斯巴达人和平相处，因为他们知道他们的城市属于内陆，也不能弥补被斯巴达军队毁坏的谷物，见：Xen., *Hell.* 4. 7. 1.

个城邦独特的自然条件时，他们因准备太多而不能将其他每个地区作为普通城邦总括在一起。每个人（与鲁申布什一起）都可以创造一个理想的“普通城邦”模型，但是这个观念掩饰了邦国间实际存在的差距。

将城邦之间的差距平均化，从而制造出一幅政治与经济之间的关系假象。将“贵族与政治相互影响”理论应用于古风时期的希腊是不明智的。在一般的希腊文化内部，贵族与政治相互影响和对抗确实存在，但个别城邦没有贵族，因此这个理论过于草率。有关规模与资源差异的描述说明了城邦间存在等级，尽管等级水平尚未被清晰的界定。①但是即使高级的城邦也不能以一己之力挡住波斯人的进攻，只有将各
166 城邦的资源集中在一起，才能使爱琴海的周边城市有效地保护自己。正是基于共同反抗波斯这一历史背景，政治上自治的观念形成。

随着经济上的自给自足，现代的优先占有权也需要重新考虑。②学者们认为城乡关系极其重要，但着重强调个别城邦的结果阻止了城邦间经济关系的研究。正如港口税的盛行，说明了城邦间的贸易是司空见惯的，几乎没有国家实现真正的自给自足。我们不能混淆亚里士多德所谓的经济自立的理想国与经济上的实际状况之间的差距。雅典贡金清单的研究为描绘另一不同的情形奠定了基础：在爱琴海地区，各城邦财富资源不均，城邦之间存在必然的相互联系，希腊城市的规模和资源范围不同。

---

① A. Snodgrass, “Interaction by Design: The Greek City State”, in C. Renfrew and J. F. Cherry( ed. ), *Peer Polity Interaction and Socio-Political Change*( Cambrdge, 1986), pp. 47 – 58, 此处运用了这个理论；Gehrke (n. 47)。更合理地将此理论运用于雅典的是《早期城邦模式》(*Early State Modules*)，可见于：C. Renfrew, “Retrospect and Prospect”, in J. L. Bintliff( ed. ), *Mycenaean Geography* (Cambridge, 1977), pp. 108 – 121. I. 胡德(I. Hodder)和 M. 哈山(M. Hassall)将“中心区理论”运用于罗马统治下的不列颠，见“The Non-Random Spacing of Romano-British Walled Towns”, *Man*, NS 6(1971), 391 – 407，在此是不适用的。此理论不能被随意地修改去处理沿海通道造成的曲解。

② 因此 M. I. Finley, *The Ancient Economy*, 2nd edn. (London, 1985), pp. 123 – 139，将那些不能自给自足的城邦排除在外。

# 附　录

公元前441年贡金缴纳总表

圆括号表示缴纳的金额有改动，方括号表示纳贡国的名称有改动，两者皆有表示金额和国家名称均有改动。标在名称右上角的m表示城邦在公元前480—前400年间有铸币行为。

## I. 爱奥尼亚区

| | |
|---|---|
| 塔兰特 | |
| 9 | Kumaioi |
| 8 | |
| 7 | [(Eruthraioi)]$^{m}$ |
| 6 | (Ephesioi)$^{m}$ Teioi$^{m}$ |
| 5 | (Milesioi)$^{m}$ |
| 4 | |
| 3 | |
| 2 | Phokaies$^{m}$ |
| 1.3000 | Kolophonioi$^{m}$, (Klazomenioi)$^{m}$ 167 |
| 1 | Nisurioi, (Muessioi), [(Prianes)], (Pugeles), Lebedioi, Hairaioi, Murinaioi, Hessioi$^{m}$ |
| 5000 | |
| 4660 | Gargares$^{m}$ |
| 4000 | Oinaioi ex Ikarou, (Polichnaioi), Maiandrioi |
| 3000 | Thermaioi ex Ikarou, Marathesioi |
| 2000 | Noties |
| 1000 | (Isindioi), (Boutheies), Grunees, (Elaiitai)$^{m}$, [(Pitanaioi)]$^{m}$ |
| 500 | Dioseritai, (Sidousioi), [(Asturenoi Musoi)] |
| 100 | (Pteleousioi), [(Elaiousioi)] |

## Ⅱ．赫勒斯滂区

| | |
|---|---|
| 塔兰特 | |
| 15.4300 | Buzantioi |
| 14 | |
| 13 | |
| 12 | Lampsakenoi$^{m}$ |
| 11 | |
| 10 | Perinthioi |
| 9 | Kuzikenoi$^{m}$, Khalkedonioi$^{m}$ |
| 8 | |
| 7 | |
| 6 | |
| 5 | Selumbrianoi$^{m}$ |
| 4 | Abudenoi |
| 3 | Kebrenioi$^{m}$, Prokonnesioi$^{m}$ |
| 2.5280 | Tenedioi$^{m}$ |
| 2 | Arisbaioi |
| 1 | Skapsioi$^{m}$, Dardanes$^{m}$, Cherronesitai |
| 5000 | |
| 4000 | |
| 3000 | [Elaiousioi] |
| 2000 | Neandreia, Parianoi$^{m}$, Artakenoi |
| 1000 | Lamponeia$^{m}$, Berusioi hupo te Ide, Sigeies, Perkosioi, Paisenoi, Alopokonnesioi, Kianoi, Astakenoi$^{m}$, Didumoteichitai, Daunioteichitai, ? Eurumachitai |
| 500 | Gentinioi, [(Palaiperkosioi)], Limnaioi, Madutioi, Sestioi, Priapes, Daskuleion, Turodiza |
| 400 | Azeioi |
| 300 | Harpagianoi, Neapolis |

## Ⅲ.色雷斯区 168

| 塔兰特 | |
|---|---|
| 30 | Thasioi[m] |
| 15 | Abderitai[m] |
| 14 | |
| 13 | |
| 12 | |
| 11 | |
| 10 | [(Ainioi)][m] |
| 9 | |
| 8 | |
| 7 | |
| 6 | (Potideatai)[m], (Skionaioi)[m], (Toronaioi)[m], (Samothrakes)[m] |
| 5 | (Sermulies) |
| 4 | |
| 3 | Peparethioi, (Akanthioi)[m], (Aineiatai)[m] |
| 2 | (Singioi), Spartolioi, (Olunthioi)[m] |
| 1.3000 | Maronitai[m] |
| 1 | (Aphutaioi)[m], [Dies apo tou Atho], [Thussioi], (Strepsaioi), (Argillioi) |
| 5000 | |
| 4000 | Sanaioi, Stolioi, (Mekubernaioi) |
| 3240 | Bergaioi |
| 3000 | (Neapolitai Mendaion apoikoi), (Galepsioi) |
| 2400 | Asseritai |
| 2000 | (Aigantioi), [Olophuxioi], (Skablaioi), [(Dikaia par'Abdera)][m] |
| 1500 | (Ikioi), (Haisonioi) |
| 1000 | [Skiathioi], (Thrambaioi), [Skapsaioi][m], [Pharbelioi], (Phegetioi), [Stagiritai], Neapolis par'Antisaran |
| 700 | (Othorioi) |
| 500 | Sermaioi, Chedrolioi |

## IV. 卡里亚区

塔兰特

| | | |
|---|---|---|
| | 10 | Lukioi |
| | 9 | |
| | 8 | |
| | 7 | |
| | 6 | Lindio$^{m}$ i, Ielusioi$^{m}$, Kameires$^{m}$ |
| | 5 | [(Kooi)]$^{m}$ |
| 169 | 4 | |
| | 3 | [(Knidioi)]$^{m}$, [Phaselitai]$^{m}$ |
| | 2.4200 | Kherronesioi$^{m}$ |
| | 2 | Kullandioi |
| | 1.4000 | Halikarnassioi$^{m}$ |
| | 1.3000 | Kaludnioi, Astupalais$^{m}$, [Keramioi] |
| | 1 | Latmioi, Pedases, Iases, [(Suaangeles)], (Madnases), [(Kindues)], Hudisses, Kaludnes, Telemessioi |
| | 5200 | Mulases |
| | 4000 | |
| | 3000 | (Peleiatai), [(Termerres)]$^{m}$, [(Kares hon Tumnes arkhei)], Kedriatai apo Karias, [(Kaunioi)], Pasandes apo Kaunou, (Telandrioi) |
| | 2500 | Kasolabes, Huromes |
| | 2100 | Khalkitores |
| | 2000 | Pladeases, Idumes$^{m}$, Kurbissos, Khioi Kares, Khalkeiatai, Krues apo Karias |
| | 1500 | [(Mudanes)], Siloi |
| | 1200 | Humisses |
| | 1060 | Hublisses |

| | |
|---|---|
| 1000 | Bargulies, Lepsimandioi, Parpariotai, [(Narisbares)], Thudonos, Killares, Erines, [Karpathioi], [Arkesseia], Purnioi, Karbasuandes, para Kaunon, Kodapes, Polikhnaioi Kares |
| 500 | [(Mundioi)], Karuandes, Pargases, [(Thasthares)], Naxiatai, Auliatai Kares, Brukountioi |
| 400 | Kudaies |
| 100 | [Pedies en Lindo] |

## V. 岛屿区

塔兰特

| | |
|---|---|
| 30 | Aiginetai[m] |
| 18 | (Parioi) |
| 6.4000 | [(Naxioi)] |
| 6 | (Andrioi) |
| 5 | (Karustioi)[m] |
| 4 | (Keioi)[m] |
| 3 | [Eretries][m], [Khalkides], [Kuthnioi], [(Siphnioi)][m], Hephaisties hoi en Lemno |
| 2 | (Tenioi) 170 |
| 1.3000 | Murinaioi en Lemno |
| 1 | [(Stures)], [(Seriphioi)], (Mukonioi), Imbrioi |
| 5000 | |
| 4000 | |
| 3000 | [(Iatai)] |
| 2000 | (Athenai Diades), (Die apo Kenaiou) |
| 1000 | Grugkhes, Hestiaies, Surioi |
| 300 | [(Rheneies)] |

171 # 私人空间与希腊城市

米歇尔·詹姆森(Michael Jameson)

如何理解与运用空间是特定文化的艺术体现,其呈现方式与性别关系、礼仪规范或社会阶层相一致。从这个层面上讲,对空间进行考察研究,可以使我们从整体上掌握许多有关文化的知识,不局限于了解那些“因被视为理所当然而极少用文字表达的”知识。本文从房屋和土地(以通用的希腊短语表示为“*oikia kai chorion*”)的角度来考察私人空间及与私人空间相对的公共空间,如宗教性的神庙、世俗的会场、集市和城邦的军事堡垒。在社会的语境下,研究私人与公共空间之间差别的意义,可能大于研究城乡之间的差别和住宅区与农耕地之间差别的意义。①

为了重建历史文明长河中有关空间的客观情况,运用现存的文献资料时必须结合物质遗存,以及其他有关空间划分和组织方面的资料。现有的文字类资料不够齐全,例如我们缺乏对希腊房屋明确性的描述,同时还有很多其他方面的不足。罗马建筑师维特鲁威(Vitruvius)的统
172 计数据(6.7)填补了不为人所知的古典时期或希腊化时期房屋结构知

---

① 此处使用的基本方法,见:Susan Kent (ed.), *Domestic Architecture and the Useof Space: An Interdisciplinary, Cross-Culture Approach*(Cambride, forthcoming)。关于这个方法的细节,可见本人已经发表的论文:“Domestic Space in the Greek City-State”, ch. 7。参见:R. J. Lawrence, “Domestic Space and Society: A Cross-Culture Study”, *Society and History*, 29(1982), 104－130,文中对两种同时期的文化进行了考察。希腊房屋和城镇规划的相关研究,现已有丰富的信息注入,还有激烈的讨论和精美的图解。这些成就来自沃尔卡·德普夫纳(Wolf Hoepfner)和恩斯特-路德维希·斯宛德纳(Ernst-Ludwig Schwandner)以及他们的团队,他们是另一本书的作者:*Haus und Stadt im klassischen Griechenland* (Wohnen in der klassischen Polis, i, Munich, 1985)。近期出版的另一部著作:Fabrizio Pesando, *Oikos e Ktesis: La casa greca in eta classica*(Perugia, 1987),其实这部作品在 *Haus und Stadt* 出现之前便已完成,而令人遗憾的是,它更多地关注文字上的证据,若不能一直有说服力,这些证据便是虚假的;也可参考他的另一本综合性的书:*La case dei Greci*(Milan,1989)。

识的空白。当我们用已掌握的资料和那些来自考古的信息进行对比时,一些难题便出现了。如果每种类型的资料都被给出它应有的本意,且不被翻译,以便配合其他形式的资料,那么第一眼看上去,文献资料和物质遗存似乎是相互矛盾的,但是经过更深刻的考虑后发现结果相反,它们是互相补充的。大部分的物质遗存没有显示出它们所限定空间的用途和社会价值,然而文献资料却能够显示出一些差别,这些特征不存在标准、科学性的相互联系。另一方面,有关空间的客观常规模式,提供了文献资料中含糊的或不易发觉的重要信息。

下面我们以遇到的问题为例,提出相关看法:文献资料的确明确地证明了私人家庭中男人与女人的居住区域有区别。除了单间和显然是供特殊用途使用的房间(在现代的探讨中通常指的是男子专用房间)以外,考古学不能提供关于将房屋的不同区域分配给男人和女人的标准,可我们的文献资料也没有提供线索,来阐明这两种类型的空间的标准。在地上标出一间或多间房,规划为男人或女人使用,这是非常武断的。① 希腊的房屋集中于一个庭院,而且一般情况下,不能划分为前后院。如果房屋有两层,第二层既不是通用的,也没有限定供家里的女人使用,因为它有时是虚设的。尽管男人和女人所居住区域之间的划分很重要,但是它不直接影响房屋的实际规划和修建。当我们考察更多的有关房屋的细节时,将会返回到这个问题。

无论城邦的中心城镇,还是较小的城镇和乡村,私人空间基本上包括城邦领土范围内的农田和聚落里的房屋。从古代的大部分时期来 173
看,即使在希腊人只以农业谋生的时期,他们也更愿意以聚落的定居方

① Susan Walker, "Women and Housing in classical Greece: The Archaeological Evidence", in Averil Cameron and Amélie Kuhrt(ed.), *Images of Women in Antiquity*(London, 1983), pp. 81 - 91,文中举例说明了在埃维厄的戴斯托斯(Dystos)地区一栋独特的房屋里男人和女人的居住情况,这栋房子被一个庭院分为两部分。参见:J. V. Luce, "The Large House at Dystos in Euboea", *Greece and Rome* 2nd ser., 18(1971), 143 - 149; Th. Wiegand, "Dystos", *Athenische Mitteilungen* 24(1899), 458 - 467. 这座大房子,罕见地用石头建成,而其他位于陡峭山坡上的建筑物,被一堵坚实的防御性围墙围起来,有时这栋房子被讲解为军事要塞指挥官的住处。卢斯和维其德依据堡垒的石工技术的风格,认为它建于公元前5世纪,然而这个观点不是非常可靠。

式生活。乡村的土地调查已经证实了这一判断，然而调查也显示出，在特定的非常有限的时期内（特指公元前4世纪或大约公元前375年之后希腊世界的许多地区），实际上也有分散的定居模式遍及所有乡村。聚落中人口减少，分散的乡村居民则不受影响，但是散户或全部，或部分地被来自城镇或乡村的同族人征服。①

我们非常偶然地得到了如何划分农田的证据，这些定居点的居民们将土地划分成规则的长方形，初始时至少是等同的地块（见图14）。图中的地块是新建居民点分配的土地，或旧居民点土地重新分配的结果。这暗示了一段时期内一个家庭耕种一块独立的地产单位，②可能还寓意在农村，如果房主不是只有一块地，就会将主要的建筑物建在最大的那块土地上。但是也存在一个情况，即将农田分成散块，土地所有者拥有分散于整片集体土地内的几块小土地。社会、经济和生态的因
175 素都已经运用于解释这个现象。不论哪种解释，集体财产似乎被明确地排除在外，政治活动的结果要么是创建新的共同体，要么是重建旧团体。③

① Robin Osborne, *Classical Landscape with Figures*: *The Ancient Greek City and its Countryside* (London, 1987), esp. ch. 3; M. Jameson, C. Runnels, and T. van Andel, *A Greek Countryside*: *The Southern Argolid from Prehistory to the Present Day* (Stanford, Ca., forthcoming). 简·皮尔卡(Jan Pečírka)提供了系统的土地调查之前的资料，提出了有价值的观点，见："Homestead Frams in Classical and Hellenistic Hellas", in M. I. Finley (ed.), *Problèmes de la terre en Grèce ancienne* (Paris, 1973), pp. 113-147. 参见：above, ch. 5 (Snodgrass).

② 克里米亚地区的情况参考：M. Dufkova and J. Pečírka, "Excavations of Farms and Farmhouses in the Chora of Chersonesos in the Crimea", *Eirene*, 8 (1970), 123-174. 在色萨利地区的情况：F. Salviat and C. Vatin, "Le Cadastre de Larissa", *BCH* 87 (1974), 247-262; "Information sur les recherches en cour", In *Cadastres et espace rural* (Table Ronde de Besançon; Paris, 1983), pp. 309-311. 关于梅塔蓬地区的情况：D. Adamesteanu and C. Vatin, "L'Arrière pays de Metaponte", *CRA* cad Inscr. 1976, 110-123; Joe Carter, "Rural Settlement at Metaponto", in Graeme Barker and Richard Hodges (eds.), *Archaeology and Italian Soliety* (BAR International Series, 102; Oxford, 1981), pp. 167-178; 现已证实了存在划分成规则长方形的小块土地，但是关于它们的形状和规模仍然存在一些不确定性。在切索尼斯(Chersonesos)和梅塔蓬地区，每块大地块上都建有重要的建筑物。

③ Osborne (n. 3), pp. 37-40. 这个现象与聚落居主要地位的因素，在19、20世纪已经引起广泛关注。希腊方面，可参见：H. A. Forbes, "Strategies and Soils: Technology, Production and Environment in the Penisula of Methana, Greece", diss., Univ. of Penneylvania (Ann Arbor, 1982).

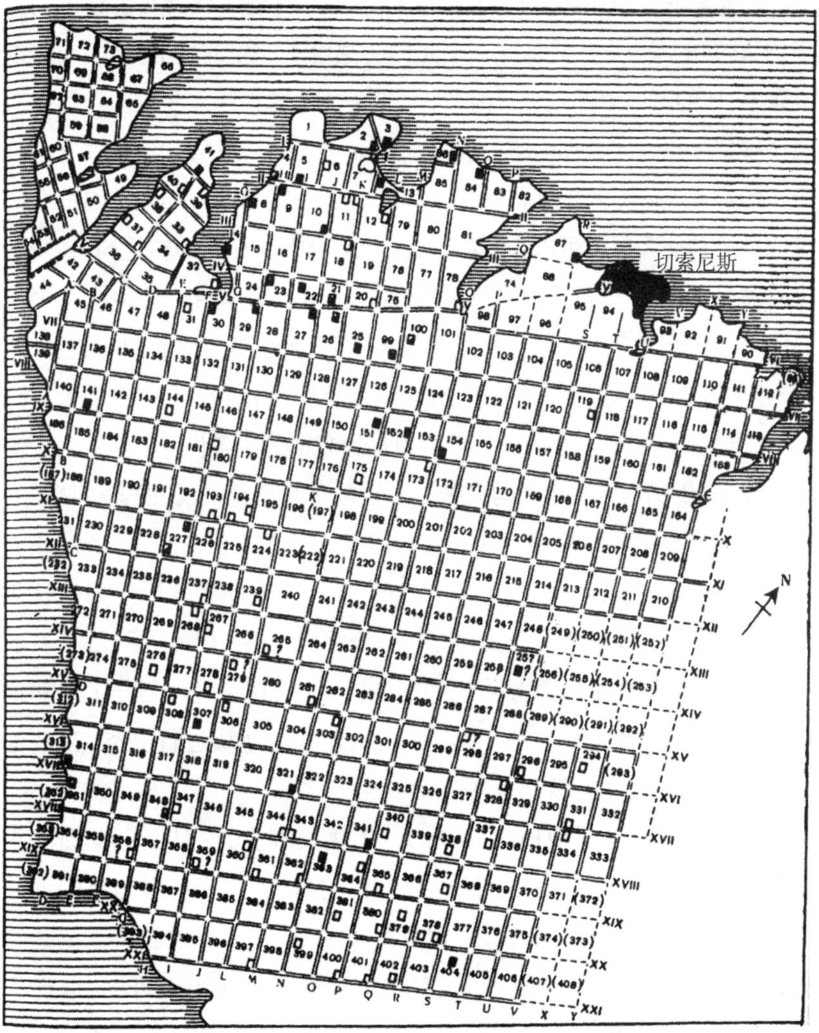


图 14　克里米亚切索尼斯半岛的土地划分。图片摘自：***Akademia Nauk SSSR. Institut arkheologii***, ***Kratokie soobšceniya*** **168（1981）, p. 11, fig. 1**。比例尺为大约 **1∶100 000.**

在家庭农业或祖传地产方面，人们似乎没有进行社会或情感上的投资，家庭的房屋方面也是如此。正是因为离弃了完整的生活方式、祖传的圣庙、当地的群体以及丧失了财产，生活在乡村的雅典人在伯罗奔尼撒战前迁移到雅典时才会那么悲痛、悔恨(Thucydides, 2. 16)。一个家庭土地财产的特殊组织方式由经济因素和其他客观实际条件决定，比如符合家庭成员的其他喜好。可以肯定的是，曾有禁令限制土地的转让，起初受殖民者监督，但是这些都没有阐明不能转让土地或者原封不动地维持土地分配的基本原则。它们的目标是保留新居民点最初的特征，即成立一个有财产的集体，家庭间经济上独立，每户都有房屋和土地。在希腊大部分地区，土地所有权、公民特权，也是拥有公民权的先决条件。①

新来的移民与新的机构一样，具有高尚的道德。历史学家明确了集体所采用的规则，平等的原则在起初盛行。无论任何地方，哪怕在地中海实际上遭到破坏的地区，城镇和乡村的土地都被分成规则的长方形；为了平均划分土地，“土地的测量”运用了几何平面图和文字表述的方法，首先将城镇内部分为规则的街区，然后在街区内划分房屋的地块。无论城镇，还是乡村的土地，都按照划分的地块进行分配，在其他许多发展程度较高的城邦也是如此。

然而关于农业土地最初划分的例子极其稀少，但对考古发掘的物品和第二次世界大战以来航拍照片进行的研究，为聚落内土地的划分
177 提供了大量的信息(如图15)。据目前资料显示，从公元前8世纪到希腊化时期，无论新建据点还是重建旧的聚落，只要地形允许，各地都采用矩形地块作为规划土地的标准，新建立的海外据点也是如此。在这些矩形规划里，没有发现的东西被视为是最重要的事物。既没有沟通交流的管辖模式，也没有以某个原点为中心的轴体系。宗教或世俗性的公共空间也被包含在内，而且可能居于中心位置，但是它们不能决定

① 参见：M. I. Finley, “The Alienability of Land in Ancient G reece”, *Eirene*, 7 (1968), 25 - 32, reprinted in *The Use and Abuse of History* (London, 1974), pp. 153 - 160.

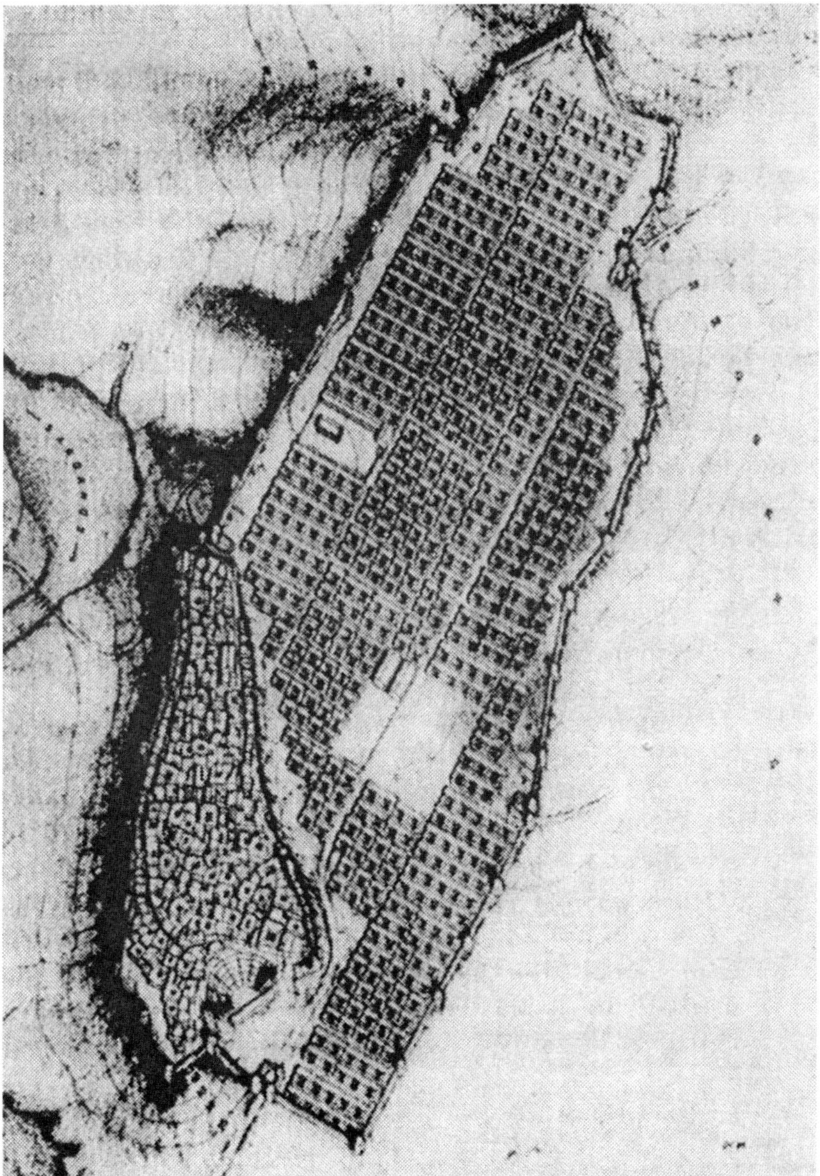

图 15　公元前 432 年俄林索斯城镇重建图(航拍)。旧城区位于图西南方。图片摘自: W. Hoepfiner and E.-L. Schwandner, *Haus und Stadt in klassichen Griechenland* (Munich, 1985), fig. 24.

其他的城镇规划，而将房屋划分进均匀的区域优先于其他任何因素。①

相对古老的城镇房屋紧跟着货运路线周围的房屋膨胀发展，这些路线通向田间、海岸、防御高地以及聚落外的神殿，其中大多数神殿由一堵围墙圈起来。无论呈矩形规划还是未规划的居民区，街道依托房屋不间断的外墙呈直线分布——房屋之间的空间用于密室、兽栏或花园的不在此列。就农村而言，矩形聚落区的份地最初是平均分配，但经常因侵占或购买临近的份地，土地分配变得含糊。在公元前5世纪和前4世纪已经划分好的住宅区内，房屋的地基一般为矩形，边长为50—60英尺。俄林索斯（Olynthos，见图16）、卡索珀（Kassope）和普里内，分别建于公元前5世纪晚期、前4世纪中期和前4世纪晚期，体现出最初的划分标准，而西西里的西麦拉（Himera）和阿戈斯的哈利依斯（Halieis）等地，却不再沿用最初的划分。②

从有关私人空间的划分的总体观点来看，我们了解到在集体资源
179 的分配上，农用土地和住宅用地都渗透了平等或类似均分的观念。然而，虽然农用耕地几乎都是无限可分的，而且被人们以纯粹功利性的方式对待，但是房屋的份地可能会扩张或缩减，甚至消失，一旦保留下来，通常情况下就仍然是一个重要的核心，但也不完全属于聚落内较大的核心区域。事实上，土地持有者越多以及每户家庭的其他经济社会利益越多，集中建造的房屋就越显得重要，这些房屋内聚集了户主的物品

① T. D. Boyd, "Townplanning in Greece and Rome", in M. Grant and R. Kitzinger, (ed.), *Civilizations of the Ancient Mediterranean: Greece and Rome* (New York, 1988), iii. 169-196; Hoepfner and Schwandner, (n. 1), esp. ch. 9.

② J. W. Graham, in D. M. Robinson and J. W. Graham, *Excavations at Olynthus viii The Hellenic House*(The Jones Hopkins University Publications in Archaeology; Baltimore, Md., 1938); Olythiaka, *Hesperia*, 22 (1953), 196 - 207, and 23 (1954), 320 - 346, D. M. Robinson, *Excavations at Olynthus*, xii. *Domesstic and Public Architecture*(Baltimore, Md., 1946)用过此资料。关于俄林索斯、卡索珀、普里内，见：Hoepfner and Schwandner (n. 1)；关于西麦拉：N. Bonacasa, *Himera* ii, Rome, 1976；关于哈利伊斯：T. D. Boyd and W. Rudolph, "Excavations at Porto Cheli and Vicinity, Preliminary Report IV, The Lower Town of Halieis, 1970 - 1977", *Hesperia* 47(1978), 327-342, T. D. Boyd and M. H. Jameson, "Urban and Rural Land Division in Ancient Greece", *Hesperia*, 50(1981), 327-342. 公元前3世纪，普里内地区将一个房间拆分成几个小房间以及将两个房间合并为一个，这样来产生两个庭院倒很少见：Hoepfner and Schwandner, pp. 185-186.

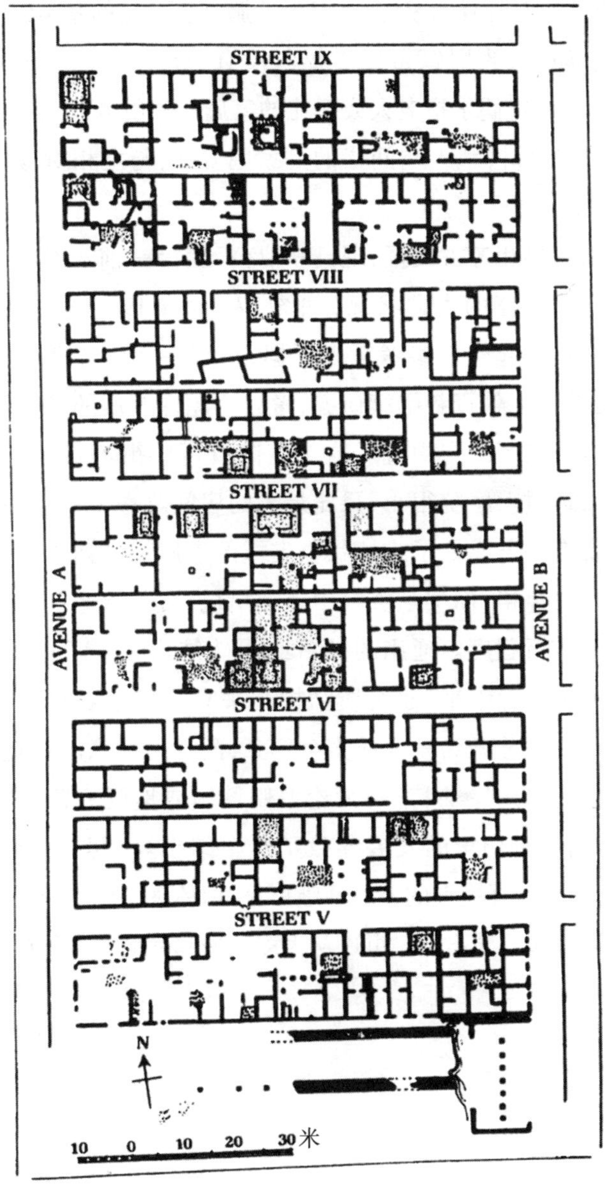


图 16 俄林索斯地区建房区域规划图。图片摘自：D. M. Robinson, *Excavations at Olynthus xii. Domestic and Public Architecture* (Baltimore, Md., 1946), pl. 1.

和人口，超过其他所有的家庭。当然，希腊社会常见的基本经济社会单元是家庭（*oikos*）；当财富可以支撑起没有公民权的人——通常指奴隶，奴仆（*oiketai*），偶尔指老人或孤儿的家属——便可以组成庞大的核心家庭。根本上讲，私人空间指的是家庭空间，与之相对应的是城邦空间。①

据文献资料和考古发掘，现已获取公元前5—前4世纪被认可的标准式样希腊房屋的大致状况（如图17、18和19）。这样的研究方法可能会适用于起初仅参考考古证据，在掌握相对难理解的概念区分之前，借助于文献资料继续研究，考察房屋内开展的各项活动。所有房屋都有且只有一个内院。这个庭院既可由街道直接进入，也可由一条走廊通过。庭院很小，只比最大的房间略微大一点，它的一边或几边通常有一条靠柱子或柱状物支撑的走廊。全列柱式貌似希腊化时期的建筑风格，而文献资料中多处出现穹顶，从遗存中不能清楚地了解它的流行程度。通用的碎石或泥砖结构无一幸存，幸亏有用石头筑成的塔幸存下来，而石质结构几乎只适用于农村的房屋。正因为庭院将房间分开为一个或多个部分，而不是随意的构造模式，这毫无疑问是希腊房屋的特征，无论偏僻城镇或地区的普通房子情况
181 怎样，也不管何种历史的发展导致了这个结果。② 尽管装潢、建筑的精细程度，甚至是规模上的差异清晰可见，但体现出经济或社会地位差
182 别的房屋类型却差异不大。可以从大多数城邦社会角度很好地例证受限制的房屋规模。

① 关于这对反义词，可见：S. C. Humphreys, "Oikos and Polis", in *The Family, Women and Death*(London, 1983), pp. 1–25.

② 据知包围庭院的主要构造复合体有两种类型：一种是普罗斯塔斯（prostas），来自古希腊房屋兼作厨房和起居室的中间室，含有一个长的主卧室，可由短的走廊末端进入。另一种是帕斯塔斯（pastas），一条宽的走廊隔开了两个或更多的房间。它们是地方性房屋的传统典范，最好参考研究普里内和俄林索斯的著作。参考以上引用的出版作品，n. 8.

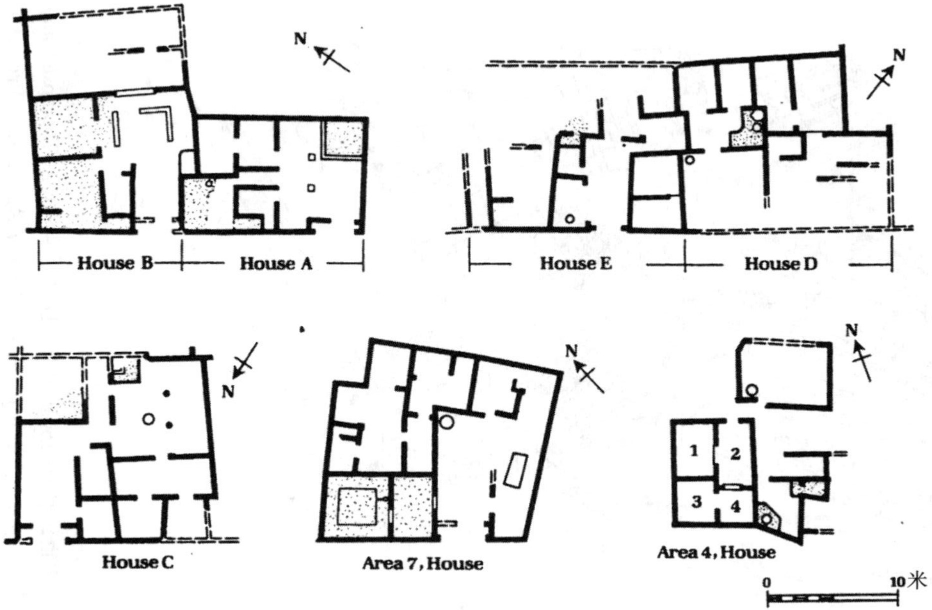


图17　公元前4世纪哈利依斯地区的房屋户型图。图片摘自：T.C.Boyd and W.Rudolph，*Hesperia*，47（1978），p. 348, fig.3.

图 18　公元前 1 世纪雅典的房屋构造。图片摘自：H. A. Thompson and R. E. Wycherley, *The Agora of Athens*（*The Athenian Agora* xiv, Princeton, NJ, 1972），p. 181，fig. 4.

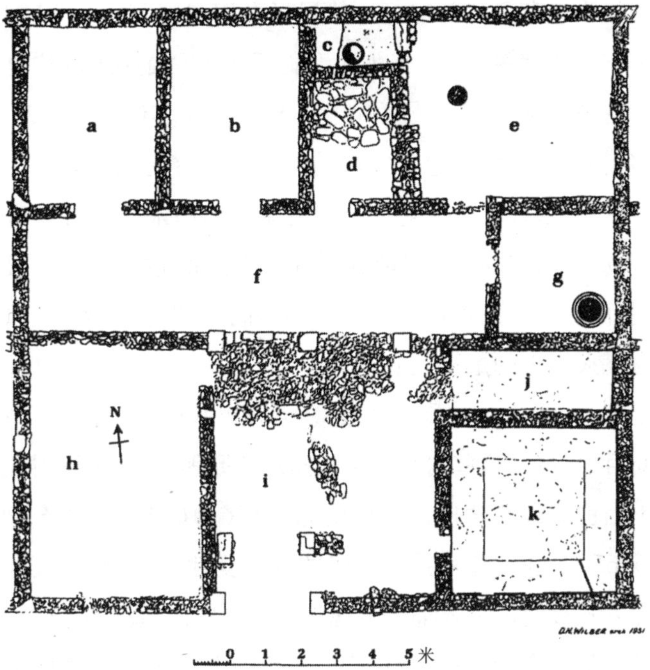


**图19 俄林索斯地区的房屋规图(A vii4):男子专用房间位于图片西南角。图片摘自:D. M. Robinson and J. WGraham, *Excavation at Olynthus* viii. *The Hellenic House*(Baltimore, md., 1938), pl. 100.**

乡村孤立的房屋比棚屋或临时避难所更加坚固,汲取了城镇房屋的主要特色。容易理解,另一个私人活动中心在庭院(*aule*),乡村的庭院比城镇中类似的私人活动空间更大。或许古典时期的房屋一般比较朴素,而在乡村发现了有重要价值的例外情况,乡村的房屋可以摆脱空间上的物理束缚,也可能摆脱的是社会上攀比的压力。① 183

① 雅典外面的阿提卡房屋,包括了乡村孤立的房屋,相关资料参考:J . E. Jones, "Town and Country Houses of Attica in Classical Times", in H. Mussche, Paula Spitaels and F. Goemaere de Poesck, (eds.), *Thorkos and the Laurion in Archaic and Classical Times*(*Miscellanea Graeca*, i, Ghent, 1975), pp. 63 -140;关于来自碑铭上的文献,见:R. Osborne, "Buildings and Residence on the Land in Classical and Hellenistic Greece: the Contribution of Epigraphy", *BSA* 80(1985), 119 -128.可能在古典时期已有少量特别大而好的房屋,它们为由考古所了解到有关最朴素房子的差异性表达的不足提供了资料。Isoc. *Areop*. 52 谈及乡村较好的房子和室内陈设;[Xen.] *Ath. Pol*. 2. 10 介绍了富人家里建有体育室、浴室和更衣室。

依据物质遗存可以断定，只有“男子专用房间”（*andron*）和一些专业化的工作室或储藏室（用来加工和储藏油和酒的房间）按建筑构造和常用设备被区别开来。一般情况下，储藏室比其他房间更大，但它并不总能够引起人们注意，它在室内的位置也不容易被找到。建于公元前 432 年左右，俄林索斯住宅区统一规划的房屋最接近常规房屋的范例（如图 16、19）。在那里，可能厨房有时挨着加固的隔墙，一般通向最大的房间，而且两者的连接处是一个小房间，有时会是浴室，这个小房间可以为烧火产生的烟提供通道。

那些密室，从外界来看，实际是察觉不出来的，这曾是这些房屋建造的主要目的，也是这些遗存被强烈提及的原因，而文献资料证实了密室涉及不当占用或非法侵占土地引起愤慨（例如 Lysias 3. 6；Plutarch, *Moralia* 516E）。密室里所设置障碍的程度受性别影响，而且外界人不管以何种方式被允许进入都会被视为唐突。然而，我们应该指出，内部密室不可避免地靠近其他家庭，而且也没有开阔的空间来保护它。事实上，在历史更悠久的城邦，所有积极进取的公民的目标应该是居住在城镇，毕竟没有相互之间的交往不大方便。但是，因为新城镇并不像旧城镇更注重集体的划分，而且有时在城墙内留出广阔的户外地区，看起来好像这种紧凑的模式被积极期望。有趣的是，这增加了意识形态的
184 因素，或功能上的优势（比如缩短了城墙的绕行距离），依亚里士多德来看，从审美角度上讲，整齐匀称，赏心悦目（*Politics* 7. 10. 4）。[①]

希腊房屋第二个特征是组成部分的多功能性。无论在方位还是设计上，几乎没有房间可以透露出它固定的功能，相关文献资料并未否定

---

① 完全连接起来的房屋是古代近东城市的特征，它可能为希腊的房屋提供了一个范例。在希腊世界，古风时期的士麦那（Smyrna）是我们最早的例子，且不论克里特地区和岛屿地区的居民区，而陡峭的避难所却使用了一种不同的房屋建筑方式，没有庭院，面对街道，也就是说面对着公共空间。成排的单间和前厅是公元前 7 世纪位于罗得的弗洛里亚（Vroulia）海角上的一个防御筑堡的房屋结构，它们是反常的例子，见 K. F. Kinch, *Vroulia* (Berlin, 1914). 士麦那地区的例子：Ekrem Akurgal, *Alt-Smyrna* i. *Wohnschichten und Athenatempel* (Ankara, 1983). 克里特的情况可参考：Kavousi Kastro, G. C. Gesell, L. P. Day, and D. E. Coulson, “Kavousi 1982 – 1983: The Kastro”, *Hesperia*, 54 (1985), 327 – 355. （转下页注）

这一点,添加了详细介绍和不同房间的名称。因为居住在房屋内的成员发生改变,而且房间内进行的活动多样,所以同一房间可能会有不同的安排。在柏拉图的《普罗塔戈拉》(*Protagoras*,315D)中,为了接待来访的哲学家普罗迪科(Prodikos),储物间被改成客房,他躺在床上,盖着羊皮毛毯和被单,在狭窄的空间接见他的仰慕者。哈利依斯地区烹饪陶器遗存的研究表明,至少有两个相邻的房间在不同时间被合并用作厨房,①这可能发生在夏天或冬天。那时做饭不需要固定的灶台或沉重的炊具——在泥土上或者赤土陶器里,或者青铜火盆上,用木炭或草生火就够用了。遗憾的是,目前几乎没有针对房屋不同部分的物质遗存而进行的详细研究。

铺有特别厚的地板的房间的出现,恰好非常明确地暗示了房屋也是一个封闭的工作场所。或许对普遍规律——希腊的大部分城镇是工作在附近农村的农民们的家——即使雅典人也没有完全将之排除在外。悠斐拉蒂斯(Euphiletos)这个吕西阿斯(Lysias)口中被控杀人的戴绿帽子男人从位于雅典的家里出来走向田间。许多城镇的房屋实质上 185
是农场的房子,用来储藏供给品和农具以及加工农产品。色诺芬笔下的伊斯霍玛霍斯(Ischomachos)没有描述他的房屋所在地,但它肯定是家里供给品和农具主要的储藏地,所有的供给品和农具都处于严密的控制之下(Xenophon,*Oeconomicus* 9;阿里斯托芬介绍储物间的门被锁上了,参见:*Thesmophoriazousae* 415 - 420, Menander, Samia 234 - 236)。体积大的农产品保存在大的罐子里,有时放在地板上。但是没有固定的地方来摆放容器,较重的供给品,比如水、酒和油,可能不会在楼上保

---

(接上页注) 拉图(Lato)的情况:V. Hadjimichali, "Recherches à Lato, III: Maisons", *BCH* 95 (1971), 169 - 190; Zagora on Andros;庭院房屋也可能出现的地方:A. Cambitoglou, *Archaeological Museum of Andros: Guide to the Finds from the Excavations of the Geometric Town at Zagora* (Athens, 1981).一个早期遗址的房屋,近似于是分散的,而不是连续的,是希俄斯地区的恩波利亚(Emporio),见:J. Boardman, *Greek Emporio: Excavations on Chios, 1952 - 1955* (London, 1967).

① Brad Ault, "The Spatial Distribution of Cooking Pottery at Ancient Halieis", *American Journal of Archaeology*, 91(1987), 273(abstract).关于俄林索斯地区一个家里的两个厨房区域,见:J. W. Graham, *Hesperia*, 23(1954), 328 - 340.

存。最值钱的物品保存在最安全的内室，这里通常不会用于生活或工作。①

男人们的工作在室内进行，女人们也一样。哈利依斯地区，人们主要种植橄榄树，大约每六个家庭就有一家有榨油机，榨油的房间是家里最普通的专用房间。② 许多工匠和具有专业手艺的人把他们的家用作商业场所。在一个单间里就可能成功地服务于医师、铁匠、漂洗工、木匠和妓院老板（Aeschines i. 124 介绍了一个虚构的事件）。在雅典附近的古市民辩论场地区，经考古发掘，发现了石匠和青铜工匠的房子（依骸骨断定），另一间根据粗糙壁画鉴定属于一名类似于柏拉图曾提及过的西蒙（Simon）的工匠。③

在雅典俄林索斯和普里内地区，大量挨着街道的单间与房子的其
186 他部分完全隔开，只能从街道进入。这些房屋经鉴定为店铺，可能不仅仅包括零售店、理发店和客栈，形如庞培（Pompeii）地区著名的旅店，还包括作坊工场，甚至还有商人和小贩的仓库。店铺单单为了与外界联系而存在，缺乏庭院和复式房间，明显区别于私人住宅，而且如果恰好院子里的人家经营了附近的店铺，那么店铺和院子之间的障碍会变得更加明显。④

一些男人在家工作的同时，私人住宅也成为绝大多数女性工作的场所，要是家里买得起女奴，还可以让她们提供免费的帮助。除了打扫

① 我们了解到（In[Dem.]47. 56），一个乡村的塔楼上层房间里保存了一些摆设品，这是身为奴隶的女孩们为闯入者设置的障碍。如果第二天摆设品被带下来替换成他物，为防止闯入者再次出现，会将替换品复位。塔楼建造得结实，相对于大部分房屋构造容易损坏，它是独特的。在乡村建有比较结实房子的那些年代，塔楼很普遍，但是在阿提卡人的骚里哥（Thorikos）地区生产银矿的城镇也发现了塔楼，在这里安全的塔楼可能会更有用。Jones（n. 11），pp. 102－102. 关于乡村房屋的塔楼，可见：Pecírka（n. 3），pp. 123－128；Osborne（n. 3），pp. 63－67.

② 信息来自对哈利依斯公共场所的发掘。

③ Jones（n. 11），pp. 68－71；H. A. Thompson and R. E. Wycherley, *The Agora of Athens*（*The Athenian Agora*, xiv, Princeton, 1972），pp. 173－185.

④ John travlos, *Pictorial Dictionary of Ancient Athens*（London, 1971），p. 393, fig. 505. Thompson and Wycherley（n. 16），pp. 176－178. Hoepfner and Schwandner（n. 1），pp. 72－74, 180－181. 然而，俄林索斯地区单一地块之上的两个商铺，其中有一个好像与房屋相通，Robinson and Graham（n. 8），pp. 97－98.

屋子内外、准备食物和照顾孩子，女人的工作任务还包括加工和处理食品以便储存，以及纺织或编织衣服与床上用品。大部分女人工作中使用的工具很轻，便于携带。如果在希腊农村稍微经过现代化的指导实践，直立式的织布机甚至可根据需要进行组装和拆卸，而现代化的织布机是水平放置的，不是直立式的，且占空间更大。目前尚没有方法辨识出室内梯形织布机的聚集地。①

多年以来，准备食物和纺织工作可能都在庭院里进行。带庭院的房子的中心地带实际上是女人的区域。演讲者指出（Lysias 3.6），他的庭院和庭院四周的房间都是女人的区域，另外她们还可以要求他扩大来访者进入房屋内部的权利［也可见普鲁塔克的记载（*Moralia* 516E）］。遇到突然到来的来访者，在乡村或郊区的女人和孩子肯定要在庭院里吃早餐（Demosthenes 47.55）。因为窗户少而小，所以屋里大 187
部分的光线来自庭院，这些光线还照射到地下室里。在地中海气候条件下，庭院取代了常规的起居室或工作室，比如在比较寒冷的天气中厨房的作用更大。

但是，文献资料坚持将男性与女性所处的空间进行自然区分。把文献资料的信息与实际物质遗存相结合，得出使两者相一致的推断结论：房屋的上层是为女性而保留的。可惜这个理论并不奏效。即使我们假设大多数房屋都有上层，可是据文献资料显示，它们不是固定的女子专用房间（*gynaikonitis*）。《安提丰》（*Antiphon*）第一卷中，儿子告发了他的继母谋杀了他的父亲，提到他父亲的一个朋友，无论何时来雅典经商，都与其继母一起住在他父亲房屋的楼上。《吕西阿斯》（*Lysias*）第三卷中不存在来访者爬上楼梯进入女人区域的章节。色诺芬提到男人与女人区域之间的门插有门栓（*Oeconomicus* 9.3），清楚地表明他认

① 一个房间可能被用作织机室（*histeon*），米安德的 Samia（228）记载，它位于生活区（无疑在庭院）和一个锁着的储藏室之间。它还有楼梯可以通向顶层，顶层有张床可以暂时放婴儿。

为她们住在同一楼层。①

一篇揭露事实的文章是根据攸斐拉蒂斯提供的描述而写成的，其中他为自己辩护，反对虚假控告以及为自己杀死他妻子的情人辩护（Lysias I）。在他的小房子里，男人和女人的区域单独分开，面积相等，分别位于楼下和楼上。在他妻子产下婴儿后，两个区域对换，这样减少了他妻子夜里下楼梯给孩子换洗的危险。然而人们可能对攸斐拉蒂斯的许多解释产生怀疑，觉得肯定应该有听起来更合理的成文文件交给法官。丈夫的饮食、娱乐和睡眠与妻子和仆人有差别，没有谈及做饭与其他日常活动，如取水和到地下室储存东西。男子专用房间（*andronitis*）和女子专用房间（*gynaikonitis*）这两个术语的使用条件受限，用于说明因使用而明确下来的两个地区，但没有根据房屋的设计而固定下来。②

188 相对而言，男性空间用 *andron*（男子专用房间）和 *andronitis*（男子生活区域）两个词来指示，我们的文中未作区分，界定显然更加清晰。男性区域存在广义和狭义之分，狭义上指招待客人的房间，客人通常为男性；广义上指男人度过时光的地方。如在克洛索斯（Croesus）的宫殿里面，墙上挂着武器（Herodotus 1. 34. 3），它们还可以是两名玛戈僧（Magi）商议叛逃波斯的地方（Herodotus 3. 77. 3）。家里既没有用于工作，也没有仅供女人居住和睡觉的任何房间，都可以被家里的男人和他们的朋友使用。男性的区域，除了重要的单间，被认为比女性的更简陋。哲学家安提斯泰尼（Antisthenes）曾引用一种说法：从雅典到斯巴达，像从女子生活区域走到男子生活区域（Theon，*Progymnasmata* 251

① 柏拉图将男子和女子区域之间的隔板比例进行对比，认为衣柜的上层是男人用的，因为它更靠近头部的精神部位，显然他没有考虑到房屋上下层的划分与两性空间的一致性（*Timaeus* 69 E－70A）。

② 参见：Graham，*Hesperia*，22（1953），199－203，此书中介绍了这两个术语。关于攸斐拉蒂斯的房子，可见：Gareth Morgan，*Trans. Am. Phil. Assoc.* 112（1982），115－123，但是他认为妇女在生孩子之前可能在楼上生活或工作。如果女子专用房间仅仅指的是女性睡觉的区域，那么当房子不止一层的时候，她们很有可能住在上层。但是这个单词只有在那个限制性条件下才能使用。

Spengel)。阿提卡花瓶上尊贵的妇女在家里的场景至少体现了上层阶级优越的生活环境。① 由色诺芬笔下的伊斯霍玛霍斯可以发现对家庭里的普通人生活区域富丽堂皇装饰的评论(*Oeconomicus* 9.4)。普通人(anthropoi)这个单词可能被认为指的是家里的奴隶,但是根据文献资料,它更适用于整个家庭,这或许因为自由民身份的妇女和儿童被奴隶照料。

为了表达希腊房屋里最有特色的房间,以及大多数城镇里体现出特殊功能的唯一建筑,学者们选用了男子专用房间(*andron*)这一术语〔见 Xenophon, *Symposium* 1.4;柏拉图的《会饮篇》(*Symposium*)中这个房间没有名字〕。可以根据惯用的灰浆,或使用圆形、矩形的地板来清晰地界定是不是男子专用房间(*andron*),地板比较简单的房间,可能会提供相同的功能,但对界定其准确性的把握不足。客人和主人斜靠的睡椅,沿着房间的两边放置。小前厅(*antechamber*)不常见。这样的房间符合狭义上的男子专用房间和男子生活区域的范围,可以作为热情 189
招待客人的地方。②

大量资料显示,这个房间受到额外的关照,而且被投入更多费用。因而窗户更大,建造得更好。在俄林索斯和哈利依斯地区发现了排水槽从矩形的中央低地导向街道,大概是为了方便冲刷地板而建造。在俄林索斯地区,距今最近时期兜售装饰性马赛克、锦砖的职业者住所位于中心的洼地。③ 在哈利依斯出现一个特例,一尊石膏狮子的脚对着墙壁。④ 这些可能是室内最好的摆设品。僭主波利克拉特斯(Polykrates)天穹般的寝宫,在他死后献给了赫拉神庙(Herodotus 3.121.1.)。

---

① C. Bérard, "L'Ordre des femmes", *La Cité des images: Religion et société en Grèce antique* (Lausanne and Paris, 1984), ch. 6.

② 在公共建筑内发现了类似的房间,经证实它们是就餐的房间,参见:Travlos(n. 17), p. 478, fig. 602, the Pompeion at the Dipylon Gate of Athens.

③ Hoepfner and Schwander(n. 1), pp. 58, 266, and 273 n. 123, citing D. Salzmann.

④ M. H. Jameson, "Excavations at Porto Cheli and Vicinity, Preliminary Report, i: Halieis, 1962–1968", *Hesperia*, 38(1969), pl. 85b.

拥有这样的房间，肯定需要社会威望，因为所有古典时期的城镇中都出现了它的身影。它正是男人从家庭走向外界的通道。公民家里的成年女性从未被描述过出现在男人的娱乐场所。毋庸置疑，如果家里没有奴仆，家里的女人会照顾客人，但最有可能性的是，拥有男子专用房间是一种骄傲，意味着家里也有奴仆。特定年龄以下的孩子可能不受束缚：儿戏（*paidia*），也许不仅指男孩可能被召集到正餐场合（*deipnon*），睡在客人的膝盖上（Theophrastus, *Characters* 4.5）。[1]

男子专用房间在构造上具有优越性，或许除正式的会饮以外，它的摆设已经处于无用状态，与旧式欧美房屋的会客厅非常相似。然而，广义上的男子专用房间和男子生活区域允许客人在夜里住宿（见
190 Aeschylus, *Choephori* 712, andrones... euxenvi.）。克里奈（*kline*）可以指用来作为睡觉的床，也可以作为斜靠的睡椅。当没有外人在场，或者只有诸如妻子的父亲或兄弟此类亲近的人在场的时候，可以使用这个房间，但目前尚未有明确的证据说明此事属实。[2]

在此需要更正一些错误观点。其一，男子专用房间总是尽可能疏远女性生活区域，或者至少远离家里的生活区和办公区。诚然，它偶尔被发现恰好在入口处，这样可能为了便于迎接客人，而不用管社会上关于男女交往的观点怎样。但也有许多例子可以说明这个房间位于距庭院入口处偏远的地方。装有开向外界的窗户的地方似乎受到青睐。大多数房子的规模小、密度大，使男子专用房间在空间位置上孤立的概念不是非常真实。将房屋中私人区域隔离开来的观念可能都是不符合实际的。

第二个错误观点来自“会饮中斜卧的男子们”瓶画的例证，认为这

[1] 经推测伊菲革涅亚（Iphigenia）儿时，经常在他父亲的配有做工精美桌子的房间里唱歌，Aesch. Ag. 244. 对古典时期的希腊人来说，这一幕看起来好像是如此不相称 ，以致 E. Fraenkel ,*Aeschylus*:*Agamennon* (*Oxford*, 1550), *ad loc.* 认为这段诗歌被蓄意加在荷马史诗里，但是没有荷马时期的先例可以证明。

[2] 奥斯温·默里在强调没有确信的证据时，向我指出丘斯人（Choes）的埃塞斯特里昂节（Anthesteria），包括男孩的节日以及在家举办的葬礼（*perideipnon*），是确认可以使用男子专用房间的场合，参见：D. Kurtz and J. Boardman, *Greek Burial Customs* (London, 1971), p.146.

些房间主要或专门用于和吹长笛的女孩和妓女举行酒会(苏格拉底的招待酒会特别高档)。但是,虽然男子专用房间的出现代表了某种政治野心,可我们不能据此推测出公元前5世纪阿提卡的瓶画代表了最端庄的房里的微型房间在整个希腊被普遍使用。这幅瓶画描绘了贵族阶层的理想,是古风时期的一个重要习俗的再现,这一习俗无疑被那些偶尔能够举办得起酒会的人效仿。但是,这些房间被更加普遍地用于家族首领间的交往,因为可以避开他们在公共空间引起的关注。农业和商业的贸易,婚礼的顺利进行,地方性政治活动的召开,涉及希腊人的众多宗教仪式的举行,这些活动都可以在私人的房屋里热情款待般进行。在一个核心家庭构成选民团体的社会里,诸如此类的交往活动起着至关重要的作用。男子专用房间是私人住宅较大的女性区域内部 191
的一块封闭区域,这样的私人住宅允许其他家庭(*oikoi*)的代表人员进入。①

并非每个家庭都能够为招待客人设置一个专门的房间。攸斐拉蒂斯的家里就可能没有。他在楼上招待一位朋友,当楼下成为女子生活区域的时候,楼上就变成了男子生活区域(Lysias 1.22)。也就是在楼上,这个他与妻子共进晚餐的地方,在妻子背叛感情之前,这里还是他睡觉的地方。② 希腊房屋内部各种各样小房间的灵活使用,满足了来访者的住宿,因为每个房间在建筑风格,或者甚至在耐用品方面都相同。普遍的有专门用途的房间作为家庭与外界之间的联络处,这个观点依然正确。

两性之间以及家庭成员与外来者之间存在矛盾,希腊社会中自由人与奴隶之间也存在着尖锐的矛盾。从考古发掘出的房子来看,这与

---

① 费力克斯·普雷斯霍芬(Felix Preisshofen)似乎也得出了相同的结论,参见:Hoepfner and Schwandner (n. 1), pp. 271-272. 关于会饮这一习俗,可参见:Oswyn Murray, "The Greek Symposion in History", in E. Gabba (ed.), *Tria corda: Scritti in onore di Arnaldo Momigliano* (Como, 1983), pp. 257-272.

② 新婚后很快带绿帽子的丈夫和他的妻子住在楼上的卧室,阿里斯托芬想象了妻子出门与人幽会时给他的耻辱(Aristoph. Thesm. 477-489),楼上的床就是受欺骗的丈夫的容身之处吗?

房屋建造方式无关。大部分的房屋因为太小，不能为自由人和奴隶提供单独的生活区，男人和女人生活区域也没有隔开。① 尽管色诺芬《经济论》(*Oeconomicus*,9.4)在谈及男人与女人区域之间的门是锁着的时候，仅仅涉及这些房屋里的物品和奴隶，他使用的术语指的是其他一些地方，即自由人占据的区域，要么与奴隶在一起，要么分开。其实质指的是所有男性、自由人和奴隶在男人区域睡觉，无论如何，这点肯定是正确的。在可许的空间范围内，男仆无疑睡在他们所能找到的任何角落。至于女性，如果攸斐拉蒂斯的妻子没有和楼上的丈夫在一起，她和女仆就睡在同一个女子生活区域的卧室里，而卧室
192 可能由一个以上的房间构成(Lysias I)。至于生活区域，则主要是按性别划分的。②

将物质遗存的证据和文献资料结合起来，我们可以发现，希腊的房屋预留了一些最小限度的专门区域用来待客和工作，但是男性和女性区域主要和真正的区别，从本质上看是概念上和行为上的区别。然而，奴隶根据需要在整个房屋内服侍，睡在任何不妨碍通行的地方。他们的依附关系是永恒、完全和不完全依附的，显然受空间上的限制，依附关系得到明确和强化。整座房屋，是男人和女人、孩子和成年人、奴隶和自由人这些组成家庭的人共同的区域，但它更是女人的地盘。外来者仅在特定条件下被允许进入，这个界限可能指身体上的，但通常指的是观念上的。

从房屋的设计和用途上可以看出，仪式礼制的观念可能需要加强。希腊的房屋里没有专门的房间用于祭祀，而且正式又固定的祭坛极其少见。③ 在荷马史诗描绘的世界，祭祀是社会生活的中心，无论祭坛设

---

① 在更宽广的农村房屋里，女仆们在塔楼里有居住的区域([Dem.] 47. 56)。

② 伊瓦·科尔斯(Eva Keuls)认为男人和女人睡在同一张床上只是为了性，参见：The Teign of the phallus: Sexual Politics in Ancienl Athens (New York, 1985), p. 212。然而，对已婚夫妇来说，卧室可能是很正常态的。参见：Theoph. Char. 13. 8, 18. 4-5, 19. 5; Pesando (n. 1), pp. 49-50, 59，此处可以看出已婚夫妇和未婚情侣在房间布置上的差别。

③ 最好的例证在俄林索斯，参见：Robinson and Graham (n. 8), pp. 321-325.

在国王的大殿、战士的帐篷,还是在牧人的临时营房里。在后来的诗歌和祭祀仪式中,灶台实际上代表了祭坛,也是光源和热源,而且祭坛神像的化身是原始的女神,即灶神赫斯提亚(*Hestia*,即 Hearth),从表面上看它延续了荷马时期的风格。祭坛和神像被视为家庭的象征,代表了家庭的团结,尤其表达了房屋的内涵和女性特征。① 关于古典时期房屋内部的祭坛,一些特殊文献略有提及。指控攸斐拉蒂斯犯罪的原告,那个死去男性的亲戚,有人提供证据声称他曾去过祭坛,而且在死者被杀死的时候,一名祈祷者也去拜过祭坛(Lysias 1.27)。婴儿在洗礼仪 193
式(*amphidromia*)时被带到祭坛周围,这样才会被家庭成员接受(Souda s. v.)。若将奴隶介绍给家庭成员,要在祭坛旁边献上一大批干果和坚果(Aristophanes, *Plutus* 768 及注释)。

我们毋须怀疑,祭坛的意义和功能在古典时期的希腊是有活力的,但是这个事实却不能从考古证据中推断出来。俄林索斯地区已发掘的 106 座房屋里,只发现七座房屋里面建有祭坛,而在小亚细亚海岸的科洛丰地区,七座房屋中有两座建有祭坛,阿戈斯地区的哈利依斯没有一座房屋里设有祭坛。希腊西北部的卡索珀地区,建造带有祭坛专用房间的房屋是基本的宗教祭祀形式的要求,这类房屋比较普遍,但也绝不是必须遵守的规则。② 对考古发掘更少的其他地区房屋而言,情况也大致相同。尽管整齐笔直的区域形成长方形的祭坛,对盗贼搜寻建筑物内部物资肯定有吸引力,但是这不能作为已发掘的少量房屋建有固定祭坛的解释。③ 不设圆形祭坛为基本的家庭观念,这个常识为任何古典时期的家庭了解。截止到公元前 4 世纪,大多数的希腊家庭不可避免地使用轻便的火盆(在任何方便的地方)临时燃起一堆火,因为家

---

① J. - P. Vernant, "Hestua-Hermes: The Religous Expression of Space and MovemeUnt in Accient Greece", in *Myth and Thought among the Greeks* (London, 1983; a translation of *Myth et pensée chez les grecs*, 2nd edn., Paros, 1969), pp. 127 - 175.

② 关于俄林索斯的情况,参见:Robinson and Graham (n. 8), pp. 189 - 190, 320 - 321. 关于卡索珀的情况,参见:Hoepfner and Schwandner (n. 1) pp. 108 - 112; 关于科洛丰的情况,参见:L. B. Holland, *Hesperia*, 13 (1944), 91 - 171.

③ 参见:Hadjimichalis (n. 12), p. 218.

庭礼仪的进行需要最简单的器具。[①] 男子专用房间作为家庭成员与外界的联络地点，在此房间进行正式的招待，与祈祷和祭奠酒神仪式相互交织在一起。家庭内部的祭祀仪式，每日供奉食物，同时在屋内焚烧简单的祭品（在任何可以生火的地方），然后倒在地上。简易的雕像祭祀方式为人所知，但并非普遍存在。诸如发掘出的微型带图画杯子之类的物品，在神殿所在地可以找到成千上万个，这可能表明在哈利依斯地区的城镇普遍存在着简单的家庭仪式。[②] 一些小的雕像在神殿和墓地
194 中被发现，不清楚它们是不是家庭用的钱币。在雅典，有各种各样的家庭保护神，特别是科特斯奥斯（Ktesios），作为司掌财物的神，它被设想成一条守卫家里财产的蛇，而且有时化成一条真实的蛇出现在储藏室。但是最简单的礼仪用具似乎可以满足对神的祭拜。[③]

依照祭坛的内部特征进行推测，在雅典人房屋的大门外可能会有赫尔墨斯（Hermes）的雕像，它的形式是正方体的柱状物，顶部有一个头，以男性生殖器图案作为装饰。[④] 也有资料涉及以象征性的阿波罗神命名的公共街区阿波罗爱吉乌斯（Aristophanes, *Thesmophoriaousae* 489）和赫克忒（Aristophanes, *Lysistrata* 64.）。考古学几乎没有提供这方面的证据，既没有雕像的迹象，也没有在雕像原址中发现石质底座，而且为人所知的赫尔墨斯雕像事实上可能是公共场所的纪念碑。从某种程度上讲，物质遗存的缺乏可能因为许多神像由木头雕刻而成。[⑤] 但是，主要原因当然是我们所听说过的理想化模型，并非所有家庭都能满足或承担得起。

---

① Theophr. ap. Porph. *De Abst*. 2. 20; Plut. In *Hes*. fr. 79 Bernardakis and Mor. 703 D.

② 例如在雅典的私人住宅频繁发现小型的"献祭用火的柴堆"：R. S. Young, *Hesperia*, 20 (1951), 110－114; T. L. Shear, *Hesperia*, 42 (1973), 151.

③ 参见：H. Sjövall, *Zeus im altgriechischen Hauskult* (Lund, 1931). 几乎没有证据证明用动物在家庭院子里献祭，而不是在神殿旁边。克法罗斯（Kephalos），富裕的客籍民，是吕西阿斯和波洛马克斯（Polomarchos）的先祖，在庭院中祭神，无疑通常情况下是在比雷埃夫斯地区又大又好的房子中（Plato, Rep., 328 c）.

④ Vernant (n. 32).

⑤ 藏于哥本哈根由爱比克泰德（Epiktetos）创作的红图杯（National Museum, 119; J. D. Beazly, Attic Red-Ffigure Vase Painters 75, 59），图案收录在：J. Boardman, *Athenian Red Figue Vases*: *The Archaic Period* (London, 1975), fig. 74，表现了一名男孩一手怀抱一尊赫尔墨斯雕像，另一手在雕刻，如果雕像材质是石头，这不可能完成。

守卫家门的雕像适用于较高权力阶层的人们，他们可以在门口处看到它们。[①] 他们的功利信念不需要现实生活中的想象物，而且大多数家庭可能勉强应付临时的祈祷和家门口的祭神仪式。这种象征性的在门口祭神的方式与在家里生火想象时的精神寄托来祭祀灶神的方式同样重要。

正因为考古学没有提供证据来证明圆形祭坛和门神的真实存在， 195
我们才有必要猜想这些象征性的祭祀符号在思想意识上的威力，这些符号明确了古典时期希腊家庭的空间概念。但是，我们也可以看出，考古学上的其他证据维护了这一观点：房屋是非常基本的要素，而且常被希腊人理所当然地认为是如此，而当我们仅仅解读文献资料时，这个观点可能会被低估。在经济和社会独立以及家庭的私有制的观念的条件下，家庭关系形成了核心家庭模式。另外，在这种家庭关系中，与邻居亲近和孤立并存，它的原因可以解释为需要联系更多这样的社会小团体，同时与其他所有家庭存在竞争和猜忌，因而掩盖了家庭内部的活动。与此同时，所有家庭为了赢得政治、商业，乃至更低程度的祭祀上的公共空间，珍视他们在聚落中的中心地位。经济和社会需要决定了房屋如何被使用。但我们应该牢记，完全不同的社会体制下的房屋可能使用相同类型的物质结构。因此，公元前5世纪的雅典以及同时期的拜占庭，事实上有完全相同的规划。[②] 社会传承或构造的物质环境设定了限度，但却不能决定其内部延续生活的特征。

希腊房屋模式的历史起源很难追溯。在此，它可能被这样认为：古典时期小规模的房屋具有古风时期贵族建立的对外界完全隐秘的基本特征，各式各样的房间用于在居住地工作和在居住者之间区分社会阶

---

① 参见：F. G. Maier, "Torgötter", in *Eranion: Festschrift für Hildebrecht Hommel* (Tübingen, 1961), pp. 93–104.

② Travlos (n. 17), p. 511, fig. 39. 在古典时期，没有公民权的自由人移民的房屋，比如大量的雅典客籍民的房屋，和大多数有公民权的公民的房屋之间，没有明显的差别。但是在此情况下，所有的共享者在社会体系和思想意识中，房屋比城邦的政治机构更加基础，这点也是可以论证的。

层；在造访者和家庭成员之间以及男性和未婚女性之间的区分是最重要的。私人房屋的较小规模说明了贵族价值观的民主化，而民主化在很大程度上属于城邦的特征。

# 第三部分:城市机构

# 希腊城邦的集体活动与政治 199

宝琳·施密特-潘黛儿(Pauline Schmitt-Pantel)

社会组织受行为方式和集体活动等影响,这种影响被现在的历史学家和研究者广泛关注。在古代史研究中,关于这个问题的研究也越来越热门。① 这类研究不是简单地换个名义重写“日常生活”的历史,而是从诸如狩猎、训练、会饮等集体活动中找出新的不同。另一方面,我想有必要强调一下存在于各种习惯和从事它们的团体间的密切联系,以及创造并发展了它们的特殊政治体系。为了避免掉入“静态历史”的陷阱,我们必须为那些直到现在才在历史学上占有一席之地的研究实践提供坚实的史料基础。②

行为、行为方式和集体活动是体现社会现实的手段之一,这些研究能够且必须完善传统的社会历史。但是,问题远远不止这一面。在一般的历史阐释中为集体活动留一席之地,可以取得意想不到的效果,举
个例子,当你询问关于某物的范畴时,它是很容易被确定的,就像确定 200
政治范畴一样。这正是我拿会饮作为集体活动中的特殊案例在这里说明的原因。③

---

① 关于会饮,默里指出会饮是“由关联族群参与的活动开始,而不是这些群体的构成或功能”,参见:O. Murray,“Symposion and Männerbund”, *Concilium Eirene* XVI, Prague 1982 (Prague, n. d.), p. 49.

② 作为目前所接受的“日常生活的历史”源自收集生活方面古老方法的史料,见:A. Momigliano, “Ancient history and the Antiquarian”, *Studies in Historiography* (London, 1966), pp. 1 – 39.

③ 在这里,我重申一下我文章中的某些观点:“Les pratiques collectives et le politique dans la cité grecque”, *Sociabilité*, *Pouvoirs et Societé*, Actes du colloque de Rouen 24 – 26 Nov. 1983 (Rouen, 1987), pp. 279 – 288,相较于社会方面,其有更宽广的视角。相关更充分的讨论,见:Pauline Schmitt-Pantel, *La cite au banquet*: *histoire des repas publics dans les cite grecques* (these de doctorat d'état ès letters, Université de Lyon II, 1987, Ecole française de Rome, forthcoming).

为了避免重复，我要先强调了解城邦集体活动精髓的重要基础：希腊城邦认为宗教和世俗是没有区别的。① 宗教在所有的社会生活层面都有影响，所以说在所有的集体活动中也有宗教方面的因素。

在研究集体活动与政治之间联系中，一方面，我强调在古风和古典时期它们对古希腊城邦影响的重要性；另一方面，我也怀疑这些活动的地位并非总能保持一成不变。

在古风时期的希腊贵族城邦中，参与一系列集体活动是公民属于公民集体的标志，当然，这不是判定拥有公民权的唯一要素。因此，参加祭仪和会饮，进行集体狩猎、探险，加入公民兵继而成为重装备步兵，参加合唱团、葬礼及公民大会等，都是成为一名公民所要经历的活动。② 以上这些活动形成一根链条，一环紧扣一环。等级制度就常常在这些同族间的活动中被确立下来，我认为，通常由公社活动确定下来的等级制度，一早形成于其他时期，尤其是古典时期的古代社会等级划分的结果，公民如果参加公民大会和战争的话，则会获得巨大的荣誉。
201 这些行为模式在古代城邦里都有相同的价值，它们始终交织在一起，由一种模式导向另一种模式，再辅以其他模式为先决条件，最后与第三种模式共生，是既相互影响又相互作用的。③

毫无疑问，综合所有因素可以得出一个结论：它们为公民彼此分享

---

① Pouilloux, J. Pouilloux, *Cultes de Thasos I* (Paris, 1954), p. 241; J.-P. Vernant, "Religions grecques, religions antiques", *Religions, histories, raisons* (Paris, 1979), p. 11.

② 诸多相关的研究都强调这点和不同的集体活动间的联系，例如，M. Detienne, *Les Maîtres de vérité dans la Grèce archaïque* (Paris, 1967); A. Brelich, *Paides e Parthenoi* (Rome, 1969); J. Svenbro, *La Parole et le marbre* (Lund, 1975; new edn., *La parola e il marmo*, Turin, 1984); C. Calame, *Les Choeurs de jeunes filles en Grèce archaïquę* (Rome, 1977); P. Vidal-Naquet, *The Black Hunte* (Baltimore, 1986).

③ 这种等同在这个具有代表性的地区是明显的。靠着把不同的标准并列起来，允许想象着去看，如果不是一个缩小的社会生活的样式，这时至少是关于定义公民价值的概括。举个例子，一个绘在古老花瓶上的会饮场面，可以同时涉及各式各样的活动（战争、狩猎和献祭，共享经验和相互交流），会看到许多表达公民在城邦中的成员资格的方式。见：B. Fehr, *Griechische Gelage* (Bonn, 1971); J.-M. Dentzer, *Le Motif du banquet couché dans le Proche-Orient et le monde grec du VIIème au IVème siècle* (Paris, 1982); P. Schmitt-Pantel and A. Schnapp, "Image et société en Grèce ancienne: Ies representations de la chasse et du banquet", *Rev. Arch.* (1982), pp. 57 - 74.

交流经验提供了场合。在所有的参与者中,处置共同的战利品、祭肉、祭酒,先交流由缪斯女神触动灵感的演说,然后交流经验和进行平均分配,最后确定获利者的身份,使获利者成为社会集体中的平等公民,也就是城邦公民团体的成员。① 负责会饮的人给每名参与者一杯特殊的酒,给每个男子轮流说话或唱歌的机会,就像祭司给每名参与者一份相同的祭牲。② 这些活动构成了刻画城邦生活共享领域的基本部分——对每个公民来说都很普通,每个人都能参与。③ 从这个意义上可以说,它们发挥了公民机构的功能:拥有公民权就在会饮席上占有一席之地。
但这些活动假定有这样一个由同族人组成的群体,在这里,每个人都可 202
以在平等的基础上,以公民权为先决条件,带来、获得和交换物品。

在古代城邦中,上面所述的群体是贵族(*dristoi*),指最好、最富有的土地拥有者——只有他们之间的交换才是可能的,互惠也才会存在。尽管贵族在城邦中独自掌权,但其在集体行为和公民权中的角色有重迭。当城邦里出现了新的社会阶层,他们渴望得到公民权,这些活动似乎就成了少数人的特权——由于财产少,新公民不能参加这些活动。这是古代城邦所经历危机中的一个。尝试解决这个危机,促使每个区域的发展,也导致了城邦结构的重组。④ 我认为这种对社会关系进行整理、评估和合理化的行为是古代贵族城邦的特点,极大地影响了我们

---

① 相关此平等的类型,见:J. Svenbro,“A Megara Hyblaea: le corps geometer”, *Annales* (*ESC*), 37 (1982),953 -964,在部门构成上援引了早期的研究。

② 有关会饮方面的知识,见:M. Vetta, *Poesia e Simposio nella Grecia antica* (Rome, 1983);O. Murray,“The Symposion as Social Organization”, in R. Hägg, *The Greek Renaissance of the Eighth Century B. C : Tradition and Innovatio* (Stockholm,1983), pp. 195 - 199;id.,“The Greek Symposion in History”, in E. Gabba (ed), *Tria Corda: Scritti in onore di Arnaldo Momigliano*(Come, 1983), pp. 257 -272. O. Murry, *Sympotica*, 递交 1984 年于牛津举办的关于会饮的专题研究会,见与此主题相关的参考书目。参见:F. Lissarrague, *Un Flot d'images: Une esthétique du banquet grec* (Paris,1987)。有关献祭方面的知识,见:M. Detienne and J. -P. Vernant, *La Cuisine du sacrifice en pays grec* (Paris,1979),由 J. 斯文布罗(J. Svenbro)提供的参考书目.

③ 相关公共领域在城邦中的重要性方面的著作,见:L. Gernet, *Anthropologie de la Grèce antique* (Paris, 1968);J. -P. Vernant, *The Origins of Greek Thought* (Ithaca, 1982).

④ 类似的分析参见:Vernant (n. 9);P. Vidal-Naquet, *Clisthène l'Athénien* (Paris,1964); C. Meier, *Die Entstehung des Politischen bei den Griechen* (Frank-furt-am-main, 1980).

刚讨论过的集体活动。在不同的城邦里，处理他们的方式不同，主要取决于城邦对政治领域的划分和界定。

如果不涉及细节，那么在某些城邦中大量的旧式公共活动在新的法规和宪法中体现出来。如果说斯巴达人的年龄界限划分、公共教育体系和公共会饮比其他城邦更有名的话，那也是因为在来库古时期它们被收编于法典中。此后，公民教育与共餐制成为斯巴达公民权的两大基石。举个例子，斯巴达人的每日共餐。在我看来，共餐制不起源于一些部落活动，也不仅仅只存在于军队，更不是来源于血缘亲族和乡村中的手足情谊。由于在来库古改革中想要调节贵族的会饮活动，斯巴
203 达人试图将社会关系正常化并进而将之重组，这才导致它的出现。①当会饮成为共餐制时，就意味着它失去了自主发展的权力。但事实上，它在城邦机构中占有重要地位，成为公民生活中的固定机制。这个事实表明它在古代贵族城邦运作中的重要性。同样也适应于克里特岛中的城市，其他城市也有很多相似之处。

通过城邦立法整合大量的公共活动，是城邦促使人民得到公民权进而获得政治权利的方式，但这仅限于少数公民群体。在这些城邦中，通过大量的活动来发挥政治影响力，但这不会因为雅典在古典文明时期出现过这种行为，就将之视作雅典特有的现象。

事实上，这种方式并不被所有的希腊城邦采纳。特别是雅典，其经历了一个漫长的尝试、挑选、精确和拒绝的过程。在这个过程中，公民学会了思考抽象层面的社会关系，致使某些已有的公共活动的政治权力专业化。② 而选择这些活动可能是基于以下事实，他们努力想把抽象的平等形式简化为具体形式，因为他们不直接依赖仍旧不平等的社会秩序。这样，权力不断更迭，公民权不断扩大，成为雅典古典文明后期的特色。此后只有某些集体活动形式——公民大会、法庭、执政

---

① 我赞成默里将共餐制作为贵族会饮的一个制度化形式。但我们观点的分歧在于古老的贵族会饮的性质。

② 见例，Meier (n. 10)。

官——能在雅典体现共同主权和基本的政治权力。这些活动给我们提供了被习惯性称为政治领域的自治领域框架。在雅典,参加公民大会才能表现政治平等,而不是参与会饮。①

然后,又有问题出现:在雅典,小型政治团体中已不再留存的集体活动到底在最后一种城邦类型里处于什么样的地位?全新、抽象的政治概念确实由早期的社会组织发展而来。J.-P. 韦尔南认为,真正的政治水平是由血缘、家庭团结和独立的等级关系层叠而成的。② 我想补充一点,在古代城邦里,它也受到了所有能够行使公民权的公共活动的影响。尽管政治的强制性不会使这些活动消失,但是它确实能够改变它们的地位。 204

众多历史学家关注的重点是民主城邦的地方政治问题,他们对此的分析让人联想到所有集体生活的形式(公民大会、法庭、执政官除外)在城邦公共领域中的消失。因此,C. 迈耶③和 P. 维因④将公民的公共生活缩减到他们所参与和涉及的公共生活。他们每人对此都给出了一个不同的解释:迈耶倾向"政治身份"这一概念;维因则强调"政治斗争"。⑤ 但是他们都认为公民生活中的其他方面属于私人领域。以这种方式讨论,这些作者突出了公元前 5 世纪雅典人民精神世界的一个特征:在雅典,细化的政治领域和与民主有关的看起来最适合表现政治

---

① Pauline Schmitt-Pantel, "Les Repas au Prytanée et à la Tholos dans l'Athénes classique. *Sitesis*, *trophè*, *misthos*: Réflexions sur le mode de mourriture démocratique", *Annali*, *Istituto orientale di Napoli*: *Archeologia e storia antica* (1980), 55-68.

② Vernant (n.9).

③ Meier (n.10); C. Meier, *Introduction à l'anthropologie politique de l'antiquité classique* (Paris, 1984), p.30:"排除家庭,亲属和邻里关系等具体的领域及小邪教团体,对大多数公民来说,政治领域是他们生活中唯一的领域;在其中,他们不只是个人,他们还参加某种形式的公共生活。"

④ P. Veyne, "Critique d'une systematization: Les *Lois* de Platon et la réalité, *Annales* (ESC), 37(1982), 883-908。特别第 885 页:"城邦和社会之间的联系是什么?它把每一位公民分割成两部分:他们间的私人联系或多或少像现在政党成员间,犹如一个私人的经济力量和社会关系之中的人,活跃于现代政党之间。"

⑤ 关于"政治身份"的概念详见 Meier (n.15),其提供了对 P. 维因提出的"政治斗争"的若干批评。

平等的演说术并存。①因此，对于承自古风时期的集体活动，有关它的存在和作用，民主政治演说中并没有涉及，然而其他的证据——文本资料、代表作品和考古发现——却说明它们是存在的。当政治演说确实
205 提到这些活动时，就像伯利克里关于阵亡将士的演讲中那样，只是用“精神上的愉悦”②来形容他们。不应过分强调这种民主风格演说式的保守，因为其很快就被突破：公元前4世纪的文本资料都倾向于展示社会生活中那些特殊的集体形式是如何强化公民间的联系的。支持公民集体的制度、团体和组织没有奇迹般地再次出现在公元前4世纪，这就为色诺芬、柏拉图、亚里士多德的理论探究提供了背景。尽管政治演说中并没有提及他们的贡献，但他们确实已经创造了一个非常有效的体系。

在我看来，公众活动是古风时期城邦公民集体作为整体的表现。在古典时期晚期，雅典人也出现在某些特定的群体内。在这些群体的各种活动里，时常伴有祭仪活动。雅典人有可能被纳入城邦的其他机构，也有可能不是如此。这里，请看一份看似简单的关于城邦运行中群体类别的列表：③

(1)或多或少带有官方性质的行政和政治划分的各团体(雅典的德莫、部落、氏族)；

(2)崇拜活动，最主要的是神灵崇拜、英雄崇拜，或祖先崇拜以及其他领域；

(3)同一年龄群的团体，特别是年轻人；

(4)朋友与伙伴团体(据说，公民团体的主要职能是政治上

---

① N. Loraux, *The Invention of Athens* (Cambridge, Mass, 1986)，从关于雅典葬礼演说开始研究这个演讲。

② Thuc. 2.38：“当我们的工作结束了，我们都可以尽情享受各种各样的娱乐活动。有各种竞赛和定期一年四季的献祭……”(Penguin 译)

③ 所有相关方面的研究参见：Murry：“Life and Society in Classical Greece”, in J. Boardman, J. Griffin and Murray, *The Oxford History of the Classical World* (Oxford, 1986), pp. 204 - 233.

的,但政党的概念对古典希腊城邦的人来说完全陌生)。

这些群体对于城邦正常运作的重要性是由它们所处的中间位置和它们所扮演的联系角色决定的:①

(1)在政治生活中,它们为政治的社会化和学徒制提供了空间。青年男子开始熟悉政治运作方式,成年人卷入政治实践。这些群体的结构通常是仿照城邦政治机构——公民大会、议事会和执政官来建立的。在会饮中,政治生活的程序和规范(先是选举,接着是演讲)只有主题与公民大会不同。 206

(2)在公民价值观中的学徒制(也是在政治游戏规则中)也在不同的地方以不同的方式在这些结构中得以体现。每个都是古典教育理念的方式。②

(3)它们也是社会秩序能够表现的地方:财富的不均、权力的层次差距。在社会关系中,更容易感受到紧张、善变和矛盾——这些在政治话语权中并不总能被轻易发觉。③

集体活动是如此的相似,但在强调这一点之前,我认为有必要将这些群体进行快速分类,同时谨记它们的重要性。地点和活动也是一样的。公民大会、神庙和体育馆是这些群体集会的重点。他们聚会时进行的主要活动是祭祀、宴饮。为了突出它们的相通点,我把这些集会称为"欢乐的盛宴"(ritual of conviviality)。实际上这个"盛宴"包括了一

---

① S. Humphreys, *The Family, Women and Death*(London,1983)。在相关的几篇文章中,作者研究了在公元前5世纪的雅典公共和私人之间及家庭和城邦之间发展的相互联系。其很清楚地表明,某些地方[像男子专用房间(andron)这个举行会饮的地方]和某些集体行为占用公共和私人之间的中间位置。她还强调这样的"桥梁"在雅典人社会历史中的重要性。

② 见:M. I. Finley, *The Bronze and Archaic Ages*(London, 1970),p. 30,说道:"成为希腊人意味着结构的养成,道德美德的发展,公民责任感的形成,社会的成熟,传统和价值观的发展。"

③ 例如,提洛同盟中最重要的雅典凯旋门的工匠基蒙(Kimon),虽然他是一个贵族,但其将自己的花园和居所向自己所在的德莫成员开放,而城邦也将公民权益惠及他。

系列的公社活动，反复举行这些公共活动能够不断地增强群体凝聚力。

207 这些活动已形成固定模式，包括血祭，分食祭肉和普通菜肴，但菜肴所用食材不同（有时有肉，有时没有），还包括购买熟食（应更准确的称之为餐食）；祭酒，共享、分配和消费祭酒；通过演说进行交流，歌唱，游戏，祭天和舞蹈。

在某些时候，不是所有组成部分都一样重要，而是有时在描述实际事件时这个或某个部分更加突出一些。这观点取决于使用什么样的证据以及这种“欢乐仪式”在什么场合使用。例如，一项由城邦颁布的宗教法律强调血祭和祭肉再分配。会饮时，坚持要在酒会上演讲。为了纪念死者而建立的组织只看重饮食和参与者的身份地位。一个协会的章程能规定任何一项活动。这种多样性的背后的重点仍然是“欢乐的盛宴”。正是这种“欢乐的盛宴”最能展现古典时代集体成员的团结。或者换句话说，在享受圣餐的集体活动背景下，增强了城邦的社会凝聚力。

这种“欢乐的盛宴”只是其中一种集体活动，类似的还有集体狩猎、合唱和体育竞赛。这里我想强调，为了理解集体归属感的真实含义，只是归纳出希腊城邦中的团体和它们的作用是不够的。举个例子，将部落作为一个机制来研究，就不能把它和部落的节日活动分开。我可以举出大量作品的例子，它们自以为是地认为它只能被当作一个整体看待，但我认为，近期有关德莫的书籍有望摒弃此种分析方法。①

208 是否可以说这些各式各样的活动属于特别的私人领域呢？这样说似乎有些牵强。希腊语中的庭院（*idion*）恰好意指私人领域。它常常涉及家庭的概念。② 一般来说，希腊人所有的集体活动都在公共场所举行，这些活动即属于公共领域。因此，我一直在谈论的这些集体其实

---

① R. Osborne, *Demos: The Discovery of Classical Attika* (Cambridge, 1985); D. Whitehead, *The Demes of Attica* (Princeton, 1986).

② 希腊城邦中的公共和私人的概念，参见：D. Musti, *L'economia in Grecia* (Rome, 1981), “Pubblico e private nella democrazia periclea”, *Quaderni Urbinati*, NS 20 (1985) 7－15; Humphreys, (n. 21); B. Moore, *Privacy: Studies in Social and Cultural History* (London, 1984).

是属于公共领域的,在雅典民主制城邦中,这些团体既不属于政治领域(政治生活中只是公共领域的其中一种元素),也不属于私人领域。换句话说,这些集体活动是公共领域的一部分,而公共领域判定一个城邦是不包括其政治要求的。这就是公元前4世纪定义城邦时所采用的政治理论依据。

集体活动巩固了对城邦的归属感,这在公元前4世纪雅典人的文稿中反复出现。一个有名的例子就是色诺芬在内战时为克勒奥科瑞特斯(Kleokritos)而作的演讲:①

> 同胞们,你们为何将我们驱赶出城邦?你们为何要杀死我们?我们从未伤害过你们。我们在最神圣的宗教祭祀中与你们一同分享成果,我们一同舞蹈,一同去学校,并肩作战,为了我们共同的安全与自由,无论在陆地还是海洋,我们都不惧危险,勇敢的与你们在一起。我们的父母、亲属、婚姻、友谊都是以神的名义促成的。我们这么多人享受着这一切。你们在神和同胞的面前应当感到羞愧,应放弃与祖国为敌的罪过。不要屈服于那些恶人……

公元前4世纪的时候,雅典的政治思想也强调集体活动的新影响,它把政治权力和城邦背景下的公民生活状况放在一个全新的地位——这完全不同于公元前5世纪。对于前4世纪温和派的作家来
说,法律的地位尤为重要。② 对希腊城邦而言,既寻常又比政治领域 209
更具包容性的城邦联合,就是每一个想要构建更完美城邦的立法者的立足点。

古典时期,亚里士多德的作品代表了相关研究水平。亚里士多德探究出城邦中群体的地位及其活动,并认为这些活动是使公民集体生

---

① Xen, *Hell.* 2.4. 20 – 21 (Penguin 译).

② 关于这一点,见:J. Bordes, *Politeia dans la pensée grecque jusquà Aristote* (Paris,1982).

活更好的主因之一，而这也是城邦的目标。诚如其所言：

> (1)所有群体都是政治集体的一部分。它们都得服从于它，政治活动有一个更广泛的目标。它们是城邦运作必须的组成部分。同时又受政治支配。①
>
> (2)友爱，最完美的社会纽带，维护城邦的团结。各种各样的集体活动都是友爱的成果。它们使群体生活成为可能，也是一种获得更好的群居生活的方式，还是一个亚里士多德式城邦所追求的目标。②

亚里士多德所描述的专制政府统治方式是证明城邦集体活动重要性的若干证据之一。他很自然的写道：③

> “不允许聚集在会餐地、俱乐部、教育机构或其他类似的地方；这些地方是独立和自信的温床，而独立和自信则是僭主必须严加防范的两种东西。”还有，“不允许男子们在学校或其他地方一起追求学问，千方百计地阻止人们互相了解，因为这样的知识会增进人们对彼此的信任，不利于独裁统治”。

在公元前4世纪的政治思想中，集体活动是城邦生活中最完整的部分。

在描述集体活动在古代城邦以及雅典的地位时，我试图表现出雅典古典时期的政治权力和公民生活方式的差别。这种差别与古风时期
210 是不一样的。正是在这里，差别存在于古典时期集体活动分别在古代城邦和雅典的地位和作用。

---

① Arist, *Nic. Eth.* 8. 9,1160$^{a}$.
② Arist, *Pol*,3. 9,1280$^{b}$;2.4,1262$^{b}$;1263$^{b}$.
③ Arist, *Pol*,5.11,1313$^{a}$, 1313$^{b}$(Penguin 译).

在古代社会的集体活动里,譬如会饮、狩猎和学徒教育,都是公民身份概念的组成部分。它们不仅是将公民聚到一起,介绍他们彼此认识,建立超过邻里或血缘关系的方式,也是组成整套行为方式的部分,为区分公民和非公民提供了可能。在我看来,它们扮演了民间制度的角色。

但对古典时期的雅典人来说,情况是不一样的。它只有公民大会、法庭和执政官能代表公民权。

当公元前4世纪的政治思想不仅揭示了城邦中涉及政治权力的内容,而且涉及一系列的集体活动时,这并没被看作古代城邦运作方式的回归。从此以后,在组织和政治间确立了等级制度,二者彻底决裂。集体活动在城邦中有自己的地点,属于公共领地,但不再是政权结构的一部分,仅仅是一个城邦生活方式类型。

我所倡导的这些做法,如在古希腊城邦中公共宴饮履行着公民制度的角色,以及它们印证了公民的权力(不仅在斯巴达和克里特城邦),但这样做,我与目前所流行的历史学家们研究古风时期历史的方式就背道而驰了。以克劳德·莫斯(Claude Mossé)为例:①

> 希腊社会组织形成的根本原因是从荷马时代到古典时代结束,整个城邦历史的保持不变。唯一的变化是权力在不同组成要素中的分配和公民权利的标准。

换句话说,在早期公民生活中,公民大会、法庭和执政官垄断了政治权力。后来,这个领域出现了一个社会问题,那就是如何进入这些机构, 211
而不是了解它们的实际结构。所提出的这个体制对我来说就像一台投影机,投射着之后的古代希腊人,尤其是他们在公元前4世纪的分类。现在我不确定是否有必要在古风城邦里附上古典城邦的政治生活。古

① C. Mossé, *La Grèce archaïque d'Homère à Eschyle*(Paris, 1984).

风时期的公民权采用更广泛、更灵活的形式，这在分析社会变革（古风时期历史学家们研究的核心问题）和猜测在古风时期对政治领域和政治思想之间建立了更为紧密的联系。

说到这，我只是简单地将古代集体活动归为普通的分析类型，在一段时间里，人们都以一种比较抽象的方式进行这类分析，特别是J.-P.韦尔南，[①]我认为有必要确定在这个领域集体活动中什么时候出现新的概念和制度层面的东西，这也涉及政治层面，影响到城邦的整体运作。在我看来，古代社会集体活动的地位有助于得到这样一个精确的观点："政治与社会秩序的决裂"——引自C.迈耶。此外，迈耶强调，"古风时代，政治和公民的关系并不独立，只能从社会事件中研究"。[②]

然而，为了做到这一点，有必要采取与目前在许多古希腊历史学家中盛行的略微不同的观点。也就是说，有必要尝试探寻通常被看成不同的区域之间的联系，例如机构、政治、社会、风俗和行为的历史。如果当今研究古希腊的历史学家们很少问这类问题，那主要是因为我们的学科在研究历史的方法上仍存在很大分歧。对于他们来说，譬如狩猎和宴饮等活动总是归类为生活的片段，是"不可想象"的，可以将其与
212 别的"贵族"历史放在同一层面去研究。目前已经很显然，这根本不是我的观点。

人类学和历史学激励我们进行不同的思考。人类学向我们揭示了当今的政治概念是如何失效的，实际上表明对政治生活的理解具有时代的差异性。这是从人类学层面对古代社会进行的研究（在我看来，这类分析非常切合古代希腊城邦）。[③] 其他时期的历史表明，通过消除

---

① 见韦尔南原版（n.9），1962年。

② Meier（n.15）.

③ 人类学中有大量的针对这个问题的参考书目，相关社会中被称为"古老的"政治的本质的辩论仍在继续。最重要的书籍之一：G. Balandier, *Political Anthropology*（Harmondsworth, 1972）。也有两项最近的研究：M. Abélès, M. Abélès, *Le Lieu du politique*（Paris, 1983），一本关于埃塞俄比亚西南部人口的专著；P. Rosanvallon, "Pour une histoire conceptuelle du politique", *Revue de Synthèse*, 107（1986），pp. 93–105.

不同历史区域间的隔阂，我们可以对外宣称达到了一个标志着历史进步包容性的目的。①

公民共同参与的活动在希腊城邦的塑造和凝聚力方面扮演了一个极其重要的角色。这一点毋庸置疑。诸如这类活动在社会中是相对简单的，像我们的社会，在国家和个人之间有着非常明确的划分。但希腊城邦却没有这样的三重划分。用 L. 谢和耐(L. Gernet)的话说："城邦是公民社区，自身是一个社会团体。"②这就是很难用观点和概念来解释社会的原因，因为各个历史阶段对城邦集体活动的研究都不同(像当代社会的)。

然而，我认为在评估城邦集体活动的重要性时两个概念使用得当是有用的："社交能力"和"社会仪式"。"社交能力"这个概念是由法国历史学家 M. 阿居隆(M. Agulhon)在普罗旺斯协会对 18 世纪团体的研究中发展的；它使我们更好地理解城邦社区中不同群体的不同组成方式。③ "社会仪式"的概念来自美国历史学家 R. 崔斯勒(R. Trexler) 213
对文艺复兴中公众生活的研究中所提出的词语；它强调行动和结构统一为代表的公共纪念活动。④ 在我看来，这两个概念是相辅相成的，它们使对城邦群体功能的描述成为可能，并考虑到了它们的结构、目标及集体形式的表达。

现在让我来总结一下这篇文章的观点。一旦政治权力在社会机体中扩散开来，集体活动的地位就与公民所获得的权力直接联系。但当政治变成一个独立实体时，集体活动的地位就会发生改变。为了描述这一发展的特征，我会说它们经历了由政治权力的实践到社会实践的变化。这被翻译成现代术语，因此扭曲了希腊世界所想所说的原意。

---

① 这里我指的是 F. 布罗代尔的工作。对于特定群体的历史问题，见：M. Agulhon, *Le Cercle dans la France bourgeoise* (Paris, 1977), p. 12.

② L. Gernet, "Les Débuts de l'hellénisme", *Les Grecs sans miracle* (Paris, 1983), p. 43.

③ M. Agulhon, *Pénitents et Francs-maçns de l'ancienne Provence: Essai sur la sociabilité méridionale*(Paris, 1968)；参见 (n. 35)。尝试适应古代世界中的社交概念，参见在鲁昂会议刊物上的古代历史论文(n. 3)。

④ R. C. Trexler, *Public Life in Renaissance Florence* (New York and London, 1980).

为了更接近希腊人的思维方式，把集体活动说成希腊城邦中公共领域的一部分更为恰当。不同的城邦在不同的时期，公共领域可能包括政治层面，也可能不包括。因为对公共宴饮的研究会受到不同城邦不同时期的公共和私人领域问题的限制，对城邦政治的定义也五花八门。但是只有对一系列希腊集体活动作广泛的整体调查，才有可能检验这种假设的有效性。

露西亚·尼克松英译

# 公元前4世纪雅典陪审法庭的政治权力 215

摩根·赫尔曼·汉森(Mogens Herman Hansen)

雅典两个最重要的民主机构是公民大会和陪审法庭。① 每年有30—40次公民大会,约6 000名公民出席,并就国内外政策及相关问题作出决策。此外,法庭由抽签选定的201、401或501名陪审员对私人或公共行为进行评定。当代社会众多国家的司法独立,使得很多历史学家或含蓄或明确地在雅典问题上作出类推,并指出雅典民主政治的关键在于公民大会,而司法裁决的关键在于法庭。事实上,这两个机构的关系特殊且复杂。公民大会有时会涉及司法管辖权,但更重要的是,法庭是很多政治问题的决策者。

写这篇文章的目的是讨论作为政府主体之一的雅典法庭以及它们的政治权力。我将从以下几个方面进行论述:

(1)陪审法庭(*dikasteria*)是一个统一、独立的政府机构,或者仅是公民大会的司法委员会,“德莫也具有司法权力”?

(2)在组成、功能和权力方面,陪审法庭与公民大会有何不同?

(3)与其他政府组成部分相比,陪审法庭有多重要? 216

(4)是否有可能将陪审法庭解决私人纠纷的权力和其司法权力分离?

(5)陪审法庭行使的权力中哪些涉及政治层面?

(6)在公元前4世纪的雅典,陪审法庭是否被视作“主权”的象征?

---

① 在此采用由默里在本书第一章中的观察结果,我基本上是一名德国型的历史学家。我认为城邦是一个国家,政治体制是它的结构(如果把城邦看成猴子,那么香蕉就是它的结构)。

# 一

我一直认为雅典人并没把陪审法庭看作公民大会成员行使某些司法权力的法庭，而把它看作一个政府的组成部分。通常人们认为“法庭”有很多，①而我认为“陪审法庭”只有一个。

诚然，很多提出或讨论政治机构的资料使用了陪审法庭的复数形式（*la dikasteria*），②不过有时陪审法庭的单数形式则指听审具体案件的特殊法庭。③ 此外，陪审法庭这个词不仅适用于由30人以上的普通雅典陪审法庭，而且也适用于氏族法庭或最高法庭下的刑事法庭。④因此，我们一定要问两个看似简单但却事关根本的问题：(1)当涉及民主机构的资料提到陪审法庭时，我们通常认为，陪审法庭这个词只表示具有陪审员的法庭，不包括最高法庭、氏族法庭及其他法庭，可这种观
217 点合理吗？(2)陪审法庭是否被认为是一个与公民大会和五百人会议一样重要的政府组成部分呢？

这些都是重要的问题，却经常被忽视，相关资料对这两个问题都持肯定态度。在一些重要文本中我们的确找到单数形式表示陪审法庭⑤系统的陪审法庭，而不仅是被委任一天来听审特殊案件的单个陪审法庭。在很多文本中，陪审法庭的复数形式与大众（*ho demos*）和五百人会议并列出现，这表明了陪审法庭⑥是一个体系。“民众法庭”

---

① 参见：C. Hignett, *A History of the Athenian Constitution to the End of the Fifth Century* (Oxford, 1952), pp. 216–221; A. H. M. Jones, *Athenian Democracy* (Oxford, 1957), p. 123; V. Ehrenberg, *The Greek State* (London, 1969), pp. 72–74; A. R. W. Harrison, *The Law of Athens* ii (Oxford, 1971), pp. 43 ff.; P. J. Rhodes, “Athenian Democracy after 403BC”, *Class.* £. 75 (1979–1980), 315; M. I. Finley, *Democracy Ancient and Modern* (London, 1973), p. 25.

② Dem. 24. 2; Aeschin. 1. 91; Arist. *Ath. Pol.* 62. 2; 63. 1; *ML* 69. 49, etc.

③ Dem. 24. 50 (*nomos*); Dem. 59. 27; Aeschin. 1. 117; Lycurg. 1. 127, etc.

④ Dem. 23. 63–81 (fifteen occurrences); Lycurg. 1. 12; 参见：Lys. 1. 39; *Ephetai*: 51名法官也许是由陪审团成员选举产生的，也许是最高法庭委员会的成员。

⑤ Hesperia, 43 (1974), 158 line 26 (law on stone); Dem. 24. 54(引自辩论性演讲稿的法律); Thuc. 8. 68. 1; Dem. 24, 148; Arist. *Pol.* 1282$^a$34–37.

⑥ Dem. 24. 99; 57/56; Arist. *Ath. Pol.* 41. 2, etc.

(Heliaia)这个词偶尔被用来指陪审团法庭系统,①且与陪审法庭同义。有些文本无可争议地证明陪审法庭这个词通常只代表大众陪审法庭,而不包括其他类型的法庭。②

结论是雅典人把他们的陪审法庭视为陪审法庭的一个体系,与政府其他部分相比,比如公民大会或五百人会议,被看作一个独立的整体部分。但这个结论会带来下一个问题:相较于公民大会,陪审法庭真是政府中的独立实体吗?抑或在司法能力方面,陪审法庭与公民大会权力相当?

我们通常认为陪审法庭是进行审判的机构。它们是雅典人的一种司法审判表现。③ 此外,在公元前600年左右,梭伦的陪审法庭只是公民大会,后来变成了法庭。④ 到目前为止,由于公元前462年的厄菲阿尔忒(Ephialtes)改革,陪审法庭成为独立的机构,它们仅是公民大会⑤ 218
的委员会,它们的权力也只能由公民大会授予。⑥ 换句话说,公民大会和陪审法庭都不过是德莫的表现形式罢了。

如果这种观点是正确的,那么讨论陪审法庭的政治权力与公民大会和陪审法庭的权力分离将是错的,我应该就说到这里,而不是讨论几乎相同的机构之间的不同之处。但我相信传统观点是错误的。几年

---

① Dem. 23 97[诅咒由专门的官员(herald)向公民宣读]; Dem. 46. 26(引自辩论性演讲稿的法律).

② Dem. 25. 20; 24. 58; Arist. *Ath. Pol.* 63. 1; Aeschin. 3. 19, etc.

③ 参见:E. Meyer, *Einführung in die antike Staatskunde*(Darmstadt, 1968), p. 96:"特别是陪审法庭,其是公民大会的另一种形式";E. Will, *Le monde grec l'orient* (Paris, 1972), p. 456:"陪审法庭和公民大会间的相同点得自三个事实";M. I. 芬利(n. 2), p. 27:公众违宪建议的行为(*graphe paranomon* )给"公民,德莫一个重新思虑他们自己作出的决定的机会"。

④ "解说亚里士多德的雅典政制",参见:P. J. Rhodes, *A Commentary on the Aristotelian Athenaion Politeia* (Oxford, 1981), p. 160.

⑤ 参见:A. W. Gomme, "The Working of the Athenian Democracy", *More Essays* (Oxford, 1962), p. 188."雅典陪审法庭举行大量的会议,尤其是政治审判,虽然没有有经验的法官,但是有1 000名甚至更多的陪审员指导他们,他们是公民大会的司法委员会。"

⑥ 参见:Glotz, *The Greek City* (London, 1929), p. 166. 公民也是主权司法官。但是,它把司法权力委派给这些坐在法庭上的公民去行使。

前，我收集了相关证据，并对该问题进行了探讨。① 我收集到的资料有力地支持了以下这六句话：

(1)德莫这个词有两种不同的含义和用法。民主人士在正式场合使用它时，意为"所有人"，或仅是"雅典人"。当哲学家或倾向于批评民主时，德莫通常代表社会等级，意为"普通民众"，或"贫民"，抑或"群众"。②

(2)当德莫指代一个机构时，它必然是指公民大会，在数以百计的段落中，德莫这个词作为公民大会的同义词使用。③

(3)当德莫代表一个机构时，它从未有表示过陪审法庭的意思。④

219 (4)德莫这个词(代指公民大会)常常与陪审法庭这个词含义相对。⑤

(5)如果我们所掌握的信息可信，那么陪审法庭是一个有着众多陪审员的独立机构，而不是公民大会的司法会议。如果我们的资料来源不可信，那么接下来的讨论就没有任何意义。⑥

(6)我们收集到的信息大部分是公元前4世纪的，不能证明陪审法庭是公民大会的委员会，或者陪审法庭仅享有公民大会赋

① M. H. Hansen, "*Demos*, *Ecclesia* and *Dicasterion* in Classical Athens", *GRBS* 19 (1978), pp. 127 - 146.; Reprinted with addenda in *The Athenian Ecclesia* (Copenhagen, 1983), pp. 139 - 158 (hereafter AE).

② 宪法角度上看，可参见：AE (n. 14), 140 - 143 with nn. 8 (*demos* = the people at large);10(*demos* = democracy); 11 (*demos* = the democrats); 12 (*demos* = the Athenian State); 14 - 18 (*demos* = ekklesia)。从社会角度上看(*demos* = the common people)，参见：AE 151 - 153 with n. 30.

③ 约300处引用，见：AE (n. 14),142 - 143 nn. 14 - 18; 151 n. 29, 152 n. 32. 26,引用的短文，见 pp. 144 - 147.

④ 参见 AE (n. 14),143 - 144，演说中的"你们大众"(*hymies ho demos*)从不会用来指陪审员，只指大会上的公民(Dem. 3. 31; Dem. Ep. 3. 30)。

⑤ Dem. 19. 297; 24. 55,80; 59. 91; Dinarchus 3. 15 - 16; Pl. Ep. 8365 D; Arist. *Pol.* 1282ª34 - 37; *Ath. Pol.* 25. 2; 46. 2,etc. 参见：AE 151 - 153.

⑥ Arist. *Pol.* 1274ª1; *Ath. Pol.* 7.3; 9. 1 - 2,etc. 参见：M. H. Hansen, "The Athenian Heliaia from Solon to Aristotle", *Classica et Mediaevalia*,33 (1981 - 1982),27 - 39.

予它们的权力。① 因此,陪审法庭和公民大会是独立的政府机构,讨论公民大会和陪审法庭的权力划分是合理的。

我的论据说服了一些历史学家,但要说它们已被普遍接受就有些夸张了。还有些持传统观点的支持者认为,我论述的德莫和陪审法庭间的差异也许在形式上是对的,但事实上是一种误导,雅典人也许压根就没意识到公民大会和陪审法庭的对立。② 下面两种论据经常被提出用以支持传统观点:1. 演说者经常在辩论性演说中向评审员致辞,好像他们是公民大会的成员;2. 尽管在陪审法庭不是德莫的一个表现形式方面,我的观点可能是正确的,但至少认为陪审法庭的陪审员是人民的代表并反映了人民的观点是有待商榷的。这两种说法都对,但两者都支持了我的基本立场,即德莫等同于公民大会,而陪审法庭是独立的,有时也与其他政府组成部分对立。

回应观点1。陪审员在法庭上的发言自成一派,常被人称作典型的 220
"雅典人",这种说话方式在公民大会上是合宜的③;发言人常常使用第二人称代词的复数形式指代陪审员,而且使用动词的复数形式,但实际上这个决定是由公民大会作出的。举两个例子就足够说明了,在《驳阿里斯托克里斯特斯》(*Against Aristokrates*)的发言中,德谟斯提尼告诉陪审团成员:"几年前,我们在涉及考伊斯托德斯(Keohisodotos)的事情上非常生气,因为你们废除了考伊斯托德斯的职务,且罚他5塔兰特。事实上只要有三票就可以使他免除死刑。"严格地说,在公民大会看来,陪审法庭对判决是负有责任的,因为判决是按算法(*psephophoria*)

---

① 参见:AE (n. 14),155-158; Hansen, *The Athenian Assembly in the age of Demosthenes* (Oxford,1987),pp. 101-104 (hereafter *AA*)。

② 参见:Rhodes (n. 11), pp. 318,489,545; Ostwald, *From Popular Sovereignty to the Sovereignty of the Law* (Berkeley and Los Angeles,1986),pp. 10-11 with n. 29, and 34-35 with n. 131。对奥斯特瓦尔德的回复见: M. H. Hansen, *The Athenian Ecclesia*, ii (Copenhagen, 1989),pp. 213-218.

③ 参见:Dem. 18.1; 19.1; 20.1; 21.2; 22.4; 23.1; 24.6; 25.8; 26.1. 参见:AE (n. 14),147-148.

以抽签的方式通过的(然而革职是根据证词以举手表决方式通过的)。与之相类似,在希佩里德斯(Hyperides)关于莱克福伦(Lykophron)的辩论中,被告告诉陪审员,他任职期间并无过失的行为,说道:“评判委员会的先生们,是你们先任命我为利姆诺斯(Lemnos)的军官(*phylarchos*),后又任命我为骑兵指挥官(hipparchos)。”莱克福伦再次当选,靠的不是陪审法庭而是选举大会中的德莫。① 现在,我想问这种习以为常的做法难道不能看出雅典人把陪审法庭看作同公民大会一样的德莫会议吗?当然不能,因为这种论点不仅会使德莫与陪审法庭产生差异,也会导致德莫与五百人会议的区分。在现存的演说资料中,大部分都是公民大会或陪审法庭上的发言辞。但是我们有一些在五百人会议成员前发表的演说,举个例子,在德谟斯提尼的演讲集中,第51篇就是在五百人会议中发表的。议员们不仅被称作“议员先生”,还被称为“雅典公民”,好像他们参与公民大会似的,②而且,发言人使用第二人称复数,即便他提出的一项决议实际由公民大会而不是五百人会议
221 通过。③ 但是,据我所知,在有事实论证的前提下,没有一位历史学家敢说五百人大会实际上就是德莫会议,而且在德莫(即公民大会)和五百人会议之间没有明显的界限。相反,所有的古代历史学家都把五百人会议和公民大会区分开来以及讨论五百人会议在多大程度上已经控制了德莫。④ 结果,基于陪审团成员的称呼方式以及在法庭发言中第二人称复数的使用的论点,都不能表明陪审员即是参与审判的德莫。它们仅证明了公民大会、五百人会议和陪审法庭是政府中的民主机构,且所有成员都由普通雅典人组成。许多陪审员参加公民大会且也在五

---

① Dem. 23. 167; Hyperides 2. 17.

② Dem. 51.3,8,12,22.

③ Dem. 51.1,4; 参见:Lys. 16,委员们在参加五百人会议之前会发表演说,好像在公元前395年他们就已经与庇奥提亚结盟了:Lys. 16. 13,参见:IG $ii^2$ 14 = Tod ii 101。更多参见:Lys. 16.6,20-21; 24.2; 91.29。

④ 参见:Rhodes, *The Athenian Boule*(Oxford, 1972), pp. 215,223; W. R. Connor, “The Athenian Council: Method and Focus in some Recent Scholarship”, *Class*. £ .,70 (1974),32-40.

百人会议中效力。人员之间有着重要的重叠。但现有的资料中,没有什么能够抹杀这三个政府机构的明显差异。

回应观点2。关于陪审法庭和德莫的另一种观点基于典型代表的想法。例如,在批评我的解释时,彼得·罗兹(Peter Rhodes)指出雅典人视法庭和公民大会为德莫式的典型代表,且雅典人没有意识到这两个机构之间有任何的不同。① 在我看来,罗兹扭曲了事实。公民大会并非德莫的代表;数以百计的资料表明德莫充当了政府主体。另一方面,陪审法庭也绝不是德莫的化身,就如同彼得·罗兹所坚持的,也正如十多年前我说的那样,陪审法庭是德莫的典型代表。② 这种观点在好几个法庭演说中是显而易见的,在发言中,发言者指出,陪审员聚集在一起代表德莫行使权力。③ 但这个代表的想法,即扮演或代表他人,意味着差别而不是认同。除非A不同于B,否则说A是B的代表没有 222
意义。此外,代表雅典德莫并不是陪审法庭的特权。当五百人会议和十将军(*strategoi*)与其他地区签订条约宣誓时,他们代表雅典德莫④;同样,首席执行官(*epistates ton prytaneon*)可能被认为全天候代表雅典德莫。但没有人会得出这样的推断,即立法会议(*bouleutai*)或十将军,抑或首席执行官在某种程度上是德莫的化身或表现形式。

总之,雅典人视他们的陪审法庭:1. 为政府的组成部分,由陪审员组成的法庭,且不包括其他类型的法庭;2. 作为统一政府的组成部分,不仅仅是各式法庭的集合体;3. 作为政府的独立机构,不仅仅是"公民大会的司法委员会"或"行使司法权力的德莫"。

---

① Rhodes (n.11), p.545; Ostwald (n.21), pp.34-35 n. 131.

② M. H. Hansen, *The Sovereignty of the People's Court in Athens in the Fourth Century BC and the Public Action against Unconstitutional Proposals*(Odense, 1974), p.21.

③ 参见:Aeschin. 3.8; Din. 1. 84; 3. 15-16.(在最后两段中德莫这个词出现过两次,一次是在"公民大会"的解释中,一次是在"雅典城邦"中。)

④ 例子Dem. 18. 178与其他城邦签订条约,通常会宣誓确定,由十将军、骑兵队长(*hipparchoi*)、联队长(*taxiarchoi*)和五百人会议代表雅典。参见:*IG* ii$^2$ 105. 30-34; 111. 17-19,57 ff.; 116. 14 ff.

## 二

到目前为止，我已经探讨了宪法术语和意识形态。我们必须继续探讨更本质的问题，并提出：雅典人为什么将德莫和陪审法庭区分开？我们能找到公民大会和陪审法庭组成部分的任何实质性区别吗？几乎所有的文本都阐释了这两个机构的不同。

资料为我们提供了关于这个问题的若干答案。首先，所有超过二十岁的公民都被获准进入公民大会。① 但是陪审法庭中的陪审员是从6 000名年龄在30岁或30岁以上的陪审团成员中以抽签的方式选举出来的。② 在现代社会，一个由二十岁以上的公民组成的政府机构与一个由三十岁以上的公民组成的政府机构不会有本质不同。然而在古
223 希腊，情况却非如此。在古典雅典，出生时的预期寿命大约是25岁，且人口的自然增长每年不超过0.5%。在这种人口类型里，20几岁的男子在所有20岁以上成年男子中的比例高达三分之一。③ 因此，如果有30 000名成年男性公民获准参加普尼克斯(Pnyx)公民大会，雅典人中符合成为6 000多全体陪审团员资格的不会超过20 000人，换句话说，其中每三个公民中就有一个被限制了政治权利。男子到了可以参加公民大会，在德莫上发表演说以及对提议投票的年龄，但若要成为一名陪审员，或在五百人会议中担任法官，抑或成为由10人组成的委员会成员，他的年龄是不够资格的。从人口统计角度来说，对陪审员的年龄设限是极为重要的。但这样做的目的是什么？没有任何资料明确

① AA (n. 20), 7 with nn. 48－53.

② Arist. Ath. Pol. 63. 3; Dem. 24. 151；参见：J. H. Kroll, *Athenian Bronze Allotment Plates* (Princeton, 1972), pp. 69－90.

③ 参见：A. J. Coale and P. Demeny, *Regional Model Life Tables and Stable Populations* (Princeton, 1966)；M. H. Hansen, *Demography and Democracy* (Herning, 1985), pp. 9－13。如果我们选择西部的模型，死亡率第4级(平均寿命25岁)，增长率为0.5%，我们不难发现，所有18—80岁的男子中，18—19岁的占6.7%，20—29岁的占30.5%，而30—80岁的占62.8%。如果我们选择西部的模型，死亡率23级(平均寿命71岁)及增长率0.5%的男性人口中，18—19岁的占4.1%，20—29岁的占20.0%，30—80岁的占75.9%。

陈述为什么雅典人对陪审员和法官有年龄上的特殊要求，但不难猜出原因。

几乎所有的希腊人都认为智慧和理性随着人年龄的增长而增长。① 这个观点被无数资料所证明，我只列举其中几个涉及雅典政治机构的例子。1. 智者斯拉西马赫(Thrasymachos)以下面的话作为他古代宪法演讲的开始，他说："雅典民众，我宁愿生活在逝去的美好年代里，那时的人们期望年轻人缄默，因为他们的长辈有效地管理着国家事务，所以他们的参与是没有必要的。"② 2. 在《驳科特斯芬》(*Against Ktesipion*)演说的开头，埃斯基涅斯(Aeschines)抱怨道："公民大会的雅典人放弃了让五十岁以上的公民首先处理公民事务的惯例。"③ 3. 色诺芬告诉我们苏格拉底曾被传唤到法庭，查理克勒斯(Charikles)告诉 224
他不要和三十岁以下的雅典人辩论，因为他们不够谨慎而不能成为五百人会议的成员。④ 4. 公元前4世纪，雅典人的私人纠纷常诉诸从花甲之年的雅典公民中选出的公共仲裁员(Aristotle, *Ath. Pol.* 53.4)裁决。5. 阿里斯托芬在《马蜂》(*Wasps*)中特别强调了陪审员的年龄问题，他们被称作"老人"(*gerontes*)。事实上，这等同于一个人类社会古老的民主特征：群落的年长者掌握司法权，据说是因为他们有着丰富的经验和智慧。⑤ 相反，年轻人鲁莽且热衷于战争和革命。动词创新(neoterizein)和名词创新(neoterismos)可以分别用"制造革命"和"革

① P. Roussel, *Étude sur le principe de l'ancienneté dans le monde hellenique* (Mem. Inst. Nat. de France; Ac. Inscr., 42. 2; Paris, 1951), pp. 123 - 227; K. J. Dover, *Greek Popular Morality in the Time of Plato and Aristotle* (Oxford, 1974), pp. 102 - 106.

② Thrasymachus fr. 1 (Diels-Kranz), fr. 2 (Sauppe).

③ Aeschin. 1. 23 with the scholia; Aeschin. 4. 3; 参见：Herod. 7. 142. I and Aeschin. 2. 47. G. T. Griffith, "Isegoria in the Assembly at Athens", *Ancient Society and Institutions* (Oxford, 1966), pp. 119 - 120; AA (n. 20), 91 with n. 581.

④ Xen. Mem. 1. 2. 35; Stob. Ecl. 4. 50. 27; Dem. 22 hyp. 1. 1.

⑤ Aristoph. *Waps* 195, 224; *Knights* 255. K. J. Dover, *Aristophanic Comedy* (Berkeley and Los Angeles, 1972), p. 128. 关于资历，参见：Xen. *Mem.* 3. 5. 15; Dem. 25. 88 - 89; Thuc. 5. 43. 2; Antiphon 4. 3. 2; Pl. *Laws* 643 D-E; 665 D-E; 755A; 765D; 946A; Arist. *Pol.* $1329^a2$ - 12; $1332^b12$ - 41; *Rhet.* 2. 12 (neoi) versus 2. 14 (akmazontes); *SEG* IX I (Cyrene).

命”两个惯用术语来表示，而且这种替代有着重要意义。① 为了平衡公民大会中富有朝气一方的势力，唯一明智的做法是让更成熟的男性参与负责全部公民大会事务的五百人会议以及可以重新审议，甚至在必要时可以否定之前作出的鲁莽决定的陪审法庭。

然后，每年以抽签方式选出的 6 000 名陪审员必须进行陪审宣誓。② 参加陪审法庭的民众也要宣誓，然而参与公民大会的公民不需
225 宣誓。陪审员的演说经常强调陪审誓言的重要性③；一篇文章曾指出，如果宣誓过的陪审法庭通过一项决议，未曾宣誓的公民大会上的公民可以将之否决，这确实让人感到吃惊。④ 今天，我们可以嘲笑宣誓，而且据我所知，当今政治体系下的学生们不会在意总统和首相们宣读的誓言。但我认为，古代雅典认为庄严的誓言意义重大，⑤而陪审宣誓则是德莫和陪审法庭间一个很重要的区别。

德莫和陪审法庭的另两个更大区别在于公民大会中的辩论以及德莫使用的投票方式。这两者都可以在埃斯基涅斯的《驳科特斯芬》演说中得到体现。序言中提到埃斯基涅斯对公民大会进行了严厉的抨击，并指出公众违宪行为（*graphai paranomon*）由陪审法庭进行听审是唯一有效的民主宪法保障。强调这一点是讨论中消极的部分。因此，公民大会的缺点被详细地陈述，而陪审法庭的优点却仅一笔带过。尽管如此，当埃斯基涅斯批评立法机构程序时，我们可以得出一个结论：他更倾向于陪审法庭上的陪审员所使用的相应程序。

---

① 关于年轻人对战争和革命的倾向，参见：Thuc. 6. 12 – 13; 38 – 40; Eur. *Suppl.* 232 – 237. neoterismos（创新，革命）与年轻人（*hoi neoi*）联系在一起，例子见：Pl. *Laws* 798 B-C。

② 宣誓采用集体形式（*heliastic*），由陪审员主持（参见以上，p. 222）。Dem. 24. 149 – 151 中引用了宣誓，但文本不是毫无疑点的，参见：E. Drerup，“Ueber die bei den attischen Rednern eingelegten Urkunden”，*Neue Fahrbücher für Philologie und Paedagogik* suppl. 24（1898），256 – 264. the oath is reconstructed by M. Fränkel，“Der attische Heliasteneid”，*Hermes*，13（1878），452 – 466。宣誓每年（Isoc. 15. 21）会在阿尔代托斯（Ardettos）山进行（Harpocration s. v.），参见：Kroll（n. 32），pp. 3 – 4.

③ Andoc. 1. 31; Aeschin. 1. 170; 3. 6, 8, 198; Dem. 18. 249 – 250; 19. 132. 161, 179; 21. 4; 22. 45 – 46; 24. 2, 58, 90, 191; Dem. Ep. 2. 1; Hyp. 1. 1; Lycurg. 1. 79; Din. 1. 86.

④ Dem. 24. 78，参见：Lycurg. 1. 79.

⑤ 参见：R. Hirzel, Der Eid（Leipzig, 1902）; Dover（n. 34），pp. 240 – 250.

首先是投票。埃斯基涅斯声称管理民众并评估举手表决投票的主席团(*proedroi*)成员的任命通常不公正,且他们还会虚报假的投票结果。[1] 言下之意,埃斯基涅斯喜欢在法庭中使用投票表决方式。因为可对选票(*psephoi*)进行计数,它不容易被主持会议的官员篡改,所以这是一个更可靠的投票方式。对我来说,埃斯基涅斯的怀疑合理与否无足轻重。我认为公民大会使用的投票方式对于批评是毫不避讳的,且巧妙地与陪审法庭所偏爱的投票方式进行了对照。

其次是辩论。埃斯基涅斯批评公民大会上经常会发生混乱和令人 226
尴尬的辩论。[2] 我们必须再次进行反面论证,即我们认为陪审法庭上的争论以一种更有序的方式进行,并没有像公民大会那样迷惑和误导公众。对此,其他的资料也曾论述过。例如,在《论假大使》(*On the False Embassy*)演说中,德谟斯提尼告诉他的听众,像卡利斯特(Kallistratos)和阿里斯多芬这样聪明的政治家能控制公民大会上的民众,但却从未成功掌控法律和宣过誓的陪审法庭。[3]

德莫和陪审法庭间除了这四个宪法和程序上的不同之外,在公共资产方面还有第五个区别。参加公民大会的例行会议,公民们会收到1德拉克马(古希腊的银币名)的报酬,而陪审员们每场会议仅获得3欧宝(obol,古希腊银币)。[4] 写于公元前4世纪30年代的《雅典政制》提及这些数字。假设公民大会在公元前4世纪中期支付同样数额的钱,且公民大会定额为6 600名公民参加的话,一次公民大会就会花费雅典城邦1塔兰特(古希腊钱币名),而有500—1 000名陪审员参与的陪审法庭,它一场听审会则要花费250—500德拉克马。为了节省开支,内战战败后的公元前355年尤为如此,就会不可避免地将公民大会

---

[1] Aeschin. 3.3;参见:AE (n.14),114. 主席团是由公民大会、陪审法庭和五百人会议中抽签选出的九人委员会,任期一天。

[2] Aeschin. 3.2-8.

[3] Dem. 19.297.

[4] Arist. *Ath. Pol.* 62.2.

的权力转移到陪审法庭。① 例如，在公元前4世纪的上半期，公民大会有时摇身一变成为法庭，并对公众控诉政治领导人的行为进行听审。然而在公元前4世纪50年代以前，所有的政治审判都诉诸陪审法庭，且公民大会被剥夺了司法权。② 在节省资金的同时，为了把激进的民主社会变得更温和些，雅典财政部门采用了亚里士多德提出的一项改革方案：减少公民大会人员的数量并将其某些管辖事务转移到大众法庭。③

227

## 三

在第一部分，我指出陪审法庭，即人民法庭是政府统一、独立的组成部分。在第二部分中，我试图解释雅典人区分公民大会下陪审法庭和德莫的理由。现在我说第三个问题：相较于政府的其他部分，如公民大会、五百人会议以及其他委员会，陪审法庭在雅典民主制的运作中有多重要？

从众多资料中可以看出人民法庭的突出作用是显而易见的：旧寡头声称雅典人是恶名昭著的，因为他们比别的希腊城邦进行了更多的诉讼；据修昔底德所讲，雅典人公开承认这一说法是真的。在阿里斯托芬《云》（*Clouds*）中，苏格拉底的一个学生在斯屈列什亚德（Strepsiades）身前放下一张地图，并向他指出雅典在地图上的位置。但斯屈列什亚德不相信他，因为他无法在地图上看到法庭的位置。同样的，在《马蜂》中，牙齿都掉光的爱克利翁（Philokleon）用刻薄的言语来描述陪审员的权力，而年轻的反克利翁（Bdelykleon）只有通过指出真正的权力在于狡猾的政客滥用他们的口才去操纵陪审员时，才能使

① 参见：AA（n. 20），47，119－120.
② 参见：AA（n. 20），99 with n. 631；100 nn. 647－648.
③ Arist. *Pol.* 1320$^a$22 ff.；*Rhet.* 1411$^a$28（with the note by Wartelle in the Budé edn.）.

人们更加接受他的观点。① 亚里士多德在其《政治学》中指出公民主要通过参与陪审法庭和公民大会来行使他们的政治权利。他指出，诚然，这一点首先适用于民主社会的公民，②因此，他（和/或他的学生）用以下格言对雅典宪法的进行了历史描述："普通公民使他们自己成为一切的主宰，通过法令和德莫控制的陪审法庭控制一切。"③简而言之，法令与政府机构并行。完整的声明如下："大众主宰一切，且以（公民大 228
会通过的）法令及陪审法庭（作的决定）控制一切。"④

我所举出的六段论据中，前四段和后两段有一个本质的不同。旧寡头与修昔底德和阿里斯托芬都普遍的强调陪审法庭与多数司法部门联系的重要性；然而，在亚里士多德的一份宪法文本中的两个段落里，他提及在决策中，作为政府机构的一部分，法庭和公民大会同等重要。这使现在的读者们陷入疑惑之中。诚然，在传统描述城邦和宪法的文本中，我们得知国家有三个政府部门：立法、行政和司法。⑤ 孟德斯鸠在其 1748 年写成的《论法的精神》一书中确立了这种三分法，但在著名的第十一篇第六章节里，孟德斯鸠强调司法机关（的权利）只是个花瓶（168），"司法判断应与法律规定相一致"（166）。孟德斯鸠并不认为司法能与行政和立法的地位相等，他说："正如我们观察到的，国家法官处于被动地位，仅仅宣读法律条文，却不能调整自身权力及调和一些粗暴行为。"（171）⑥诚然，一些宪法，如美国宪法，赋予司法以政治角色⑦；当详细描述国家宪法时，历史学家、哲学家以及政治学的学生都会忽略司法的作用。他们会描述国会立法和政府管理，但除了权力分

---

① [Xen.] *Ath. Pol.* 3.2，参见：1. 16–18；Thuc. 1. 77；Aristoph. *Clouds* 206 ff.；*Wasps* 526–729.

② Arist. *Pol.* 1275$^{a}$22–$^{b}$7.

③ Arist. *Ath. Pol.* 41.2. 本文德莫的含义，参见：AA（n.20），96 with n.612.

④ 同样的法令和陪审法庭并行在 Aeschin. 2. 178. 中发现。

⑤ 参见：H. Kelsen, *General Theory of Law and State*（Cambridge, Mass., 1946），pp. 269 ff.；M. J. C. Vile, *Constitutionalism and the Separation of Powers*（Oxford, 1967）.

⑥ Montesquieu, *De l'esprit des lois*（1748），XI. 6；the page references given are to the Garnier edition. 参见：Vile（n.55），pp. 86–97.

⑦ H. J. Abraham, The Fudiciary: *The Supreme Court in the Governmental Process*（7$^{th}$ edn. Boston, 1987）.

229 配外，他们几乎不提法庭，在此，孟德斯鸠认为司法部门是政府部门的三个分支之一，而且强调："司法独立，司法部门不受政府政治部门的控制和影响。"①

在过去几十年中，这个传统真理更加明显。最近几年，政治学科的学生们已不再提及国家。他们现在的研究对象是"政治体系"。在三个政府部门中，司法分支几乎已不复存在。他们关注的焦点是政党和向政府施压的团体，至如今，正如讨论的宪法机构那样，辩论集中在立法和行政的关系上。② 但也有例外。倘若不提最高法院和司法机构对国会行为的审查，就很难说清美国宪法。③ 过去20年间，法国和德国的司法审查可以看作对立法机构的巨大审查。与之相类似的是，在英联邦的若干成员中，法律的司法审查必须进行且很常见。④ 但在英国，法律的司法审查却不为人知，且自1805年以来弹劾权从未被使用过。⑤ 在英国的宪政理论中，很容易看出法庭很少参与政事。

现在，我们研究古代的历史学家难免使用现代的政治概念和体制分析过去。在我的印象中，英国的古代研究历史学家往往低估雅典陪审法庭的政治权力，这点很重要，因为过去的几十年里，人们脑海中固有的雅典民主制度影响巨大，有时英国古代历史学家们几乎自己去塑
230 造这种民主制度。在他们描绘的雅典民主制中，他们重点强调雅典的五百人会议、十将军委员会和"煽动者"（*demagogues*）。历史学家们很少描述陪审法庭的政治权力，而在他们对公民大会和五百人会议的讨

---

① P. Cane, *An Introduction to Administrative Law* (Oxford, 1986), p. 17.

② 参见：J. Blondel (ed.), *Comparative Government* (London, 1969), pp. 10 – 20 (on "political system", by Almond and Powell), 145 – 183 (on constitutions, by Loewenstein, Vernay, and Friedrich).

③ 参见：W. C. Harvard, *The Government and Politics of the United States* (London, 1965), pp. 43 – 69："最高法院和宪法"；J. L. Waltman and Holland (eds.), *The Political Role of Law Courts in Modern Democracie* (London, 1988), pp. 96 – 98, 140 – 144.

④ K. G Wheare, *Modern Constitutions* (Oxford, 1966), pp. 100 – 120：司法解释。

⑤ 对梅尔维尔(Melville)勋爵的弹劾，因其所谓的贪腐行为。

论中，又往往把精力放在五百人会议的组成和权力上。① 无意识的(？)现代思维很明显：五百人会议相当于议会，十将军委员会就是政府，煽动者则是政客。而在英国，公民大会找不到与现在相对应的机构，能决策的陪审法庭的权力和政治活动亦无从比较。然而，亚里士多德指出，对多数民主国家，尤其是雅典而言，公民大会和陪审法庭是两个最重要的机构。② 所有的演讲都对亚里士多德关于雅典民主的分析持肯定态度。亚里士多德及德谟斯提尼时代对雅典民主的论述应该突出公民大会和陪审法庭，反之，有关五百人会议、十将军委员会和煽动者的部分应该删减，并把其与政府的两个最基本部分联系起来。③

## 四 231

在法庭管辖范围内，有可能将解决私人纠纷权与它们的政治管辖权相分离吗？雅典人意识到不同机构间的区别吗？回答这些问题，我需要说一个关于雅典城邦的题外话，此外，像往常一样，我们现有的资料都与古

---

① 参见：C. Hignett, *A History of the Athenian Constitution to the End of the Fifth Century* (Oxford,1952)。在"民主制的根源"这一章 (pp. 214 – 251)，西格尼特正确区分了"公民大会、五百人会议和陪审法庭这三个政府机构"(p. 215)，但前面的页面上，他作了一个有疑问的声明，"在激进民主制中，唯一可以与公民大会分享权力的是大众委员会"(p. 214)。A. H. Jones, *Athenian Democracy* (Oxford,1957)，在"雅典民主制如何运作？"这一章中花了近一页纸来描述陪审法庭(pp. 123 – 124)，但用了更多来描写委员会、公民大会、十将军委员会和新政客(*rhetores*)。P. J. Rhodes, "Athenian Democracy after 403 B. C.", *Class J.* 75 (1979 – 1980), 305 – 323：罗兹花了相当一部分来描写法庭(pp. 315 – 320)，有陪审法庭的已存文件、公证人、工资和社会组成，等等。但是他没描写陪审法庭的政治权力。graphe paranomon 只在一个脚注中出现(n. 112)，而 dokimasia、euthynai 和 eisangeliahas 改革则没提到(passed over in silence)。S. Hornblower, *The Greek World 479 – 323 B. C.* (London, 1983), "Athens", pp. 106 – 126; id.,"Democracy", in *The Oxford History of the Classical World* (Oxford,1986), pp. 136 – 141。在两本书中，霍恩布洛尔都大量描写了德莫、五百人会议、公民大会、十将军委员会和煽动者，但是没提到陪审法庭。

② Arist. *Pol.* $1273^{b}$–$74^{a}$; $1275^{a-b}$; *Ath. Pol.* 41.2，这里亚里士多德描述了他对当时雅典民主制的大致看法。在 ss. 43 – 68 中只包含了些零散的有关个人官员(以五百人会议做开端)和陪审法庭的组织的注释。他并没有试图评价所描绘的机构的相关重要性；有关公民大会的内容出现在五百人会议的注解上；没有提到陪审员(*nomothetai*)，且只有三个普通的评论来描述最高法庭。

③ 在描写陪审法庭和他们与公民大会的关系上，我特意抛开任何有关公元前 4 世纪雅典的第三个政府决策机构，即陪审员，参见：AA (n. 20), p. 97 with n. 617.

代雅典相关。不仅如此，讨论社会的资料有时将私人与公共范围的事情进行对比。私人领域与公共领域相抵消。①在生活和社会的方方面面，私人和公共空间的差别是显而易见的。私人空间与政治空间对立，②民宅与公共建筑对立，③国家利益与私人利益对立，国家财政与私人财产对立。④，公共收益与私人财产对立。⑤ 在政治意识形态中，最基本的民主概念“自由”有两种含义，一个是政治层面的意思，即“轮流统治和被统治”(*to en merei archein kai archesthai*)，另一个是个人层面的意思，即“过自己喜欢的生活”(*zen hos bouletaitis*)。⑥ 在我看来，私人与公共区分遍及整个司法行政制度：法律的分类、罪行、程序、法院、事件的当事人和强加的处罚，在此指出这一点很重要。首先，城邦法律常被细分为私人和
232 公共两部分，⑦雅典人的区分与我们在公共和私人法律之间的区别有惊人的相似之处。⑧ 在希腊城邦和当今社会中，公共和私人法律的对立与法典中任何划分都不一致，而且很难划清两种法律的界限。但没人能否认基本划分的重要性。其次，在我们收集到的资料中，犯罪有可能是个人犯罪，也有可能是公共犯罪，区别的标志是受害方是个人还是城邦本

---

① *IG* $I^3$ 105.29; Thuc. 2. 37. 1 – 2; Eru. Or. 765; Aristoph. *Eccl.* 206 – 208; Xen. *Hell.* 1.4.13; Pl. *Rep.* 458c; Lys. 12.2 Andoc. 1.9; Isoc. 7.30; Dem. 20.136; Aeschin. 1. 30; Isaeus 7.30; Lycurg. 1.3; Din. 2. 8; Hyp. 5.30; Arist. *Pol.* $1329^{b}35 - 30^{a}33$; law quoted at Dem. 46.26.

② Dem. 10.7.; 18.45; 24.193; 26.3; 52.28; Proom. 13.1; Aeschin. 1. 195; Hyp. 3.27.

③ Dem. 3.25, 29; 13.30; 21.17; 23.207 – 208; 55.16; Arist. Pol. $1321^{b}19$ ff.

④ Xen. *Hell.* 1.4.13; Dem. 18.255, 295; 19.1; 21.8; Hyp. 1. 39.

⑤ Lys. 19.18; Andoc. 3.20; Dem. 11.20; 49.23; 50.7, 26 – 28.

⑥ Arist. *Pol.* $1317^{a}40 - {}^{b}17$; 参见 Thuc. 2.37. 1 – 2.

⑦ Dem. 24. 192 – 193：“这里有两个与全民法有关的雅典人问题。首先，我们彼此关联下的原则是什么，彼此间有业务往来，定义私人生活的义务，在一般情况下，如何安排我们的社会关系？其次，我们当中的每个人对联邦的义务是什么，即使我们选择参加公共生活，并妄称对城邦的任何关心？现在，它是对大众有利的，前一类私人交往的法律，应当被宽大和人性化地加以区分。另一方面，它是共同的优势，第二类的法律支配城邦关系，应是犀利的和蛮横的，因为，如果它们如此，政治领导人不会对平民有这么大的伤害。因此，当他[Timokrates]利用这一请求，反驳它，告诉他已被宽大处理，不是进入有利于你的法律，而是进入使政治领袖感到害怕的法律。”参见：Dem. 18. 210; Aeschin. 1. 195; Pl. *Laws* 734 E – 35A; Arist. *Pol.* $1289^{a}15 - 20$.

⑧ Cane (n. 58), 4：“私法可能被界定为规范个人的关系的法律，无论是个人、法人或其他的非法人团体。这个定义表明，公法涉及政府机构的活动，它一方面规定政府机构和个人之间的关系，另一方面也规定不同政府机构之间的关系。”

身。① 第三,罪犯是作为个人或行使政治权利的公民身份被审判的。② 第四,法律诉讼被分成公共诉讼(*demosiai dikai*)和私人诉讼(*idiai dikai*)两部分。③ 任何代表受害者或城邦本身的公民都能提起公共诉讼,而私人诉讼只能由受害者提出。④ 第五,私人和公共诉讼都由陪审法庭听审,但私人诉讼只会占用白天的部分时间且有200名或400名陪审员听审,而公共诉讼会进行一整天,且有500名陪审员,有时有1 000名或1 500名,甚至有更多的陪审员听审。⑤ 最后,受公共法律约束的案件处罚较为严厉,而受私人法律⑥约束的案件则采取宽大处理的方法,这
也是民主社会的一个特点。⑦ 触犯公共法律的罪犯要交纳罚金,还有 233
可能被剥夺权利(*atimia*)。⑧ 司法管理涉及诸多方面,而公共与私人法律的界限并非总能划分得很清楚。例如,一些私人罪行可以通过任何公民提起公共诉讼,重新得到审理,⑨反之,一些由仪式引起的索赔可通过私人途径提出诉讼。⑩ 然而,值得注意的是,在许多资料中,公共领域的司法管理常等同于政治事件中的司法管理。⑪ 雅典人区分公法和私法,相应地,也区分政治和私人间的管辖权问题。如果我们关注被告的地位,就会看到很清晰的界定:政治审讯针对公民而采取行动,公民可能是地方法官、政治领袖,或行使政治权利,或履行公民义务的普通民众。⑫

---

① Dem. 21.25-28,32,44-45; Pl. *Laws* 767B; Arist. *Rhet.* $1373^{b}18$-24.

② Aeschin. 3. 252-253. 参见:below n. 85.

③ Lys. 1. 44; Is. 11.32;Pl. *Euthyphr.* aA; Dem. 22. 25-28; 46.26 (*nomos*); Arist. *Ath. Pol.* 56. 6. 参见:J. H. Lipsius, *Die attische Recht und Rechtsverfahren* i-iii (Leipzig, 1905-1915), pp. 237-262.

④ Isoc. 20. 2,参见:*GRBS* 22 (1981),13.

⑤ Arist. *Ath. Pol.* 53. 3; 68. 1. 参见:H. Hommel, *Heliaia* (*Philologus*, suppl. 19; 1927),778-783.

⑥ Dem. 18.210; 30-32; 26.4.

⑦ Dem. 22. 51,24.24.

⑧ 参见:M. H. Hansen, *Apagoge*, *Endeixis and Ephegesis* (Odense,1976),p. 74.

⑨ 在Dem. 21.32,有个例子,*graphe hybreos* 被描述成作为(公共)诉讼的一种类型而在私人领域中使用。

⑩ 斯基普塞(Skepseis)由三层桨座战船司令官引进,是在确定有201名陪审团成员之前引进的,即被他们看作私人的而非公共诉讼,参见:*IG* $ii^2$ 1629. 204-217.

⑪ Dem. 18.210; 24. 192-193; 26.4.

⑫ Dem.22. 30-32; 25.40; Aeschin. 1. 195; Hyp. 3. 8-9,27; Din. 1. 99-101.

## 五

当与私人事务的司法权比较时，陪审法庭行使的部分政治权力有多重要？查看以往的雅典法律研究，①会得到这样的印象：雅典的陪审员们一定花费开庭日的大部分时间（依照我的计算大约为 150—200 天），②审讯由个人对个人和因私人事务引发的民事诉讼。然后，除了听审私人对私人的案
234 件之外，法庭还有一些政治审判权，特别是考核继任地方官（*dokimasia*）、审计法官（*euthynai*），检举（*eisangeliai*）和对违宪行为提出公共诉讼（*graphai paranomon*），这些都是比较重要的程序，但却不像公民事务的司法管理那样耗时。我倾向于相信在政治司法管理方面，陪审法庭起了较为重要的作用，而在私人司法管理方面，它并没有我们认为的那么重要。③

首先，在私人事务方面，法庭的司法权有一些重要的限制。第一，许多民事案件若在四十个部落法官（*hoi tettarakonta*）的司法管辖区域内，这些案件一定由公共仲裁员（*diaitetai*）④处理，法庭则不处理此类案件。由于我们的资料是一些在陪审法庭⑤开庭前递交的辩论稿，所以我们认为大部分案件在上诉之前就已经交到陪审员手中了。但大部分的私人诉讼可能妥善地私了了。第二，也有一些例外，对谋杀的审判不是由大众法庭，而是由最高法庭或氏族法庭组成的法庭去审讯。⑥ 第三，法律规定：作案时被捕的小偷和盗贼一定要先接受"赫达卡"（*hoi hendeka*）的审

---

① L. Beauchet, *Historie du droit privé de la république Athénienne* i－iv（Paris, 1897）; Lipsius（n. 76）; A. R. W. Harrison, *The Law of Athens* i－iv（Oxford, 1968－1971）.

② M. H. Hansen, "How Often Did the Athenian *Dicasteria* Meet?", *GRBS* 20（1979）, 243－246.

③ 我的观点是更多的联系到在美国发现的雅典法律手册：R. J. Bonner and G. Smith, *The Administration of Justice from Homer to Aristotle*（Chicago, 1930－1938）, G. Busolt and H. Swoboda, *Griechische Staatskunde* i－ii（Munich, 1920－1926）, pp. 922, 1 006－1 014.

④ 参见：Harrison（n. 86）, ii. 66－68; D. M. MacDowell, *The Law in Classical Athens*,（London, 1978）, pp. 207－211. 参见明智的观察：E. Ruschenbusch, "Drei Beiträge zur öffentlichen Diaita in Athen", *Symposion*, 1982（Valencia, 1985）, pp. 36－37.

⑤ 参见：Bonner and Smith（n. 88）, ii. 115－116.

⑥ Dem. 23. 63－81; Arist. *Ath. Pol.* 57. 2－4. D. M. MacDowell, *Athenian Homicide Law*（Manchester, 1963）.

讯,如果他们承认了罪行,就不会审判而被直接处死。① 然而,如果在“赫达卡”审讯前他们不认罪,就要接受陪审法庭的审判。②

另一方面,与政治相关的管辖权较重要且费时。每年对约五百名 235
议员和约七百名继任的地方官③进行考核④一定是非常辛苦和无聊的,因为无论候选人的资格有无争议,陪审员们都必须投票选举每一名候
选人。⑤ 因此,对候选人的指控会引起控诉人与候选者进行辩驳,除了 236
这些案件外,其他候选人都会例行回答问题并等待投票表决,上月的有效出庭时数一定要超过200小时,这相当于一个接受考核的人一天在

---

① Aeschin. 1. 91,113; Arist. *Ath. Pol*. 52.1; Dem. 24.65. 有关不审判立即处死重罪犯(*nomos ton kakourgon*)的资料被收集到了,在 M. H. Hansen, “The Prosecution of Homicide in Athens”, *GRBS* 22 (1981),22 - 26 中有讨论。

② 在最近的一项研究中,“*Akriton Apokteinai*: Execution without Trial in Fourth-Century Athens”, *GRBS* 25 (1984), E. M. Carawan 认为这部法律一定是一部形同虚设的法规,因为“如果他知道其生命处在危险之中,被告就不可能招供”(p. 112)。这个观察逻辑上正确,但心理上是错误的。犯罪历史显示罪犯被抓现行时通常会不计后果而招供。其次,在同样的研究中指出:没有明显的证据表明将小偷和强盗立即处决的法律会被强制执行(pp. 116 - 120)。讨论我在反证法(Apagoge)所演示的证据[n. 81], cat. Nis. 7,13,23,30, and in Eisangelia (Odense, 1975), cat. No. 141。没错,但看到没有明显证据表明小偷和强盗的行为,对他们的审判也同样重要。唯一没有疑问能证实抢劫且导致陪审法庭听审的反证法是对抢了一件外套(lopodysia)的阿戈拉托斯之兄(Agoratos' brother)的审判,Lys. 13. 67 - 68; 另见 Apagoge,121 and cat. Nos. 6,18,30. 对绑匪和劫匪的审判可见 Dem. 4. 47,参见:below p. 237。雅典没有警察,大多数小偷和强盗,如果不是被现场抓获,就可能永远都抓不到了。此外,我们没有发现法庭演说,也没有关于谴责和逮捕小偷与抢劫犯的演说。究其原因,要么是雅典人比其他人更诚实,要么就是这样的案例没有诉诸法庭,也没有以演说的形式留下痕迹。事实上,大多数小偷和强盗可能太穷,根本支付不起一个职业代笔人(logographer)的费用,也没有知识写出一篇能用的辩词,参见 Apagoge,54. 但被抢或被偷的常常是有钱人,我们可以想见,他们要么从职业代笔人那买一份辩词,要么就自己写一篇好的演讲稿。因此,极少数不经审判的案例就与极少数小偷和抢劫犯被逮捕时进行审判的案例对等了。其实我们资料的来源似乎支持这样的观点,即雅典人很可能按照法律指示来做事,如果罪犯被抓现行,会对其立即执行惩罚并要求其赔偿财产损失。

③ (9名)执政官的考核和(500名)议员由(即将离职的)五百人会议和陪审法庭管理, Arist. *Ath. Pol*. 45.3. 反之,双项考核是执政官的责任(Dem. 20.90),而只要候选人已经被五百人会议否决,议员的考核就很可能涉及民众法庭,参见:Rhodes (n. 26),pp. 176 - 178.

④ 有关地方法官的数量,参见:M. H. Hansen, “Seven Hundred Archai in Classical Athens”, *GRBS* 21 (1980),151 - 173.

⑤ 有关地方法官考核的法律在前403—前402年被重新修订(Lys. 26.9,20),在 *Ath. Pol*. 55. 2 - 4 中有详细描述,并将其与九名执政官的选举和任命联系起来,参见:AE (n. 14),189 - 190. 五百人会议(Lys. 26. 10)和陪审法庭(*Ath. Pol*. 55. 4)有权否决任何被指控的候选人。因此,五百人会议(举手表决)和陪审法庭(抽签决定)必须对所有的候选人进行投票(*Ath. Pol*. 55. 4)。在执政官(*Ath. Pol*)和五百人会议成员(Lys.)考核中所采用的投票,吕西阿斯说,(26.9)修订过的考核法律涉及地方法官(一般而言,不仅是执政官)。比较合理的推论是,在考核中,陪审法庭上的公民除了为那些已被五百人会议否决的成员——他们还与陪审法庭有关——投票外,还必须为700个候选人投票。

24 小时中要坐 9 个小时，甚至更多。

同样，在新年的第一个月，审计所有任期已满的地方官一定会耗费陪审员大量时间。①

此外，陪审员们每年较多地忙于行政管理和日常事务，这些在记录传统雅典陪审法庭的文本中不常被提及。我来举些例子。每当派遣一支小舰队出去时，法庭就会受命听取舰队司令官提出的关于舰船下水的不同意见。② 每当市政工程公开租赁时，陪审法庭的部分成员必须见证和确认过程。③ 当被没收的财产被拍卖时，十一人委员会负责陪审法庭的部分进程。④

对在位地方官的考核和其他常规程序耗时少，但比候选地方官的考核重要得多，如果一名公民自找麻烦为公诉人出庭辩护，则这个公诉只能由陪审法庭审讯。政治公诉中两个最突出的类型是对罪罚(*eis ton demon*)和违宪行为的公诉(*graphe paranomon*)，但也有许多别的类型，本文将不予讨论。⑤

237 在大会中控告民众是公众对被控犯有叛国罪、试图推翻民主及腐败人员提起公诉。此种公诉通常起于公民大会上的谴责，而后会将案件的判决提交到陪审法庭那里。罪罚通常是对将军的检举，且结果通常是判其有罪和宣布其死刑。⑥

---

① Arist. *Ath. Pol.* 54.2; Aeschin. 3. 22－23; Dem. 18. 117; Harpocration and Lexica Segueriana s. v. logistai. 在考核中，审查所有的资料一定比对简单少数的例行问题回答要耗时多。另一方面，听审的陪审员只能对有人控告其任职期间有行为不端的地方法官进行投票。对无人控告的地方法官进行投票是毫无意义的；因为在确定违法的案例中，谁知道已被定罪的地方法官是被处以简单的罚款还是十倍的重罚？而且在判定有罪之后，再进行重新听审会与法律法规相冲突 。

② Arist. *Ath. Pol.* 61.1; IG ii$^2$ 1629. 204－217；参见：Rhodes (n.11), p. 681.

③ Public works: *IG* ii$^2$ 1629. 8,18,21,38; 1670. 34－35.

④ Arist. *Ath. Pol.* 52.1; 参见：*Hesperia*,5 (1936),393－413,on. 10,11. 11－12,115－116; *Hesperia*,19 (1950),236－240,no. 14,11. 45－46.

⑤ 在“政治的”审判中单独进行的其他公诉类型(但在本文中不再讨论)有 *apophasis*, *apographe dokimasia ton rhetoron*, *probole*, 以及下面的公诉案件类型：*agraphiou*, *adikiou*, *alogiou*, *bouleuseos* (*type* 2), *dekasmou*, *doron*, *epistatike*, *katalyseos tou demou*, *klopes demosion chrematon*, *nomon me epitedeion theinai*, *prodosias*, *proedrike*, *pseudengraphes*, *sykophantias*.

⑥ 参见：Tolbert Roberts, *Accountability in Athenian Government* (Wisconsin, 1982); Hansen (n.94).

对违宪行为的公诉是针对辩诉者提出的公诉——修辞学者(*rhetor*)提议一项法令与现行法律相悖,并且被认为是不适当的。在公民大会上的民众通过法令之前或之后,任何公民都可以提出诉讼。在案子由陪审法庭审讯之前,法令会被暂时停止执行。如果证明有罪,申请人会被处罚,他提出的法令也会被废除。①

收集到的一些这两类公诉的证据表明,在古典时期的雅典,陪审法庭的执行权超越政治领袖,在世界历史上是前所未有的。

首先是检举。在《致腓力书》(*First Philippic*)中,德谟斯提尼轻蔑又失望地评论了雅典将军:

> 我们目前的体制是如此令人感到可耻,以致法庭有时会对将军审讯两次或三次,但是陪审员中没有一个人敢冒生命危险上战场杀敌。一次也没有。他们宁可作为一名绑匪或扒手去死。坏人注定要上绞刑架,将军们应该以战死沙场为荣。②

德谟斯提尼的表述风格毫无疑问是他一贯的夸张,但众多弹劾意见提起对将军的诉讼,表明他背离了事实真相。如果我们专注于从公元前432年到公元前355年(包括公元前404年)这77年间的伯罗奔尼撒战争历史的话,就可以从资料中找到143位将军的名字,770名将军中的289位将军的名字也可以找到。③ 资料表明,在143名将军中,35名因 238

---

① 参见:H. J. Wolff, "Normenkontrolle", und Gesetzesbegriff in der attischen Demokratie (Heidelberg, 1970); Hansen (n.28).

② Dem. 4.47(J. H. Vince 译).

③ 对于公元前432/前431年至前405/前404年这段期间的将军和他们的任期,我参考的是C. W. Fornara, *The Athenian Board of Generals from 501 to 404*(*Historia*, Einzelschriften 16; 1971),但是还增加了公元前405/前404年的Eryximachos,参见*P. Ryl.* 489,p. 105。对于前403/402年—前355/前354年的,则基于我自己最新的研究修辞及辩论文章:*The Athenian Ecclesia* ii (n.21),pp. 34-68.因为没有民主任命将军,所以我将公元前411年和前404/前403年的寡头将军排除在外。因此,我的研究只涉及了77年,而不是78年。在我的*Eisangelia* (n.93),pp. 60 ff里,我提出数字可能还要高点(160名将军和300位将领)。区别是因为1975年我在布洛赫(Beloch)编辑的*Die attische Politik seit Perikles*(Leipzig,1884),pp. 295-298草稿的基础上进行我对公元前4世纪将军的研究。 (转下页注)

罪罚被控告过，其中一名被弹劾两次，甚至还有一名被弹劾了三次。①

在仔细审查相关资料后，我们发现我们的资料零散，所以关于将军及将军所犯罪名的相关信息也颇随机。② 一个简单的审视驳斥了这一观点：很多将军仅仅因为受审才为人所知。因此，这两个数字或许是可以比较的。因为我们知道143位有名字的将领中35位被控告，所以我们认为有了充分的资料显示：十名将军组成的委员会中，平均至少两名将军迟早会在他们的职业生涯（当连任时）中被公民大会控告。此外，大部分被起诉的将军被判处死刑（通常会缺席，如果在他们缺席的时候提起诉讼，那么在审判之前很多将军选择逃往阿提卡或永不返回雅典），③而且控告是唯一针对将军们的公诉。④ 因此，在古典时期，雅典
239 对将军们政治审判的机率似乎可以和罗伯斯庇尔时期的法国大革命或斯大林"大清洗"时期的将军审判机率相媲美。⑤

此外，对违宪行为的公诉是对抗公民大会中辩诉最重要的武器。还有，收集到的有关违宪行为公诉⑥资料表明：雅典人每年每月都会让陪审法庭听审违宪行为公诉并决定人民的判决是否符合宪法。因此，在职业生涯中，几乎所有有名的政治领袖都由于违宪行为被公诉过，审判还不止一次，而是好几次。⑦ 我发现，忽略所有重要的差异，仅将雅

（接上页注） 1983年对资料进行了更仔细的检查，又增加了一些新的将军，但另一方面，将军事领导人（排除了名称不完整的将军）视作十将军委员会成员的标准也更严格，导致数字由160降到143。在*Wealth and the Power of Wealth in Classical Athens*（New York，1981）中，戴维斯（J. K. Davies）列举了140名将领（加上4个不确定的）；他没有给将领计数。

① 在公元前432—前355年被弹劾的35名将军的名称和审判被列举出来了，参见：Hansen (n. 93), p. 58 n. 2；参见：n. 16 (35, not 33)。要注意的是，在有些情况下，诉讼的类型可能是一种*euthynai vel sim*，而不是*eisangelia eis ton demon*，参见：Hansen (n. 93), pp. 66 - 67.

② 详细的讨论，参见：Hansen (n. 93), pp. 60 - 61.

③ 对将军提起诉讼的结果记载于Hansen (n. 93), pp. 63 - 64 with nn. 44 - 51。27名将军被定罪，5名被无罪释放，3名结果未知。

④ 至于对未提及名字的将军的诉讼以及其他针对将军的政治类型的公共诉讼，参见：Hansen (n. 93), pp. 61 - 63 with nn. 28 - 43。

⑤ 有关法国大革命，参见：J. M. Thompson, *The French Revolution* (Oxford, 1962), pp. 494 - 495。有关"大清洗"，参见：D. Thomson, *Europe since Napoleon* (London, 1957), pp. 678 - 681.

⑥ Hansen (n. 28), pp. 28 - 43. Cat. No. 8中列举了39个，不过可能要被删除。

⑦ 证据在*AA* (n. 20), 177 nn. 652 - 653上列出来。

典和现代国家比较，司法审判最重要，这很有启发性。[①] 自1803年以来，美国最高法院有权推翻国会通过的任何法令或法令中的任何一部分。1803—1986年期间，最高法院行使联邦法令的司法复审达135次。[②] 但我们的资料显示雅典人的陪审法庭用了不到20年的时间，而不是200年就达到了这一数字。

## 六

概括而言，雅典的陪审法庭通过对候选人和在任官员的考核长时间控制了所有的职官，并通过监督控制将军，还通过对违宪行为提起公诉强化控制。陪审法庭被赋予了很多权力，参加陪审法庭的陪审员也一直行使政治权力，这些使得公元前4世纪的许多资料都表明：法庭而非公民大会才可被称为政府权威主体。然而，现代国家的"主权"概念 240
在分析希腊城邦时影响甚微。[③] 因此，我更愿意用希腊语说雅典陪审法庭即是"城邦的主人"（*kyria tes poleos*），或者是"宪法之主"（*kyria tes politeias*），抑或"诸事之主"（*kyria panton*）。[④]

让我们想象一下，我们辗转到了德谟斯提尼时代的雅典，问一名普通雅典人一个重要的问题："谁是雅典之主（kyrioi）？"所有的资料表明这人会毫不犹豫的回答："法律（hoi nomoi）。"[⑤]然而，如果问："哪些人

① 伯纳（Bonner）和史密斯（Smith）也作了相同的比较（n.88），ii. 296。

② 参见：Abraham（n.57），pp.66-75。然而，近年来无论在联邦德国（宪法法院成立于1949年）还是法国（宪法委员会成立于1958年，从1974年起非常活跃），法律的司法审查已经上升到雅典的高度。在这两个国家，几乎每次立法中失败的一方都会在宪法法院或委员会前进行立法争论。

③ 参见：*AA*（n.20），105-106.

④ 形容词*kyrios*意味着"精通……的大师"，在宪法文本中，它有两种不同但相关的含义：（一）有能力的以及（二）至高的。在第二个意思中，*kyrios*与我们所说的"君主"有一些关系，尤其是当它指客观所属时，比如城邦的（*tes poleos*）、宪法的（*tes politeias*），还有一切的（*panton*）。

⑤ 法律是至高无上的：Dem. 22.46；23.73（参见：32，69，71，89）；24. 118；25. 20-21；Hyp. 3.5；法律维护城邦和民主宪法：Aeschin. 3.6，169，196；Lycurg. 1.4；fr. 70；Dem. 24. 156，216. 法律和民主之间不可分割的联系，见：Aeschin. 1.4（=3.6）；1.5；3. 169，196-198，202，233；Dem. 24.5，75-76；25. 20-21；Hyp. 3.5；Lycurg. 1.4；fr. 70；Din. 3. 15-16. 民主雅典的法律制度见：Dem. 21. 150，188，223-224；24. 155，212-214.

是雅典的主人？”他可能会说：“德莫是雅典的主人(the demos is kyrios)”，①但此时他说的德莫是指“所有人”、“雅典人”，而不是柏拉图或亚里士多德说的“普通大众”或“穷人”。②

现在，让我们假设这个问题推进了一步，“雅典德莫在什么地方行使以及如何行使它的最高权力？”我们期望的回答是：“位于普尼克斯的公民大会，公民在那里碰面并决定所有重要的问题。”阿里斯托芬在他的《骑士》(*Knights*)中称主人为“*Demos Pyknites*”，即普尼克斯德莫阁下，这一点很好地印证了上述问题。③ 我们也能在其他一些公元前5世纪的资料中找到类似的用法，例如，在安提丰的演讲中，他说悬而未决的案件通过法律(*nomos*)得到解决或由“宪法的主人”依据公民大会
241 的投票处理。④ 与之相类似，在色诺芬《阿哥努塞审批》(*Arginusai trial*)的描述中，我们了解到公民大会中的人控诉：把案件交予陪审法庭以剥夺德莫的最高权力是可耻的。⑤ 但有一点是明显的：从所有公元前4世纪的资料中可以看出，将至高无上的德莫制度过渡到公民大会中的德莫是缺乏依据的。⑥ 相反，我们得知：陪审法庭中的陪审员是主理法律之人。⑦ 陪审法庭与公民大会相抗衡，有时在牺牲公民大会

---

① Dem. 20. 107; 59.89.

② 参见：Pl. *Rep.* 565 A-C; Arist. *Ath. Pol.* 9.1; 41.2. Documentation in AE (n.14), 141-142,151-152.

③ Aristoph. *Knights* 42.

④ Ant. 3. 1.1，在这里，法律和议会被描述成宪法之主(kyrioi tes politeias)，所以唯一有疑问的就是陪审法庭，参见：Aristoph. *Wasps* 590-591.

⑤ Xen. *Hell.* 1.7.12.

⑥ 在Dem. 3. 30-31 (=13.31)中，作者称德莫(即公民大会)在之前(即公元前5世纪)已经是 *kyrios panton*。

⑦ Dem. 21. 223-224：*dikastai* are *kyrioi ton en te polei panton*，不管陪审员的数目是200人还是1 000人。Dem. 24. 118：法律，它至高无上，也使得陪审法庭至高无上。Dem. 24. 148：梭伦限制了五百人会议的权力，但却授予陪审法庭无限制的权力(*kyriotaton hapanton*)。Dem. 57. 56：不仅在德莫举行的大会，还有五百人会议和德莫都隶属于陪审法庭。Dem. 58. 55：一般负责比雷埃夫斯港口和其行政的是陪审法庭上的公民，他们是 *kyrioi hapanton.* Aeschin. 3. 20；根据法律，最高法庭隶属于陪审法庭。Din. 1. 106：如果陪审法庭上的公民——他们是至高无上的—— 撤销了德莫作的正确决策的话，那就不公平了。Arist. Pol. 1274a4-5：陪审法庭至高无上，梭伦要负责任。Arist. *Ath. Pol.* 9. 1：当普通大众(*demos*)通过法院参与行使决策权时(成为 *kyrios tes psephou*)，他们就成了宪法之主(*kyrios tes politeias*)。

的前提下,陪审法庭成为政府权威主体。① 陪审法庭甚至偶尔被人为地凌驾法律之上。②

什么原因促成公元前5世纪到公元前4世纪这一显著的变化呢?让我们回到第一个最根本的语句:"法律是万物之主。"在公元前4世纪,公民大会中的法律不再由德莫制定;它们是由6 000名陪审员抽签 242
选出的法律委员会所认可的。③ 其次,更重要的是,雅典人充分地意识到实施的法律才有效;特别是在大约公元前355年之后,当公民大会被剥夺了它作为法庭听审政治审判的权力时,法律的实施就成了陪审法庭的责任。④

陪审法庭是"城邦的主人",或是"宪法之主",抑或"诸事之主"的观点是"法律是万物之主"这一基本观点的简单推论,但需要指出,结合德谟斯提尼时代的事实来看,公民大会已失去了它先前的立法和司法权力。

然而,这个结论一定是在讨论了相关资料的基础上得出的。大部分强调陪审法庭权威的观点都是由德谟斯提尼法庭的辩论中提出的。大部分尚存疑问的发言都是在公共诉讼书面交付时被写就的,在诉讼

---

① Dem. 19. 297:许多修辞学者(rhetores)已经控制了公民大会,但在陪审法庭中却没有修辞学者成功地凌驾于陪审员、法律和宣誓之上。Dem. 24. 78:谁会支持一部无视陪审法庭决策的法律?谁会同意曲解一部由不宣誓的公民陪审员决定的法律?(即公民大会上的民众,参见 s. 80)。Dem. 59.91;如果公民(也就是公民大会)被劝服授予一个不值得尊敬的人公民权的话,陪审法庭可以撤销此法令。Aeschin. 3. 3-5:如果公民大会腐败不堪的话,民主就只能通过对违宪行为提起诉讼(*praphe paranomon*)来得到维护。Dem. 57.56,参见:above,n. 124。

② Dem. 24.73,78,152:通过一项法院撤销的法律是违法的。Isoc. 20.22:犯罪分子可能会蔑视现行法律,但不会蔑视法院判决。

③ 参见:D. M. MacDowell,"Law-Making at Athens in the Fourth Century B. C.", *FHS* 95 (1975), 62-74; M. H. Hansen,"Nomos and Psephisma in Fourth-Century Athens" and"'Did the Athenian Ecclesia Legislate after 403/2 B. C.?", both in AE (n. 14), 161-206. P. J. Rhodes:P. J. Rhodes, *Nomothesia in Fourth-Century Athens*', *CQ* 35 (1985), pp.55-60.

④ 法律和法庭的相互依存关系参见:德谟斯提尼21.224,他作了明确阐述:"法律的力量是什么?如果你们中有一个人被冤枉了,大声嚎哭就能使法律运行起来,且在他身边协助他吗?不可能,法律只存在于文本中,对这样的诉讼根本无能为力。那么法律的权力在哪?在你们那里,只要你们支持法律,使法律能有力地帮助需要他们的人。因此,法律通过你们而变得强有力,你们也通过法律变得坚强"(J. H. Vince 译);参见:Aeschin. 1. 36; Dem. 24.37; Lycurg 1.4; Aeschin. 3.8; Dem. 22.46; 26.8; Isoc. 20.22.

中，陪审员要确认大会（确定审判违宪行为①的法令）或在大会授意下（民众公决依据的法律，并通过公民大会移交给陪审法庭）②作出的决定，有时大会也会驳回这些决定。因此，我们必须正视我们的资料有可能存在偏倚：演讲者热切强调法庭的突出作用也许只是一个调和观众口味的演说绪论（*captatio benevolentiae*）。然而，从这个角度来看，我们应该期望一名政治领袖满怀自信地站在民众前面，用演说强调公民大会的权威，但这种情况肯定不会出现。在德谟斯提尼的演说中，他表现
243 出了对法庭的尊重，但在《奥林索斯》与《致腓力书》中，他对大会并没有表现出类似的尊重。相反，当向人民致辞时，他经常敢冒险去责骂公民大会和批评德莫，③然而在一次演说中，他把陪审法庭看作民主的堡垒。④ 这并非仅是德谟斯提尼的风格，其他人（很少）也对德莫提出了批评；⑤在埃斯基涅斯、来库古、希佩里德斯（Hyperides）和狄纳尔科斯（Dinarchus）的辩护辞中，他们对陪审法庭提出了赞扬。⑥ 此外，亚里士多德在《雅典政制》和《政治学》中强调了法庭的卓越性⑦；与目前人们对政府机构间权力划分的偏见相比，一位居住在希腊的客籍民对历史性和分析性作品评价的偏见相对较小。因此，大量文章强调，公元前4世纪的雅典法庭的至高无上，可能表示雅典人已经相信了这一点，而不仅仅是德谟斯提尼为了迎合他的听众而在其雄辩中使用了大量恭维之词。⑧ 然而，即使陪审法庭的地位常在公民大会之上，被称为“城邦的主人”，也不会使人们错误地认为陪审法庭远比公民大会重要。诚然，陪审法庭被认为是民主的堡垒，⑨但当雅典人制定有关国内的战争、和

---

① Dem. 18, on the Crown; 22, Against Androtion; 23, Against Aristokrates; Aeschin. 3, Against Ktesiphon.

② Dem. 20, Against Leptines; 24, Against Timokrates.

③ Dem. 3. 14 – 15; 参见：1.16; 4.20, 30, 45; 8. 32 – 34, etc.

④ Dem. 13.16.

⑤ Andoc. 3. 28 – 32.

⑥ Aeschin. 3. 1 – 8, 20; Lycurg. 1.4, 79; Hyp. 3. 35 – 36; Din. 1. 106.

⑦ Arist. Pol. $1273^{b}41-74^{a}3$; *Ath. Pol.* 9.1; 41.2.

⑧ 上面的争论在 Hansen (n.28), 18 中也有少数描述。

⑨ Dem. 13.16; 24.2, 154; 25.6; Aeschin. 3. 7 – 8, 235; Din. 3. 16; Lycurg. 1.4. 陪审法庭是法律的捍卫者：Dem. 21. 223 – 224; 22. 45 – 46; 24.37; Aeschin. 3.6.

平、外交政策以及个人重要决策时，公民大会里的德莫依然是最重要的。在雅典民主制的运作中，陪审法庭和公民大会同等重要。[①] 因此，总的来说，我将再一次引用亚里士多德在《雅典政制》41.2中对雅典民主制的概括性描述："大众主宰一切，且以(公民大会通过的)法令及陪审法庭(作的决定)控制一切。"

---

① 参见：AA (n.20)，107，124.

245

# 城邦的公共财产*

戴维·刘易斯(David Lewis)

描写希腊城邦的权威书籍要么完全不涉及城邦的公共财产,要么想当然地对待城邦公共财产如对待公共财政。本文试图填补一些空白,主要讲述古代雅典,在狭义的范围里追溯希腊语的关键词“德莫”。[①] 在本文中,城邦的公共财产将会以其他形式的公社所有权出现,它们以相似的方式运行,以此,城邦可以控制它们的行政管理和税收。

在附录里,我回顾了一些当前与“德莫”历史相关的观点,普遍认为在德莫出现以前,“德莫”即简单意指整个公民集体,没有“下层阶级”或民主的明显差别。

最早出现有关德莫的内容是在梭伦的论述中,“窃取了权力的僭主,独占宗教和公共财产”。这使我想到,这里可能有些具有说服力的含义,德莫里的个人财产向集体财产转变,但是我认为,在梭伦时期,这些界限以及德莫一词的使用确实形成了公共财产的概念;我们也可以收回这个观点,简单略过即可,即梭伦的“解负令”里有废除债务的条款,包括私人债务和公共债务(Aristotle, *Ath. Pol.* 6 I)。当然,我们没理由认为只有雅典有这些;只要想想那些可能从城邦公共财产中得到粮食的运动员就行了(Xenophanes fr. 2,8)。

246 梭伦的文字刚好将德莫和神庙进行对比,所以我们必须回到神庙

---

* 本文再版,我非常感激莎莉·汉弗莱(Sally Humphreys)、罗宾·奥斯本(Robin Osborne)和编辑们的帮助。

① 还有其他人,尤其是 *koinos*(普通人)。

问题上去。应该注意,后来,至少从公元前 5 世纪开始,德莫就主要与私人相对,不仅在形容词意上对比,还在动词意义上对比。我不清楚,为什么当它与神庙对比使用时,用世俗(*hosia*)比德莫更普遍,无论技术上和非技术上都是这样。

公共财产的起源是什么?如果我们把城邦的起源和作用简化,大概可以找出它的三个主要作用。

起先,公共防御可能不需要钱或财产(修建城墙多是一种体力活),但一旦需要的装备花费(例如,船队和雇佣兵)超过个人能力之外,就会需要它们。

在宗教方面,先不谈宗教建筑,我们可以说,只要形成或者正在形成祭仪活动的家族数量增加的话,公民集体就会需要资源,犹如在崎岖的路上快速行走需要辅助。这些资源在开始时并不是宗教的,只是用来补充现有的祭仪物品。这里的关键词"德摩特尔"(*demoteles*),既可用于祭祀,亦可用于普通节日。① 尽管我怀疑还有比公元前 5 世纪更早的词存在,但找不到例子。② 目前我们已经介绍了两个古代政府主要财政支出的对象;与庇西特拉图相比,它们在战争和祭品上就花去了税收的 5% 以上(Thucydides 6.54.5)。不可否认,它们也建设城邦,但我认为,公共建筑不能算作城邦公共财产的原始用途。③

第三个基本用途是在司法管理上。除了那些认为需要给陪审团付 247
钱的反常城邦以外,这一点基本不需要钱。它真正需要做的是为城邦或德莫能够获得财富提供一种明确的方式。在这里,没收财产就很重要了。④ 某种程度上说,充公是一种财产处罚,与死刑、流放和剥夺公

① 祭祀,Herod 6.57.1(斯巴达),Orac. *ap*. Dem. 21.53;节日,Thuc. 2.15.2(雅典,统一节)。见:J. K. Davies, *Cambridge Ancient History* iv2 379.

② 这个联系可以用其他方式表达出来。Note the Salaminioi in 363/362(*LSCGS* 19.20-21,86-87):δ'οα μεν η πολιζ παρεχει εχ το δημοιο,...ξυλα εφ ιεροιζ η πολιζ διωσιν εκ κυρβεων.

③ 建造神庙,事实上是集体的利益,但总是被分作 *hieron*,而不是 *demosion*。

④ 这里我没有太关注罚款的历史,肯定非常古老,当然可能在钱币出现之前很久就有了。

民权联系在一起，就像公元前5世纪一个雅典法庭所列出的处罚条款中那样。某人从集体中被流放出去，问题就自然而然地涉及如何处置他的财产。我不打算在这种可能没有私有财产、土地让渡权，只有氏族财产的空想政治制度上花费时间。就像这种严格界定一样，它们和个人财产充公是矛盾的。①

罚没充公类的词似乎总涉及以"demo"为词根的词，*demeuo* 是最普通的动词，但是单独使用 *demosieuo* 和 *demosioo*，*demosion/demosia einai/gignesthai*（属于公共的或成为公共的）的例子也很常见。

被认为最早的财产充公的例子是目前我已经成功了解的公元前657年科林斯贵族的财产充公。在希罗多德《历史》(5.29e)反凯普塞勒斯的故事里，凯普塞勒斯流放了很多科林斯人，剥夺了他们大部分财产，杀害了大部分人。可能还有其他文章记载了此次事件，如尼克劳斯(Nicalaus)："流放了大批的贵族并没收了他们的财产。"(*FGr Hist* 90*F* 57 § 7)②让我们再看看另一对公元前6世纪的例子：庇西特拉图的财产被德莫拍卖(他可能是一个冒充传令官的城邦奴隶)，被唯一准备竞标的卡利亚斯买去(Herodotus 6.121.2)；在纳克索斯(Naxos)，吕戈达米斯(Lygdamis)发现没人打算购买这些流放之人的财产，只好将它们又卖给被流放者。(亚里士多德，《经济论》$1^3$467ff；在这个故事里，因为拍卖之物又被卖给被拍卖之人，所以错过了一场大交易。)

248 很显然，有多种可能性。威尔(Will)争辩道，③就科林斯而言，没有证据证明贵族们的土地被分给了无地者。有时同样的事情也会发生在雅典，但雅典还没有确定庇西特拉图财产是否充公。这样的情形造成土地的重新分配，导致城邦不可能永远地增加自己的财产。将充公财产立即转售，一直很平常，在雅典，我们有充足的证据证明它，首先即

---

① 参见：D. M. Lewis, *Ancient Society and Institutions*: *Studies Presented to Victor Ehrenberg* (Oxford, 1966), pp. 181－182.

② 可能只是前4世纪的一个重述，参见：J. B. Salmon: *Wealthy Corinth* (Oxford, 1984), p. 195.

③ *Korinthiaka* (Paris, 1955), pp. 477－478.

有霍米考皮忒(Hermikopidai)和三一区的充公财产。这样的转售是否对建构城邦财产结构有很大帮助仍有疑问。每年,伯利克里时代的雅典人在财政收支平衡上与其他城邦不同。普通希腊人不会区分资产和收入的区别。充公财产的转售是直接行为,而转售充公财产所得的收益能平衡年度收支(前4世纪的雅典,Lysias 30.22)。当然,希腊人一直有一种想法,即面对意外的收入,城邦可能仅仅只简单宣称是给公民的红利;对雅典人和被充公者来说,我只能想到采矿业巨头迪佛罗斯(Diphilos)的财产,但是有关他财产分配的故事并不是那么好证实的(Plutarch,*Lives of the Ten orators* 843D)。

我们最可能想到的是,进行财产充公的城邦要么将财产充公看作有实际用途,要么就视之为一种确保收入的方法。这种类似于充公的方式可能最终会引起僭政。① 可能采银矿的雅典僭主们的财产被转移到了雅典公民的手中,除此之外我找不出一个可论证的雅典例子,而且在我们所有最完整的有关保留和租赁充公财产的前4世纪文献中,都说明这些财产不是在政府手中,就是在提洛人(Delian)和德尔斐同盟手中。②

政府其他获得财产的方式是什么?在雅典,有各种各样不知起源的法定习俗。我不打算弄清楚整个合法采银业是怎样的,但很明确,政府有权出租地下物的使用权。③ 我认为,政府拥有主要采矿场,不过这显然不是普遍规律;在公元前332年或前331年,厄琉西斯(Eleusis)的德莫可以将民众祭献给或原本就属于艾克瑞斯(Akris)赫拉克勒斯(Herakles)的采矿场(*SEG* xxviii103)出租出去。这里提出所有权的概念可能是不恰当的。④ 同样,没有具体要求就处理无主之地的规则也 249

① 僭主对此的实际用图可能是为了宗教目的(例如,Herod. 3. 123. 1)。
② *Inscriptions de delos* 98 B 31 ff.; *Fouilles de Delphes* iii 5. 15 - 18.
③ R. J. Hopper, *BSA* 48(1953),200 - 254。
④ 有关矿场的内容,见:R. G. Osborne, *Demos*(Oxford, 1985),pp. 93 - 100。

不明确。色诺芬在《论税收》(2.6)中指出，在公元前4世纪50年代，有很多无主的房屋和土地，通过委托，将所有权转给准备在上面建造的杰出外乡人；没有提到城邦的权力和财产转移有任何关系。

对于这一点，我们可以说一下公共领域，这些地区作为公共领域这么长时间，以致没有产生任何私人财产问题。古雅典市民辩论会场(Agora)、凯拉米克斯(Kerameikos)和普尼克斯(Pnyx)就是明显的例子；各种各样的体育馆多多少少可能会占用些公共和宗教财产。我们发现所有由这些制定界限的人划定的界限都不属于德莫。监狱这样的建筑物，足够特别，却被称为“公共的”(*demosion*)。道路系统是另一种重要的类型。我们似乎普遍认为道路是公共财产。我们有“界碑”(*horoi*)区分它们，并且它们一直被称作边界；明确将道路描写进德莫的文本是德谟斯提尼(Demosthenes 55 at 13, 16)。

我们还可以看到什么其他不动产呢？公元前4世纪并没有提供太多文献。① 由于涅琉斯(Neleus)、考德罗斯(Kodros)、巴西勒(Basile)神庙有资格对地表水进行出租，所以公共房屋(*oikia* demosia)被当作界限(*IG* $i^3$84.36；公元前417年)。在雅典，显然恰好以从城墙内到卫
250 城南面(Travlos, *Pictorical Dictionary*, 332 with fig. 435)为界。我们有理由相信这界限可能靠近巴拉迪昂(Palladion)法庭，而且它肯定大到足以充作一个显眼的路标，但是根本没有文献表明它的用途。

公元前5世纪最有分量的公共财产证据与比雷埃夫斯有关。在比雷埃夫斯之前，我们不清楚相关土地的地权是什么样的，也没有证据表明政府如何得到土地来实现米利都的地米斯托克利和希波达摩斯(Hippodamos)的计划。② 希波达摩斯完全与我们讨论的理论层面有关。他明确提到过(亚里士多德，《政治学》$1267^b$33ff.)城邦的领土可以分成三个部分：神庙，用于宗教的资源；德莫，或者公共领域，用于军

① 希勒(Hiller)在 *IG* $i^2$ 385 发现的公共浴室和其他公共财产，已经在 *IG* $i^3$ 420 中出现了。

② 有关希波达摩斯，见：A. Burns, *Historia*, 25(1976), 414-428.

需(亚里士多德并没有指出这两个部分是怎样运作的);私人用地(*idia*),是给农民的土地。我怀疑这是否与他在比雷埃夫斯的所作所为直接相关。现在看来,他主要的创新之处不是现代学者与之联系在一起的菱形栅格状街道,而是更古老的涅墨西斯(nemesis)和地阿瑞斯(diairesis),即根据不同目的,将一块区域的不同部分进行系统地部署。在比雷埃夫斯我们得到大量公元前5世纪的界碑。我不太清楚这些界碑的日期,也不清楚哪一块可能与希波达摩斯有特别的联系;有大量的文学作品论述了是否适于三小节希腊字母 σ 和以字母 ρ 为尾的铭文规则也适用于这样的界碑,以及公元前408年之后,希波达摩斯能否活到为罗得岛制作城镇图的年纪。我们已有的文章,包括明显模仿希波达摩斯语言的文章,比如,*achri tes hodo tesde to astu nenemetai*,意为"沿着这条路往前走,阿斯托(astu)都是公共的"(*IG* $i^2$893 = $i^3$1111);*achri tes hodo tesde he monichias esti nemesis*,意指"沿着这条路这个方向直走,都是穆尼基亚(mounichia)的"(*IG* $i^2$894 = $i^3$1113)。其他的则标出明确的公共区域,贸易区(emporion)、渡口和道路(*IG* $i^2$887 = $i^3$1101;$i^2$890 = $i^3$ 1104;每处两个)。还有别的用公共财产,休息区,*lescheon demosion horos* ($i^2$888 = $i^3$1102)。一篇亡佚的文章,可能充满令人疑惑的内容,将公共渡口从其他的事物中区分开来。两份不确定是否来自比雷埃夫 251
斯的文献(*hormo demosio horos*,$i^2$889 = $i^3$1103)不可思议的表明,可能有五个渡口,一个公共出口($i^2$891 + *SEG* * 379, xiv28 = 1097, 1105 - 1108)。对所属土地也是如此。而两个文本($i^2$892 + *SEG* * 380 = $i^3$ 1109, 1110)宣称 *apo tesde tes hodo to pros limenos pan demosion esti*,即"从港口边的这一整条路起,所有的一切都是公共的"。很显然,在设计比雷埃夫斯时,表明什么是公共财产是最主要的。据猜测,在最后的区域指明公共财产,至少与政府留用和避免私人占用一样重要。

有关公共财产的发展显然是空前的。对于罗马时期的一条公共道路来说,似乎只有一条晚于公元前5世纪的公共道路完全使用了 demosios 一词(*IG* $ii^2$ 2628)。

就我看来，应该进一步指出，比雷埃夫斯的公路和港口间的区域是阿提卡公共土地中唯一一块没有功能设计的区域。没有文本告知我们雅典政府曾经维持、运作或出租过任何被叫做“ge demosia”（公共土地）的东西。我们所知的全是由委员会管理的公共建筑（*demosia oikodomemata*，*Aristole*，*Ath Pol.* 46.2）。我们知道很多财产由政府租赁。《雅典政制》中的语言文字并不能完全使我们放弃猜测他们曾出租过公共土地或建筑，但在他们自己的文本中，确实没有证据证明他们做过。色诺芬认为这里可能为了建设城邦、商业住宅区和商店而提高税收（《论税收》3.12），可能会租用，但友布罗斯（Euboulos）却不这么认为，[①]尽管他确实改进了贸易区内的建筑（dinarchus 1.96）。考古学证明，在很多地区，很多时候我们可能怀疑商业会侵占公共建筑，但是就我目前所知，专业的商店始建于公元前2世纪的阿塔罗斯柱廊（Stoa of Attalos）。

252 一个明显不是宗教租赁土地财产的例子似乎将我们带进另一种完全不同的情况中去。我在1959年出版的著作中指出（*SEG* xviii15；Schwenk，*Athens in the Age of Alexander*，no. 17），公元前4世纪30年代的一条法律要求他们将一个叫“新地”（he Nea）的地区分两部分租赁出去，这显然是为了增加小泛雅典娜节（Lesser Panathenaia）的税收。没有证据证明它被当作特别的公共土地，而且很显然它也不寻常。事实上，所有人都遵从了罗伯特的建议，[②]认为“新地”是新收回的奥罗波斯（Oropos）领土。然而，我从希佩里德斯想证明的关于那里到底发生了什么与此融合中仍然看出了几点细节难题，而按照一篇新记载的研究奥罗波斯土地财产的文章就更是如此。[③] 但是，要暂时接受罗伯特的观点，我们必须明确地把像政府领土的突然扩张之类的问题看成很

---

① *Contra*, G. L. Cawkwell, *JHS* 83 (1963), 64.

② *Hellenica*, 1112 (1960), 189 – 203。兰登（Langdon）（n. 17）有个新建议。

③ M. K. Longdon, *Hesperia*, 56 (1987), 47 – 57.

例外的事件。① 所以当公元前427年普拉提亚(Plataea)被摧毁时,对于发生了什么,可能只是这次事件的镜像(Thucydides 3.68.3)。在一段过渡期之后,经历了墨伽拉(Megarian)流放以及同意前底比斯普拉提亚人(pro-Thebans Plataeans)留驻城邦,它被推翻,它的物资被用于给赫拉建行宫和神庙,土地被没收,被斯巴达人租借了10年,而底比斯人则在上面耕作。即使不是扩张,这样的情形也会发生。我们可以在彼此吞并中看到类似的同化,同在公元前427年,雅典人第一次解决莱斯博斯时亦是如此(修昔底德认为这些事件之间有很多相似之处)。四个发生暴动的城市被分成三千份。其中的三百份被献给了神,剩下的又被重新租赁给莱斯博斯人,租金归雅典公民所有。这种解决方法是否持续了很长时间,目前还有疑问,但是雅典声称它已获得帝国的财产是肯定的,这个声明直到公元前377年城邦考虑要加入第二次雅典同盟时才放弃:"德莫应该放弃所有雅典私人或城邦占领的同盟者土地,给同盟以坚强保障。"(Tod ii 123.27-31)并不是 253
所有同盟者都需要为雅典驻军和长官们准备房屋;有些提供明确的耕地。

在谈到雅典城邦的其他财产之前,我们应该看看其他地方的公共用地,虽然我并不打算做很多必要工作。我猜测,在古典时期,雅典可能有一个典型传统,即不将占领的土地作为公共土地。② 这个观点显然是有的。在一本关于公元前2世纪早期未出版的文章中,③色萨利城镇斯科图乌萨(Skotoussa)把议员送到城墙周围去,以此来声明对城墙的所有权;他们可以决定哪一块土地是公共的,哪一块土地是私人的。在我看来,这种特殊行为是为了确使某些土地能秩序分明,不妨碍自我防御。但有些证据却将我带入一个情况略微不同的世界。以赫勒

① 对于扩张城邦的领土和增加它的财产,一些现代学者有疑问,见:A. H. M. Jones: *The Greek City* (1940), p. 359, n. 67.

② 对于后面几个时期的不同判断,见:Jones(n. 18), pp. 245-246.

③ V. Missailidou-Despotidou, "A Thessalian Inscription and its Topographical Implications", M. Phil. thesis (Oxford, 1986).

斯滂弗里吉亚(Hellespontine Phrygia)的泽莱亚(Zelea)为例,这里有一篇重要的文章(Dittenberger, *Sylloge* 279),描写的显然是波斯人离开后不久的事。战后遗留了大量的公共土地(*choria demosia*, 其他的为 *demosiai geai*)以及一个重大疑问,私人是否侵占了这些土地?一个由不参与此事的人组成的委员会被任命去调查这些土地并制定合适的价格。对公民来说有三种可能:1. 他们只要付清价钱购买了土地,即可保留土地;2. 他们自己申明已经购买了土地,或者是从城邦处正当获得了土地(如果这个声明是假的,那么他们需要多付 50% 的价钱);3. 他们离开,由委员会公开快速地出售空置的土地。将出售土地所得的收益储存起来以期用于城邦神庙和其他公共需要上,但我认为最主要的动因不是在财政上。不管当前情况如何(我认为,最可能的情况是有关土地被波斯人和他们的支持者所得),独立的泽莱亚肯定不愿意使自
254 己的公民成为农奴。这类弗里吉亚人将不得使用付了粮税(*phoros*)所得到的土地,所以他们不会成为土地所有者。

再说雅典。[①] 由于军事装备变得更加专门化,城邦不得不需要更多的装备,而这只能花费公共财产;我认为当时不会有很多私人投石器。然而,骑兵的马是个人的,但是城邦会付给他们钱和一些保险金。[②] 雅典主要的军事费用在海军上。我们已经隐约涉及一点海军建设,花费在船身、设备和船舱上的钱是巨大的。除了公元前 480 年老亚西比德(elder Alcibiades)控制的私人三桨座战船外,战船自然是属于德莫的。我怀疑是否有人会想到这一点,但色诺芬(《论税收》3.14)想到了,与他要求租赁商船相似。[③] 他因为这个要求被责难[④];保持完好

---

① 我跳过许多属于城邦的小事物,它们都被标明为 *demosia*。在这些最早的时候,一系列重达 500(原书未交代计量单位——译者)左右的青铜器,*demosia Athenaion* 的标志当然既揭示了它的官物性质又表明了它的所属权。*Sphregis demosia* 的公众印章和 *demosios charakter* 的公共钱币模式表明了同样的用途。

② J. H. Kroll, *Hesperia*, 46(1977),83 - 140.

③ 很难弄清楚 *ta alla demosia* 是什么。

④ Cawkwell(n. 15),64.

的海军还不够麻烦吗？有一件相似的事件能证明这个非难。大约公元前230年，当奥尔比亚（Olbia）需要转运大块的石头时，必须得依靠私人运输，因为德莫的设备全是坏的（*Sylloge* 3 495. 146－151）。①

我现在要说另一种很不同的公共财产。在雅典和其他地方，这个词语发展成了一个名词，意为集体奴隶财产（*doulos*）。自O. 雅各布（O. Jacob）1928年的著作《关于雅典奴隶公共财产》（*les esclaves public a'athenes*）发表后，研究雅典的公共奴隶才开始慢慢开始，但是不是很清楚形成的规模究竟如何。

对于阿里斯托芬的读者来说，首先想到的是徐吉泰人（Scythian）弓箭手。学者过去常常认为可能有多达1 200名弓箭手。O. 雅各布却 255 认为他们将军队弓箭手和普通弓箭手混淆了，我觉得他是正确的。他认为不会有超过300名弓箭手，但我认为300名也多了。但无论如何，徐吉泰弓箭手最终消亡了；我们最后一次见到他们是在公元前392年阿里斯托芬的《伊克里西阿》（*Ecclesiazusae*），而且后来他们通常由少数外乡人组成，这可能与各种长官有关，倒跟军团无关。

前面已经提到司法管理，这里有必要首先从行刑机构开始介绍。②机构的复杂性要求官员的任期长，而《雅典政制》有时在描述行刑机构的运作时提到了奴隶；事实上，在普鲁塔克的《德谟斯提尼》（5.2）里明确提到了创建行刑机构的公共基础。假设有几个行刑机构（《雅典政制》忽略的事情），我想，我们应该把人员分成三种考虑进去。

就像公共领域（*demosion*）的结果那样，公共基础也是如此。有时是公共执行人。根据柏拉图的《斐多篇》和普鲁塔克的《福基翁篇》里的大量内容显示，即使是古代雅典相当不完善的监狱拷问和执行过程，多人管理监狱都要比一个人好得多；虽然可能在十人到二十人间看不出什么

---

① 我不知道为什么菲利普·高瑟（Philippe Gauthier, *Un Commentaire hiatorique des Poroi de Xenophon*［1976］, p. 108）会认为这些是战船。

② Jacob, *Les Esclaves*, pp. 87 ff.

区别。

《雅典政制》提到了一种或两种其他形式的劳工。五名道路修建者(54.1)雇用公共奴隶中的男劳动力修路。而各种各样的庆典中，城邦集体也可能会需要劳力(astynomoi,50.2)，但是唯一被提到的公共奴隶帮手却是这些将尸骸从道路上搬走的人。① 可能其他城邦也有这些人员。例如，神庙的管理者修缮神庙(50.1)，一年的工资只有半个塔兰特，如果不是自己动手，就是雇用劳力帮忙。②

256 没有能证明这些数据的史实。为了得到有力的数据和规模，我们不得不求助于厄琉西斯的记录。很幸运，这些记录很清楚。我们首先注意到这里提到的 *demosioi*，没有与它们相关的宗教语言，不像在迪迪马(Didyma)的阿波罗神庙工作的人员(*Didyma*, *die Inschriften* 41.60)，他们的雇主是厄琉西斯的信徒，都是城邦官员。现在先回到公元前333年/前332年，③在文献(*IG* ii[2] 1673)里，28个公共财产被强制穿上衣服、鞋子，喂食。但是一则新材料表明，其中9个是石头运输机，可能是普通军事组织的临时附属物。如果我们不把它们算上的话，普通军事组织就有19个，而不少材料证实，在公元前329年/前328年只有17个(*IG* ii[2] 1672.5,42,71,117,142)。

至于更常见的司法管理，援自狄俄尼索斯剧场的一块公元前5世纪的碑文已经证明了委员会助理(*hyperetai*)的存在(*IG* i[2] 879 = i[3] 1390)，但是在雅各布的成果之后的几年，这个名词才出现。我们现在有公元前4世纪中期的证据证明每个部落委员会中助理的分配情况(*Agora* xv,nn,37,62,72)。差不多同时，我们得到了第一个司法管理的程序清单，包括了 *demosios*、*eukles* 等内容。如此发达的司法管理肯定已经存在了一段时间。公元前375年/前374年的《货币法》(*SEG*

① 这是因为道路是属于 *demosia* 的吗？葬礼的最终责任取决于当地负责人(Dem. 43. 57-58)。

② 我不清楚是在谁的命令下，*andropoda* 拆除了峭壁，建了剧院 *IG* ii[2] 1629. 1010-1029。

③ K. Clinton, *Arch. Eph.* 1971,112.

xxvi72)，从已有的坐落在古雅典市民辩论会场的公共金库开始(*dokimastes ho demosios*)。如果可能的话，打算在比雷埃夫斯开始一个新的测验，并以公共基础为依托；如果不行，那就需要重新建制(lines 37—41)。其他与此相关的人在《雅典政制》(47.5)和碑文上都有发现，所以没有一到两个人在场的话，要进行任何继续城邦公共服务的公共交易都是不可能的。①

我更怀疑，与这些司法管理公共服务作用上或名义上有关的，仅仅只是从相关不常见的奴隶中挑选出来的例子。可能是这样的，在公元 257
前4世纪20年代，造船厂只有一名奥普斯哥诺斯(*opsigonos*)，他非常重要，重要到可以作公共代表来指证(*IG* ii$^2$ 1672.197)，或者甚至与狄开俄革涅斯(dikaiogenes)一起，作为"造船厂中的一员"(同上，381—382)，但我怀疑单一事件是否具有特别的意义。造船厂的监督者也有其他员工，且在公元前357年能够借给一个仆人(*hyperetes*)一艘三桨座战船，来找寻丢失的海军设备(Demosthenes，47.35)，还为他做临时工作，比如在大街上寻找目击者(同上，36)。

当比雷埃夫斯的新货币测试者开始工作时，他跟铸币工人一样有薪水。根据一个与海柏波拉斯祖先(Hyperbolos' father)有关的安多基德斯(Andocides)零碎记载(schol. Aristophanes，*Wasps*，1007)，铸币工人都是公共奴隶。我推断，一条来自古雅典市民辩论会场公元前354年/前353年未公布的法律消除了所有的疑虑(Agora I 7495)。

我认为，如果说雅典政府在公元前4世纪只有几百名奴隶的话，那就太保守了。即使奴隶总数达到四位数，那也没什么好奇怪的。色诺芬建议城邦获得公共奴隶并把他们出租给银矿工作，这被认为与当时的大背景不相符，尽管他提议的每个雅典公民拥有3个奴隶，将会使城邦的财产大大增加。

可能有人会认为城邦拥有大量的奴隶会更合适。例如，斯巴达的

① 因为在公元前2世纪后期，*demosioi* 掌握了雅典的度量衡。见：*IG* ii$^2$ 1013。

黑劳士(helots)都不是公民的私人财产,而是某种程度上的公共奴隶(Strabo,8.5.4,p.365),我不清楚这是否与事实相关。有人认为,如果所有手艺人都是公共奴隶的话,那么城邦最好分开治理,但那是不实际的。注意到这个,亚里士多德(《政治学》$1267^{b}$ 15 ff)认为,至少那些为城邦工作的人应该属于公共奴隶。他说,埃庇丹努斯(Epidamnus)就是这样,而刁番都(Diophantos)曾经也想在雅典如此安排。我觉得这
258 篇文章的影响并不大,但一定是与友布罗斯大致同时代的刁番都做出来的。可能公元前4世纪30年代,在厄琉西斯增加公共奴隶的数量是为了运输石材,这样的情形反映出这种想法,即城邦有奴隶做工要比私营化和将工作承包好的多。这个论断不仅仅只是经济上的。①

重新在总体上审视一下雅典的证据,似乎有三种可能影响城邦财产增长和种类的因素。首先,专政。例如,我们很难证明雅典人从僭主手下继承了银矿或徐吉泰弓箭手,但两种都很有可能。其次,帝国,增加了内需,同时为极大扩展的公共部门提供军费和行政物资。最后,民主。不要期望抽签决定的官员以及非特设的款项能提供多方位设备和人员——可能在外邦由上流人士来做——但工作仍需完成。

我还没想到雅典城邦的其他财产,但雅典的公共财产肯定没有涉及全部。② 我们不能确定雅典是否从没有买过防卫犬(guard-dogs),就像确定忒奥斯(Teos)买过一样(*SEG* xxvi 1306.19-21),但它看来好像从不需要公共马群,而让个人赢取国际竞马比赛的威望。它主要是与阿戈斯竞争。公元前480年,它的公共马车赢得了奥林匹亚冠军,公元前468年,又赢了比赛(*Oxyrhynchus Papyri*,222)。大约到公元前420

---

① 在1世纪的金融经济的大背景下,罗马总督以弗所人(*Ephesos*)取代公共奴隶做卑贱工作,参见:H. Wankel,(ed.)*Die Inschriften von Ephesos*, IK 11(Bonn,1979),17.42-44 = 18.13-18,由此提出了一种社会观。

② 在有些书上出现过的米利都公共羊群由公共牧羊人看管,原来竟是奥苏利耶(Haussoullier)的想象,*Etudes sur l'histoire de Milet et du Didymeion*(Paris,1902),p.250,还有更早前的文本,米利都的公共羊毛被弗里斯(Verres)所偷(Cic. Verr. 2.1.34[86]);我认为,恐怕都没有什么公共羊毛。

年,阿戈斯的公共马厩都还存在(Isocrates 16.1),我认为这不是它唯一的机构。虽然没法回到公元前672年看到狄斯庞提恩(Dyspontion)伊利亚人的集体胜利,但我认为在场景之外一定有某个相当稳固的集 259
会框架。此时,公元前420年的奥林匹亚,斯巴达的利卡斯(Lichas)正驾着庇奥提亚人的公共财产——马拉战车缓缓驶入赛场(Thucydides 5.50.4)。

本文没有涉及宗教财产和城邦以下组织机构的财产。财产的功用上也只涉及一部分公共财产。尽管雅典人在德莫和神庙间加以区别,甚至当他们向雅典娜祈求时,也会要求多得利益。我认为我们不能理性地看待他们。毕竟,他们自己决定向雅典娜借什么。同样,我想强调,当我们认为雅典的宗教土地被官员租用进行集会时,雅典人却很少将土地作为公共财产租赁。不可否认,以此得来的收益大概被充作宗教用途,但是我想说,宗教用途也是城邦财政支出的一部分。城邦更普遍的用途也有。色诺芬认为,将埋在墙下不用的财产利用起来会带活经济。他的观点可能在公共财产上没有文献可以证明,但是与现在已证实的公元前4世纪30年代①大范围宗教财产租赁不可能完全没有关系。

10%—50%,这个公共财产数额只能是我和安德烈耶夫(Andreyev)的猜测。② 如果猜得正确的话,我们应该只能在阿提卡以内的地区使用它。希腊大陆的宗教财产总数会更加不同。更详细来说,在各个城邦里,祭仪都是最重要的活动,宗教财产可能会更多。我们已经看到,提洛和德尔斐的安菲科特欧尼斯(Amphictyonies)都能保留或租赁充公财产,我们可以想见,其他神庙财产也在经济中占了不可替代的地位;以弗索的阿耳忒弥斯神庙(Artemis at Ephesos)就是个明显的例子。在这个阶段,数额的差别成了我们正在研究的社会类别间的真正区别,而 260
且这可能是雅典小范围处理公共财产的理由。

---

① M. B. Walbank, *Hesperia*, 52(1983),100-135,177-233.
② M. I. Finley, (ed.) *Problemes de la terre en Grece ancienne* (1973),pp. 198-199.

还有很多问题。不可能完全弄清楚为什么雅典人不打算把农地收归政府所有。想知道雅典人是否会意识到集体开发增加税收的无效性，但是在银矿管理中没有发现这样的局限。毕竟，进一步的研究需要掌握其他的公共财产，不管是宗教的还是集体的，都是在全雅典的背景下与其他城邦进行对比。① 再次思考一下，我们留意的被遗弃财产是否与从没有完全充分拥有它的城邦相匹配，是有价值的么？希腊大部分地区是森林、山川和丘陵牧场。② 什么构成了财产？这个问题已经被提过无数次，变成更复杂的问题：雅典人集体拥有的财产——许多故事里体现的大众分配，和城邦拥有的财产之间的差异更多。这就涉及了有关城邦本质的最基础问题。

# 附　录

## 德莫及其同根词

作为怀特海(Whitehead)《阿提卡的德莫》(*Demes of Attica*)附录一的读者，应该知道利德尔(Liddell)和斯科特(Scott)关于德莫(δημοζ)
261 的文章让人一点也不满意。怀特海的主要目的是让人相信克里斯提尼所使用的新村落区域并无新意。如果对此言语稍作修改的话，我就同意这个观点。但是我对一些更常见的问题仍存疑虑。

利德尔和斯科特以满是史诗般的理由作为“区域、国家、土地”开始写德莫(δημοζ)的。例如第1部分的中记述(I.2)，他们附加上“这个区的人民，居住者”(引用自 II.3.50)。在这里，赫克托尔(Hector)描述帕里斯(Paris)的行为是 μεγα πημα 到他父亲 πoληι τε παντι τε δημοζ，增加了两个相当随意的注释，第一个是 παζ δημοζ，意指在厄琉西斯的城邦

① 举一个著名的例子，雅典从不像提洛岛的阿波罗那样借钱给城邦或个人(Tod ii 125)，但是拉姆诺斯的阿提卡本土的涅墨西斯(Nemesis)确实借钱给个人(ML 53)。

② 编辑们注意到我在 Finley (n.34)，210－212 上讨论的 *eschatiai* 现象。我们也看到在兰登(Landon)的新文(以上 n.17)中反复出现单词 *anamphisbetos*；Landon(p.52)认为它的地位是没有争议的，但我却觉得根本没有人这么说过。

（*πολιζ*）之下建造一座神庙（*Hym. Cer.* 271）。但是，I. 2 明显被看作一个错误的开始，换到 II（因为普通大众都住在乡村，长官们则住在城里），"故普通人，普通大众"（Il. 2. 198）以 *δημον ανηρ* 开始，完全是与 *βαοιλευζ* 和前面十行的 *εξοχοζ ανηρ* 对比，但是紧接着墨洛普斯（Merops）的两个儿子，*ανερε δημον αριοτω*，在 Il. 11. 328 记述中，在我看来是不相关的。正如怀特海所展示的那样，尽管后面的描述很重要，但 II 前面的也相当不凡。我认为，它的主要作用即是它与巴赛琉斯（*βαοιλειζ*）或某个更高级的集体的比照。因此，它可能已经在赫西俄德的作品（Hes. *Op.* 260 – 261）中有所体现。在 Hes. *Op.* 260 – 261 的作品里，德莫（*δημοζ*）不得不为 *βαοιλειζ* 的 *αταοθαλιαζ* 负责，并且在提尔泰奥斯的文献（fr. 4 west，Tyrtaeus）中的 *δημοταζ ανδραζ* 和 *δημον πληθοζ*，至少是 *βαοιλειζ* 和 *γεροντεζ* 主体政治中的不同部分。

利德尔和斯科特的第三章，"从政治的角度看，君主，自由民"被视为新的开始。怀特海评论道："但是作为历史政治的发展，它很明显是由习惯（II）中衍生而来。"我想我不同意这个观点。最早的例子是在《七将攻忒拜》（*Seven Against Thebes*）中引用的。即使最狭义的"政治"，也明显不能令人满意。最著名的希俄斯岛（ML8）公元前 6 世纪文献谈到 *δημο ρητραζ*。最早的阿提卡法令（*IG* i³.）开始了 *εδοξεν τοι δεμοι*，而我已经说过，*IG* i³ 105. 35 *ταδε εδοξεν ελ Αυκειο τοι δ* [ *εμοι τοι* Α ] *θε* [ *να* ] *ιον* 是公元前 6 世纪末时的一篇拓本。它和公元前 7 世纪德雷罗斯（Dreros）的（ML2）*αδ' εΓαδε πολι* 的文章没有任何区别。在 Il. 3. 50. 里，我们有理由怀疑城邦（*πολιζ*）和德莫（*δημοζ*）也许可以互相转换。我在那篇文章 Il. 11. 328，Hym. *Cer.* 271 和我们正在讨论的例子间看不出什么区别，除了现在我们应该称为宪法性的文本中找到的德莫（*δημοζ*）。我以为没有理由排除这些传统中的社会更高层，而且我相信它们指的是"全体公民"（*populus*）。与怀特海不一样，我将它们从 I. 2 记述中剥离出来，而不是在 II 的记述里。在利德尔和斯科特看来，他们的记述（I. 2）有 262

时候把一些例子放在 II 下，和他们的 III 之间没有固定的界限。当然，还是待议的歧义。梭伦诗歌里的学生们就是很好的例子，完全与利德尔和斯科特没关系，不确定的可能就是德莫的意思到底是民众（*populus*），还是平民（*plebs*）。安德鲁认为（《希腊的僭主们》，35—36），亚里士多德早已经发现了早前相关宪法性的文学作品。他认为德莫应该被理解成 hoplity。从这个方面看，II 的区别和他们 II 的乡村观点的差异，确实与我们这里不相关。我认为怀特海没有完全终了研究，尽管在克里斯提尼时代就有了阿提卡的德莫，但是克里斯提尼所做的正是去创建。举个例子，一种 *δημοζ των Αχαργεων*，某种程度上说，未能像 III 那样区别出 *δημοζ των Αθηγαιων*；这当然在奥斯本（Osborne）的论文中都有所涉及。

转向德莫的形容词。语言学家告诉我们，*δημοσιοζ* 和 *δημοτικοζ* 都是取自 *δημοτηζ*，而不是 *δημοζ*，但幸运的是，他们都承认，*δημοσιοζ* 总是能起到与 *δημοζ* 一样的作用，所以我们不必为此担心。我们也可以把 *δημοτικοζ* 放在一边。尽管有些 9 世纪的学者试图将尼基亚斯（Nikias）变成寡头统治者（Xen, *Hell*. 2. 3. 39），他们宣称和其儿子们都不可能做出任何 *δημοτικον* 的事。我们现在很赞同这个观点。德莫在雅典特指 *δημοτικοζ*；我知道的唯一有政治意味是叫奥尔比亚（Olbia）的地方，这里的 *δημοτικον δικαοτηριον* 应该是与外乡人相对立的（Tod ii 195. 17）。

这篇论文主要讨论的是 *δημοσιοζ*。我希望我已经表达出了 *δημοζ* 民众是与 *δημοσιοζ* 相关的大量遗物，表明文字的使用不需要系统化。当它开始出现时，不需要任何与我们可能称作民主机构存在有关的建议。利德尔和斯科特也不是 *δημοσιοζ* 的最好向导，忽略了我所知道的它最早的前四个的出现。其中两个是非常普通的，几乎不能从帕里斯由 *μεγα πημα* 向 *δημοζ* 转变中将之区别出来。梭伦的论述以普通的 *ταυτα ρεν εν δημωι στρεφεται κακα*（23）来讨论雅典的不良城邦，并向它如何影响个人转变（*ουτω δημοσιον κακον ερχεται οικαδε εκαστωι*

26)。*Δημοσιον κακον* 也在公元前 7 世纪末期的碑文 ML4 上出现过,在此,它好像是描写考基瑞亚(Corcyrean)人民失去其被溺死的异邦代表(也见 *Theognis* 50)。这里,德莫出现过三次,一次是在词组 *προξενΓοζ δαμον φιλοζ*,两次在墓碑上的正文中出现,就像厄琉西斯的德莫用来给德米忒尔(Demeter)建神庙那样。我要再次强调这里没 263
有体现民主。跟我们已经提到过的文章有很大不同;众所周知,这里多次出现的德莫与涉及的 *βολη η δημοσιη* 相一致,但是与我在论文中所说的相关的 *δημοζ* 无关。有关它的论述是在梭伦的言论(4.12—13)中从第四条开始的。

# 265 古典时期雅典的德莫及其分类

罗宾·奥斯本(Robin Osborne)

“现在我们都是民主主义者。”我们是吗?有人可能会把这当作对自由政治观点的测试,来检验一个人是否倾向于直接民主。毫无疑问,直接参与民主能以它最不妥协的形式体现大众的权力,那份旧的声明指出,直接民主可能是可取的,但在现代民族国家中不可能了,因为它已不再适用。现在没有技术壁垒来阻碍实现被认为是合适的政治参与:可以为所有公民提供监督和参与政治讨论的方法,以及讨论结束时进行投票的方式。或者,有人可以通过安排一个有 6 000 个坐席的场地,按照每 30 000 名公民或 2 400 平方公里大小的土地来设置场景,重现古雅典当时的情况。然而,对于大多数人来说,细节不重要,整个直接民主的想法都是相当不可接受的。媒体预先在它们对工会会议充满敌意的报告中假定了这个观点,而左翼和右翼中的少数势力也有这种看法。有人反对人们会在没有完全事实的情况下,在糟糕但感性的争论基础中作出决策;那样会制定出不一致的政策和易变的决策;公民主体内的划分就会被凸显出来,而由于社会大部分民众对于法律规定的权利和他们实际的无权之间的差距越来越失望,亦会导致政治骚乱越来越普遍。

266 我提出这些并不是要发起一个关于现代政治体制优缺点的讨论——虽然当代的政治实践确实很难从理性的角度去辩护。我把它放在与自然的雅典民主一样的高度,很大程度上被爱好者与批评者、古代和现代忽略。虽然古典雅典确实给所有公民(基于一个非常狭隘的公民定义)在所有问题上发言和投票的机会,但它并没有作出比其他政权更高比例明显错误的决定,不管是古代还是现代。寡头政治的斯巴达并没有因为它稳定的外交政策出名，各种政治体制不同的现代政府不仅可以制定不同的独立决策，而且还可以从根本上改变确立所有政策的政治原则，这些政策依据一种频繁性而定，对柏拉图的思想产生影响。① 更值得一提的是，这就是我想在这里详述的，古雅典不会有大的分歧和政治骚乱；雅典人表现出非凡的团结，只有在遭受严重的外部压力战败的条件下才会被打破。的确，有些当代批评家抱怨政治决策通常由在方向上摇摆不定的"海军暴民"制定，这对公民中的"精英群体"来说是不可接受的，但是进一步分析的话，这些"海军暴民"就消失了，更讽刺的是，这些创造了它的巧言令辞可能实际上有助于掩盖和扼杀真正的分歧。②

雅典公民如何以及为什么这么团结犹如一体呢？一个传统的答案就是人们的冷漠。如果你认为绝大多数雅典公民都不关心政治，特别不热衷参与政事，③那么政治热情不高也就不足为奇了。然而，很明显
有四分之一到五分之一的雅典公民——并不是每次人数都一样——定 267
期参加公民大会（*ekklesia*），而且显然大多数雅典公民一生至少在五百人会议中任职一次，指导公民大会和执行公民大会决议，所以说不参与政治对雅典民主政治的关键来说不太可能。④ 财富和居住地确实会影响政治参与的范围，对于居住在阿提卡偏远地区的公民来说，参与政治更加困难，这会导致城镇居民和农村居民间微小的差别，但它本身就表现了雅典公民主体的团结一致。⑤

本文试图通过剖析雅典社会和讨论分歧使雅典公民主体（德莫）

---

① 斯巴达外交政策的不稳定性，参见：G. E. M. de Ste Groix, *The Origins of the Peloponnesian War* (London, 1972), pp. 151 - 166. 柏拉图的观点，参见：《理想国》488，561。

② 参见：P. Harding, "In Search of Polypragmatist", in G. S. Shrimpton and D. J. McCargar (eds), *Classical Contributions: Studies in Honour of M. F. McGregor* (New York, 1981), pp. 41 - 50; S. C. Todd, "Lady Chatterley's Lover and the Attic Orators", *JHS* 110 (1990).

③ 在某些行政区域里，积极价值观就是不参与，参见：L. B. Carter, *The Quiet Athenian* (Oxford, 1986)。

④ M. H. Hansen, *The Athenian Ecclesia* (Copenhagen, 1983), pp. 1 - 23; id., *Demography and Democracy: The Number of Athenian Citizens in the Fourth Century BC* (Herning, 1985), pp. 51 - 64; Osborne, *Demos: The Discovery of Classical Attika* (Cambridge, 1985), pp. 42 - 46.

⑤ Osborne (n. 4), pp. 88 - 92.

的统一来回答雅典团结问题。文章第一部分着眼于德莫的分支和讨论它们强化组织中枢管理的方法以及公民为大会演讲准备的方法。文章的第二部分，我仔细审视了阿提卡内的一个当地群落——拉姆诺斯（Rhamnous），尽量表明对组织机构和团体活动中合适对象的常见假设如何成为可能。

## 一

在《政治学》的开篇，亚里士多德分析了城邦的历史。他指出自然力量和必要势力如何第一次促成男女联合，组成家庭，然后家庭组成部落，最后部落组成城邦。因为家庭都听从于年长的男性，所以城邦第一
268 次产生了国王的统治（1252a24－1252b31）。在这个理想化的历史进程中，每个单元组织都仿照先前的单元组织，家族里的家庭组织提供了更复杂的单元组织类型。

在有关古代城邦最具影响力的现代作品里，甫斯特尔·德·库朗热假设真实的历史是一段与亚里士多德所描述相去不远的进程。家庭组成氏族，氏族形成部落，部落变成城邦，在甫斯特尔看来，所有阶段中，团体都是靠共同的祭仪活动联合起来的——每个团体有自己特定的祭仪活动，但也会与更大一点的群体或它从属的群体共有同样的祭仪活动。在每个阶段中，团体组织是完全相当的："家庭、胞族、部落、城邦，是彼此非常相似的社会组织，一个接一个，由一系列的联合组成。"①

看到这些城邦组织模式，古雅典的组织就非常出众了：次一级群体依据城邦的模式来建构组织和制定策略，而高一级群体政府则依据这些次一级群体政府组建的方式建立起来，古雅典则与它们完全不同。

---

① N. D. Fustel de Coulanges, *La Cite antique* (Paris, 1864 [Eng. Tran. Baltimore, 1980]), book iii, ch. 3.

在古雅典民主中，德莫（指公民群体）的初级形式就是德莫（指小区群居——村庄或临时收容所）。我这么说是想强调 demos 这个词词义不明以及它比平常更强烈的隐含意义。阿提卡的德莫可能在古时候就已经这样称呼了，但这也只是在克里斯提尼之后，随着民主时代的到来，整个公民群体才掌握了最终的政治决定权，德莫才发出它强有力的声音。① 我并不试图声称对德莫这个词的使用还有疑惑，因为即使无限制地（雅典德莫、埃克松德莫）偶尔使用这个词，也还有很多地方值 269
得怀疑。我的观点是对于整个公民群体和使它牢不可破的 139 个组成部分——德莫不可能脱离了所有组成它的次一级群体后单独运作——就用同样的含义。以雅典德莫名义发布的决策，不仅需要所有雅典公民作为个体的支持，更需要这些独立个体组成群体的支持。在基本的语言层面上，demos 和它的下级组织是密不可分的。

除了被模糊地用来作为指代整个公民群体，demos 也被作为一种轻蔑的泛称指代"平民"。在寡头政治体制下，掌权者很高兴将自己与平民区别开来，但在雅典是不可能的。没有人会坐在那，看阿里斯托芬在他的喜剧《骑士》中，略带讽刺地描述 demos，还否认它与自己没关系。在公民群体内部，基本的语言抗争中，公民的分类也延伸到"阶级"和当地分类。

德莫和 demos 并不在每种意义上都相同。② 小群居没有它自己部落分部，也没有三一区德莫。但是在高程度上，小群居确实和组合的德莫相似。小群居在市场集会，不是在公民大会，但至少每个小群居都有一个以"主要集会"（agora kyria，*IG* ii$^2$ 1202.1－2）为首的小型会议，就像集合的公民群体有它的公民大会（*kyria ekklesia*）一样。至

① D. Whitehead, *The Demes of Attica 510－250 BC*（Princeton，1986），Appendix 1； D. M. Lewis，above，pp. 260－263. 参见：Sinclair，*Democracy and Participation at Athens*（Cambridge，1988），pp. 15－16.

② 关于德莫的组织，参见：Whitehead （n. 7），pp. 86－148；Osborne （n. 4），pp. 72－87。从另一个角度看，德莫就是小型的城邦（miniature poleis）：E. Kearns，"Change and Continuity in Religious Structres after Cleisthenes"，in P. Cartledge and F. D. Harvey （eds），*Crux*：*Essays Preented to G. E. M. de Ste Croix* （Exeter and London，1985），pp. 189－207.

少，有些小群居对特定的行业要求法定人数（*IG* ii$^2$ 1183.21），就像公民大会一样。演讲者在集会上讲话，就像在公民大会上宣誓的演讲者一样（Dem. 57.8）。

德莫选出自己的地方官（archai，*IG* i$^3$ 253），其中最重要的就是行政长官（*demarch*）。事实上，地方官有责任管理参与活动的德莫，只有比雷埃夫斯港的行政官例外，他是由抽签选出的（亚里士多德，《雅典
270 政制》54.8）。行政长官头衔的使用，表明在重要参考意义上，这个官职是地方的而不是中央的，在公元前4世纪，德莫本身就意指行政长官“统治德莫”（*demarchon*）。但是依据公元前5世纪中叶拉姆诺斯女神涅莫西斯神庙中的记载，能通过以行政长官的名义所使用的像“在某某管理德莫的那一年”（*demarchontos*）和“在某某管理的那一年”（*arrchontos*）的表述确定他们的时期；对于这些记载者而言，这些行政长官很显然就是他们当地的执政官（ML 53）。

除了行政长官之外，我们还听说了其他的德莫官员——并不是每个德莫都包含有所有的官员——这些官员都有名称，与中央行政官员相似：财政官（*tamiai*）、秘书（*grammateus*）、记录员（*antigrapheus*）、会计员（*logistai*）、评估员（*paredroi*）、评价员（*epitimetes*）、代讼员（*synegoroi*）、传令官（*kerykes*）和看守员（*hieropoioi*）。在选举前的任职资格审查（*dokimasia*）中，德莫可以先考察一下官员候选人，然后在他们任职期（*euthyne*）要结束的时候仔细审查。德莫并没有对所有中央行政官员的评判标准，而且即使这些德莫官员在中央有相似的平行机构，也经常表现得好像没有似的，但引人注目的是，除了行政长官（可能是中央权力机构唯一要求的德莫官员）之外，所有的德莫官员都有对应的中央官员名称：德莫在选择官员的术语时一点也没有表现出创意性。

这种平行性与英国古代和现代政府都形成强烈对比。近代早期，郊区的管理权大部分都属于教会和庄园。教会通过教区委员会活动，由教会委员负责大部分事务，还有小部分事务由教会执事负责，而庄园主要通过庄园法庭行使职权。在各种有名称的官员里，也只有警察能

在中央行政管理系统中对上号。① 现在的教区管理主要依赖委员会中 271
的主席和办事员:这些乏味中性的称谓比学院理事者更唤不起中央政府的注意(就像商业用语中地方当局行政长官的弦外之音一样)。

在雅典德莫里发现的这种情况并不特别。对以“三一区”(trittyes)闻名的德莫下的当地族群了解不多,但由三个族群组成的部落则等同于德莫。它们的会议叫作集会(*agorai*),用于主持一些重要会议(*kyriai agorai*, *IG* ii$^2$1141, 1165)。一个职位非常重要,从军事角度来看就是部落酋长,但是他在部落里的地位并不完全等同于德莫的行政长官:部落酋长并不完全负责部落事务,而且通过酋长也不能确定部落性文献的时期。唯有的固定下来的部落官员就是监察员(epimeletai)——一个在中央行政管理机构中也很普通的名称。② 监察员掌管部落的财务(*IG* ii$^2$ 1148),担当部落的秘书,负责记录部落公选出来的荣誉。在公元前3世纪早期,埃瑞克修斯(Erekhtheis)让他的监察员(*epimeletai*)照顾一个他尤其看重的部落成员的女继承人(*IG* ii$^2$ 1165)。某种程度上来说,部落与部落间的安排是不同的:阿卡门提斯(Akamantis)部落在公元前4世纪由管理员(*tamis*)掌管财务(*SEG* xxv 141)。

在血亲部落(氏族)和祭司家族(*gene*)中一种相似的情形也很盛行,它并不专注于行政管理,并且在克里斯提尼之前就存在了。氏族有集会,至少用来进行“重要会议”(*kyria agora*, *SEG* xxxii 150)。唯有的固定官员是宗主者(*phratiarch*)和祭司,但也会成立特别委员会——当他们的决定超过固定模式的时候(例如,*IG* ii$^2$ 1237 的倡导者)。氏族档案被称为“公共档案”(*koina grammateia*, *IG* ii$^2$ 1237.8),同样的称呼也用于德莫的档案。

---

① 参见:Boulton, “The main burden of parochial administration fell on the church warden”, *Neighbourhood and Society*(Cambridge, 1987), p. 265; K. Wrightson and D. levine, *Poverty and Piety in an English Village*:*Terling 1525 - 1700* (New York, 1979), pp. 103 - 109.

② 关于部落的监察员,见:J. S. Traill, *Demos and Tritty* (Toronto, 1986), pp. 79 - 90.

272 祭司家族用重要的头衔“执政官”来称呼他们最重要的官员（*IG* ii$^{2}$ 1232，*Hesperia*，39，1970，143），各个祭司家族会在“重要会议”上碰面（*kyria agora*，*SEG* xxi 124，一份公元前2世纪的文献）。在不同的家族里，都有祭司/女祭司，还有其他不同名称的传令官和各种教会助理，而在其他群落里有些是独一无二的，还有一些（例如，家族的评审员，*IG* ii$^{2}$ 1230）与中央的世俗官员一样。

这些教会组织除了亲属关系之外，还共有悠久的历史，雅典人依据祭仪活动将自己看作自愿自选群落。这里，自称“归化民”（*orgeones*）的群落和自称“特尔斯奥忒”（*thiasotai*）的群落被看作一样，因为它们之间的关系很复杂，而且在同一份文献里有些群落有时自称特尔斯奥忒，有时又自称归化民（公元前3世纪晚期的 *IG* ii$^{2}$ 1316）。群落与群落之间官员的名称是不同的；有些群落只安排一名官员或一群官员做所有的日常工作，这些官员通常被称作监察员（*epimeletai*，*IG* ii$^{2}$ 1262），而其他的群落却或多或少地增加官员的数量。有时候给官员命名依据其特殊职务，就像教士（*IG* ii$^{2}$ 1273）、圣器保管人（*IG* ii$^{2}$ 1261），灶神祭司（*hestiatores*，*IG* ii$^{2}$ 1259，*SEG* xxi 530），厨房主管（*IG* ii$^{2}$ 1301）、神庙工作人员（*zakoroi*，*IG* ii$^{2}$ 1328）。但是在有些群体中，各种行政官员和各式会议发展起来，比如会议有集会、重要会议（*agorai kyriai*），官员则有管财政的财政官（*tamiai*）、秘书（*grammateis*）、记录员（*antigrapheus*）和机密文件的保管员（*grammatophylax*），甚至还有执政官（*IG* ii$^{2}$ 1278，*SEG* ii 9）。成立特别委员会来执行决策（*SEG* ii 9，cf. *IG* ii$^{2}$ 1330），而官员在他们担任公职之后要服从审查（*euthynai*，*IG* ii$^{2}$ 1263）。因此，这些小群落在中央行政模式下，自愿构建出一整套的行政机构。

更显著的是，这同样适合于某些自助以拉诺斯（*eranos*）群体，它们主要发挥某些人身保险的作用。在运行中，至少一般而言，这些群落有一个“以拉诺斯首脑”（*archeranistes*），还有财政官（*tamiai*）、监察员
273 （*epimeletai*）、秘书（*grammateus*）和神庙看守员（*hieropoioi*），而在一个

稍晚的案例中，我们甚至发现他们在一场"重要会议"中碰面（*agora kyria*，公元前 102 年或前 101 年的 *IG* ii$^2$ 1335）。

官场中官员名称的变化以及群落里官称的使用，尽管是完全自愿且在中央行政中没有丝毫地位，但也表明在这些德莫的分支下出现"中央性"的术语不是出自中央的指示；实际上，唯有中央行政坚决要求官员（行政长官和部落酋长）有特殊的头衔。不仅作为整体的德莫不能控制家族或宗教术语来表现控制了整个城邦类似的权力，而且它已经采用的术语也变成了次一级群落的术语模式，尽管血缘和祭仪是群落的重要组织特点，尽管群落先于民主政治存在，政治的重要性是毋庸置疑的。

但是德莫和它的分支间的相似性不仅仅只有修辞术语，还扩展到群落决策的方式和它们选定的在石头上公开展示的手势类型。敬重策略决定了所有的共同决策。与雅典德莫不同，根据多种原因，绝大部分群体只敬重自己的成员。德莫并非总是如此，尽管它们可能会尊重其他德莫的成员，但是它们从来不会以德莫授予公民身份的方式给予受敬重者德莫成员的资格。① 最接近授予公民身份的行为可能就是德莫可以免除当地的税务了。② 在次一级的群落之间，授予群落的成员身份看上去还没有奖赏吸引人，比如在前 4 世纪后期，普拉罗伊（Paraloi）授予的柯利代（Cholleidai）德莫米库隆（Mikon）的儿子分享祭祀肉品。

德莫尤其以授予其成员花冠来表彰他们的荣誉，大部分是橄榄枝花冠，也有常春藤花冠以及月桂花冠和金冠。金冠的价值大概在 500 德拉克马，但也有比之价值多两倍的；这些物品完全比得上城邦授予公 274
民的那些花冠。德莫在石头上记载下花冠礼物，可能还会宣扬一下。③ 授予某些花冠还会附带其他的奖励，有用作祭牲的奖金，价值高达 100 德拉克马（*IG* ii$^2$1186），或者奖励被授予者可以在节日时坐在前排。在

---

① 参见：M. J. Osborne, *Naturalisation at Athens*, 3 vols. (Brussels, 1981 – 1983).

② *IG* ii$^2$ 1187. 16, 1188. 29f., 1204. 12, 1214. 25.

③ *IG* ii$^2$ 1178, 1186, 1187, 1189, 1193, 1202, *SEG* xx 117, 120, *Arch. Eph.* 1932 Chr. 30 – 32.

早期，德莫就宣称授予荣誉是为了鼓励其他人（*philotimia*）。所有的荣誉以及获得它们的动力，都能在城邦荣誉中找到，在城邦里，公民整体也可被授予橄榄枝花冠和金冠，向公众宣扬他们的荣誉，奖励前排座位资格以及免税。某些情况下，公民大会也会授予其身份；虽然现有的记载中没有表明有哪个德莫曾经这样做过，但是有些次一级的群落确实做过。

部落荣誉遵循相同的模式：橄榄枝花冠、金冠、豁免部落礼拜、奖励金钱用作祭牲和奉献（*SEG* xxv 141）。氏族荣誉太少，说不了，但是祭司家族的荣誉行为特别有意思。一份晚期的希腊铭文记载了授予一个名字以 oinidai 结尾的基纳斯（*genos*）女祭司一座雕像，这座雕像不是以男性的形象为标准，也不是以圣像为标准，而是以神的形象为标准（*SEG* xxix 135）。这里有最高形式的公民荣誉，在基纳斯那里则转变成适合它自身的特殊情况。①

特尔斯奥忒和归化民常常授予雕像（*eikones*）和花冠（*IG* ii$^{2}$ 1271，114，1327，1334）。狄俄尼索斯（*IG* ii$^{2}$ 1330）的艺术家（*tekhnitai*）在表彰卡帕多西亚的阿里阿拉特五世（Ariarathes V of Cappadocia）上走得更远：他们制造了两座雕塑，一座是国王自己的，另一座是他妻子的。这项荣誉涉及一种三人型的小型委员会的特殊情形，这三个人被派遣出去，要求得到一个荣誉称谓，然后继续在群落里行善（保护和免税）。通常，这些群落将自己限制在一些标准里，表明它们希望其可敬行为能
275 够鼓励产生荣誉感，即使偶尔会有一个注释说明荣誉称谓已经得到，也要继续善行。

所有这些群落的法令有一个重要的特征，就是它们为整个德莫以及首次出现在委员会和公民大会上的荣誉行为表彰的公共服务方式。因此，埃克松（Aixone）德莫由于法莱雷奥斯的德米特里（Demetrios of

① 参见：Ph. Gauthier, *Les Cites grecques et leur bienfaiteurs*（*BCH* Supp. 12；Paris，1985），ch. 2 and index s. v. statues.

Phaleron)对“雅典德莫和埃克松德莫有益”(*IG* ii$^2$ 1201.4－5)而表彰了他;早先时候,墨利忒(Melite)德莫也因为其成员之一的尼奥普托列墨斯(Neoptolemos)在言行上做了所有他能做的对雅典德莫和墨利忒德莫有益的事而表彰了他(*SEG* xxii 116)。厄琉西斯和拉姆诺斯驻防德莫也多次与其他群落一起表彰将军、卫戍部队指挥官,等等。宣扬和反复强调公共荣誉在次一级群落里并不常见,但它不是不可知的,特别是,一个官职的后来者们偶尔会联合起来进行一个特别的(*ad hoc*)仪式,给一个已经受过委员会和公民大会表彰的同级官员授予荣誉和花冠(*IG* ii$^2$1251,1257)。

这种情况或许可以以下列方式来概括。雅典人以若干不同的方式把他们自己分成永久或半永久性的团体。这些群体建立在多种标准之上——地缘、血统、地缘和血统的结合、共同的职业利益、共同的宗教信仰、主要财政问题上的互相援助、共同的军事服役,等等。一个雅典人可能属于很多这样的团体,并且在这些团体中,他将与各式各样的男子密切联系起来。按照定义,有些团体由纯粹的公民组成,其他团体则包括外邦人和外国人(甚至可能由他们控制了团体);有的包括妇女,甚至奴隶。这些团体的成员身份使雅典处于各种不同的情况,但在每一种情况里,他们都以基本上相同的方法采取行动,解释经历和表达自己的需求。这些团体的结构和团体会议的结构与整个城邦的类似。官员有相似的或者完全相同的头衔,权力被精密地划分,会议正规化,文献 276
和(对我们来说很幸运)刻在石头上的作品数量激增。在某种程度上,这些都只是表象,正像在团体里可以明确看到的那样,有秘书(*grammateis*)、财政官(*tamiai*)和监察员(*epimeletes*),但他们都由同一个人担任(如比雷埃夫斯的萨巴齐亚团体,公元前102年或前101年的 *IG* ii$^2$1335)。重要的是,这种表象被认为值得建立起来,这些团体把自己看作微型的城邦并自建基本的政治框架。它们表现得也像小型城邦,做城邦做的事,突出一样的动机。城邦授予荣誉的方式与次一级的群落不同,但也没有小团体会为自身伪造独有的荣誉形式:我们所能得到的最近的证据就是班笛斯(Bendis)的礼拜者制作花冠使用的橡木(*IG* ii$^2$1284)。这种行动的政治框架甚至被外国团体所采纳：班笛斯的色雷斯归化民以“神灵”(*Theoi*)名义颁布他们的法令，以执政官和雅典人的月份确定日期，在重要会议(*agorai kyriai*)上碰面，有财政官(*tamiai*)、秘书(*grammateis*)和监察员(*epimeletes*)，法令中还有鼓励他们追求(*philotimia*)的条款。所有这些不同的团体共享目标、方法和价值观，尽管比起城邦，它们的法令没那么让人讨厌，但在种类上确实相同。

我在前面讨论了有关官员的命名法，我们有理由相信最早由中央开始使用，然后次一级群落模仿。但不能确定是否在所有的情况下，甚至是命名上，都是沿着这个方向发展的，更不可能确定公民大会上的团体荣誉辞令是否全是杜撰的。在雅典铭文里，现存的第一份有关鼓励有志之人积极追求的条文出现在一个由德莫颁行的法令上。没有一个充分的理由能解释为什么这种特殊的修辞性策略会在德莫和公民大会
277 上通过。① 重要的不是这个倡议在哪儿发生，而是术语和修辞经常在德莫和它的分部中互相转换，却没有任何一个讨论过的团体试图以任何方式把自己与德莫模式区别开来。

这种循规蹈矩的行为明显由危险团体的组织和行为表现出来。在雅典，还有各种各样名称没有被记录在石头上的会社。就它自身而言，证词就不一致。有些会社或多或少是纯粹的社会机构，很少或根本不参与政治。但其他的就有很明确的政治性，提到它们和它们活动的文学资料假设这些政治活动是对民主制的破坏。② 这些颠覆性的因素由这些团体自己定下的名称生动地表现出来——Triballoi(以一个色雷斯部落来命名)，Kakodaimonistai(“恶魔”)，等等——通过在犯罪关系中

① *IG* ii$^2$ 1173(安全地修复)。关于相反意见，参见：D. Whitehead, “Competitive Outlay and Community Profit: *Philotimia* in Democratic Athens”, *Classica et Mediaevalia*, 34 (1983), 55-74 at p. 62 n. 25.

② 参见：Thucy. 8. 54. 4 with Andrewes' comments in A. W. Gomme, K. J. Dover and A. Andrewes, *A Historical commentary on Thucydides*: v. Book VIII (Oxford, 1981), pp. 128-131, 参见：Hyperides 4. 8 中的法规.

把它们相互绑在一起表现出来,通过它们故意炫耀的习惯做法(吃掉祭献给女神赫克特的贡品,在公众集会前,以在仪式里净化了的猪睾丸来宴客)和暴力行为表现出来。① 这些团体倒置的传统集体活动见证了德莫和它的分部所提供的组织和群体表现模式的强化。

## 二

很明显,群体组织和活动的单一主导模式的重要性从检验当地群落内的各类团体的互动中显现出来。在下文中,我将密切关注在阿提卡东北部拉姆诺斯的团体活动。正是因为许多不同的团体有理由在拉姆诺斯花费时间,来自拉姆诺斯德莫的碑文记录比其他德莫要丰富得多,只有等同于宗教和军事中心的厄琉西斯除外。拉姆诺斯不具有阿 278
提卡德莫的典型特征:其存在大量"非德莫男人"(non-demesmen),造成一种大多数其他雅典村镇从未面对过的情形。然而,这不是贬低其价值,因为在拉姆诺斯所能看得到行为的重要性没有体现在这种活动的频率上,而在事实上这类事情可能发生过。在特殊环境中,拉姆诺斯彼此不相联的群体是很容易组合的,表明传统团体组织的重要性通过在公民大会上的定期组织而轻松的对个人进行塑造。

拉姆诺斯是一个德莫,一个要塞和一个避难所,在阿提卡东部海岸拥有最北的港口,为过境到埃维厄岛提供了方便。② 雅典卫城有两套防御工事,不过两套都不能在考古学上确定日期,但可能修建于公元前5世纪晚期和公元前4世纪中期。③ 雅典卫城上有一所神庙和一个剧场,还有公元前6世纪的陶器。内陆以及雅典卫城之上坐落着女神涅

---

① 如果不是被极度扭曲了,那么最好的群体聚落证据来自 Andocides 1(特别是 48—50,61—68)和 Demosthnes 54(特别是 13—23,38—40)。

② 对于阿提卡和埃维厄岛联合的重要性,参见:Thucy 7. 28,8. 95。而拉姆诺斯的重要性也根据当时奥罗波斯(Oropos)的政治身份而变化。

③ J. Pouilloux, *La Forteresse de Rhamnonte* (Paris,1954), pp. 39 - 42,55 - 60; J. Ober, *Fortress Attica: Defense of the Athenian Land Frontiear 404 - 322BC*, (Leiden,1985), pp. 135 - 137.

墨西斯神庙，有两座公元前 5 世纪的庙宇，年代久远一些的那个建于公元前 480 年，而面积大一点的那个可能建于公元前 5 世纪的后 30 年。① 连接雅典卫城和神庙的是一条巷道，巷道两旁布满不朽的墓碑，而连接这个庙宇到内陆的道路旁则有更多的坟墓。② 这些墓地似乎主要于公元前 4—前 3 世纪出现。“德莫男人”(demesmen)居住的地方就不是很清楚；至少有一些人可能居住在庙宇之南的利米科(Limiko)塔附近。此外，这里还有一块年代更久远的墓地和一个古典时期的遗迹群。③

279 来自拉姆诺斯的碑文证据体现了群体社会的各个方面。由利姆诺斯岛拉姆诺斯人(Rhamnousians on Lemnos)所供的神秘祭献记录和两份单独摘录自描述女神涅墨西斯的文件均来自公元前 5 世纪。④ 有关德莫男人的政令，一群德莫男人租赁土地以及从某种程度上能反映出现要塞军队的铭文则来自公元前 4 世纪中期。这份碑文证据有两个显著的特征：政令数量非常多——大约有 50 份铭文留存下来；正文记载的题材很广泛。

三份铭文记录公布了由议事会(Council)和公民大会授予的与拉姆诺斯有关的男子的荣誉。28 号铭文⑤是由马琳诺斯的托里奥斯(Thoukritos of Myrrhinous)所作的一份献词，记载了他在大约公元前 3 世纪中期左右的四年里，由于作为将军在滨海地区服务而被议事会和公民大会授予荣誉。而来自公元前 3 世纪 30 年代的 29 号铭文是普罗萨尔塔的卡利斯西涅斯(Kallisthenes of Prospalta)献词，与他作为将军服务于海滨而被嘉奖有关，还记录了其在一年内由于担任酋长而从骑兵部队(*hippeis*)、议事会和公民大会得到的荣誉；两年内由于担任将军

---

① 方便直观的考古学遗址，可以参见：R. Stillwell (ed.), *Princeton Encyclopedia of Classical Sites* (Princeton, 1975)。有关涅墨西斯神庙，见：M. M. Miles, “A Reconstruction of the Temple of Nemesis at Rhamnous”, *Hesperia*, 58 (1989) 133–249, 关于年代的探讨见第 226—235 页.

② *Praktika* 1958. 28–37, 1975. 15–25, 1976. 5ff., 1977. 2–24, 1978. 3f.; *Arch. Eph.* 1979. 3–10, 17ff.

③ Osborne (n. 4), pp. 141, 190–191, 195.

④ 参见拉姆诺斯的铭文年代录，它包括附录 A 的全部内容。

⑤ 请参考附录 A。

而从议事会和公民大会那里获得的荣誉;另外一年因为担任骑兵指挥官而从议事会、公民大会和骑兵部队获得的荣誉。这些人都不是拉姆诺斯德莫的成员,而在第三份这样的政令中,被授予荣誉的人也是一样的,这个法令可以追溯到公元前4世纪晚期(10号铭文)。

在另外两个更久远的案例中,德莫也加入授予某些已经得到议事会或者公民大会荣誉的男子荣誉的行列。公元前4世纪30年代的8号铭文记录了由议事会和公民大会授予潘迪俄尼斯(Pandionis)部落男青年和其官员的荣誉,还包括拉姆诺斯人,厄琉西斯和斐勒(Phyle)的男子(拉姆诺斯、厄琉西斯和斐勒大概是那三个他们要服役的要塞)。11号铭文标出一个由祭司英雄阿切戈托斯(Archegetos)致狄俄尼索斯的献词,是关于被议事会、德莫男人和士兵授予荣誉的事情;可能德莫 280
男人就是拉姆诺斯人,而像士兵这样居住在要塞里的情况则属于公元前4世纪晚期。

由议事会和公民大会授予的荣誉在公元前3世纪的法令中也被引用了(21号铭文),主要是表彰伊庇查雷斯(Epichares),因为他参加了克里蒙尼德斯战争(Chremonidean War)。由尼科斯特拉托斯(Nikostratos)提议授予他荣誉,法令的开头写道,他早先担任骑兵指挥官时表现优异,据此,议事会和公民大会授予其荣誉。①

在前3世纪中期的三个案例中,引文不仅提到了议事会和公民大会授予的荣誉,还提到受表彰者所做的事件。31号铭文里的引文以“因为迪凯阿尔科斯(Dikaiarchos)从他父亲那里继承了对雅典德莫和位于拉姆诺斯这些社团(*koinon*)的友善态度”开头;34号铭文里表彰斐勒的阿斯凯里翁(Aischrion),是因为其胆识(*arete*)和雄心(*philotimia*),“他继续以同样的方法对待议事会和德莫,就像在拉姆诺斯服役的人一样”;35号铭文以非常类似的文字表彰了斐勒的德莫斯特拉托斯(Demostratos),也是因为他的胆识(*arete*)和气魄(*eunoia*),即

① 通过这个法令的确切团体不清楚,但残篇说明它包括士兵。

他继续对待委员会和德莫以及在拉姆诺斯服役的雅典人的态度。

31 号铭文明确指出了拉姆诺斯的这些希腊词汇。通过法令和授予荣誉，本身就形成这种易辨别行为，而参与进来的人则因为他们的社团身份，辨别程度虽明确，但是明确固定下来的社团主体身份却很不同，即使社团可能有一些固定的结构，甚至有一些官员。相对清楚的就是阿姆费赖斯(Amphieraistai)的以拉诺斯(32 号铭文)，在前 3 世纪晚期的法令中把自己描述成一个普通社群：有弓箭手(*archeranistes*)、秘书(*grammateus*)和财政官(*tamias*)，没有一个人是拉姆诺斯的德莫男人。基于 34 和 35 号铭文，另一个至少有资金的群体可以独自宣称它是在拉姆诺斯服役的雅典人主体。但是在 31 和 39 号铭文中，在公元前 236 年或前 235 年和公元前 225 年或前 224 年里，宣扬普通人存在的文献更多，并且最终会处理，因为它们将我们带到这份铭文最有趣的特点上来了。

281 授予迪凯阿尔科斯(31 号铭文)的荣誉始于执政官时代，且由“拉姆诺斯人决定”。没有执政官的年代，这就只是一个简单的有关墨利忒的卡里普斯(Kallippos of Melite)的德莫法令，卡里普斯是另外一个公元前 3 世纪中期拉姆诺斯要塞的指挥官(26 号铭文)。然而，在提到一长串事务后，复原后的这项法令包含了拉姆诺斯人、其他雅典人和所有生活在拉姆诺斯人的共同决定。这不仅是一个比拉姆诺斯的德莫男人更广阔的群体；它的主体甚至超过公民的范围。① 这份政令的结尾概括了这项举措的本质，刻在一顶桂冠上，写着：“住在拉姆诺斯的公民授予迪凯阿尔科斯荣誉。”这是一段简短的声明，并且可能就是由于这个原因它成了法令，以为自己就是这样群体的最好向导，但值得注意的是，如果照字面意思来看这段声明的话，它还不包括拉姆诺斯德莫男人中的非居民。

在这些通过的政令中，完全可以与这种身份区别相比的是明显受

① 一些学者建议删除这里第二条，以此摆脱非雅典人，但这是毫无意义的。

益的社团主体的分裂，并且这种善行会被庆祝。法令的开头提到迪凯阿尔科斯对“驻扎在拉姆诺斯的希腊人”的善行(*philia*)。复原之后的文章赞扬了迪凯阿尔科斯的胆识(*arete*)和品格(*eunoia*)，对他继续对迪米特里(Demetrios)国王、雅典德莫和“这些生活在拉姆诺斯的团体”表示友善的行为进行表彰。最后，在有关鼓励有志之人的标准条款后，这项政令宣称其动机是：“希望能纪念这些想给拉姆诺斯希腊人做好事和驻守要塞的人。”

这里涉及的那些想要寻找群体司法定义的人忙了一整天，因为铭文本身或含蓄或明确地宣称其产生于拉姆诺斯的德莫男人、住在拉姆诺斯的公民、在拉姆诺斯服役的人、住在拉姆诺斯的人和驻守在要塞里的人，还产生于其他雅典人和所有住在拉姆诺斯的人中。评论者谈论 282
的混乱并不是完全让人意外的。[①] 普尤(Pouilloux)有意把这个困惑归因于当时肆虐的战争，但在39号铭文中，战争已不那么肆虐，但还是有一波差不多相仿的，来自十年后的混乱非常明显。

与31号铭文一样，39号铭文也几乎保存完好，但很少有来自拉姆诺斯的政令，这一点倒是真的，也许他们将其他政令保存得很好，也会表现出相似的困惑。39号铭文开头写道：“拉姆诺斯人和这些住在拉姆诺斯人决定。”复原的铭文写着：“战船(*aphractos*)上一起航行的雅典人决定。”总结写道：“雅典的海员们授予埃尔泰的忒珊德之子米南德荣誉。”进行表彰的费用由普通人承担(在31号铭文中里则由德莫男人承担)，但是哪一种普通人呢？

米南德因为各种行为受到表彰。他照看船只的设备，做当权者吩咐他做的所有事情；送橄榄油给在体育馆训练的年轻人，为一起航行人的健康、安全和团结而努力，以便在危险的时候得到救助，还一心想着他们可能在将来会对德莫有益处；表扬操桨者，花钱护卫船只；向女神

---

① Pouilloux (n. 19), p. 131 writes “La Redaction du decret atteste une confusion juridique”; L. Moretti, *Iscrizioni storiche ellenistiche* (Florence, 1967), 1.55, similarly“Altra cosa notevole in questo decreto e la confusion giuridica-protocollare”.

涅墨西斯献祭，并提供祭牲和祭酒。

授予米南德的荣誉里有一项是普通的金冠，另一项则是空前的“航行豁免”权。正如我们所看到的，德莫可以，并且确实实施过免除本地税的奖励，而这里有关普尤建议的“免除海上贸易税”仍在考虑中。但是，这存在些语言和司法方面的问题，还有考虑到拉姆诺斯的小港口可以不用交税进行贸易，可能对于像米南德这样富有的战船司令
283 官而言那纯粹是个相当多余的特权。①把航行豁免看作等同于在前278年/前277年的近邻同盟法令上出现过的免除军役的特权可能更合理些（*IG* ii$^2$1132.14）：米南德被授予的应该是允许其在本年度剩下的时间里不参与随船远航。这是一个相当有价值的特权，任何一个与雅典人一起乘战船远航的人都应该知道这个特权的价值，也知道雅典人确实有权力授予其他人这项特权。

但为什么通过这些政令的人的身份却如此让人困惑呢？进一步扫视一下这些年中拉姆诺斯的情况会揭示出一个答案。任何时候，雅典人都有各种原因待在拉姆诺斯，公元前6世纪末的拉姆诺斯德莫男人和这些住在拉姆诺斯人的后裔也是如此。有些德莫男人住在这里；还有些住在别的地方，但在这里拥有土地；还有些既不在这住，又在这没土地，但时不时的因为宗教、家族或政治原因回来一趟。在涅墨西斯神庙和也许在阿姆菲亚劳斯（Amphiaraos）治疗的伤员中都有崇拜者。要塞里有士兵。士兵来自各种不同的群体：与青年公民（*ephebes*）一样训练的年轻人；出于税收（*isoteleis*），被授予特权当作雅典人来对待的非雅典人；由于忠诚（*paroikoi*），被特别表彰的外国雇佣兵②；尚未受过表彰的外国雇佣兵和水手们。或多或少因为长期驻扎在此，作为驻军守在拉姆诺斯的军队，在一连串的背景下，与当地居民联系起来，并与他

① 对于普尤的建议，参见：J. Pouilloux, “Trois Decrets de Rhamnonte”, *BCH* 80 (1956), 55－75, at 67. 很难相信独自“sailing”(*plous*) 可意指“航海带来的责任”；它也不是一项被同行海员授予的拉姆诺斯德莫男人法定税，因为如果这是一个显赫的特权的话，同行的海员会用专文来说明它。

② 忠诚（*paroikoi*）的意思并不完全肯定，参见：Moretti 的建议（n. 28），pp. 73－74.

们融合。

可能通过于公元前3世纪20年代(32号铭文)的阿姆费赖斯的以拉诺斯法令中提到了这种融合的程度。这项法令描述了到拉姆诺斯的访问者怎样聚在一起形成一个以崇拜阿姆菲亚劳斯为中心,并积极重塑其神庙的团体。在这个团体中,来自厄吉亚(Erchia)德莫的阿切斯特拉托斯(Archestratos)和来自哈马珊忒(Hamaxanteia)德莫的迪俄科勒斯(Diokles)扮演了重要角色,他们是39号铭文中为处理投票表彰战船司令官米南德而建立的三人委员会中的两名成员。米南德自己可能也要算进这些有贡献的人中。迪俄科勒斯是名弓箭手,看起来应该是以拉诺斯的发起者,而阿切斯特拉托斯则是它的财政官(*tamias*)。 284
但以拉诺斯法令是由拉姆诺斯德莫的一个成员提出来的,拉姆诺斯德莫的另一个成员则被单独挑出来充当记录员。情况的复杂性从拉姆诺斯人提议者这里变得明朗起来:提议者是提奥多罗斯的提奥蒂墨斯(Theotimos of Theodoros)之子,在41号铭文中,他由于担任将军而得到了特权外国雇佣兵的荣誉。

与公元前3世纪晚期拉姆诺斯人有很多彼此相关的单独群落不同,很明显,这个不断变化的群体是由个体组成的,这些人有的通过自己的努力,有的靠外力,与其他群体里的人联系起来。群体与群体之间,成员资格、目标和义务的标准都是不同的,使得有些群体永久地留存下来,有些则短暂存在。不同的人似乎有不同的群体基础,并且合作非对抗体现了这些个人关系。这些不连贯的铭文,不是表明不同组织原则间的矛盾,而是说明通过成员来了解群体的人在有类别里群体中如何对待外来者的困难之处,比如31和39号铭文里描写的负责任的团体。

拉姆诺斯的特殊情况,尤其是公元前3世纪后半期的,展现了一幅生动且极为迥异的个体融合景象,这种融合,尽管是以非常不引人注目的形式进行的,但在古典和希腊化时期一定有一种固定的特征。永久性的群体和临时的群体,有历史的群体和没有历史的群体,有严格的成员资格规定的群体和没有此规定的群体，政治性的和非政治性的群体，所有这些群体的成员联合起来，组成联合性的群体或新群体。随着这些群体联合起来进行改革，所有这些差异都变了，甚至消失了。其最显著的特征之一就是群体容易形成和采取共同行动，即使这些群体在公
285 认的社会范畴内仍是无法归类的。在联合行动中，这些阿提卡居民忽视了他们事实上“罪大恶极”地破坏了人口的正式分化（最显著的是它完全区分了公民与非公民），他们也破坏了非正式的分部，因为普通士兵和富有的战船司令官加入当地居民中，参与重建拉姆诺斯的阿姆菲亚劳斯神庙，也完全波及财富、地基和职业的划分。

至少，在本文第一部分看到的团体组织和行为特征部分解释了这种显著情况。群体结构“政治”模式的优势和政治语言提倡、广泛采用的行为类别致使无论基于什么的团体都能很容易就建立起来。所有的这些团体，永久的或临时的，都沿着完全相同的路线构建了一种框架。没有一个群体置疑整个城邦所有的组织或行为分类和价值。群落都用与德莫在公民大会上一样的方式和一样的理由表彰其成员。正是这种一致性，能轻而易举地破坏其他由政治或宗教联合在一起的群体分支。

## 三

在克里斯提尼之后，或者至少在公元前5世纪中期以后，民主主义者成了保守派。审视德莫和它的分部，恰好表现了民主制雅典公民变得多么保守，以及这种保守性如何或多或少地影响到永久住在阿提卡的外国人群体。通过采用一种单一组织规范和行为标准，德莫的分部既证明又强化了雅典公民主体休戚相关的意识形态。这种分化在公共舞台上多多少少预示了群体的价值观，表现了这些付诸实践的价值观和结果。强化了传统的市民价值观，确定了传统的行为规范。

286 雅典直接民主的巨大成功部分是因为这种保守导致一致性的方式，但这只是一部分原因。这种保守性不是消极而是积极的：对群体行

为采用政治标准并没有导致已有的群体老调重弹，重复旧的方式，而是在百花齐放的新群体里不断创新。授予战船司令官米南德免除远航特权的荣誉在其他的雅典文献里并没有提到过，很可能这个空前的德莫男人和海员，在一个特殊的情况下，伪造了一份前所未有的荣誉形式。任何群体可采取行为模式，将政治模式给予所有雅典人，甚至还有给阿提卡所有的自由居民自由表达的可能性，并且保证目前已有群体的独特性，不阻碍个体以公开、可被记录的行为表达自己的价值观。

修昔底德借伯利克里之口说道，雅典人没把政治冷漠看作公民只在意自己的事，而是觉得它无用。事实上，许多雅典人很少去公民大会的地点普尼克斯山，但没有雅典人能避开德莫各式各样的分部。在这些次一级群体中，通过行为，雅典人不仅宣称他们忠于组织，忠于直接民主制；他们也准备将群体活动变成他们各自所有的社会义务，这样他们就能有效地控制新社会初期的紧张局势。参与到直接民主制的机构中是雅典人的民主制健康发展的关键，但是参与德莫分部的民主机构与参与城邦政府直接民主制一样重要，或许比它还重要。

## 附录 A　拉姆诺斯已出版团体、机构政令 287

| 时间 | 已出版政令 | 发布政令的团体机构 |
| --- | --- | --- |
| 1. 前 500—前 480 年 | *Ergon* 1984.54 | the Rhamnousians on Lemnos |
| 2. 前 5 世纪早期 | Ergon 1984.54 | ? deme |
| 3. 前 450—前 440 年 | *IG* i$^{3}$248, ML 53, Pouilloux (n.19)35 | deme |
| 4. 前 339/前 338 年 | *IG* ii$^{2}$ 2493, *SEG* xxxii 225 | meros of demesmen plus an individual |
| 5. 前 339/前 338 年 | *Hesperia Supp*. 19, 66 – 74 | meros of demesmen plus an individual |
| 6. 前 333/前 332 年 | *IG* ii$^{2}$ 3150, Pouilloux 2 bis, *SEG* xxxi 162 | ephebes and gymnasiarch |
| 7. 前 333—前 330 年 | *IG* ii$^{2}$ 4594$^{a}$, Pouilloux | ephebes |

| | | |
|---|---|---|
| 8. 约前 330 年 | Pouilloux 2, *Praktika* 1982.161 | deme (with Council and Assembly, Eleusinians and Phylasians) |
| 9. 约前 320 年 | *IG* ii$^2$ 22968, Pouilloux 4 | the soldiers |
| 10. 约前 330 年 | Pouilloux 3 | council and assembly |
| 11. 约前 4 世纪 | *IG* ii$^2$ 2849, Pouilloux 425 | council, demesmen, soldiers |
| 12. 前 4/前 3 世纪 | *SEG* xxxi 114 | ? deme |
| 13. 前 4/前 3 世纪 | *SEG* xxxi 115 | ? deme |
| 14. 前 4/前 3 世纪 | *IG* ii$^2$ 2861, Pouilloux 5, *SEX* xxxi 159 | ? |
| 15. 前 4/前 3 世纪 | *SEX* xxxi 204 | the soldiers |
| 16. 前 4/前 3 世纪 | *Ergon* 1984.56 | ? |
| 17. 前 3 世纪 | *IG* ii$^2$ 3109, Pouilloux 6 *SEG* xxxi 111 | deme |
| 18. 前 3 世纪 | *SEG* xxxi 111 | ? deme |
| 19. 前 3 世纪 | *Ergon* 1985.48 | deme |
| 20. 前 300—前 250 年 | *Ergon* 1984.56 | ? |
| 21. 前 264/前 263 年 | *SEG* xxiv 154, Ergon 1985.46 | ? deme and soldiers |
| 22. 前 262/前 261 年 | *IG* ii$^2$ 1217, Pouilloux 6 | ? deme |
| 23. 前 2 世纪 50 年代 | *IG* ii$^2$ 977, Pouilloux 10, *SEG* xxxi 161 | the soldiers stationed at Rhamnous |
| 288 24. 前 256/前 255 年 | Pouilloux 7, *SEG* iii 122, xxv 153, xxxii 152 | the soldiers stationed at Rhamnous |
| 25. 前 256/前 255 年 | *IG* ii$^2$ 3467, Pouiilloux 8 | deme and citizens living at Rhamnous |
| 26. mid C3 | *SEG* xxii 120 | deme |
| 27. 前 2 世纪 40 年代 | *IG* ii$^2$ 1286, Pouilloux 11, *SEG* xxix 289, xxxi 117 | the soldiers stationed under Timokrates |
| 28. 前 240 年? | *IG* ii$^2$ 2856, Pouilloux 12, *SEG* xxxi 157 | council and assembly |
| 29. 前 2 世纪 30 年代 | *IG* ii$^2$ 2854, Pouilloux 9, *SEG* xxv 205, xxxi 156 | council and assembly and hippeis |

| | | | |
|---|---|---|---|
| 30. 前 240—前 235 年 | *SEG* xxii 129, xxxi 118 | the encamped soldiers | |
| 31. 前 236/前 235 年 | Pouilloux 15, *SEG* xxv 155 | see discussion in text | |
| 32. 前 2 世纪 20 年代 | *IG* ii$^{2}$1322, Pouilloux 34 | eranos of the Amphieraistai | |
| 33. 前 2 世纪 20 年代 | *Ergon* 1984. 56 | ? | |
| 34. 前 229 年 | *SEG* xxii 128, xxviii 107 | Athenians serving at Rhamnous | |
| 35. 前 229 年? | Pouilloux 14, *SEG* xv 111 | Athenians serving at Rhamnous | |
| 36. 前 229 年? | *Ergon* 1986. 94 | Athenians serving at Rhamnous | |
| 37. 约前 229 年 | *SEG* xxxi 119 | ? Paroikoi | |
| 38. 前 225—前 220 年 | *Ergon* 1984. 56 | Paroikoi | |
| 39. 前 225/前 224 年 | Pouilloux 17, *SEG* xv 112, xxi 537 | see discussion in text | |
| 40. 前 215/前 214 年 | Pouilloux 18 | the paroikoi stationed at Rhamnous | |
| 41. 前 215 年 | Pouilloux 19, *SEG* xv 113, xix 82, xxv 158 | the paroikoi stationed at Rhamnous | |
| 42. 约前 215 年 | *SEG* xxxi 20 | the citizen soldiers and those encamped at Rhamnous | |
| 43. 前 212/前 211 年 | *Ergon* 1986. 93 | the paroikoi stationed at Rhamnous | |
| 44. 前 3 世纪晚期 | *IG* ii$^{2}$ 1312, Pouilloux 21, SEG iii 125 | demos(deme) | |
| 45. 前 3 世纪晚期 | *IG* ii$^{2}$ 1311, Pouilloux 13 | Athenians serving at Rhamnous | |
| 46. 前 3 世纪晚期 | *IG* ii$^{2}$ 1310, Pouilloux 16 | the soldiers stationed under As... | |
| 47. 前 3 世纪晚期 | Pouilloux 20 | ? | 289 |
| 48. 前 3 世纪晚期 | *IG* ii$^{2}$ 1313 Pouilloux 22 | ? | |
| 49. 前 3 世纪晚期 | *SEG* xxxi 110 | ? deme | |
| 50. 约前 200 年 | *SEG* xxxi 112 | ... sioi (? i. e. deme) and those stationed at the fort | |
| 51. 前 2 世纪早期 | *SEG* xxii 130, xxxi 113 | the paroikoi stationed at Rhamnous | |
| 52. 前 100 年 | *IG* ii$^{2}$ 2869, Pouilloux 23, *SEG* xxxi 160 | ? | |

# 附录B　31和39号铭文*

31号铭文

291 伊克斐多斯(Ekphantos)担任执政官的这一年：由拉姆诺斯的梅尼希普斯(Mnesippos)之子艾皮尼科斯(Elpinikos)提议，拉姆诺斯人决定，因为迪凯阿尔科斯继承了其父对雅典德莫和驻扎在拉姆诺斯群体的善行，并且继续维持。当他被国王安提格罗斯(Antigonos)授命，随同其父阿波罗尼奥斯(Apollonios)，负责要塞防务和这里的居民的安全时，他证明了自己和其父统治下的驻兵纪律严明，正是因为此事，拉姆诺斯人和生活在要塞的雅典人依据法律授予他们两人各一顶金冠。同样，当他父亲在厄琉西斯时，他赢得了厄琉西斯人和其他住在要塞的雅典人的赞扬和表彰。此外，当他被授命管理帕纳科顿(Panakton)时，他对要塞及阿提卡其他农村地区的安全非常用心，做得很好；现在国王德米特里(Demetrios)委派他驻扎在埃雷特里亚(Eretrians)之岬，他依旧对雅典德莫很好，包括普通人和由于战争来到这里寻求庇护的流民，保护他们，无论民众提出什么要求，他都尽量给予帮助。当斐罗克特忒斯(Philokedes)将军来到埃雷特里亚时，恳求他释放一个已经被判处死刑的公民，最后救了这个公民，证明了他多么地为公民考虑，并且他还宣布将来他会尽力满足德莫整体和公民个体两者向他提出的需求。他用自己的钱为受灾群众向女神涅墨西斯和国王献祭，以便拉姆诺斯人能和女神建立良好关系——曾经因为战争终止献祭。因此姆诺斯人，其他雅典人和所有住在拉姆诺斯的人决定表彰锡拉(Thria)德莫的阿波罗尼奥斯之子迪凯阿尔科斯，因为他的胆识和他依旧保持对国王德米特里忠诚及为雅典德莫和这些住在拉姆诺斯的群体考虑的良好品格，他们依据法律授予他一顶金冠。也许他们是对的！拉姆诺斯人的监察

---

* 译者据铭文的英译文转译。

员(*epimeletai*)和行政长官把这个决议刻在两根石柱上,以备可能需要纪念这些准备对拉姆诺斯人群体和要塞居民做善行的人之需,一根石柱在狄俄尼索斯神庙,一根在涅墨西斯神庙。拉姆诺斯人的财政官(*tamias*)将印刻石柱铭文所需的钱分成小份,分摊到德莫男人。选出5名德莫男人去监察目前已经完工的部分。以下几人就是被选出的:梅尼希普斯之子艾皮尼科斯、赫拉克勒斯(Hierokles)之子莱克斯(Lykeas)、克莱奥多里委斯(Kleodorides)之子斯特罗姆比科斯 292
(Strombichos)、安提马科斯(Antimachos)之子斯拉西马赫(Thrasymachos)、迪俄科勒斯之子里希忒奥斯(Lysitheos)。

The citizens Living at Rhamnous honour Dikaiarchos.

(住在拉姆诺斯的公民授予迪凯阿尔科斯荣誉)

39 号铭文 293

奥阿(Oa)德莫的拉姆诺斯埃皮吉尼斯(Epigenes)之子提莫克拉底(Timokrates)提议,拉姆诺斯人和住在拉姆诺斯的公民决定,鉴于米南德在尼科托斯(Niketos)担任执政官的那年,被任命为战船司令官,很好地照看船只的设备,自己付了与在他手下服役的人一样多的钱;他向少年(*neaniskoi*)提供橄榄油,就为了他们能够更好地照顾自己的身体;他向宙斯主神和雅典娜献祭,祈求海员同伴们健康、安全和团结,以便他们安全和睦,这可能在将来对德莫是有用的,并且自己花钱支持一个蓬勃发展的娱乐项目;在船上,他表彰操桨者的敏锐;他花钱雇人守卫船只,在他抵达拉姆诺斯时,与和他一同被选上的将军及神职人员向女神涅墨西斯献祭,提供祭牲和祭酒。因此,为了同以后的战船司令官竞争,他们将从受过其恩惠的人那里接收有价值的感谢,一起去航海的雅典人决定,或许他们是正确的!表扬埃尔泰(Eitea)的忒珊德(Teisander)之子米南德,因为他的胆识和气魄,依据法律授予他一顶金冠,同时也免除了他将来的远航税。本条铭文将被刻在石柱上并竖立在门前。选出三名男子负责监督已完成的铭刻,产生的费用由群体负担。以下是选出的监督人员：奥阿的艾皮吉尼斯之子提莫克拉底、厄吉亚（Erchia）的埃斯基涅斯（Aischines）之子阿切斯特拉托斯、（Archestratos）、哈马珊忒（Hamaxanteia）的迪翁（Dion）之子迪俄克勒斯。

Athenian fellow sailors honour Menander son of Teisander of Eitea.

（雅典的海员们授予埃尔泰的忒珊德之子米南德荣誉）

# 城邦宗教是什么？* 295

克里斯蒂安·苏尔维诺-英伍德(Christiane Sourvinou-Inwood)

试图重建以及理解一种我们无法接触到，且与现在我们所认识的宗教完全不同的另一种宗教体系，需要一种方法论，来尽可能缩小先入之见——即就文化意义上而言——对调查研究的打断和破坏。我们也需要抛弃早前的解释，尽管这些解释基于那时一代代学者们的设想和期望而筛选建构的资料，但当时他们还没有普遍意识到，所有的阅读和翻译以及“常识”，都是由文化意识决定的。因此在这里，我从自己的论文集里摘出部分精选的文章，阐述一下我所理解的古典时期的城邦宗教。

城邦为希腊宗教提供了运行的基本框架。单个城邦就是一个宗教体系，这个体系构成了更复杂的城邦世界体系的一部分，与其他的城邦宗教体系和希腊宗教相互作用；此外，公民可以自主选择是否直接全面地参与宗教，这里的公民即指那些组成集体而明确参与宗教的人。每个人都属于本城邦(或者民族)的宗教集体①；在其他的圣礼中，甚至在希腊人的神庙里，一个人也只能作为外邦人(*xenos*)参与其中。只有在 296
某些情况下，由城邦里的外邦人代表(*proxenos*)充作“中间人”，才可以

---

* 我很感激编辑们的慷慨相助，将这篇篇幅颇长的文章分成了两篇：现在的这一篇和另一篇题为《城邦宗教的更多方面》(Further Aspects of *polis* Reliqion)的文章，后者在 *Annali, Istituto orientale di Napoli: Archeologia e storia antica* 10(1988)中出版。

① 我也很感谢 W. G. 弗利斯特教授(W. G. Forrest)、D. M. 刘易斯教授(D. M. Lewis)以及 R. 帕克博士(R. Parker)，感谢他们与我一起探讨本文的内容。帕克博士还在原先的版本中给出了善意的批评意见。

本文中，我不会考虑民族宗教。民族宗教和城邦宗教之间的区别不影响我们的研究。

让其他外邦人参与宗教。①

可以看出，违反这些规定并不算对神的不敬，而禁律虽然被看作人类和神界的界点，也没有被看作神圣不可侵犯。对神职人员克琉墨涅斯(Kleomenes)来说，假如忽略掉神职禁令赋予他外来人身份的话，他可以在阿戈斯赫拉神庙(Argive Heraion)祭台上举行献祭活动，也可以取消一项献祭活动。② 后来，由于克琉墨涅斯声称他得到一条与斯巴达有关的神谕，因此得到了斯巴达人的信任——斯巴达人即使在战争时③也特别虔信宗教禁律和其他传统；这表明他的行为没有被看作对女神的冒犯，也没有妨碍女神给他启示。而且，尽管阿波罗多洛斯(Apollodoros)在《德谟斯提尼》(Demosthnes)第59说菲诺(Phano)是不信神的，但菲诺自己却说他是不会变成王者执政官的希腊公民，他的话语和论辩(94－107，110－111)和由他提出的对通奸进行指控这件事(涉入通奸的女性不允许参与公众仪式)，表明他并不能进行完全自辩，像有些人可能期待的那样，由外邦人非法主持城邦里重要而神秘的仪式，这完全是一个不矛盾且极不虔诚的事例——因为它被看作"反城邦"。

除了外邦人，本邦公民违反了规定，是不会被看作对神明不敬的，这个看法和另一个观点(我下面还会提到)，即神庙属于人类而不与神明联系在一起，这也解释了为什么神庙可以轻易易主，却不被认为是对
297 神明的冒犯。这和其他对神不敬而导致各种放逐惩戒形成对比。④ 像这样的冒犯，由皮提亚(Pythia)确定其性质，并以此定罪；这样的冒犯，就与米太亚德(Miltiades)试图闯入不准人类进入的帕罗斯岛的地母

---

① On *proxenoi*: C. Marek, *Die Proxenie* (Frankfurt, etc., 1984); M-F. Baslez, *L'etranger dans la Grece antique* (Paris, 1984), pp. 39－40, 111－125; Ph. Gauthier, *symbola*: *Les etrangers et la justice dans les cite grecques* (Nancy, 1972), pp. 17－61; 参见: M. B. Walbank, *Athenian Proxenies of the Fifth Century BC* (Toronto and Sarasota 1978), *passim*, esp. p. 2.

② Herod. 6. 81－82. 不确定外乡人是否被完全禁止参加祭祀，或者是只能在特定的地方祭祀，或者由一个代表参加。

③ A. J. 霍乐迪(A. J. Holladay)和 M. D. 古德曼(M. D. Goodman), *CQ* 36(1986), 151－160. 故事里编码的有效代表并不依赖其历史性。

④ 当然，各种感知被看作渎神的行为，易引起神的惩罚(参见例子 Andoc. 2. 15)。

(Thesmophorion)大厅一样(Herodotus 6.134－135)；另一个例子是有人闯入城邦禁止入内的神庙，因此后来此人被剥夺了公民权(案例见：Andocides I. 71；cf. 32－33；72)。这样的冒犯，可以被判处死罪，被认为是不虔诚的，并且影响了城邦内所有的宗教活动。

城邦主持所有宗教活动，并使自己获得合法地位。即使在希腊的神庙也是这样，在神庙里，城邦以多种方式调节公民参与活动。在德尔斐神庙，城邦与执行神谕相关。与神谕有关的宗教人员包括德尔斐人和非德尔斐人，德尔斐人充作代表，调节非德尔斐人参与活动，并在与其磋商前提供初始的祭品。在一般的磋商日里，由德尔斐城邦向所有的咨询者提供这些祭品；在其他的时间里，由咨询者城邦派出的代表提供。[①] 然后非德尔斐人，在另一个城邦神庙里，被当作外乡人敬神的典范。在其他的希腊神庙，城邦对神庙的统治也逐渐类同。比如在奥林匹亚的宙斯神庙里，代表也扮演着重要角色，[②]奥林匹克运动会的裁判是伊利亚人(Herodotus 2.,160；Pausanias 5,9,5)，由伊利亚人决定谁能参加运动会和神庙的拜神活动(参见案例：Thucydides 5.50)。[③]

事实也表明，我们可以从德尔斐神谕的磋商顺序里看出城邦调节 298
公民个体参与希腊宗教。[④] 希腊人在野蛮人之前来到这里；在希腊人中，德尔斐人又比其他希腊人早；在德尔斐人之后，其他希腊人到的是德尔斐同盟成员里的其他民族和城邦。很显然，其他希腊人的磋商是根据某种地理上的顺序来安排的。在基本的优先权(*promanteia*)中，德尔斐城邦将优先权给予个人、城邦，或其他集团。这里德尔斐神庙再次

---

① 参见：Eur. *Androm.* 1102－1103。参见：Marek (n.2), pp. 168－170；G. Roux, *Delphes: Son oracle et ses dieux* (Paris, 1976), p.75；G. Daux, *Le monde grec: Pensee, litterature, histoire, documents: Hommages a claire preaux* (Brussels, 1975), pp. 480－495；Baslez (n.2), p. 40；L. Gernet and A. Boulanger, *Le Genie grec dans la religion*(Paris, 1970；first edn., 1932), p. 264；参见：*CID*5(p.17)和大概也有 nos. 4(pp. 15－16)和6(pp. 18－19)；参见：p. 76.

② Gauthier (n.2), pp. 41－46; Marek (n.2), p. 169；参见：Baslez (n.2), p. 40.

③ 在多多那，见：Hyperides 4.24－26；参见：19.26；这些文章表明，在没有神庙所属的城邦和民族的允许下，外乡人能否进行昂贵的祭祀还有争论，这(不考虑潜在的“政治”原因)也证实了即使是在全希腊的大背景下，最基础的还是靠城邦连接彼此。

④ Roux(n.6), pp. 76－79.

被看作神谕出处，而且德尔斐城邦还将优先权授予它的捐赠者。但这项优先权，没有其他优待，仅仅只是这样，将之授给一个野蛮人的话，就意味着他可以先于其他野蛮人向祭司询问神谕，而不是先于希腊人；授给一个雅典人，他可以先于其他雅典人；授给某个近邻同盟城邦，它就先于其他同盟民族，但都是在德尔斐人之后。

另一个城邦的调节方法是在希腊宗教活动中派遣使节(*theoriai*)，由单个城邦派遣到神庙，也包括派遣至其他城邦。① 每个城邦的使者都以本城邦的名义在神庙里管理宗教传统(例如，Andocides 4. 29)。而在这种调节下，每个城邦都会在神庙里建造国库，国库是城邦宗教体系在神庙里的象征。它们收藏公民敬献的祭品和各种祭祀活动的仪式装备，同时这些也是民众参与建造城邦的标志，以期以后能突出和美化这些城邦的成就和财富。

包括希腊在内，城邦内部宗教活动的主要对象是近邻同盟或者联盟，城邦或者民族的同盟，或者是两个一起庆祝节日的同盟进行的联
299 合，以德尔斐同盟为例，它们就是以两处神庙为中心联合起来的。它们建立自己的机构，比如德尔斐同盟的同盟大会，其作用是管理皮西安竞技会、神庙财产以及维护神庙。即使是全希腊的运动会，德尔斐也是其象征性的中心：由德尔斐选送使者宣布皮西安竞技会开始，②甚至连胜利者桂冠上的月桂枝也由来自德尔斐的男性青少年以专门的仪式(原始的形式)从坦佩谷采摘来。③ 此外，在全希腊运动会上，也是以咨询神谕的顺序来进行：德尔斐在中间，同盟们组成内圈，其他希腊民族组成外圈，但是外邦人被排除在运动会外，因为这是"希腊人"自己的仪式。宗教活动中，城邦协调同盟个体参与，有一个故事记载，哈利卡那索斯(Halikarnassos)在提奥匹安(Triopian)阿波罗运动会上违反规则，

---

① M. P. Milsson, *Geschichte der grechischen Religion* $i^3$ (1967), pp. 549 – 552, 826 – 827; Baslez(n. 2), p. 59.

② 例如，*CID* 10. 45 – 46(参见：pp. 118 – 119)。

③ A. Brelich, *Paides e Parthenoi* (Rome, 1969), pp. 387 – 405; C. Sourvinou-inwood, CQ29(1979), 233 – 234.

处罚是将其在多里安宗教联盟中驱逐(Herodotus 1,144)。这揭示了一种共识[①]:个人只能在城邦的名义下参与宗教活动(包括竞技活动),只有以城邦的名义才能保证他可以参与这些活动。只有这样才会使整个城邦都心怀崇敬。

即使在整个希腊世界,祭仪也是以城邦为基础的:公元前4世纪,瑙克拉提斯(Naukratis)已经有了殖民地和城邦的双重性质,一些希腊城邦单独建立自己的神庙和海外神庙;其他城邦则合作建造一个名叫海列尼昂(Hellenion)的神庙(Herodotus 2,178)。但是,希罗多德坚持认为,只有他提到过的城邦参与了它的建设,是其中的份子。这不是一 300
个超城邦的"全希腊"神庙,而是由城市特别联合形成的普通(*ad hoc*)神庙,城邦在这里只是基本单元。

当时,希腊的宗教由一系列互相影响和泛希腊的宗教体系组成,后者通过希腊诗歌和神庙参与进来。希腊宗教以一种零散却多样的方式形成,而不是从特定的部分体系中挑选出来某些成分的拼合,处于(互相影响的)城邦宗教体系之间的临界面——后来它也有助于其形成。[②]希腊人把自己看作某个宗教集团的一部分;事实上,他们拥有同样的神庙和祭品,还有同样的语言和血统,同样的祖先以及共同的生活方式——这是希腊人最典型的特征之一(Herodotus 8,144,2)。这种同一性被引入仪式活动中,甚至加强。在祭祀中,所有的参与集团是"全部希腊人",外国人被排除在外,而最重要的就是参加奥林匹克运动会(Herodotus 2,160;5,22)。但是每个人只能凭借自己作为某个城邦成员的身份成为这个全希腊集体的一员。这样做,不仅仅是因为作为城邦的一员保证了他们的希腊性;正如我们前文所提到的,还因为城邦调节众人参与全希腊的宗教活动。

当然,不同城邦崇拜的神应该是一样的(参见 Hevotudos 5,92－93)。

---

① 故事的历史根据是无关的;真实的还是创造的,都是一个相关希腊认知的表述。

② 参见论神性例子,C. 苏尔维诺-英伍德,*JHS* 98(1978),101－121.

不同的是固定的宗教活动，它的历史，它的形式，由每个城邦自己选择突出神的哪个方面，然后神就会更加紧密地和城邦联系起来，宗教活动对这个城邦也更加重要，等等。这种不同，很大程度上与过去联系在一起，与神和城邦的关系联系在一起，与每个城邦的英雄祖先和他们创造的宗教联系在一起——他们都被传统神圣化了，也因为过去人和神更加亲密，很多祖先都显得很神圣，而人在中间调节着人的局限性和神的
301 不可知性。以不同社会的祭祀为例，这种想法特别明显，即不同的需求产生不同的宗教。在希腊社会，普通宗教是展现集体性的现成模板，因为它给了社会大众凝聚力和同一性，因此宗教会反映出特定城邦所拥有的特定社会现实，这是不可避免的。它不是一种由“邦”“操控”的宗教，而是由执行宗教权威的宗教主体和通过政治机构活动的社会主体形成的单元来进行宗教活动，这样是为了用自然的方式让人了解祭祀本身的含义。

如果不想冒犯神的话，所有的希腊人一定要敬重其他城邦的神庙和宗教活动。根据修昔底德（Thucydides 4. 98. 2; 4,97,2 -3）记载的希腊人“法律”，无论哪个城邦掌控了一块土地，同时也掌控了它的神庙，并且在城邦再次易主之前，要根据那里的习俗尽可能地敬重他们的神庙。① 这种潜在的意识，是因为信仰相同的神，也因为城邦宗教（包括神庙）是更大的城邦体系的一部分，拥有了土地很自然地就拥有了神庙；此外，还可能是因为以前的历史和传统习俗不同，将祖先与他们的传承和/或风俗神圣化，从而造成不同的城邦和神庙敬奉神的方式不同，但这不影响敬重神；不过这不是绝对的，因为虽然这些神庙和祭仪不会受到当地不同的宗教体系影响，但是会受到城邦其他宗教的影响。因此，征服之后的仪式是已经存在的仪式（虽然很少，但是在不同程度上）和现在掌控它的城邦宗教体系之间的综合结果。我认为，它的根据是这样的：认为不同城邦体系的宗教活动都是人类的一种构想，这种

---

① I. Malkin, *Religion and Colonization in Ancient Greece*(Leiden, 1987), pp. 149 - 150.

构想由不同的历史环境和开放心态造成(Thucydides. 4. 98. 3 -4)。

总之,希腊宗教是一种看透世界的方式,一种通过构建混乱从而使其更加明了的方式;它是一种由宗教秩序保障、清楚明了的宇宙秩序模 302 型,这个宗教秩序也(以复杂的方式)构成了人类秩序,这个模型首先使城邦变成有秩序、虔信的城邦,有了明确的法规和行为准则,特别是对神的崇拜,也有关于人类世界的,比如规定人不准违反誓言(例如《伊利亚特》3.276 -280;19.259 -260),或者人必须尊重陌生人和求援者——他们受到神的保护,特别是宙斯的保护——因为他们最容易受到伤害。① 城邦是权威机构,在宗教体系中构建了宇宙和神界,以神的某些特定外形建成万神庙,还形成了一系列的祭仪,特别是仪式和神庙以及神圣的历法。在一个宗教里,没有信仰的神,没有神的启示,没有经文(外面有某些边缘教派,确实有经文,但不在我们现在讨论的范围之内),没有神职人员宣扬专业知识和权威典籍,没有神庙,只有秩序清明的城邦通过神庙在宗教教义里扮演角色——通过一个矛盾的对比(因为从基督教教义得来的所有比喻都是不准确的)来摧毁其他可选择、隐含的模型。城邦有责任和义务在地方建立一个宗教体系来建立人类与神界的联系。② 正如我们看到的那样,城邦通过与神联系信仰、控制和调解宗教话语,也与某些不确定的特殊宗派话语联系。即使不同的城邦也有相同的节日,比如地母节(Thesmophoria)——希腊最受欢迎的节日,每个邦都以最高形式庆祝。所以同一个节日可能在不同的邦有不同的庆祝形式。举个例子,在奥尔霍迈诺斯(Orchomenos)庆祝阿格里奥尼亚节(Agrionia)就与在谢洛尼亚(Chaironeia)庆祝的完全不同③;而 303

---

① 柏拉图,《论法律》729E -730A。参见:尼尔森(n. 10),pp. 419 -421;J. 古尔德(J. Gould), *JHS* 93 (1973),90 -94.

② 我们可以看到城邦实施它的宗教体系,并且通过这,在殖民地的基础上创建了它自己,它自己的"中心"(在马尔金[n. 15],*passim*, esp. pp. 1 -2)。

③ Orchomenos: A. Schachter, *Cults of Boiotia* i (London, 1981), pp. 179 - 181. Chaironeia: ibid. 173 -174; ii(1986), p. 146.

在埃瑞特里亚(Eretria),地母节还有些独有的特点:美丽女神诞生日(Kalligeneia)不是向神求助的,而且肉是在阳光下炙烤,而不是在火上烤(Plutarch,*Moraia* 298B－C)。

既没有启示,也没有经文和受过专业训练的祭司,所以不可能完全知道希腊宗教的核心体系。人们也坚信,他们对神明的认识和崇拜是受到限制的。这种不同城邦体系的宗教联合,都是由不同历史环境造成的人类构想,在变换不断的环境下继续变化,我认为,这种认知与严格限制人类接近神相关,与人相信神界终不可知相关,以及与人神关系中的不确定性相关。希腊人不会欺骗自己,认为他们的宗教能体现神的意志。

唯一固定下来的城邦尽力确保公民对神的最佳行为就是预言(prophecy),它是希腊宗教唯一直接接近神的方法。但是这种方法也是有缺点的,因为依据希腊人的预言观,人类的不可靠性会产生干扰,而且“神”这个词又经常会被误解。不过,通过德尔斐神谕(以上所有的),城邦可以保证某个宗教话语的正确性,即使它自己可能也不是很清楚那些宗教话语。① 因此,城邦咨询神谕来确保每个神都有专门的祭拜仪式,可能会有预示凶兆的特别场合(例如 Demosthenes 43,66),但更多的是祈求健康和财富的场合②;很多宗教和典礼都是在德尔斐
304 神谕的鼓动下创建的,以及/或者基于它的建议和简单批准创立(例如,*LSCG* 5.4－5,25－26; *LSCG* 178.2－3;Herodotus 4.15)。③ 当公民意识到之前对神的认识是错误的,意识到以前认为恰当的崇拜形式也

---

① 一种针对预言缺陷的方法就是多咨询几次神谕(参见例子:Hyperides 4.14－15)。但是即使这样,也不能保证准确了解神意。关于占卜神谕,参见:P. Cartledge and F. D. Harvey (eds.), *Crux: Essays Presented to G. E. M. de Ste Croix* (Exeter, 1985),pp. 298－326.

② 参见:H. W. Parke and D. E. W. Wormell, *The Delphic Oracle*, ii. *The oracular responses* (Oxford,1956),pp. 114－115,no. 282. 参见:Parker *Crux*(n. 19),p. 304.

③ 诗人的神话/神学上的联系不可全信;因为缪斯经常鼓励他们撒谎。参见赫西俄德,《神谱》27－28; M. L. West(ed.), *Hesiod: Theogony*(Oxford,1974),p. 163,on 28;K. J. Dover, *Greek Popular Morality in the Time of Plato and Aristotle*(Oxford,1974),p. 130. 有关希腊诗歌和宗教,参见:P. E. Easterling and J. V. Muir (ed.), *Greek Religion and Society* (Cambridge,1985),pp. 34－49.

是错误的时候，就会产生新的宗教，①即是说，总会有潜在的改进空间。尤其是在危机困难时期，“还有什么神是我们忽略了的吗？”，以及更普通的，“我们如何改进与神的关系？”这样的问题就会被提到，从而产生革新的动力，特别是形成新的宗教（例如，Herotodus 7.178－179）。神谕为当权者提供了改变的机会，但由于预言是有缺陷的，所以使事情变糟的危险无法根除。

在这篇文章中，我们必须指出城邦宗教里保守派和改革派之间的抗衡，在《吕西阿斯》30 章和尼可玛可斯（Nikomachos）编纂的希腊神圣历法中就有体现。② 这篇文章中③最有争议的宗教保守主义是祖传下来的仪式习俗很好地表达了雅典人对祖先和自己的尊崇，因此不需要改变，而对于新祭品的满意与否，文章又含糊不定，完全是一种视情况而定的想法。最终，通过保守派不抛弃旧的宗教，改革派采用新的宗教，“解决”了古雅典保守和革新之间的拉锯。

希腊城邦联合了宗教，而它自己也被宗教联合，宗教成为城邦的核心思想，建构并使城邦历史、疆域以及各组成要素间的关系有了意义，
所有城邦组成要素有了意义，仪式活动强化了集体的团结一致，而这个 305
过程在建立和永存公民权、文化一致性以及宗教同一性中非常重要。④特别是它的英雄崇拜，给了每一个城邦的宗教体系以独立性、身份认同和差异性，而这些又与神秘的过去联系起来，并将公民和相关历史之间的联合，通过这些崇拜活动神圣化，这也解释了为什么古雅典阿提卡地区宗教中的英雄崇拜活动通常都集中于一群与我们没什么关系的人的原因。独特的仪式表演以及将阿提卡与它的领土和历史联系起来，通

① J. K. Davies, *Democracy and Classical Greece*(Glasgow, 1978), pp. 180－181, and below, p. 311.

② S. Dow, *Proc. Massachusetts Historical Soc.* 71 (1953－1957), 3－36; id., *BCH* 92 (1968), 177－181; id., *historia*, 9(1960), 270－293; K. Clinton, *Studies in Attic Epigraphy and Topography Presented to Eugene Vanderpool* (Hesperia, suppl. 19; Princeton, 1982), 27－37.

③ 我担心修辞技巧在假设中会使用到；说话者“真实的”想法和动机则无关紧要。

④ 我没有讨论这个复杂概念；它以简化的形式出现在这儿要追溯到涂尔干，但他也不用接受后面的 *in toto*。柏拉图《法律篇》中也有相关看法：738D－E；771B－772A。

过这样的事实，有助于构建阿提卡地区的身份认同。在殖民地，英雄崇拜也给创建者以同样的角色。[①] 在古典城邦，甚至在雅典，重新界定新雅典之后，宗教继续为它提供强力支持——它的重心很大一部分是在宗教上的，比如城邦卫城、泛雅典娜赛会、卓越开明的雅典英雄忒修斯以及战争结束后的葬礼。[②] 危机时期特别是这样的——有时现实中——当城邦各部发生危机时，更喜欢用意识形态控制国家使城邦失和，这是为什么亵渎秘仪（profanation of the Mysteries）和残破赫耳墨斯方碑（mutilation of the Herms）被认为是寡头政治或者暴政阴谋一部分的原因，无论是寡头统治还是暴政，都是对民主的颠覆（Thucydides 6.28.160－161；参见 Diodorus，13.2.3）；宗教是所有公民都应该尊崇的城邦思想体系，因此，对宗教的不敬就是对城邦和国家（Politeia）的不忠。

公民生活中，[③]宗教的核心地位是两者之间亲密关系的表现，宗教
306 是城邦的核心，这种认知也解释了这一点，并且在很多故事[④]和惯例中[⑤]也有体现，它与另一种认知也相关，即正是城邦和它的守护神之间的关系最终确保了它的存在。在城邦刚建立之初，通常（或清楚或含蓄地）会从神那里得到一个"保证"，一个有限期的保护，那是城邦在与保护神的崇拜活动中争取保留下来的东西——保护神首先是它最重要的神。那样的保证对建立殖民地来说肯定是神谕律法的根基，而起源于神话历史的城邦则通过神话表现了神对他们的保证。在雅典其他事物中，神话人物被赋予形象。这样的保护就像尘世的国王艾瑞克索斯（Erichthonios）以及雅典娜和波塞冬对阿提卡争夺[⑥]；雅典娜送的橄榄

① Malkin（n.15），pp.189－266.

② N. Loraux, *The Invention of Athens*（Oxford, Mass, and London，1986）.

③ 雅典的一些实例：在神庙审判杀人犯，见《雅典政制》57.4；宗教体系置于"政治"建筑之下，例如，议事厅里的祭坛，见：Xen, *Hell*. 2.3.52，53，55；Antiphon 6.45；政治和社会生活在仪式、祷告者、神谕和诅咒下有效开展；由抽签选定的官员也必须是神赞同的。

④ 例如，Herod. 7.153，参见：F. de Polignac, *La Naissance de la cite grecqu*（Paris, 1984），pp.119－121.

⑤ 例如，在雅典男性公民的宣誓中，宗教所体现的重要地位，相关内容见：P. Siewert, *JHS* 97（1977），102－111；也可以见宣誓 8－9 行，Lycurgus, *Leocr*. 2；宣誓见 *Leocr*. 76－78.

⑥ 有关艾瑞克索斯，见：R. Parker, in J. Bremmer（ed.），*Interpretations of Greek Mythology*（London and Sydney, 1987），pp.193－197；on the contest, ibid. 198－200.

树成为象征雅典娜和雅典关系的标志，然后橄榄树就成为雅典城邦宗教核心的象征以及雅典存世的保证。[①] 这种看法在那个橄榄树的故事里有体现。故事说，波斯人将橄榄树和卫城的其他部分一起烧掉，第二天橄榄树竟然奇迹般地长出[②]一库比特高（希罗多德以橄榄树以及雅典娜和波塞冬争夺的象征物——咸水温泉作为他的《历史》开篇，这很重要）。橄榄树奇迹般地再生意味着卫城的烧毁不是雅典城邦的结束，因为雅典娜的保证依然有效，并且同时重新颁布的法令标志着雅典的继续存在。[③] 奥德修斯（Odysseus）和戴奥米底斯（Diomedes）从特洛 307
伊偷来帕拉迪昂（Palladion）女神像，因为不这样做就攻不下[④]特洛伊城，这个故事就表现了同样的看法：特洛伊帕拉迪昂女神像由宙斯赠给他儿子达耳达诺斯（Dardanos），他是特伊人的祖先，因此女神像是“神的保证”，是特洛伊和神友好关系的见证。它的丢失意味着保证的结束。

正因为神意清楚，所以古典时期城邦绝对控制着所有祭仪，而城邦宗教包括了所有的宗教活动。[⑤] 城邦祭拜活动可以根据它们的崇拜对象进行分类。[⑥]

其中一个分类的崇拜对象，包括了整个城邦祭仪，管理着整个城邦的财富，我将之称为“核心城邦崇拜”。它们的类型也不同，第一类“核心城邦崇拜”是象征意义上的，包括城邦的地理环境、社会、政治核心，

---

① 参见：M. Detienne, M. I. Finley（ed.）, *problemes de la terre en Grece ancienne*（Paris and La Haye, 1973）, p. 295.

② Detienne（n. 32）, p. 295.

③ 希罗多德是否相信此事发生过都是无关紧要的。重要的是故事中体现的想法。在雅典人撤离时，提到了神蛇离开卫城，就意味着雅典娜已经抛弃了卫城（Herod. 8. 41），但并不意味着她也抛弃了雅典城邦；它可以看作她同意撤离的一个标志。

④ Nilsson（n. 10）, p. 435; Sir James Frazer（ed.）, *Apollodorus: The Library*（London, 1921）ii. 226 – 229, n. 2, 有一些原始资料.

⑤ 参见：below, *passim*, “Further Aspects of *polis* Religion”也讨论了（见首项附注）。我认为，城邦一开始就有这种权威，变化只在于谁来管理和怎么管理上。由于城邦掌控了原先就属于它管理的宗教，因此我希望可以在其他地方跟时下流行的观点辩论一番在城邦管理下的家族和其他血缘群体。

⑥ 我关注雅典，因为有大量的证据可以让我们从整体看待城邦宗教系统；为了了解希腊宗教，这很有必要。

对处于其中的人来说，他们是公民，是神的祭仪，很明显与整体上城邦的身份和保护城邦的责任相关，因此他们注重的是城邦宗教中的财产方面。在雅典，两对主要的城邦神，一对是雅典娜波里阿斯（Athena Polias）和宙斯波利乌斯（Zeus Polieus）；另一对在象征意义上也与这一对相关，雅典娜波里阿斯和波塞冬厄瑞克透斯（Poseidon Erechtheus）。在其他地方，雅典娜波里阿斯也与宙斯波利乌斯相关（例如，科斯岛：
308 *LSCG* 151 A 55 ff. 雅典：156 A 19 －20），雅典娜是很多城邦的守护神。① 在特洛伊曾（Troezen），我们发现一些让人想起雅典的雅典娜波里阿斯和波塞冬厄瑞克透斯，雅典娜波里阿斯和雅典娜以及波塞冬的事，他们为了争夺统治权而争吵，最终以共同管理而结束。② 这一对神的一系列祭拜活动主要集中在公民大会广场，广场亦是公民生活中心、社交中心及宗教中心。③ 在很多城邦里，安放灶神之火的地方（*koine Hestia*）是城邦的中心，也是灶神赫斯提的祭坛，伫立在市政厅（*prytaneion*）。④ 在科斯岛上，灶祭坛设在集会广场上，不在室内，宙斯节期间，它也是重要的仪式活动中心。⑤ 普吕坦内安（Prytaneion）的赫斯提亚崇拜（Hestia's cult）是城邦象征性的中心。殖民地的灶祭坛由取自母邦普

---

① F. Graf, *Nordionische Kulte* (Rome, 1985), p. 44, n. 4; R. F. Willetts, *Cretan Cults and Festivals* (London, 1962), pp. 280 －281（参见：207 －208，233）; L. R. Frnell, *The Cults of the Greek States* i (London, 1986), p. 299.

② Paus. 2. 30. 6；参见：C. M. Kraay, *Archaic and Classical Greek Coins* (London, 1976), p. 100.

③ R. Martin, *Recherches sur l'agora grecque* (Paris, 1951), pp. 164 － 201; R. E. Wycherley, *How the Greeks Built Cities*, 2nd edn. (London, 1962), pp. 51 －52; F. Kolb, *Agora und Theater, Volks-und Festversammlung* (Berlin, 1981), pp. 5 －15, and *passim*；参见：G. Vallet, F. Villard and P. Auberson, *Megara Hyblaea: i. Le quartier de l'Agora archaique* (Rome, 1976), pp. 412 －413.

④ S. G. Miller, *The Prytanrion: Its Function and Architectural Form* (Berkeley, 1978), pp. 13 －14; J. P. Vernant, *Mythe et pensee chez les Grecs* i (Paris, 1971), pp. 150, 165; P. J. Rhodes, *A Commentary on the Aristotelian Athenaion Politeia* (Oxford, 1981), p. 105 on3. 5; W. Burkert, *Greek Religion: Archaic and Classical* (Oxford, 1985), p. 170.

⑤ *LSCG* 151A; S. M. Sherwin-White, *Ancient Cos* (Göttingen, 1978), pp. 322 －323. 参见：Nilsson (no. 10), pp. 153 － 154; W. Burkert, *Homo Necans: The Anthropology of Ancient Greek Sacrificial Ritual and Myth* (Berkeley, 1983), p. 138, no. 10; Vernant (n. 41), i. 155. 因为赫斯提亚、宙斯和雅典娜是城邦的中心。参见：柏拉图，《法律篇》745B，848D。

吕坦内安的火点燃，且这成为新城邦建立的重要法令。[1] 处于重要地位的祭仪，都与主神联系紧密，且控制城邦中央机构的祭仪：在雅典，就是崇拜宙斯和雅典娜（Antiphon 6.45；Xenopron，*Hellenica* 2.3.53.55），宙斯[2]和阿耳忒弥斯（Artemis Boulaia）。[3] 其他城邦也崇拜广场宙斯（Zeus Agoraios），[4]也有议会保护神宙斯（Zeus Boulaios），有时还会与赫斯提亚（Hestia Boulaia）一起。[5]

阿波罗德尔菲尼欧斯（Apollo Delphinios）是经常与城邦公民生活 309
联系在一起的神。[6] 在一些城邦里，比如米利都（Miletos）和奥尔比亚（Olbia），崇拜阿波罗就是公民生活的中心；然而他在其他一些城邦里，比如雅典，就没有那么重要，但也与重要的行政机构有关联。在米利都，崇拜阿波罗德尔菲尼欧斯及其神庙[7]与城邦的公民生活紧密相关，阿波罗德尔菲尼欧斯神庙是跟莫皮（Molpoi）有关的主要神庙。莫皮是一所宗教学院，也与城邦的公民生活紧密相关，它的院长出自本城邦每年的管理者，而且学院负责制定城邦律法，并且在神庙里制定有关莫皮的宗教律法和城邦条约以及外邦人条令（*proxeny decrees*），等等。米利都的阿波罗德尔菲尼欧斯和赫克忒有关，显然在米利都赫卡忒对公民生活也有影响。在雅典，阿波罗德尔菲尼欧斯和他的神庙与城邦律法也有关系[8]；至少他在厄吉亚（*LGSG* 18 A

---

① Malkin（n.15），pp.114－134.

② R. E. Wycherley, *GRBS* 5（1964），162，176；J. Travlos, *Pictorial Dictionary of Ancient Athens*（London，1971），p.466；Kolb（n.40），p.57.

③ Travlos（n.44），p.553.

④ Graf（n.38），pp.197－198；Willetts（n.38），pp.233－234.

⑤ Graf（n.38），pp.176－177，363.

⑥ F. Graf, Mus. Helv. 36（1979），1－22.

⑦ G. Kleiner, *die ruinen von milet*（Berlin，1968），pp.33－35；W. Koenigs, W. Muller-Wiener（ed.）*Milet 1899－1980：Ergebnisse, Probleme und Perspektiven einer Ausgrabung：Kolloquium Frankfurt-am-Main 1980*（Tübingen，1986），pp.115－116；Graf（n.48），pp.7－8. 古风时代，神庙（Delphinion）好像在城墙外，参见：F. Graf, *Mus. Helv.* 31（1974），215 n.26. 波斯战争之后，城邦的中心转到这一片地区，参见：G. Kleiner, R. Stillwell（ed.），*The Pronceton Encyclopedia of Classical Sites*（Princeton，1976），p.578.

⑧ Graf（n.48），pp.9－10；Travlos（n.44），pp.83－90.

23－30)和特里考斯(Thorikos)的一些德莫也有神庙。①

祭拜英雄,既包括祭拜神话英雄的所谓墓葬,也包括祭拜被看作英雄的新建城者墓葬,是公民大会会场上的一种重要的祭仪活动。② 因为雅典宣称自己是原住居民(Autochthonons),所以雅典就不存在建城者,但是它确实有像建城者那样的人物——忒修斯(Theseus the synoecist)、埃里克托尼俄斯(Eriehthonios)/埃瑞克特乌斯(Erechtheus)以及凯克洛普斯(Kekrops)。在雅典公民大会会场上——旧公民大会
310 会场③更可信——忒修斯的墓殿就在那儿,由客蒙带回来的忒修斯遗骸就安置在那里,这墓殿对本城邦公民的生活也有些许影响。④ 艾瑞克特乌斯和凯克洛普斯的墓地则位于卫城,与雅典娜波里阿斯和波塞冬的宗教活动紧密相关。

与守护神(*poliad divinities*)以及/或者城邦机构有关的重要城邦节日,例如泛雅典娜节(Panathenaia)、统一节(Synoikia)和雅典的狄奥波利亚节(Dipoleia)以及科斯岛的宙斯节。在不同的城邦,有不同类型的重要宗教活动,有些在城邦中心举行,有些却不是,它们中很多都集中在城邦内,但不是中心区的神庙(比如,雅典的吕克昂),其他的则是城邦周围或外围的神庙。一队队的祭仪队伍将城邦中心区与其中一些神庙联系在一起。雅典城邦外最重要的神庙是厄琉西斯的得墨忒耳(Demeter)和科瑞(Kore)神庙,以及布饶戎(Brauron)的阿耳忒弥斯神庙,仪式上都与雅典城邦中心相关。厄琉西斯的宗教活动与其他重要的宗教活动紧紧联系在一起;它在雅典宗教核心里的象征地位使它是

---

① G. Daux, *Ant. Class.* 52(1983), 150－174(参见:Parker[n. 56], pp. 144－147 and *passim*), hereafter Thorik., 6. 63－65, 参见:11.

② Martin(no. 40), pp. 194－201; Kolb(n. 40), pp. 5－8, 19, 24－25, and esp. 47－52; W. Leschhorn, "*Grunder der Stadt*" (Stuttgart, 1984), pp. 67－72, 98－105, 176－180; Malkin(n. 15), pp. 187－260; de Polignac(n. 29), pp. 132－152; C. Berard, in G. Gnoli and J.－P. Vernant (ed.), *La Mort, les morts dans les societes anciennes*(Oxford and Paris, 1982), pp. 89－105.

③ 地点是有争议的。参见:Travlos(n. 44), pp. 1－2, 以及现在的 G. S. Dontas, *Hesperia*. 52(1983), 62－63.

④ J. P. Barron, *JHS*, 92(1972), 20－22; 参见:Dontas(n. 53), pp. 60－63 *passim*; Travlos(n. 44), pp. 578－579; 参见:Plut. *Thes*. 36. 2; Paus. 1. 17. 2. 6. 有关雅典公民大会会场其他的 *heroa*, 见:H. A. Thompson, *Athens Comes of Age*: *From Solon to Salamis*(Princeton, 1978), pp. 96－108.

雅典中心，由这里列队向厄琉西斯神庙行进，然后在神庙开始仪式活动，颁布厄琉西斯和雅典城邦之间关系的法令（例如，Andocides. I. 111）。在阿戈斯，列队行向城邦外围的赫拉神庙是一项很重要的宗教活动。在斯巴达，主要在霍亚基提亚节（Hyakinthia）上列队行进，这是联系斯巴达和阿米凯勒（Amyklai）的阿波罗神庙进行的宗教活动。①

城邦内每个重要的组合都被联系起来，并通过宗教确定了地位。在希腊所有的关系中，包括社会和政治联合，都通过宗教来体现并最终确定下来（Plato，*Laws* 738D）。这是为什么新城邦分化后会造成仪式变化的原因。因此，克里斯提尼改革不包括政治上宗教活动的细化，而只是普通的集体认同的创新。城邦已经为宗教建立了一个特别的机构， 311
现在改变了是因为整体的城邦机构在变化，对于这种变化，连德尔斐神谕也是赞同的，皮提亚（Pythia）从指派给她的一百个人中挑选出十个齐名的部落英雄，然而因为这些部落是从城邦中新细化出来的分支，所以对所有与城邦改革有关的仪式变化来说，这只是一个象征性的挑选。在古代雅典，德莫是继城邦之后最重要的宗教分支，对这些德莫宗教的发展有作用的宗教活动当然不会是全新的，大部分都是当地的典礼仪式，但现在在德莫掌管之下，有些可能会重塑，另外一些却不会。② 我们发现宗教革新是完全能被人接受的，克里斯提尼改革显然不会抛弃

---

① Argos：Burkert（n. 42），pp. 162－168；de Polignac（n. 29），pp. 41－92 *passim*，esp. 88. Sparta：Berlich（n. 12），pp. 141－147.

② 至少有些之前可能有的部落宗教，参见引用：Humphreys cited by Parker，T. Linders，G. Nordquist（eds.），*Gifts to the Gods*，Proceedings of the Uppsala Symposium 1985；Uppsala，1987，p. 138 n. 13；D. Whitehead，*The demes of Attica*（Princeton，1986），p. 177. 如果正是我相信的那样，胞族一开始作为当地的基本单元，可能到公元前6世纪末期的时候，胞族成员与所在地分离开来，因此无论如何都需要一个新的地理上的（locality-bound）联系。有些古典时期的德莫形成的宗教单位似乎反映了由宗教联系在一起的更古老的群体，不论它们是否单独的，三或四个德莫的联合，都重视宗教实践（以不同的方式）：Marathonian Tetrapolis（D. M. Lewis，*Historia*，12（1963），31－32；*LSCG* 20；Dow［n. 23］，pp. 174－175，181－182；Whitehead，pp. 190－194；H. W. Parke，*Festivals of the Athenians*（London，1977），pp. 181－182；J. D. Mikalson，*A. J. Phil.* 98（1977），425，427；Tetrakomoi（Lewis，p. 33）；League of Athena Pallenis，Lewis，pp. 33－34；R. Schlaifer，*HSCP* 54（1943），35－67；S. Solders，*Die ausserstadtischen Kulte und die Einigung Attikas*（Lund，1931），pp. 13－14；Trikomoi（Lewis，pp. 33－34）。有关这些联系，参见：P. Siewert，*Die Trittyen Attikas und die Hceresreform des Kleisthenes*（Munich，1982），pp. 118－120.

长久以来的习俗——对他来说，可能是公民不太愿意抛弃习俗①；他们看起来与柏拉图提到的说法（*Laws* 738B－C）很像，我们更多的是看到，这种形式的联合不会被认为是神圣且不可改变的——不用感到惊讶，在赋予不断自我变化发展的社会政治单元以宗教角色时就是这样。

目前我们可以知道，首先，城邦分支下的宗教活动只有他们自己的成员可以参加，从而将这些人与非成员区分开来；其次，至少有一些宗
312 教是外来人可以参加的；最后，他们有些宗教活动是与其他城邦团体的互动，例如，德莫参加的节日主要是城邦的重要节日，要么也在德莫庆祝，要么就是以德莫的身份参加城邦的重要宗教活动，胞族宗教不是一种由各团体、胞族成员独自举行的城邦宗教活动，这些成员有权决定本胞族是要一个还是多个祭司，很多城邦基于自己的考虑，都有“单独的”宗教联合活动（例如，Isaeus 9.30）。单独的宗教联合活动通常会成为城邦宗教的一部分。举个例子，崇拜一个神，比如阿波罗，到目前为止，人们对他有一个非正式的，由船主们捐税的祭拜活动，很快在公元前429年/前428年变成了一个城邦宗教活动。②

我们现在应该思考一下城邦分支下的宗教活动，在雅典，新的克里斯提尼部落有他们自己的宗教活动③；此外，在很多活动里，雅典人都是部落联合的，包括像唱歌比赛和埃菲比（*ephebeia*）这样的祭拜活动，古老部落列奥特斯（G[E]－leontes）和帕洛巴塞勒斯（*phylobasileis*）与统一节的联合，是庆祝雅典城邦建立的节日。在尼可玛可斯历法（Nikomachos' calendar）中，④显示了古老的爱奥尼亚部落继续参与宗

---

① 《雅典政制》21.6；参见：Rhodes（n.41）ad. Loc.（pp.258－259）；参见：E. Kearns. *Crux*（n.19），p.190.

② D. M. Lewis, *BSA* 55（1960），190－194.

③ U. Kron, *Die zehn Phylenheroen*（Berlin，1976），*passim*；R. Schlaifer, *HSCP* 51（1940），253－257；Gernet and Boulanger（n.6），p.255；Kearns（n.57），pp.192－199.

④ *LSCGS*10.35ff.；参见：Dow 1953－1957（n.23），p.174；J. D. Mikalson, *The Sacred and Civil Calender of the Athenian Year*（Princeton，1975），pp.29－30。参见：L. Deubner, *Attische Feste*, 3rd edn（Vienna，1969），pp.36－38；Parke（n.56），pp.31－32；E. Simon, *Festivals of Attica*（Madison, Wisc., 1983），p.50.

教，也表明前克里斯提尼时代是城邦联合的时代。部落在其他城邦也有崇拜对象。① 在米利都的莫皮学院，从每个部落选出一个代表组成学院管理层（*LSAM* 50. 1－3）；在科斯岛上的宙斯波利乌斯和赫斯提亚祭仪上，部落将参加祭仪的城邦团体联合在一起。② 部落参加城邦保 313
护神的祭仪，与通过统一节将雅典人与雅典城邦的融合一样重要。城邦各成员参加祭仪，象征城邦的统一，因为它强调了团结，并且在象征意义上肯定了各组成部分是整个城邦的一部分。克里斯提尼时代的三一区也有宗教身份，③甚至在尼亚玛可斯改革后，古老的前克里斯提尼时代的三一社区也是如此。④

相对于崇拜，德莫是古代雅典时最重要的城邦分支。有些德莫宗教活动留存下来。⑤ 第一类是德莫祭仪，包括在德莫举行的祭仪，有三种：（A）当地人庆祝的重要城邦节日，以及对城邦守护神的祭拜活动——有时很重要；（B）对专门的德莫来说的专门祭仪，在所有当地英雄和女英雄之上的，包括与之齐名的英雄；还有（C）只在德莫庆祝的主要节日，最重要的是乡村的酒神节。第二类德莫宗教活动包括作为德莫参加重要的城邦宗教。第二类和第一类中的（A）类型表现了德莫和重要城邦宗教联合的两种主要方式。

厄吉亚（Erchia）历法提供了（A）类型的一个例子，那就是，在城邦

---

① Gemet and Boulanger（n. 6），p. 255；D. Roussel，*Tribu et cite*（Paris，1976），p. 207，n. 38，216。

② *LSCG 151 A 5－15*，见：Sherwin-White（n. 42），pp. 322－323. 参见：Roussel（n. 61），p. 207，n. 38，261.

③ Lewis 1963（n. 56），p. 53；参见：esp. *IG* $i^3$ 255。在 *IG* $i^3$ 258，政客们对埃帕克雷斯（Epakreis）的节日作出了重大贡献，可能他们所属的三一区——尽管我们不能排除它可能与临近的德莫有宗教联系。参见：Lewis，pp. 27－28；Siewert［n. 56］，p. 15 n. 67，102 n. 91，112－113，n. 140；Parker［n. 56］，p. 140；参见：R. J. Hopper，*BSA* 56（1961），217－219. 埃帕克雷斯可能也会以一个“前克里斯提尼三一区”的名义，参见：Siewert，p. 15 n. 67，112－113 n. 140.

④ 雷乌科泰尼奥（Leukotainioi）是农民部落（Geleontes）的一个三一区，*LSCGS* 10 A 35 ff.；参见：Dow（n. 23），p. 26；西维尔特（n. 56），p. 15 n. 67；Rhodes（n. 41），p. 68；W. S. Ferguson，*classical studies presented to edward capps on his seventieth birthday*（Princeton，1936），pp. 151－158，esp. 154－157. 与统一节一起进行了一次祭祀（参见 Mikalson［n. 60］，p. 29）.

⑤ 有关德莫宗教，Whitehead（n. 56），pp. 176－222；Parker（n. 56），pp. 137－147；R. Osborne，*Demos：The Discovery of Classical Attika*（Oxford，1985），pp. 178－181；Kolb（n. 40），pp. 62 ff.

历上重要的日子参加德莫宗教和捐赠物品给神非常重要。宙斯波利乌
314 斯、雅典娜波里阿斯、考罗卓芙丝（Kourotrophos），亚格劳洛斯（Aglauros）以及波塞冬，可能也有潘德洛索斯（Pandrosos），在第三个斯基罗福里昂月（Skirophorion），在厄吉亚卫城接受祭品，这一天差不多是雅典的艾瑞菲利亚月（Arrhephoria）。[①] 雅典娜波里阿斯和宙斯波利乌斯是与整个城邦有关的；德莫对他们的祭拜活动从仪式上表现了德莫和城邦之间的相互依赖；在这种复杂的整个城邦联合中，另一个象征性的部分（通过它的中心象征）以及组成它的城邦支部和他们的宗教是厄吉亚德莫在阿斯托（*asty*）卫城上祭献给宙斯波利乌斯（*LSCG* 18：15－18）和雅典娜波里阿斯（*LSCG* 18：13－17）的祭品。波塞冬在德莫祭祀中与雅典娜波里阿斯联系在一起，他们两个展示了一组可供选择的城邦守护神。亚格劳洛斯和潘德洛索斯是城邦宗教联系重要祭祀的一部分，也与艾瑞菲利亚月有关，[②]但在艾瑞菲利亚月，雅典娜是主神，亚格劳洛斯和潘德洛索斯的祭拜活动只与考罗卓芙丝联系在一起：由一个女祭司为三个神服务。[③] 考罗卓芙丝与城邦有关，是因为她司城邦里的孩子成长，她也在厄吉亚接受很多其他祭品。对她的崇拜在其他德莫[④]也很重要，因此是德莫与城邦中心之间一个重要的共同要素。在德莫庆祝重要的共同祭仪有助于城邦凝聚在一起。

（A）类型的另一种互联形式包括当地人庆祝重要的城邦节日。雅典在伽米里昂月（Gamelion）的27日举行圣仪（Hieros Gamos/Theogamia），并且这一天厄吉亚历法会列出在厄吉亚的赫拉神庙上供奉给赫拉、宙斯、

① *LSCG* 18 A 57－65，B 55－59；T 59－64；T 55－60. 参见：M. Jameson，*BCH* 89（1965），156－158；Whitehead（n. 56），p. 179.

② Burkert（n. 41），pp. 228－229；Simon（n. 60），pp. 45－46。有关亚格劳洛斯崇拜，参见：Dontas（n. 53），pp. 48－63.

③ 关于考罗卓芙丝，见：W. Ferguson，*Hesperia*，7（1938），1－74，Salaminioi 的铭文（公元前363/前362年）有崇拜传统，Il. 12，45－46 and p. 21；*Suda s. v. Kourotrophos*，*paidotrophos*，参见：*LSCGS* 10 A 24；Th. Hadzisteliou-Price，*Kourotrophos*（Leiden，1978）；Nilson，n. 10，p. 457.

④ *Thorik.*（n. 51），20－23，42－43；Tetrapolis calendar：*LSCG* 20 B 6；B 14；B 31；B 37；B 42；B 46；A 56. 参见：Parker（n. 56），p. 146.

考罗卓芙丝和波塞冬的祭品，表明当地庆祝同样的宗教节日。① 在骚 315
里哥(Thorikos)，有祭品供奉给普林特里亚节(Plynteria)(*Thorik* [n. 51] 52－54)的雅典娜和亚格劳洛斯，与城邦节日庆祝不在同一天。② 如果他们愿意的话，有可能会允许德莫居民(或德莫男人)既参加当地的也参加城邦的节日庆祝，表示当地的宗教和城邦的是互为补充的。而清洗当地的雅典娜雕像，可能在象征上也相当于依赖古代雅典娜波里阿斯画像的副本。治家者宙斯(Zeus Hcrkeios)的祭拜活动在德莫③和重要的城邦祭仪中心举行，还在家庭(*oikos*)里，象征性地涉及它。④

作为德莫男人参加在阿斯托或其他地方举行的重要的城邦宗教活动(例如，*IG* i$^3$258. 25－27；参见 30－31)是第二种主要方式，这种方式体现了涉及整个城邦的核心城邦祭仪和城邦支部祭仪之间的关系。在重要的城邦节日里，作为德莫男人参加的是泛雅典娜节，它的祭献品是在参与区里按区贡奉的。⑤ 至少我们知道斯卡莫波尼忒(Skambonidai)德莫参加了统一节(*LSCG* 10 C 16－19)，正如我们所见，这是庆祝城邦建立并和旧部落及古老三一区联系的节日。在一些主要的城邦节日中，厄吉亚宗教活动的缺席，可能意味着一种普通德莫居民参加雅典(或厄琉西斯)的祭礼活动。⑥ 这种“互补”是另一种雅典核心城邦祭仪和德莫祭仪之间的相互联系。另一类雅典和某些德莫共同庆祝的是地母节和一群与妇女紧密相关的仪式，特别是斯基拉(Skira)仪式，可
能属于这一类。⑦ 波罗忒亚(Plotheia)教令表明可能还有第三种祭仪： 316

① 18 B 32－39；Γ 38－41；Δ 28－32. 参见：F. Salviat, *BCH* 88 (1964), 647－654; Mikalson (n. 56), p. 429; Parker (n. 56), pp. 142－143.

② Deubner (n. 56), pp. 17－22; Parker (n. 56), pp. 152－155; R. Parker, *Miasma* (Oxford, 1983), pp. 26－28.

③ *Thorik*. (n. 51), 22 and left and right sige(参见：Daux, 157－160).

④ 我在《城邦宗教的更多方面》中讨论了这个事实的重要性(见首项附注)。

⑤ *LSCG* 33 B 25－27；参见：10 A 19－21; Mikalson (n. 56), p. 428; Parker (n. 56), p. 48; Osborne (n. 65), p. 180; Parker (n. 56), pp. 140－141.

⑥ Mikalson (n. 56), p. 428.

⑦ 参见 Parker (n. 56), p. 142。在我看来，厄琉西尼亚(Eleusinia)德莫是比得上铁斯莫弗里亚(Thesmophoria)德莫的。与厄琉西尼亚祭仪相关的重要城邦重心就在厄琉西斯和厄琉西翁祭台(*asty* Eleusinion)。我希望在其他地方可以讨论这项祭仪。

参加三一区的祭仪。①

到目前为止，我们可以判定，其他城邦也有相似的分支参加重要的城邦祭仪，我们把目光锁在上面提到的部落，但还要考虑以下面的胞族，这里我要简短地说一些斯巴达的宗教体系。在斯巴达也可以看到同样的城邦和分支之间的宗教联系，在庆祝极重要的卡尼亚节时，由胞族联合表演(Demetrius of Skepsis *ap.* Athenaeus 141E－F)，然而另一种联合是为了阿波罗卡内奥斯(Apollo Karneios)祭仪挑选贞女。② 即使只是零散的，但也有证据显示女子歌唱团是由部落或者奥巴(*obe*)选出，由城邦分支组成的。③ 在古典时代，没有证实与斯巴达城邦分支相关的宗教，但是提供了少量可能由于灾祸而保留的证据。④

各地的胞族⑤好像都有些适用于城邦所有胞族的宗教活动，信仰
317 保护此城所有胞族的神，并且神明在整个城邦内也受到崇拜，此外，还有各个胞族单独庆祝的城邦节日。其中一个是胞族部落的主要节日，允许新成员参加；它以阿帕图里亚节(Apatouria)闻名于大部分爱奥尼亚城邦，并且至少雅典各个胞族部落中心都会庆祝这个节日(参见，*IG* $ii^2$ 1237.52ff.)——在西北多里安人的希腊世界以阿波罗节(Apellai)

① 除非埃帕克雷斯(Epakreis)是个能比得上泰特拉波利斯(Tetrapolis)的宗教联合(其上 n.56)。Guarducci(*Historia*,9[1935],211)认为，*penteterides*，Plotheians 在 ii.25－8 中贡献的第三种祭祀，除了德莫和重要的城邦宗教外，可能埃帕克雷斯也举行，因为他们符合埃帕克雷斯型在 II.30－1 中三重联合；Mikalson (n.56)，p.427，相信他们与马拉松人两年一次的祭祀是相同的。Parker (n.56)，p.140 n.32，记载：重要的 *polis penteterides* 是另外一种可能性。

② Hesychius *s.v. Karneatai* 告诉我们为了这个 *leitourgia*，会从每个(部落？奥巴？)中选出五个未婚年轻人(参见：Brelich [n.12]，pp.149－150)。

③ C. Calame, *Les Choeurs de jeunes filles en Grece archaique*(Rome,1977)，i.273－276，382－385.

④ R. Parker, "Spartan Religion", in A. Powell(ed.) *Classical Sparta: Techniques behind her Success*(London,1989)，pp.142－172.

⑤ 有关胞族的内容见：A. Andrewes, *JHS* 81(1961)，1－15；S. G. Humphreys, *Anthropology and the Greeks*(London,1978)，pp.194－198，206－208；Roussel (n.61)，pp.93－157；最近，M. A. Flower, *CQ* 35(1985)，232－235。有关部落祭拜和典礼，参见：J. Labarbe, *Bull. de l'Academie royale de Brlgiqur*, Classe des Lettres, 5th ser.,39(1953)，358－394；C. Rolley, *BCH* 89(1965)，441－483；Roussel,133－135；M. P. Nilsson, *Cults, Myths, and Politics in Ancient Greece*(New York,1972,1st edn.1952)，pp.162－170；参见：Graf(n.38)，32－37；参见：*CID*, pp.28－88 *passim*；Latte in Pauly-Wissowa, *realencyclopadie*, *s.v. Phratrioi theoi.*

闻名。① 这些都是重要的城邦节日。② 另一组部落祭仪是每个胞族特有的，因此与它形成了一组。③

在雅典，所有胞族部落信仰的主神是兄弟会之神宙斯（Zeus Phratrios）和雅典娜（Athena Phratria），雅典娜在古雅典市民辩论广场有一座神庙，还有一个带祭坛但没有神庙的圣所。④ 阿波罗帕忒罗斯（Apollo Patroos）可能也受到所有胞族部落崇拜，他在古雅典市民辩论广场有一座神庙。⑤ 安德鲁斯（Andrewes）认为，崇拜阿波罗是在部族的监护之下，但是所有的胞族部落成员都是赞同的。这很可能是正确的。依据《雅典政制》（*Athenaion Politeia*）53.3，崇拜阿波罗帕忒罗斯是担任执政官职位⑥的首要条件，这个事实确实表明了它至少在那时和胞族（通过公民权）有一个直接联系。我认为，它是一种部落式的宗教活动，由每个部落中心的宗族管理，因此也是一种城邦整体的宗教活动。可能从根本上看这个与在胞族中心举行祭祀兄弟会之神宙斯是一样的。⑦

雅典所有的胞族部落信仰同样的主神，这个事实表明他们最重要的宗教活动来自宗教的核心整合，通过宗教，城邦联合在一起所表现的象征意义和凝聚力。崇拜兄弟会之神宙斯和雅典娜（Athena Phratria）， 318

---

① Rougemont in *CID*, pp. 46 – 47，认为只有祭拜男性的主要成就的 *apellaia*，得在阿波罗节这一天，而祭拜孩子和婚礼的则没有固定日期。在雅典，只有特殊情况下，一个人才能够出席胞族的其他节日，比如塔尔盖利昂节（参见：Isaeus 7.15）。

② 根据 schol, Aristoph. *Acharnians* 146, Apatouria 是一个"*demoteles*"节日。

③ Nilsson (n. 81), pp. 162 – 164.

④ X. de Schutter, *L'Antiquite classique*, 56 (1987), 116; Nilsson (n. 81), pp. 165 – 167; Kearns (n. 57), pp. 204 – 205; Travlos (n. 44), pp. 96, 572 – 575.

⑤ X. de Schutter (n. 85), p. 104, 参见: 108; Russel (n. 61), p. 73; Kearns (n. 57), p. 205; Travlos (n. 44), p. 96.

⑥ Rhodes (n. 41) ad loc. (pp. 617 – 618); Andrewes (n. 81), pp. 7 – 8.

⑦ 作为例子，在 Andoc. 1.126 上明确表达是卡利亚斯（Kallias）作出来的。一个好的工作管理者可能要追溯到常规的 *hiera* 活动上，它由一个私家转向希欧（Chiot）胞族克里提戴（Klytidai）的常规房屋，参见：*LSCG* 118; Graf (n. 38), pp. 428 – 429 (I. Ch. 3)；参见：pp. 32 – 37; Forrest, *BSA* 55 (1960), 179 – 181——如果他们确实是一个胞族部落，并且如果之前 *hiera* 由个人保存在自家里，他们掌握了祭司。每年在城邦重要的宗教中选取祭司，有时会将神像保留在自家（参见：Paus. 4.33.2; 7.24.4），这个事实表明"在自家保有神像/其他 *hiera*"与象征意义上的"控制了管理权"相关，即不必通过世袭来保留权力。在古典胞族中部族的特权地位是不用怀疑的。参见：Andrewes (n. 60), pp. 29 – 30.

这个城邦的核心祭仪几乎构成了城邦的基础，表现了胞族部落的独立性，尤其表明了它们作为组成城邦部分的重要地位，因为两个胞族之神同时也是两个城邦之神，因此保护城邦包括保护组成它的各个胞族部落；而保护各个胞族部落就是保护城邦。假如说这种各胞族宗教中心和城邦法令之间有联系，是完全有根据的，在统一节(Synoikia)供给宙斯和雅典娜的祭品，可以证明这个假说。[1] 再次，在胞族法令机构上供奉的祭品和与古老的爱奥尼亚农民部落相关的祭品，表明了这种与城邦基础相关的宗教联合过时了。很显然在前克里斯提尼时代的科斯岛，雅典娜和宙斯都是胞族守护神和城邦守护神。[2]

当然每个城的万神殿都有不同体系，体系间会有很大不同，不是每个地方都像预期得一样好，在埃里斯莱(Erythrai)，波塞冬被当作胞族守护神崇拜，而雅典娜则被当作城邦之神；广场(Agoraios)这个宙斯称号更被看作一个核心部分，与城邦联系起来。[3] 在希俄斯岛，宙斯帕忒罗斯看起来似乎是——至少也是其中之一——胞族之神，而雅典娜则是城邦守护神(*poliouchos*)，而我们缺少证据证明宙斯在这种联合里的“掌控城邦”的角色(*polis*-holding)。[4] 尽管不同城邦的胞族之神不一
319 样，但是胞族部落和重要的城邦祭仪之间的关系似乎是稳固的。

两者之间亲密关系的另一种形式以及认为胞族部落的祭仪主要取决于将它的管理机构从重要城邦宗教中剥离出来，在萨索斯可以看到，在这里，祭坛（这里相当于胞族）建在几乎是铁斯莫弗里昂(Thesmophorion)的地方。[5] 这种安排也体现了不同的胞族部落之间的联系，特别是因为它们中有一些会共用一个祭坛——每个这种献祭的胞族都有自己的石碑界线，每个胞族有不同的神，他们称为帕罗斯

---

① *LSCGS* 10；参见：Nilsson (n. 81), p. 166; Mikalson (n. 60), pp. 29-30.

② Sherwin-White (n. 42), pp. 158, 293, 295, 298-299.

③ Graf(n. 38), pp. 207, 209ff., 197-199.

④ 参见：Graf(n. 38), p. 141.

⑤ Rolley (n. 81); id., “Le Sanctuaire d’ Evraiokastro: Mise a jour du dossier”, forthcoming in the proceedings of the Colloquium in memory of D. Lazaridis.

(Palroos)或帕特洛(Patroa),有些崇拜宙斯,有些崇拜雅典娜,有些崇拜纽墨菲(Nymphs),一些其他的神被称为帕忒罗斯(Patroos),还有一个是厄琉西斯节(Eleusinia)的帕特洛神德米忒尔。这种情况下——尽管不是很平常——帕忒罗斯似乎等同于其他城邦的“胞族之神”。① 这些建在德米忒尔神庙的祭坛,可能表明德米忒尔是这个帕特雷(*patrai*)的主要保护神,并且作为一个女神,在同一个神庙,她紧紧地与城邦中心以及根基联系在一起。②

德尔斐胞族拉比亚戴(Labyadai)指挥官(*tagoi*)的誓约,祈求宙斯帕忒罗斯(Zeus Patroos, *CID* $9^{a}$21－2),但是这个誓约在投票之前已经被所有拉比亚戴的成员所接受——根据德尔斐法律,他们将会进行公平地投票——祈求阿波罗③、兄弟会之神波塞冬(Poseidon Phratrios)以及宙斯帕忒罗斯(B 10－17)。拉比亚戴铭文的 D 面,涉及节日和其他有关祭仪事项的内容。首先,条例指出在一系列重要的城邦节日中(D 3－11),所有的拉比亚戴都必须参加胞族部落的普通会饮。④ 然后铭文列出其他向德尔斐咨询神谕的人对拉比亚戴作出的贡献,即通过参加泛希腊宗教的这些人,在这里款待参加城邦祭仪的杰出外乡人(*xenoi*)。⑤ 320
在 II. 43－9⑥ 上列出的“拉比亚戴的祭品”,很明显是属于胞族部落的。狄奥尼索斯(Dionysos)在阿帕勒奥斯月(Apellaios)接受供奉,宙斯帕忒罗斯在博卡提亚(Boukatia)节接受祭品,而同样地,阿波罗也收到第一批供品。这表示它允许胞族部落参加城邦重要节日以及所有与城邦有关的庆祝活动,包括全希腊的神庙。它也涉及有关丧葬的条目(*CID* 9 C 19ff.)。它像个小型城邦那样运作——尽管它只是与德尔斐城邦一起,或在其之下相互影响。我们可以这么说,它对雅典胞族部落和雅典

---

① Rolley (n.81), p.483; id. forthcoming.
② Rolley (n.81), p.483; id. forthcoming.
③ 最重要的德尔斐神,尤其(W. Burkert, *Rhein. Mus.* 118[1975],1－21)涉及阿波罗和年轻人的启蒙以及成年后的成就和全胞族成员。
④ *CID*, ad loc,. esp. p.64.
⑤ *CID*, ad loc,. esp. p.80; Ch. Kritzas, *BCH* 110(1986),611－617.
⑥ 参见:*CID*, pp.59,62,82－85.

德莫两者的作用是相似的，不像村庄的分支，它在德尔斐城邦的地位不亚于雅典德莫，当然它要比雅典小得多。［在雅典，胞族部落和村庄一样的分支的共存是不受限制的，就和斯巴达有胞族部落和奥巴、洛克里伊壁犀斐里（Locri Epizephyrii）有胞族部落和德莫一样。］

古典时期，祭司和女祭司①是在城邦的管理控制下工作的。每个祭司服务于一个（或者有的时候多个）神，不能在规定的领域外主持宗教活动，甚至在同样的宗教中心上，每个祭司都有明确规定的祭祀任务；不允许主持任何其他的活动（例如，Demosthenes 59.116－117）。有些祭司职务仅限于特殊的宗族成员。② 无宗族血亲关系的祭司职务对所有符合性别、年龄及身份要求（比如处女）的公民（Isocrates 2.6）开放，假如他们的身体上无瑕疵，③没被剥夺选举权的话，就可以申请祭司职位。举个例子来说，一个自甘堕落的人就无权参与政事以及担任
321 祭司（Aeschines I.19－21）。祭司是由集体任命或抽签决定的——抽签是由神来选定；从在公元前4世纪末期开始，越来越多售卖特别地区的祭司职务的事件发生，祭司权力也变了，一些祭司和女祭司成了终身性职务，其他的则有一定任期，通常是一年。他们不必只专注于祭司任务（*LSCG* 69.1－6 有个时间最少的例子，一个祭司只要在神庙主持一项祭仪就可以了）。但在任期内，祭司需要有绝对的虔诚信仰。④ 他们有作礼拜和管理的责任（例如，后者 *LSCG* 115－7－8 69.5 ff;37）。有时候这些管理权会分给别人一半，亚里士多德（《论政治》13226－11－12）指出，在某些地方，比如小城邦，任职的祭司完全管理着宗教活动，而在其他地方，这种管理权则被细分给了几个部门，诸如神庙的看守人等。在某些

---

① Burkert (n.41), pp.95－98; E. Sinclair Holderman, G. Arrigoni (ed.), *Le donne in Grecia* (Rome-Bari, 1985), pp.299－330。在雅典：R. Garland, *BSA* 79 (1984), 75－78; J. Martha, *Les Sacerdoces atheniens* (Paris, 1882); D. D. Feaver, *Rale Class. Stud.* 15 (1957), 123－158；有关厄琉西斯的宗教官员：K. Clinton, *The Sacred Officials of the Eleusinian Mysteries* (Philadelphia, 1974)。有关雅典宗教角色的分类，见：Humphreys (n.81), p.254；参见：Garland, pp.75－123.

② 有关 gene 的内容，见：esp. Humphreys (n.81), pp.196－197.

③ Burkert (n.41), pp.98, 387 n.48.

④ Parker (n.71), pp.87－94, 52－53, 175.

情况下,至少(例如 *LSCG* 69.6－8)祭司有责任必须照看好神庙和来访者。在不同时期,不同的神庙里还有数量不同的其他管理者,通常这些管理者在不同城邦会有不同的名称。① 也有管理特定仪式的宗教管理者,像雅典的神庙看守员(*Hieropoioi*)②;神庙的财政由委员会监督,例如雅典的财政官或者其他地方的神庙管理者以及各个神庙的会计师。③

所知区域的有限性迫使我不得不在此结束言论。我探讨了祭司和女祭司的某些角色和作用,也有些篇章探讨了他们与城邦的关系(参见初稿,第 295 页)以及一些与"城邦宗教"有关的问题,其中两个是宗教的财政和城邦宗教体系的起源与结束,多种或包纳或排除外乡人的 322
宗教分类。第三个是有关希腊宗教的一个重要内容。我以为希腊宗教不宜被看作一种"团体宗教"。其集体崇拜是有规定的,而个人崇拜行为则是可变的。在城邦宗教里,个体才是主要的和基本的信仰单元,而不是像家族那样的小集体。最后,我想在另一篇论文中指出,古典时期,城邦宗教包括象征意义上合法的控制着城邦内所有人的宗教活动。它不仅仅是德莫那样的宗教活动,也包括家族式的宗教以及现代人所认为的私人化的宗教活动。

我希望这篇文章能够勾画出希腊城邦拥有以及如何呈现宗教的基本框架。我也提到希腊城邦联合以及通过宗教联合的复杂方式。我打算重建古代宗教知识,特别是与城邦宗教联合有关的历史。城邦在希腊宗教联合中的角色是与联合城邦的宗教角色一致的。宗教为城邦提供了基本框架和象征意义上的中心力量。宗教其实是希腊城邦名副其实的核心。

---

① B. Jordan, *Servants of the Gods*(Göttingen,1979),pp. 22,23－28.

② 《雅典政制》54.6－7;参见:Rhodes(n.41)ad loc.(pp. 605 ff.)。有关雅典管理宗教的人员,参见:Garland(n.100),pp. 116－118.

③ Jordan (n.104),p.66; Burkert (n.41),pp. 95－96.

323

# 拯救城邦

艾米丽·柯恩思(Emily Kearns)

故事始于伊利亚人(Eleans)和阿卡迪亚人(Arcadians)的战争,此时,一名妇女带着她的儿子找到指挥官,告诉指挥官她做了一个梦,梦里神告诉她要将儿子送去保卫城邦。于是将军们就把这个孩子放在军队的前面,当敌人进攻的时候,孩子忽然变成一条蛇,敌人立马惊慌失措起来,最后纷纷弃械逃跑。在伊利斯(Elis),这个故事与一个崇拜的神或者是名叫“拯救城邦者”(Sosipolis)的英雄有关。① 以往思想开放的学生,也学修昔底德的嘲讽,觉得它“像神话似的”,② 在城邦危机时期,即使他们意识到某些推测出来的历史事件实际也包含明显的神话因素,但他们还是倾向于在生动的故事和真实发生的事情之间划出一条明确的分界线。否定历史事件和神话之间的区别是没用的,在某些方面,这种区别很重要,事实上可能会产生严重后果。然而,越来越多的人意识到神话也与历史有关,它不仅仅只是一面扭曲了“历史事件”的镜子。虽然像化身小蛇那样本源论上的爱国故事看起来不太可能,但当它们第一次出现时,其实与思维模式没有多大关系;从侧面看,虽然学习这种知识没什么用,但希腊人可能会稍稍改观他们原先以为的城邦和危机。特别是,我希望能证明这类故事的重点——在本文,城邦边缘群体由于奇特性和矛盾性被赋予了一种特殊的重要性——虽然某种程度上说,这些人属于城邦,却

① Paus. 6. 20. 4 – 5.

② Thuc. 1. 22. 4(*to mythodes*).

不算真正的公民。在大部分城邦,这种边缘群体的明显例子是女性、 324
儿童、奴隶和外乡人;根据不同的群体和城邦,他们被边缘的程度和类型也不同,但是他们仍然是合法的,因此有利于将他们联合起来综合考虑。尽管(另一种完全不同的观点)亚里士多德识别了这类群体之间的相似性——他认为妇女和儿童至少是一样的,近年来,皮耶·维达那克(Pierre Vidal-Naquet)对发展分析这些群体之间的相似性以及他们整体与社会的关系作出了重大贡献,他的关于"妇女、奴隶和技工"以及青少年的著作,已经大大扩展了外界对希腊城邦的认识。① 在这篇文章里,就有维达那克型的人类边缘群体,我也将神和英雄作为相似群体考虑进去。在任何一个希腊城邦,这两个"超人类"代表总是会与公民公社生活和城邦的幸福指数紧密地联系在一起,因为如果没有他们的保护,城邦就不会繁荣;虽然他们不是正常意义下城邦的一部分,但是他们构成了一个神圣的超级组织。

可能在不同的情境下,"拯救"具有不同的含义。被拯救的可能是个人或者集体,而施以援手的可能是人或者神。它本身的文字也可以体现出它的重要性,希腊人自己可能也知道,它不是由 *sos*(安全)直接得来的,而是从名词 *soter*(意指个人组织或救世主)来的。后来,这个词有了表现上的含义,还有在几乎所有情况下,它都有存在的、隐含的"威胁"之意:*soteria*,在某些事上暗指安全。② 但即使这个词暗含了一种永远安全的意思,我们也应该想到,还有可能出现危机,就像梭伦和希罗多德,直到死后,别人才认为他们是幸福的(Olbios),③所以没有个
人,也没有集体,可以永远不受威胁(因此英语的 deliverance 通常比 325
safety 更好)。这样的威胁在数量上被限制,基本的形式:对人而言,是

① Aristotle: see below, n. 22. P. Vidal-Naquet, *The Black Hunter*(Baltimore,1986), esp. chs. 7-11;也见 4-6.

② 在雅典,*soteria tes poleos* 似乎还有一个技术上的含义,可以优先考虑某个特别事件,在这样的事件中还可以消除某些普通的宪法保障;这个词组起先一定是用于危机时期。见:P. J. Rhodes, *The Athenian Boule*(Oxford,1972), add, note C, pp. 231-235.

③ Herod. 1. 32. 5-7.

死亡、失去名誉、患病、受伤害和贫穷；对城邦而言，则是战败、瘟疫、干旱、城市暴乱以及自然灾害。这幅景象如此普通，以致我们关注的神话和我们所了解的历史都是差不多的。在两种情况里找出合适的解决办法，可能会有很大的不同，但是正是因为模式太接近，反倒说明在某些希腊思想模式上，这两者都有效果。

一旦最开始的失望和麻痹结束以后，人对自然灾害的本能反应就是寻求帮助，很可能会同时从几个方面入手。神和凡人都有自己的责任，他们的努力都可能称作拯救。在任何情况下，所给予的最终拯救行动，可能要不是一种看似简单合理的方式，要不就是更委婉、更出人意料的方式。有了人的行动，很容易就看出怎样进行简易的拯救方式：需要勇气、耐心、力量和谨慎来判定一个人是不是救世者，或一群人（比如参加马拉松战争的那些人）是否有特别威望。神偶尔会提供一些简单的直接帮助，作为对祈求帮助人的回应，以《伊利亚特》里的（但它需要和城邦一样）克律塞斯（Chryses）为例，他向阿波罗求助，于是阿波罗就直接介入事件。但当神给的帮助是建议或教谕的时候，纠纷就多了起来——咨询神谕就是一种无法避免的形式。这种形式的拯救行动更复杂，通常还会牵涉一些不确定的因素。此外，就像神可能在梦里告诉一个人什么能治好他的病，以此类推，那么一个城邦的话，神就会通过神谕告知某人，而此人的行动是对神所提供的帮助的必要补充。因此，如果我们认真看待拯救，就很清楚，不会仅仅只涉及一个事件，而是涉及三个或者四个有必要拯救的事件。神首先会提供帮助——人模糊地这么认为——在妇女的梦里就表现了出来。而人类组织，妇女和将军，都作出了正确的反应。他们自己不能被称为拯救者，但是他们都有可
326 能接受或拒绝更好的拯救，最后，最壮观的既不是大人物也不是真正的神，而是小蛇带来的援救，并获得“城邦救世主”的称号。在这个模式里，很罕见的居然是能轻易地就得到神的帮助，甚至很明显就能感觉到。所以，这里的拯救以一种不大可能的形式出现：它来自一种人不可能战胜，且具有侵略性的力量。某种程度上来说，城邦的边缘已变成了

它的中心。这种混乱显然与神有关，因为神的思想经常与人类不一样，但是它不仅仅只与那些听起来就没有意义的神谕或者托梦有关，还与拯救的直接来源——神和英雄人物有关。

由于神的身份，像拯救城邦或拯救人祭那样的事，可能看上去就很矛盾，但是换个角度来看，我们可以认为他们自己造成了这种矛盾。神不是唯一比人有力量的“生物”；从城邦的角度上看，英雄也很重要，而我们现在所讨论的这类人物要么非常接近英雄，要么就是英雄。尽管每个城邦都有自己的保护神，但是这个神不可能只对此城邦特别，事实上他或她可能对其他城邦也饱含同情。这个问题在《伊利亚特》（6.297－311）中很明显，特洛伊的妇女给雅典卫城的雅典娜送礼物，雅典是雅典娜波里阿斯（Athena Polias）守护的城邦。因此她是城邦救世主，她必须保护希腊人，即使她同情特洛伊人，也只好将目光从特洛伊妇女带来的礼物上移开。但英雄很少受到这种同情心的影响。他们的一生都属于一个城邦，假如城邦对他们很好，假如他们的敌人在他们死后也不能抹杀他们对城邦的忠心，那么他们就会继续保护城邦的利益。英雄保护城邦的方式是多种多样的。通常，他们被看作“神、英雄、人”这一系列的中间一环，①事实上，他们既像神，又像普通人。在他们死
后，普通人崇拜他们，以明显不同于对待其他人的方式对待他们，看他 327
们就像看待神，而在与他们生活有关的神话故事中，他们却表现得就像普通人，这是真的——在戏剧里，他们是人类主人公，而不是意外介入而扭转局面的人（*deus ex machina*），但同时，他们的行为事迹又使他们看起来不仅仅只是普通人。

崇拜比神话更简单直接一点。像对神一样，在危机时期，求助者可能也会带着祭品向英雄求助，例如，埃亚克德斯（Aiakids）和“所有的神”，有人在萨拉米斯战争之前向他们求助（Herod 8.64）。为了回应求

① Antiphon 1.27：见：J.-P. Vernant，*Mythe et societe en Grece ancienne*（Paris，1974），pp. 117－118（＝*Myth and Society in Ancient Greece* [Brighton，1980]，p. 107）——相当夸大了事实——以及 E. Kearns，*The Heroes of Attica*，（forthcoming）ch. 7.

助者，经常可以看到他们在战场上战斗，神也是如此。当然这种直接介入意味着胜利，而任何情况下，这种异象也显示此时出现了人以外的某物，而且他的行动是直接、合理（看似如此）和有人性的。以这种方法来帮忙的英雄和神普遍与城邦或战争发源地有着亲密的关系。他们的动机也很合理，很有人性，因为他们是为了自己而战。

然而大量例子显示，有很多方法可以利用崇拜打破英雄和城邦的这种自然联系。这些方法对形成这种联系的重要性和影响大有作用，普鲁塔克（*Solon* 9）指出——可以相信，我们很难去评价——努力否认来自麦加拉梭伦（Megara Solon）的萨拉米斯通过秘密祭祀赢得了萨拉米英雄吉克瑞斯（Kychreus）和派瑞菲莫斯（Periphemos）的支持，显然有人以为他是前麦加拉人（pro-Megarian）。欧里庇得斯指出，这是一种思想方式，至少在公元前420年左右就已经出现了。他警告，如果敌人成功地向女英雄西克提德斯（Hyakinthides）献祭的话，他们就会赢得战争，给雅典带来灾难。① 如果能确切知道这些想法意味着什么的话，那将会非常有趣。虽然只要一个城邦慎重地对待英雄们，它在战争中就不会输，但它真的希望通过向其他民族的英雄祭献来取得战争的胜利吗？可能它值得一试。公元前五六世纪大量的英雄尸骨看上去似乎表达了（至少部分地）一种相似的情形，如果想要将一个英雄（本民族的或其他民族的）通过他的实际存在和某个城邦联系在一起，就像希罗
328 多德所说的俄瑞斯忒斯（Orestes）的尸骨那样；从特吉亚（Tegea）移来的尸骨几乎和斯巴达的那些一样重要，即使特吉亚人不知道、不崇拜他，这位英雄都已经成了他们的救世主。②

此外，还有一类重要的英雄群体，对他们的崇拜和其存在，尤其与城邦和城邦安全有关，并且似乎能强烈地感觉到这种联系。大部分英

---

① Eur. *Erechtheus* (C. Austin, *Nova fragmenta euripidea*, fr. 65.78 ff.).

② Herod i. 66 – 8. 公元前475年由客蒙带回来的忒修斯的遗骸，在很多方面都是无与伦比的（Plut. *Cimon* 8.5 – 6）。见：E. Rohde, *Psyche*, 9th and 10th edns. (Tübingen, 1925), i. 160 – 163；F. Pfister, *Der Reliquienkult im Altertum* (Giessen, 1909), pp. 188 – 211, 510 – 514.

雄都有一段传奇故事和一个祭拜活动，传说是以一种超凡的方式来展现他作为名人一生中所表现的英雄行为，而且时间通常并不总在遥远的过去。有几则讲英雄拯救城邦的传奇故事，像举行祭拜活动时，他们所能传达给我们的与此相关的希腊人的思想和实际做法。相对而言，根本没有英雄传说提及英雄凭借胆量直接拯救了城邦或者通过一场精心准备的单打独斗拯救了城邦。有个例子，忒修斯和雅典人在离阿马松人（Amazons）很远的地方进行战争，可以确定有赫拉克勒斯相助。这种英雄式战斗型救世主在历史上反复出现：布拉西达斯（Brasidas）作为"孤胆英雄"出现，在安菲波利斯很有名——修昔底德说他被人们看作该城的建城者，但他也说过安菲波利斯人把他看作"救世主"。① 这让我们进一步得出：既然英雄已死，所以如果死亡能作为拯救城邦行动的一部分，那么这个模式就变得更令人满意了——就像死于色雷斯的布拉西达斯那样。因此，在马拉松战死的那些人就成了英雄崇拜的对象，②而活下来的那些人，尽管在战争结束后赢得了尊重，但当他们老死在自己的床上后，是不会突然变成英雄的。

但是在著名的神话故事中，拯救者之死的重要性甚至被描绘得更醒目，在故事里，它并不直接与拯救城邦联系在一起。在雅典，有一则不知起源的故事，讲的是考德罗斯（Kodros）国王在多利安人手下拯救
了自己城邦的事情，考德罗斯国王不是在战争中领导军队战胜了敌人， 329
而是通过乔装使自己死于一场偷袭战中。这个故事可能在列奥尼达后被润色了一点，尽管它几乎不可能出自那里，③但它表现了救世主的自律。这不是一个"做了但死了"的自杀式任务，像列奥尼达和罗马将军们的英勇例子，而是以"死"来"做"，因为有人认为光荣地战死沙场，尽

---

① Thuc. 5. 11，*nomisantes* 通常含有传统崇拜的意义。典型地，修昔底德加入了另一种更有讽刺意味的动机。

② *IG* ii$^2$ 1006. 26. 69。这是一份公元前 2 世纪末的铭文，但崇拜不是始于公元前 5 世纪，结束于普拉蒂亚，让它看起来有些难以置信（Thuc. 3. 53. 4）。

③ Pherecydes, *FGrHist* 3 F 154; Hellanicus, ib. 323$^a$ F 23。这则故事可能没有那则久远，见：H. K. Parke and D. E. W. Wormell, *The Delphic Oracle*（Oxford，1956），i. 196 – 197.

管所有的荣誉都归军事领导者，但至少他们不是屈辱无用地死去。其实通常的救世主并不是领导了所有人的人，城邦得救更多是通过一个少年或更多的是少女和少女们的自愿牺牲换得的。先不管这种不同寻常的神话思维，但人通常对这种故事信以为真。埃瑞克修斯（Erechtheus）的女儿们就是一个著名的例子，她们是欧里庇得斯式悲剧的主角，被公元前4世纪的雄辩家来库古（Lycurgus）引作当时教导人民的素材。[1] 在这里，拯救者的行动现在已完全不得而知，在一连串的不幸中拯救城邦，取得军事胜利。虽然在这些故事里，英雄救世主是凡人而不是神，而且以正常的思维来看，拯救的方式根本不可能，并且还很矛盾。所以这种事情，事实上确实只能是神的命令，只能在神授大背景之下发生，并且拯救者的英雄身份也标榜了这种“不仅仅是人性”的思想；事件之后，神谕进一步揭示了她们应该被当作女英雄来崇拜。传统意义上，英雄化通常也是一个领导人的救世主，不管是如考德罗斯，还是如赫拉克勒斯/布拉西达斯，所以在其他事件中，拯救城邦的故事与崇拜相关。在其一生中，英雄解救城邦的传说，与通过神谕解救了
330 城邦的神话融合在一起。这两种类型都涉及神谕咨询——来自城邦以外的帮助——并且两者都以崇拜结束。

神和英雄都会做矛盾的事，这可能不是一个让人惊讶的结论，即使这一方面区分了人的行动，另一方面也区分神和英雄的行动，但这种区分并不完全适合可能与不可能之间的界限。以正常的方式取得胜利的人以及不用特别做些什么就生存下来的瘟疫，仍可以说是神的干预。另一方面，模式的不同，有时可以通过强调英雄神话模式和人造模式之间在行动上的差异看出来。一个相关的例子就是雅典的亚格劳洛斯——凯克洛普斯之女，一种版本认为，她是从雅典卫城上摔落致死

① Lycurgus, *Against Leocrates*, 98 - 101. 关于悲剧，尤其欧里庇得斯，见：J. Schmitt, *Freiwilliger Opfertod bei Euripides*（Giessen, 1921）; E. A. M. E. O'Connor-Visser, *Aspects of Human Sacrifice in the Tragedies of Euripides*（Amsterdam, 1987）; N. Loraux, *Tragic Ways of Killing a Woman*（Oxford, Mass, 1987）, pp. 31 - 48.

的，不是因为她拒绝服从命令而导致意外发生，而是以此来拯救城邦。在祭仪中，亚格劳洛斯与青年公民联系紧密，这些人首先以她的名义，在她的神殿里宣誓。亚格劳洛斯的好战思想通过青年人的宣誓以及最近问世的碑铭得到确定和强化。那碑铭出土于亚格劳里昂(Aglaurion)；这两者都通过宗教联系突出她和阿瑞斯(Ares)之间的神秘联系。① 因此，亚格劳洛斯作为女神，嗜爱胜利，为了城邦献出了她的生命；那些青年公民，像她一样年轻、未婚，无疑也有同样的想法。从某种程度上来讲，青年在身份上与城邦的边缘群体是相同的。所以拯救城邦的方式完全不同，他们用间接的，用让人难以置信的自杀方式对抗，直接将敌人砍成一片片的直接方式；此外，他们的行动区域也不同，属于城邦中心对抗边缘区域；当然，性别亦不同，通常是男性，拥有足够的力量来实施拯救。毫无疑问，它也与下面的观点相关，即像爱菲比(*ephebeia*)那样没有性别的区别，是过渡期时年龄层级的典型特征，但这并不是唯一与他们的女英雄性别有关的事。普剌克西忒亚(Praxithea)，另一个遇难公主的母亲，在欧里庇得斯的剧本中，她使女孩男孩化的想法表露无疑，公开声称她很愿意像献儿子那样将女儿献给城邦：

> 如果房子里除了女性之外就只有男性，但敌人已经控制了城邦，我会因为害怕死亡而不将她们送上战场吗？我如果有这样的孩子，就会让她们参加战斗，像男人那样，而不是出生在城邦，却一无所用。② 331

然而，差不多就像欧里庇得斯宣传的那样，在现实生活中，一个女孩子——对城邦而言，比男孩要边缘得多——不可能以任何方式拯救

---

① *Ephebeia*：P. Siewert, *THS* 97 (1977), 102 - 111. 铭文：G. S. Dontas, *Hesperia*, 52 (1983), 48 - 63.

② Eur. *Erechtheus* (n. 7), fr. 50.

城邦，除了间接地通过结婚改变她的身份或者养育一个男孩成人，让他参加战斗。① 但这是神话，神话的区别在于，这里我们所说的女孩子已不是普通群体里的人了，而是属于英雄一类中的，在那里，标准是颠倒过来的。亚格劳洛斯的故事是一个对青年公民的禁令，但它以独特的神话式语言表达出来：为了懂得命令，神话的不确定性必须被翻译成普通生活式的。

当然，这个例子太简洁，不能表明整个事实，但绝不是因为在希腊历史里将神话从“现实生活”中区别开太过困难。他们之间，一个可以在另一个中表现出来，就像拯救神话可以说明一种直白简单的拯救方式，所以在历史中看来，神和英雄不能被立即辨别出来。接下来我们打算将“神话式”和“英雄式”放在一起，通过“可能型”和“不可能型”两种拯救城邦的方式来检验它们的关系。

一种方式就是检验与城邦有关的救世主的角色和身份。解救个人，故事里就他/她是被朋友、敌人，或不相干的人而言，是有明显区别的。解救城邦的话，可能就更复杂了。特别是，我们可以看出，可能型和不可能型间的区别，目前涉及救世主的身份，又会显得与另一个重要区别点重复，即来自城邦内部援助和城邦外部援助的不同。城邦，作为一个复杂的形式，比个人更容易自救，因为城邦内的个人或群体可能拯
332 救整个集体。这大概是最有可能的解救方法，这有让人信服的心理学原因：个人会为城邦更英勇地战斗，因为城邦是自己的，而什么使城邦是自己的？欧里庇得斯剧作中的普刺克西忒亚给出雅典答案，在同一篇她辩论献出女儿像儿子那样与敌人战斗的文章中指出：雅典人比其他希腊人更决然地为自己的城邦战斗，这是因为他们是土生土长的原住民。原住民和爱国主义之间联系的重要性，已经被洛罗（Loraux）证

① 人们曾质疑此番努力是否等同于无名小卒对战争的贡献，这就是著名的吕西斯忒拉忒争论。见阿里斯托芬《吕西斯忒拉忒》（*Lysistrata*）588 页以下。

明了，[1]我们认为普剌克西忒亚的论断表示了内部援助，“内部性”援助得出的最终结论，就像地球自己使自己轮回到春天一样。

米太亚德斯(Miltiades)、地米斯托克利(Themistocles)和阿拉托斯(Aratus)式的“内部救世主”也可能是某些英雄，像马拉松的忒修斯以及公元前279年[2]的四个德尔斐英雄那样，人们相信他们带领着人民取得胜利，还有一种更普遍的观点，英雄领导人、保护神(*archegetes*)，在死后继续帮助和领导他们的人民，就像生前一样。神的帮助与这相似吗？当波塞冬现身为曼丁尼亚(Mantineia)战斗，赫耳墨斯(Hermes)帮助塔纳格拉(Tanagra)以及雅典娜经常给予雅典帮助时，这就是很明显的神助城邦的例子，但称之是“来自城邦内部的援助”并不太准确。某种意义上来说，城邦的保护神是城邦内部的，但有几个例外，特别是赫拉神殿，这些神殿建立在卫城，成了城邦的中心地带。一系列古时的祭仪图画大概至少能证明一件事，那就是他们出现在这，和其他人在这儿一样自然。但同时，神却是不一样的，神是外部的；人不能完全强迫他们，他们不受普通法律的束缚——有了神力，他们的话在哪儿都能听到——并且尽管他们与城邦有特殊关系，但这对表现他们的天性并不总是很重要(只有几个特例)。通常，他们根本不能被看作城邦的成员，但是某种意义上的“本土英雄”(*epichorioi heroes*)却是本地人。因 333
此，神的援助，某种程度上总被认为是外援，而这个教训之一就是按照城邦所有的力量和职能，实际上不能自给自足。

但是，英雄式的救世主也可能来自城邦外部：在一队队用生命保护城邦的英雄之外，一组保护外来英雄，甚至敌人的英雄。外来的英雄一生中并不总是在拯救城邦，除了几个特例，比如赫拉克勒斯，他是人类的救世主。尽管他们作为救世主的影响只有在他们死后且明确得到英

---

① N. Loraux, *Les Enfants d' Athena* (Paris, 1974), esp. pp. 35 – 73; *The Invention of Athens* (Oxford, Mass, 1986), pp. 148 – 150.

② Plut. *Theseus* 35; Paus. 10. 23. 3. W. K. Pritchett, *The Greek State at War* iii (Berkeley and Angeles 1979), pp. 11 – 46.

雄身份后才起作用，但更普遍地，人们认为他们生活中的一件小事可能会解释他们出人意料的忠顺。因此，在希罗多德(5.114)的奥列斯奥斯(Onesilos)故事中，一个外乡人和一个敌人在塞浦路斯(Cyprus)杀了包围城邦的阿马图斯(Amathous)而成为英雄，阿马图斯的头颅被挂在城邦的大门上，很快就聚集了大群蜜蜂。这个故事不难猜出结局：在咨询了神谕后，神谕的答复定是要像崇拜英雄那样崇拜奥列斯奥斯。奥列斯奥斯这个名字意为“人的救世主”。故事中，有关城门的细节很重要。奥列斯奥斯属于一个较大的英雄群体，但在他的故事里，位于城门外的敌人试图强攻，他被看作保护者是可以的，但对他来说，城门反而表达了一种从里向外的意向，为外面的群掠者抵挡了里面的援助。它表现了他作为敌人保护者的矛盾身份，尽管人们对他的崇拜肯定了他的善行，也确定了他的新“附属”身份。

剧作家们似乎特别喜欢外来的英雄保护者，经常在神话角度上为他们的意识变化提供解释。俄狄浦斯(Oedipus)将会从底比斯人手下拯救雅典，因为他抛弃他的坏儿子；阿戈斯人欧律斯透斯(Eurystheus)将会保护阿提卡对抗多里安人入侵，因为他与赫拉克勒斯的儿子们长期不和。在将死之际，战败的欧律斯透斯说出他将去往何处：他会作为外邦人(*metoikos*)永存地下。像客籍民(*metic*)那样，外乡英雄在城邦内部，但不是城邦的，他们既属于又不属于城邦。这部剧中，客籍民给予的援助与普剌克西忒亚关于本地人的论断形成强烈对比。如果非雅
334 典人不能完全地属于他出生的城邦，那么几乎没有客籍民属于他们挑选的城邦，那些城邦，他们的肉体可能属于它，但心灵却不属于。欧律斯透斯在这部充满意外的剧中，所允诺的不太实际的帮助，既不完全来自城邦外部，亦不彻底属于城邦内部。

对于客籍民身份——部分内因，部分外因——某种程度上，我们的外来英雄符合这种情况，可能会增加其他与公民对比的东西：奴隶、女性以及儿童，就是住在城邦里，但在不同方式下缺乏完全归属性的明显例子，并且根据普剌克西忒亚论断的原则来看，如果不是真实情况，可

能不期望他们能在促进城邦的繁荣和福祉上作出什么贡献。在很多城邦,我们应该将庇里阿西人(perioikoi)和黑劳士作为群体增加进去,庇里阿西人和黑劳士是被承认的本地人,但没有完全的公民权。如果说,这种自相矛盾的论断很重要,那么我们也可能在这些群体中找到城邦救世主,并且多少有一些存在的可能性。但是这些群体没有都被公平地对待。尽管稍后有些习俗有以摩塔克斯(*mothakes*)命名的卓越斯巴达人(斯巴达人之父和黑劳士母亲生的儿子),①但似乎斯巴达和其他地方都没有这样的传说故事——至少,没有留存下来的故事——黑劳士和相同身份的人拯救了城邦。奴隶救世主是站不住脚的。虽然在城破之际找出城邦内部的奴隶,还有自由女性对抗敌人是很正常的情形——这是一种可信的故事类型,但是奴隶通常屈居于女性之下。在普鲁塔克描写的菲利浦五世对希俄斯岛的占领(《道德论集》245 B-C)中,他们比寻常多得到了一点重视:只要希俄斯的奴隶们归服于他,菲利浦就向他们提供自由以及可以嫁给主人的机会;普鲁塔克认为很有必要说明一下他们主人的妻子。但妇女和奴隶对菲利普的回应却是从城墙上向他投掷石块直到他的军队撤退才为止。②

尽管在拯救故事中,严酷的现实根本不是一个必要条件,但缺少奴 335
隶和黑劳士救世主,某种程度上反映了现实。奴隶(可能除去部分本邦内的奴隶)和这些被看作低下的不完全的公民群体,很可能——尽管不是不可避免的——对主人或统治者有真正敌意;公民的妻子和孩子,尽管他们可能没有意识去憎恨当权者的家庭结构,也不会经历同样的事情。存在于第一种类型里的互相敌视和恐惧的关系,很显然会在事件中留下痕迹,特别是不管什么时候,对统治阶层有敌意,都有助于形成新的传统。

---

① Athenaeus 6.271 E-F; Aelian, *Varia historia* 12.43.

② 在希俄斯岛,我们也有奴隶迪里马科斯(Drimakos)的传统,他后来以攸美尼斯之名成了英雄,他的一生都在通过调节公民和掠劫奴隶之间的关系帮助城邦(雅典,6.265D-66E),但是如果迪里马科斯是个救世主的话,他就是通过自己的善心解救了城邦,而这个故事的重点似乎是"让一个奴隶抓住另一个奴隶"。

对于含义不明确，但仍属于“低下的”社会边缘的救世主来说，情况看起来似乎甚至更糟糕。然而，那样的地方确实有一种“替罪羊式”(*pharmakos*)的反面救世主。某些程度上来说，他们是救世主的反面，但也奇怪地相似：因为将之流放就是拯救城邦的方式。① 通常，替罪羊从社会最外层挑选：穷人乞讨者、一无所有者、声名狼藉者、罪犯以及将上面因素全部包括的人。通常将他的流放看作对他的净化，是城邦去除不干净的和危险的因素，而他自己被看成“渣滓”(*peripsema*，*katharma*)。但是另一种想法认为，像波吕克拉底(Herotodus 340 - 343)那样的城邦，必须去掉某些珍贵的东西，才不会失去一切。当这种观点成主流思想时，就会立马产生一个问题：流放一个这样无用的人怎么会对拯救城邦有帮助呢？

这个问题可以通过一个更深刻的矛盾论来解决。如果处于城邦的边缘是替罪羊的一个普通特征的话，有时处于中心区也可能被边缘化，比如在马萨利亚(Massalia)，选中之人在流放前首先在普吕坦内安好好养上一年。因此，他既被看作城邦救世主，亦是城邦的象征，在一年期结束时，被送到了祭神台。这给了他一些与外来人一样的东西，既是
336 城邦内部又是外部的“客籍民”英雄救世主。这种形式的救世主也可以和考德罗斯王的故事相比，考德罗斯王假扮成樵夫是为了让敌人杀了自己，以此来拯救雅典。某种程度上来说，这里的假象意味很重要——一个国王通过一次卑下的伪装掩饰自己真实的身份，就像神也会经常做的那样。神谕要的是国王死，而不是樵夫死。但是一与马萨利亚的“替罪羊”联系上，救世主—遇害者的边缘性就变得更为重要：替罪羊，从身体和身份上，开始由最外围转向城邦中心，而作为王的考德罗斯，则是由中心开始向四周扩散(也是身体上和身份上的，因为作

---

① Xen. *Hell*. 3. 3. 4 明确反对 *soter* 和 *apotropaios*。有关替罪羊的内容，见：J. M. Bremmer, *HSCP* 87(1983),299 - 320; R. Parke, *Miasma*(Oxford,1983),pp. 257 - 271.

为樵夫,他在城邦外部)。① 一方面,考德罗斯王和“替罪羊”之间有明显的区别;另一方面,奴隶和黑劳士也有区别,后一群体仅仅代表城邦外围的民众,而考德罗斯和“替罪羊”的地位却是截然相反的。城邦的中心群体和边缘群体都可以拯救城邦吗?最令人满意的模式能结合两者吗?

为了解决这两个问题,我们可能要转向最“不可能型”的救世主,以及某些意义上,一般会圈定好产生救世主的边缘群体:女性。当然这一群体的出现打破了大部分其他的划分,而被选为救世主的女性,可能出自贵族或王家,可能是中产阶层,还可能是贫穷人家及地位低下的阶层,也有可能是奴隶或外乡人。这些区分都是很重要的,虽然如此——事实上,这很明显——不管什么阶层的女性都处在男性控制下的城邦社会结构之外。她们的存在,当然最基本的还是生物种群上的意义,而且这种必要性在许多只有女性参加的宗教仪式上反映了出来。这种仪式,通常只有女性公民可以参加。如此一个女性才能与城邦联系上,但很难判定她是不是个公民。亚里士多德看上去似乎也难以决定:女性占了“半个城邦”(女性是城邦的半边天),可以说母亲是公民,但在更 337
严格的意义上说,公民是可以参加司法管理和管理政府收入的人——显然,女性被排除在外。② 洛罗指出,没有真正的全权女性,只有阿提卡式的类别女性,这是根据地理位置,而不是由身份来判定女性是否真实属于一个城邦。③ 从这方面看——如果不是其他方面——女性被看作与动物一样,完全可以这样说,女性能分享一点男性的生存空间几乎纯属巧合,而这在真正有作用的社会分层中完全不重要。

---

① 能看出我的分析贴近 Bremmer(n. 20),但在这一点上,我不同意。国王不是一个“站在(社会)顶上无足轻重的人”(p. 304);当然,因为他的社会的中心,所以他的地位也是显而易见的。国王和乞儿之间的关系就像 *soter* 和 *apotropaios*:处于两种极端对立的位置让他们有了很多共同点。

② 亚里士多德《雅典政制》$1269^b$ 18;$1275^b$23;$1275^b$ 22 - 23。正如亚里士多德指出的那样,上一篇文章出现的相关内容不包括孩子和老人;他认为在此背景下,没必要特意提及女性。

③ Loraux(n. 16),pp. 124 - 125.

但这只是一部分的想法。女性的双重身份，作为女性群体的一员以及还有一些也适用于男性的特殊身份，在最典型的女性救世主神话里就很好地体现出来了。国王的女儿或女儿们为了拯救城邦献出生命：出身王族给了她们中心地位，但女性的身份却使她们被边缘化。但她们甚至比“替罪羊”或考德罗斯还要纯洁，因为她们不需要掩饰，此外，女性的身份还使之包括在城邦里拣选救世主的范围内。[①] 但作为处女，女孩子不仅要纯洁无暇，还要全身心奉献，即使对养育孩子作出了贡献，但她们依然不算城邦的一部分。在正常情况下，一个未婚的女孩只能算对城邦可能有用，而不是真正有用。她也是社会上最脆弱的成员之一，需要其他人保护，而不能自己保护自己。人们普遍认为，不仅只是妇女，特别是女孩子，不处于中心区域，因为当城邦受袭时，她们
338 是无用的，是负担。即使是描写瘟疫的文章中也强调了当城邦受袭时女性的脆弱：她们不能生育，遭受流产，死于难产。所有的灾难既影响城邦又影响个人。至于战争，“男人（*andres*）才是城邦，城墙和空船不算”。它不是靠公民的精神来对抗敌人的军队，而是男人的战斗力。[②] 这暗指了有能力的公民才能保护城邦；当城邦在战争中确立它自己的合法存在时，它就会使自己成为典范。在这种情况下，女性拯救城邦就是一个大的矛盾。

那么，人类救世主的传说故事，在正常情况下与女性有关吗？我之前认为，像亚格劳洛斯那样与真实生活有关的传说故事，要求男性青年

---

① 罗伯特·帕克对我说，我们应该从另一个角度看待这个故事，重点强调国王对女儿的付出，就像埃斯库罗斯剧本中所表现出来的阿伽门农对依菲琴尼亚的付出。这使故事出现了一些转变，比如阿耳忒弥斯穆尼西亚崇拜的 *aition*，那里父亲埃姆巴劳斯（Embaros）作为祭仪的祭司，但是在其他地方，这个观点就有点牵强。尽管欧里庇得斯特别喜欢自我牺牲这种想法，但他并没有凭空捏造：祭祀的受害者（人或动物）应该被祭祀，这是一个普遍观点，参见：K. Meuli, *Gesammelte Schriften* ii (Basle, 1975), pp. 993－996. 在大部分情况下，这个故事被用来表达女性崇拜，尤其强调对女孩子的崇拜。

② Thuc. 7. 77 是最著名的空想，但是阿尔凯奥斯已经想到过了，fr. 112. 10（Lobel-Page, *Poetarum Lesbiorum Fragmenta*）; Sophocles, *Oedipus Tyrannus* 56－57; Eur. fr. 828 Nauck 3。一个很久以后在狄奥卡斯（Dio Cass）出现的，有些人为迹象的版本，56. 5. 3，表达了一个完全不同的含义：这里，来自城邦的是 *anthropoi* 不是 *andres*，他们不同的也不是船只和城墙，而是房屋、拱廊和市场：在 *pax romana* 之下，战斗力不再是合适的标准。

在爱国主义的影响下冲锋陷阵,而女英雄自然也是其中之一:她会被看作男性的模范,而不是女性的。另一方面,当像她们一样的女孩子,或者像西克提德斯(Hyakinthides)祭仪那样的女孩,与国王埃瑞克修斯女儿们一样,为了她们的城邦献出生命,她们就成了女英雄,而为她们举行的祭仪,看起来仍旧与救世主有关。这里,矛盾的要素被大大削弱,因为她们超常人的身份给予了她们一种权利,这种权利甚至连普通男性都没有。那么,难道女性身份的矛盾性只在神话世界里重要,在事件变化中,从可能到不可能的简单变化,而反之亦然?回答这个问题,我们可能要看另一则不同的女救世主的故事。这个故事里,女性拥有更积极的角色,而不是消极、充满矛盾的牺牲。这是一个看起来比牺牲国王女儿要更接近历史事实的故事。军情已经很急切了,敌人甚至已侵入城邦,两支军队已经打起来,最后,女人们上了屋顶,猛烈地向着敌人 339
投掷瓦片。与我先前提到的例子相比,向敌人投掷瓦片显然是本能反应,而且从自然的角度上来说,它是有效的,至少有一定效果。通常,提到这种场景,是为了描述长期战争的细节,但这并不是使事件转危为安的节点。因此在修昔底德有关科西拉岛(Corcyra)的阻滞中(*stasis*),我们知道,即使来自民主家庭里的女性,也加入了屋顶上的战斗,她们"大胆""勇敢地站了出来",但她们的介入亦不是转折点。① 所以,这个场景是可能的,不是虚构的,将女性介入所带来的帮助复杂化,就会轻易夸大真实事件的可信性;因此这场景也就会被看成没有史实根据的事件。所以,即使泰勒希拉(Telesilla)和阿戈斯妇女在城邦中阻住了斯巴达人的进攻,但这两个故事都采用了寻常模式,以此来解释神谕和受人尊敬的泰勒希拉雕像及变装节(男女可以互穿对方性别的衣

① 修昔底德文中的另一个例子在2.4.2,当普拉提亚人("他们自己和他们的女人以及奴隶"——见下文)打败了底比斯人。更多的例子,很多带有浓郁的"神话"味道;D. Schaps, *Class, Phil.* 77(1982),195 - 196; F. Graf, "Women, War and Warlike Divinities", *ZPE* 55 (1984)245 - 254; N. Loraux, "La cite, l'historien, les femmes", *Pallas*, 32(1985),7 - 28.

服）。① 依据城邦的历史来解释它们的风俗习惯。所有这些传统节日的一个更深远意义自然是在说明“即使我们的女人也比他们的男人好”。事实上，泰勒希拉故事的某个版本中有个附加款，看上去好像是根据前斯巴达（pro-Spartan）传统加上去的，如此，也许是为了消除这个观点：如果让人知道斯巴达人和女人战斗的话，那么就会使斯巴达人蒙羞，因此他们撤退了。相同的观点也适合经常和女人一起战斗的男性群体，女人被排除在常规军队之外，而家奴和老人孩子又是不能参加战斗的人。所有这些人群都列在了波桑尼阿斯的《泰勒希拉》（*Telesilla*）
340 上，并且可能所有这些人群多少都反对男人，用阿尔凯奥斯（Alcaeus）的话说，就是城邦“战争塔”上的那些人。② 但是女性在这些群体中最出众，因为她们坚决抵御普通军队：修昔底德说，科西拉岛德莫的女性坚决抵抗敌人。③

但是，我认为成功的女性救世主故事之所以吸引人有更深层的原因。中心—边缘矛盾论不只体现在公主的身上，从另一方面说也适用于所有的女性，它是希腊女性的一个奇特特征，即一方面她们处在城邦的边缘——虽然不像公民的妻子和女儿那么公民化——另一方面，与城邦外遭受麻烦和苦难的男性相比，她们确实身在城邦内部，众所周

① 预示了这些事的神谕，像“女性会胜过男性”，是由希罗多德首先记载的（6.77），然而，他没有提到泰勒希拉或者与她相关的故事。这个故事出自普鲁塔克《道德集》245D－E和 Paus. 2. 20. 8。

② see above, n. 25.

③ 故事是个持久存在的类型，而且它的矛盾面甚至在皮洛士死于阿戈斯时更加凸显，在普鲁塔克的记载（《皮洛士》34）中，他死于一个年老的妇女之手，她原是想掷瓦片保护自己的儿子，由此使得另一个人能够延续使命。（在另一个版本中［佐纳拉斯 8.6］，一个女人想要看清发生了什么，却失去平衡，掉在皮洛士的身上，由此杀了他。）这里的矛盾很大一部分是基于个人的，不是集体层面：有权势的统治者受到地位低下女性的伤害，甚至她还不是故意的。然而，这个女性的行为既救了她的城邦又救了她儿子，所以从各个方面来看，她都属于不可能型的救世主。在希腊世界以外，也有一个城邦有一个与这相似的故事，但那个城邦与希腊城邦却不一样，说的是 1310 年，战胜拜尔蒙特・蒂耶波洛（Baiamonte Tiepolo）反叛的威尼斯人：拜尔蒙特・蒂耶波洛的领导者被一个老妇人从窗户里投掷出来的灰浆所伤，随之而来的混乱中，忠于威尼斯总督的军队占了上风。故事中的妇人被授予了救世主身份，在每年纪念此次事件的时候，高举着民主的旗帜走过那个窗口（她也得到了一个承诺，即她的租金永远不会增加。）见《牛津中世纪史》，vii. 30。

知,女人是“待在家里的”。① 当她冒险走出去时,麻烦就会随之而来,不管它是不是不受欢迎的女祭司——《酒神女伴》(*Bacchae*)中的彭修斯之怒(the agitation of Pentheus)很明确地表达了他的焦虑——或者更普遍的(但仍有威胁地)婚外恋,就像《吕西阿斯》第一篇描述的那样。最有趣的是,与“屋顶上的女人”相反,我们发现另一组故事,差不多同样涉及神话、历史以及两者混合的领域:去城外参加节日的女性和被敌人看作具有攻击性而杀死的女性。② 这里我们不能责怪去参加完全合法且必要节日的女性,因为这是她们作为女性的天职。这些天职使她 341
们脆弱无比,因此成为城邦的负担,当她们走出去的时候,这种脆弱性就被暴露出来——在这个例子里,城邦外面是易被攻击的地区。另一方面,“屋顶故事”展示了在城内的女性(这甚至在泰勒希拉和她的追随者的转化中也是正确的,她们保护了阿戈斯的城墙),而在大部分例子中,即使不是在她们的房子里,也是在房子上;它本身就是房子的保护层,是她们可以撕裂破坏来抵御敌人的。外面的女性被攻击和强暴,另一方面,里面的女性,她们主动攻击,且经常取得成功,完全颠倒过来。所以在亚格劳洛斯—男青年们的方程式中,男性公民代表性地占领了阿提卡边界,而公主的拯救行动在城邦中心的地方发生。这是男人和女人正确的位置。尽管每一个都有很多其他因素,某种程度上,即是“屋顶”和“节日”故事,而且在一定程度上,毫无疑问是现实的,互相补充,肯定了社会赋予它的权力:在一个成功的城邦里,男人出门而女人待在家。

因此,一方面,这是一个充满矛盾且让人难以置信的故事,可以看作用来强化社会规范。为了解救城邦女人,她们处在普通公民兵范围之外,但其又确实身处“城邦内部”。在更罕见的处女祭中,也出现了一个相似的情形,不过对象是男性,也是这种作用颠倒;女子是被动施

---

① Aesch. *Choephoroe* 919; Page, *Poetae Melici Graeci*, 848.15.

② Herod 6.138.1 中的例子,Paus. 4.16.9;参见:Plut. *Solon* 8.4,Paus. 4.17.1。

救的，而男人——虽然更典型，但不独有——则通过积极的方式来拯救城邦。同样，在拯救城邦中，牺牲的公主们比其他年轻男士兵们要有一个更高贵的身份。① 但这种出人意料的事，在认为女性是战士，特别是救世主这样的想法中，仍然是一个重要的因素。

这种不可能型的救世主，在以孩子甚至动物为特色的其他文化里流传的故事中，对叙述故事有一种显而易见的吸引力。但是我们可以看到，其实更多的故事是与女性救世主有关的——无论是主动的（扔瓦片）还是被动的（牺牲女性）——而不是说她们不可能成为救世主。
342 这些救世主们都与城邦有一个特殊且重要的关系。我们虽然还不太清楚女性是否属于城邦——与某些其他群体一样，但一直在思考：即使某种程度上她们算属于城邦，但也被排除在城邦外，在有些故事里，有些因素暗指了她们有趋向中心的特征。某些程度上，"屋顶故事"模式其实是可信的：它羞辱了敌人，而在城邦内部社会，它将男女分开，使各有各的地方。但这并不能否定矛盾，即如果女人防卫成功，如果女孩自愿牺牲，那么城邦把它的被解救归功于女性（当然，同样适用于其他处在边缘、不能参加战争的群体：奴隶、女孩等）。这种矛盾并不太难以相信，因为可以推出这个结论，即构成城邦的男性（可以参加战斗，但不是战争）事实上并不是它的救世主。那么在这种矛盾下，就有了一个很严肃的问题，有关城邦本身：在紧要关头，到底是什么，或者是谁构成了城邦？

各种故事给出的答案并不都出乎意料。我认为，所有城邦以外不用参加战斗的群体，事实上，并没有在不可能型救世主的传统中被同等对待。而且可能由于现实原因，（男性）奴隶比女性更不可能，因为他们不可能太关心城邦幸存与否——或者同样地，但由于这种矛盾——体力不如男性，所以女性比奴隶更突出。我以为，更深层的原因，可以

① 因此普剌克西忒亚称赞她满意女儿的牺牲："死于战场上的男人，得到了一个普通的墓葬以及与其他人共享的荣耀，但是当我女儿死的时候，城邦会单独给她送上一个花环。"

看作女性要比奴隶更能表现出一种中心性和边缘性的结合。可是如果我们有更多证据的话,会发现一样的事情,在不同的城邦会有不同的情况,比如关于谁是真正的公民,或更模糊点,谁真的属于城邦,都会有不同的看法。

为了更深层地分析这个,我们可以比较两种细化城邦的方法。在任何一个希腊城邦,人口的划分(男人、女人、奴隶、自由民、外乡人、本地人、"好人"、"多数人"),与大部分公民的划分重叠,两者形成强烈的对比,这是古典城邦的显著特征:部落、德莫、胞族、种族、奥巴,等等。 343
这些划分是希腊社会与其他地方的主要不同特点,可能还有其他政治哲学家所熟知的更基础一些的特征。现代流行的古典民主论文声称,排除女性和奴隶的体系不能被称为民主。它们可能要向古代史学家们寻求答案,但它们确实提醒了我们,即使在一个民主城邦里,公民划分也是不一样的。在描写女性保卫城邦的小故事里,修昔底德强调,所有的普拉提亚居住民都要参与保卫城邦;他使用的语言"他们自己,他们的女人,以及他们的奴隶",与语言学上的格式一致。"普拉提亚人",不是指"普拉提亚的居住民",甚至不是"本地居民",而是参与解救和战争的人。这种专有名词,男性即单指男人,不包括其他人。我们可能又要争论了,是否以及从哪一方面看雅典的女性可能称为,或通常被认为是胞族部落成员。① 但我们不会怀疑为什么要将像胞族那样的群体看成只与男性有关的基本单元。胞族、德莫等——除了几个笑话——多多少少都是平等的;当部落群体里出现严重的不平等时,这通常反映出有些人不是完全公民。公民和非公民之间的划分(或 less-citizens)同样可以复杂而模棱两可,但它们清楚地反映了一种不平等。可能就是这种不同使划分公民的体系比划分其他拯救活动要更复杂。特定胞族的重要性不需要强调,它的存在是由公民群体的一部分决定的,这个

① J. P. 古尔德(J. P. Gould)争论道,女孩子进入氏族只是个例外(*JHS* 100[1980],40－42),但是他的观点没有得到普遍认同;这些观点最近还被 M. 高登(M. Golden)质疑,*CQ* NS 35(1985),9－13。

实体的成员部分由它决定。它不存在，其他也不存在(因为说拯救胞族或德莫是显然没有什么意义的)。而由其他划分体系下的城邦以外344 的群体，虽然他们构成了城邦中心，但是他们经常愿意去拯救城邦并承认自己是它的一部分。

然而这种主张是由权利来决定的。如果以一种根本不可能的方式将城邦救下来，那肯定就表示这种不可预料性通常会与神有关。任何不可预料，事实上就是重新确定人类已遵守的规范，这种规范支撑了城邦社会的不平等机构。如果故事里暗示的那些不公平，是以对城邦排外的挑战而被纳入结论中来，那么不可能型的救世主本身所具有的矛盾性，就会变得更加不可能。因为故事和城邦本来就是相互依存的。

# 第四部分：城邦的衰落

# 注定的没落：城邦渐趋走向穷途末路[*] 347

W. G. 朗西曼(W. G. Runciman)

## 一

本文运用比较社会学，而非古典希腊历史学的知识加以研究。我这样说，不仅只是为自己忽略了细节而让专家读者们很可能发现我在找借口，也意在强调这样的问题："如果将马其顿王国的崛起包含在内，那么城邦就能幸存下来吗？"而不是(这个问题很有趣)："马其顿国王是如何在希腊取得支配权的？"在辩论它可能不会幸存上，我的观点(就我所发现的而言)与专家们达成的普遍共识相一致，但没在不会幸存的原因上达成共识。在一些读者看来，我自己的回答或被认为明智但却平淡无奇，或被认为有趣但却设想错误。但正如本文标题所示，相关的理论观点是逐步发展得出的，而不是如马克思或韦伯的观点；也就是说，我既不确信社会组织的形势变化是生产力与社会生产关系矛盾的结果，也不确信他们所举例说明的合理化积累过程。我只确信它们是因持续不断的权力争斗而产生的——无论是经济性、意识形态性，或是强制性的——在各个社会内部和两个社会之间，但它们并没有因为 348
那个缘故而遵循任何预先设定好的方向前进。[1]

---

* 对编辑们和牛津大学研讨班的成员们在我早期的写作中所给予的建设性意见表示感谢。

① 这个想法我在《人类社会的多样性形成趋势》(*On the Tendency of Human Societies to Form Varieties*)一书中形成了轮廓，1986 年由英国社会科学院出版 (*Proc. British Academy*, 72)，见该书第 149—165 页。

什么是城邦？在我看来，一个城邦是一种社会形态类型，对城邦来说，更合适的标签不是“城邦”，而应是“公民国家”。它不需有个统治和支配乡村腹地的城市中心（首先要排除斯巴达）；也不需小到只要一个声音洪亮的传令官喊几下就能使所有成员都听得见的地步；更不一定要涉及希腊人自己管理城邦条款的所有情况（特别是，亚里士多德在使用资料时也前后矛盾）。[1] 但两个必要条件是最重要的。第一，从在领土内依靠高压手段来实行专制统治的意义上说，一个城邦必须司法独立地去运用它的法律。第二，它的社会组织形式集中在公民间的差异上，而高压统治的方式就是垄断权力，公民之间彼此分担重要的政府职务，并且互相尊重，而非公民者，即使他们与公民做同样的工作，成果也为公民所得（不在备战的时候）。因此，在希腊化时期，甚至罗马统治时期，留存并繁荣的城邦只是名义上的：它们是有自己生活的城市社区，而不是社会学层面上的“公民国家”。

它由以下定义推断而来：民主政体和寡头政体间的差别是共同模式内的差别。它也遵循着城邦没有世袭的暴政体制，至多就是罗马的元首政治或意大利的领土制（*signoria*）（或就此而言，一个由独立的埃米尔所率领的穆斯林军队驻防的城镇），但对一个临时官职的任免——像罗马的独裁官或意大利的城镇长官，是完全符合这个定义的。由公民控制的非公民劳动力是不是奴隶、农奴、债务奴隶、佃农或黑劳士并不重要：它只与他们是不是正式意义上的自由劳动力市场上的雇
349 佣工人、年轻的同族者、自由定居者，或不许携带武器的小自耕农相关联。最后，它遵循韦伯式的“贵族城邦”和“平民城邦”[2]之区分，这种区分突破了城邦和贵族政治军事国家之别。在贵族政治军事国家里，户主（*patron*）和武装家丁之间的关系，将领和军队之间的关系，登记在册的骑兵和世俗的兄弟或仆人之间的关系，都比城邦公民和非公民之

① J. A. O. Larsen, *Greek Federal States*: *Their Institutions and History*(Oxford,1986), p. 17.

② Max Weber, *Economy and Society*, ed. *Guenther Roth and Claus Wittich* (New York, 1968), ii, ch. 16, sections ii－iv.

间的关系重要得多。

那什么是穷途末路?如果正处在一个持续内生演变的中间期,那么社会模式,或者生产方式、信念和高压手段的分配模式,是不会走到尽头的;另一方面,如果它是一套规则和体系一直未改变的延续下去,那么它也不会走到尽头,因为只要它们的生态环境和社会环境保持不变就行——大量的采集狩猎人、游牧民在历史和民族学的档案都保有记录足以说明。所谓的消亡或走到尽头指的是尽管环境一直在变化,但是制度上的演变停止了,而我们讨论的社会类型,由于没有能力适应这种变化而消亡。之所以这样说,是因为我深知这个适应的概念在社会学上以及在生物学的进化论中是存在争议的。但我想表达:它仅仅是一个社会通过接触和竞争与其他社会相连而在经济、思想以及或者强权上的发展,或者至少是保留。

该作最后的陈述了。总之,(在我看来)城邦衰落的范围扩展,并不是城邦没能适应它们已变化的环境所致。毫无疑问,由持续不断、严峻的内乱所造成的生命、财产的损毁,相比于其他方面来说,都会使任何社会更不可能再有力量去抵御外族的入侵。但不是衰落本身使得特定的社会模式消亡。在历史和民族学的档案中,有许多影响很大而未能妨碍社会本身稳定的内乱例子。朝鲜、埃及的马穆鲁克和海地就是 350
三个很好的例子。最能说明的是,减缓衰败或阻滞,可能是帮助或保护一种模式获得新生的动力之一:奥古斯都胜利后的罗马帝国和德川胜利后的日本是两个明显的例子。因此,无论是不是像一些专家所以为的(但其他人怀疑),公元前4世纪的阻滞要比公元前5世纪更频繁,可能也更强烈,[①]这都不会改变事实:由于其他原因,在那时,希腊城邦已经表现出,作为独立社会的一个独特类型,它们不能为了自己的生存而进行必要的进化和改变。

---

① 参见:A. Fuks, "Patterns and Types of Social Economic Revolution in Greece from the Fourth to the Second Cencury BC", *Ancient Society*, 5 (1974), 59; Andrew Lintott, Andrew Lintott, *Violence, Civil Strife and Revolution in the Classical City*(London, 1982), p. 252.

## 二

如果世界只是由城邦聚集而成的（或许少数偏远部落），那么在柏拉图的比喻中，地中海周围的国家就像池塘周围的青蛙一样，或许它们可以在没有彼此间或内部的竞争下，无限地自我繁殖，实现一个又一个的演化模式；暴政毫无疑问将在各地再次出现，但只是一时的，且在近东模式下不会发展出君主专制政体；战争有输有赢，联盟有合有散，寡头推翻民主或民主压倒寡头，分裂、叛乱，或成功或失败，都只是一种没有任何根本制度变化的循环往复运动罢了。可是，世界确实还有其他类型的社会，并且正如结果所示：由走出紧随迈锡尼文明衰落而来的困惑和灭亡城邦进化而来的社会组织形式，在它
351 们自己所营造的一个更大环境下是极为不利的。更重要的是，这些不利因素，在给予了更多注意力的生产方式、信念，或高压手段等方面都是相当明显的。

接下来，让我们从生产方式开始。似乎现在普遍接受韦伯—汉斯布鲁克—芬利（Weber-Hasebroek-Finly）有关古雅典经济的观点，那就是：城邦并没有这样的经济政策，它们的经济制度与政治制度密不可分，且服从于政治制度（和态度）。某种程度上是因为不仅体力劳动（除了一些有益健康的户外农活），而且贸易、手工业和整个工商业都不受尊重：文学资料对此观点的意见几乎完全一致，只有政治、军事和物产管理是适合绅士的职业，而为别人工作是与自由背道而驰的，并且任何有工作要做的人，可以强迫其他人——黑劳士、契约奴、俘虏，或买来的奴隶（或妻妾），为他工作。但这不是决定性的约束，因为这些看法并不排除利用他人劳动去创造财富。色诺芬不是亚当·斯密，但他完全意识到需要投资才能获得利润，以及意识到经济剩余价值。更重要的是，他想到通过雇用城邦的奴隶来扩大银矿的产出，建立一个归城邦所有的商船队来进行出租，还在比雷埃夫斯港建造设施完备的旅馆

以吸引更多的外国商人,这些想法无论在政治上是否可行,在经济上都是非常明智的。① 为什么希腊城邦,甚至雅典,没有实现持续的经济增长?原因并不是这些想法太过不可思议或者令人反感,而是它们的生产方式使它们看起来没有什么利润(不像支出平衡):一个人的利益不会完全导致另一个人的损失。

不能认为公元前5世纪和前4世纪的希腊人是在无意识(而不是有意识)中形成的重商主义者。但他们的经济行为是在生态学上和技 352
术上的个人行为以及生产和贸易组织的社会行为下共同作用的。首先,在一个战争几乎不间断的世界里,为了自给自足,城邦作为政治自治的附属物被组织起来。公民兵负责族群里最重要的防御,他们需要武器和盔甲、稳妥的粮食供应,以及为了维持有形无形的、基础的、确定他们公民身份的体系的充足公共资源,比如钱、原材料和附属劳动力。他们可能顺便练习一下手艺或贸易,但这不涉及他们任何形式的集体社会组织:他们的公民资格很重要,如果因为债务或耻辱,抑或在暴发的萧条中被剥夺了公民资格,这与其生产方式里的劳作有关。尽管他们不是现代意义上的纳税人,但如果他们有足够多的财产,就有责任进行宗教仪式或紧急应税。他们或许卷入了贸易,但如果其作为海外贸易商(*emporos*)而不是国内贸易商(*kapelos*)的话,那么他们这样做或许不会失去社会名望,②但他们更可能把这样的事情留给外国人或异邦人(*metics*)去做。他们期望从中受益,或许期望参与,为了获取战利品而去突袭别的城邦(或野蛮人,抑或非希腊人、边匪),但这类战利品将会用于捐赠或公共工程,而不是用于投资生产资料。他们或许拥有进口的陶器或服饰,消费国外的油和酒,还可能只吃国外的粮食(雅典人尤其这样),但他们购买的物资数量充其量可能是中等的:如果他们是

① Philippe Gauthier, *Un commentaire historique des Poroi de Xénophon*(Geneva and Paris, 1976), esp. pp. 107–108(关于对商船队的建议).

② Victor Ehrenberg, *The People of Aristophanes: A Sociology of Old Attic Comedy* (Oxford, 1943), p. 90.

少数富有者之一,那么他们很可能将钱拿去买珠宝和奴隶(或许冒险去放贷或投资奴隶工匠劳作的工场)。我把所有的这些情况放入人种学中考察,目前已充分认识到城邦的多样性和它们之间制度的差异。我这样做是为了表现一个特别印象,即无论通过武力,还是诡计去赚取
353 利润,都只是与其他地方差不多的努力,但生产力增长的概念是完全不同的。

在此背景下,高压政治模式经历了由民兵到雇佣兵的变化,所有的评论家都认为这种变化意义重大——相比支持,这种变化几乎更抵制城邦的适应——这意味着城邦力量的增强。随着战争规模的逐渐扩大,由聚落战到聚落联合战①的转变可能被期许有效果,无论哪个城邦,只要是最富有的,最能够负担战争的新形式,那么最可能在胜利的路上变得更加富有。这种优势纯粹是暂时的(尤其是佛西斯人在没收了德尔斐财富之后出现的短暂霸权)。与雇佣兵有关的麻烦在于其人数众多——更确切的说,有很多支持他们的资料。从资料来看,他们薪酬很少是很清楚的,所以他们期望从胜仗中得到奖赏。② 但是,这些战役恰恰也对他们赖以生活的物质造成极大的破坏。殖民地也不再是一个选择。正如伊索克拉底看来,解决方案就是即派遣军队去迎战波斯。但城邦准备怎么做呢? 它们既不能摆脱自己(或彼此的)过剩的重装步兵,也不能联合将之共同使用;因为雇佣兵军队数量和规模的增长,所以从资料来看,有生计保障的公民,除了当兵以外,就只有逐渐的非军事化。结果,城邦更不可能进行自我防御,反抗入侵者。

这转而引导到信念方式上,即需要团结城邦公民去坚守正统和有影响力的共同意识形态。这仅存在于希腊的部分地区,这里族群(*ethnos*)——不是城邦——是政治组织的主要形式,正是在这些地区,

---

① Yvon Garlan, *Recherches de Poliorcétique Grecque*(Paris,1974),p.277.

② W.K. Pritchett, *The Greek States at War* (Berkeley and Los Angeles, 1974), ii. 101–104.

联盟应运而生,而对其忠诚要超过地方间的对抗。更重要的是,城邦对
它们别样的独立的紧紧依赖——比如祭仪,钱币和历法——与限定意 354
义的公民极端制度中的保守主义联系在一起。看不到宪法理论中的创
新,看不到公民权标准的扩大,看不到共同希腊文化下的自治融合,看
不到有约束力的联盟,也看不到被剥夺主权之外的从属意识和保护公
共安全的明显需要。在赋予富人或出身名门的人所尊重的价值体系
上,也没有内在的一致性。亚里士多德分析,对那些有名望也有钱的先
辈来说,有理由认为他们有优越感,但其在《政治学》中(我知道的其他
文学资料来源)却极力证明他们并没能说服被其称之为同宗的人接受
这种观点。在《理想国》一书的第八篇中,柏拉图借贫穷的重装步兵之
口所说的话,看起来是可信的:富人能富的唯一原因是因为穷人们不敢
去指责他们。尤其是暴君在其追随者的帮助下以高压手腕得到了专制
权力,这种从未在合法光环下进行的政变却被埃及法老和巴比伦、波斯
的君主赞赏。可能只有在极端的阻滞时期,城邦的内部世界才会有真
正的一致性。但另一方面,也从没有过任何以希腊人为代价的合法权
力滋生。依从城邦,一方面既热爱自己的城邦又赞同将它看作社会组
织形式,与波斯君主制形成鲜明的对比;另一方面,在先前的政治生活
中,每一个独立家庭的族长为自己的胞族制定法律。但任何事情的理
由如果超过了最初的共餐传统,就会使每个城邦或每个公民并非具有
与其他城邦一样保卫自己利益的资格。

与往常一样,生产方式、信念和高压手段的重要性是不可能各自详
细解释清楚的。但更重要的是,在某种程度上,它们经常彼此强化。正
如古风时期,由圈养向农耕的转变,新形式战争的开始,以及由永存的 355
神庙建筑来象征的公民思想意识发展,互相促进了三种权力的增长,使
得城邦的出现成为可能,①所以在古典时期,生产力的制约,越来越多

① 见我的"Origins of States: The Case of Archaic Greece", *Comparative Studies in Society and History*, 24 (1982), pp. 351 - 377.

不同类型的战争负担，以及霸权缺少意识形态上的理由，彼此抑制了它们赖以生存的权力的进一步增长。没有财政来源，城邦如何建造防御工事，招募雇佣兵？但是怎样阻止雇佣兵耗尽几乎所有的农业社会资源，直到他们能找到战争以外的其他生计？除非由于能供养常备军，所以他们被征募去为一个有能力建立安全合理的君主制的暴君服务，但怎么能防止他们由一个雇主换到另一个雇主，就像伊索克拉底抱怨的那样，随意攻击途中遇到的任何人呢？①

从比较社会学家的视角来看，它是有关环境压力产生不良反应的权力分配模式的一个范例。在雅典，德谟斯提尼哀叹马其顿人不讲体育道德，滥用希腊轻装步兵和骑兵参加年度体育竞赛，而且希腊男丁的军事训练又重新组织起来。但正如亚里士多德所证实的那样，②政策的目标仍然是为了有效运作公民兵（富人的孩子们在轻装重装步兵团战争中训练是必要的）；而穷一些的公民，则像德谟斯提尼所证实的那样，③继续依赖从公库中领取的分配，但现在越来越没有什么可以提供
356 给他们了。在斯巴达也是一样的，重点是阻止步兵数目的下降（无论是因低生育率，战争伤亡，还是由女性继承了过度集中的土地财富引起的），但不改变加入步兵的标准。所有这一切，我都清楚它们的风险，要么一方面，挑选出来的证据可能不适合作为整个希腊世界的典型代表，要么另一方面，构建了一个年代错误的理想型城邦，包括最不可能适应公元前4世纪中期恶劣环境的所有特征。但是，反观我们的争论：无论是否属于寡头制还是民主制，没有任何一个真正适应了自身体制的城邦，由此可见，作为存续下来的独立的社会类型往往被视为必然。说它们注定要消亡听起来可能有点夸张。但我还是要说：即使它们没

---

① Isocrates, *Philip* 120，在其他著作中，伊索克拉底提出的解决方案是他们应该解决“切掉”来自波斯人在小亚细亚城邦的领土。

② 假设公民有权携带武器且公民需要成为好的战士观念贯穿《政治学》之中：需要给轻步兵作战方面的训练，但是要有阻止而不是抵御入侵者的想法，参见：1321[a]。

③ *Philippic IV*, 10.41（45）揭示的评论：这意味着一个小城邦变成一个大的城邦且这个大的“保留了其自身”，而没有注意到进一步扩展成一个帝国。

有消亡,但它们对于已经发生变化的环境所作出的反应也使得它们看上去像是消亡了一样。

但是(可能有人要反对),这样说真的没问题吗?难道我只是总结了一系列我们熟知的问题,而无论专家们对于细微差别和细节的看法上存在着什么样的差异,这些问题都使得适合这些细小的、可能自给自足的群体的体制绝不可能在帝国世界下生存下来吗?难道作为权力分配模式的公民国家能通过增加其经济资源、意识形态和高压手段,来有效控制在竞争中扩大、人口众多、好战的世袭或专制君主制吗?回答是否定的。首先,一个打败波斯的城邦必定会被马其顿打败,这绝不是显而易见的:喀罗尼亚(Chaeronea)战役毕竟完全是险胜。其次,很可能有充分的资料能说明,在同样的权力分配模式下,有些社会确实适应了它们的体制,并且增加了它们无可争议的成功的资源。我特别记住两点。首先,改变主要在政治和军事方面;其次在经济和商业上。在适当的时候,两方面都会演变成另一种模式,但直到很久以后它们仍能在公 357
民国家的体制下成功重塑自己。毫无疑问,正如读者已猜到的那样,它们就是罗马和威尼斯。

罗马体系的早期历史是出了名的断层。但似乎普遍认同,与希腊城邦相比,有三个重要的特点:户主/庇护人(*patrons*)和受庇护者(*clients*)间直接关系的加强;授予意大利其他领地被挑选出来的成年男子以公民权;频繁地解放获得自由民身份的奴隶。毫无疑问,所有这三点都是有要求的。庇护人与受庇护者关系在希腊世界中不是陌生的——见普鲁塔克的客蒙篇①;公民权可能偶尔被授给外国人和客籍民;某些希腊奴隶,尤其是银行家帕松(Pasion),可能享受着戏剧性地进入了上层社会。但程度上的差别很重要。罗马世界有无处不在的受庇护者,这一点有时候被夸大了。但是否诸如此类的关系由父亲转移

---

① Cimon 10,报告称:他使用从战役中得到的战利品,允许让贫困公民自由访问他管辖的领域,并每天为他们提供免费晚餐(如果,根据亚里士多德,他们是自己德莫的成员)。但是,这仍远远达不到在罗马人模式下的水平。

给儿子呢？相当程度上，学者在传统意义上是这么认为的，不用怀疑，可能存在“有些小钱，但没有工作”①(西塞罗语)的有权力的庇护人，因此也不用怀疑公民群体内已生成又长久的不公平程度和范围。同样，农奴的解放源源不断地给公民群体注入新成员，他们中的大部分既有能力又勤劳，尽管相比于那些生而自由的人地位低下，但对比对自卑感的厌恶，他们更感激获得自由。在拉丁人及其同盟中，有选择性的给予自治权在增加公民人数上有类似的效果，尽管这些人可能会被看作笑柄，但他们也清楚地知道现在自己享有特权，会坚定地效忠罗马元老院。罗马在公民国家体制下的成功扩张，只能是因为这些体制在这种
358 模式下，都处于寡头政治的极端统治下——比任何一个希腊城邦的“寡头政治”尤甚(尤其在斯巴达，尽管绝不可能彻底相同，②但在财富、声望、政治影响力上，相比雅典公民来说，彼此之间更接近)。但这并非重申显而易见的说法：公元前 2 世纪早期服务于罗马军团中的 100 000 名雇佣兵使罗马控制了意大利。尽管地中海的权力也确实由公民掌控，但雇佣兵几乎没人实际行使过投票权去选长官；有些长官再无能，也从未被暴君或国王免职过；无论到了征兵年龄的公民多么不情愿(而且他们是越来越不情愿③)，为了新战役被征召入伍，他们都从未被雇佣兵所代替，也从未被剥夺拥有武器的权利；无论他们很多人因为持续不断的战争变得多么贫穷，他们也从未在严苛的奴隶和自由人间的分界线下感到沮丧(尽管债务奴隶很可能在公元前 326 年被正式废止，但穷困的公民还是发现自己有被非法奴役的危险)。结论是不可避免的：一个城邦能扩张成为(在适当的时机)世界霸国。

至于威尼斯，它在公民城邦制度框架下的资源扩张，与后来的安达

---

① Pro Murena 70：“tenuiorum amicorum et non occuparorum est ista adsiduitas, quorum copiabonis viris et beneficis deesse non solet”.

② 见：G. E. M. de SteCroix, *The Origins of the Peloponnesian War* (London, 1972), pp. 124 ff., 对普鲁塔克支持的，关于斯巴达作为“贵族寡头统治集团”的观点的争论(Mar. 826 f.)。

③ William V. Harris, *War and Imperialism in Republican Rome 327 – 370 BC* (Oxford, 1979), p. 48，这种不情愿源自公元前 2 世纪中期。

里亚·丹德洛(Andrea Dandolo)总督笃信得一样,并不是7世纪末期自发联合运动的结果,①而是与早期的罗马一样,在11世纪的上半期,共和就取代了世袭君主制。到那时为止,它们间的地理和政治因素已经创建了一支坚持扩张主义的海军力量,在这支力量里,商人和土地拥有者有很高的地位,附属领地要么由没有公民权的佃客劳作,要么由奴隶(尤其在克里特岛的种植园中)种植。最终,罗马由公民国家转化为君主国,却没改变生产方式,但威尼斯通过改变生产方式由公民国家转变 359
为"资产阶级"体制(因为找不到一个更好的词来表述),却原封不动地保留了高压手段。但在此期间,它作为城邦幸存下来,既没有陷入暴政体制,也没有屈服于潜在的帝国入侵者。公民依靠教区组织起来,由他们的长官(*capi*)对强制借贷和军事(海军)服务进行征税。财政制度体系建立在祭拜仪式而非税收的基础上;公民,而非雇佣兵(尽管有一些是),是武装力量的根基;少数官员职能由选举产生的委员会执行,而成员任职时间最多只有几年时间。经济资源不仅为了生存,还使得扩张成为可能,它主要(尽管并非唯一的)来自贸易方面。一份匿名的被称为 *Honorantiae Civitatis Papiae* 的11世纪中期文件,所写有关威尼斯的"*illa gens non arat, non seminat, non vindemial*"是夸大其词的。但想象一下写雅典同样的事情!②威尼斯的海上力量,与雅典的一样,不仅仅只为了战争和掠夺,或保证粮食及战略原料的供应,也为了直接从东西方贸易的扩展中获益,而占领的土地不仅作为战略基地使用,也有组织大规模地进行经济开发。同样,不可避免地得出如下结论:城邦可以扩张为世界霸国,同时亦可以依旧是一个城邦。

① Frederic C. Lane, *Venice: A Maritime Republic* (Baltimore, 1973), pp. 87–88.

② 或想象在任何希腊城邦中有一个商业领事(consul mercatorum)的角色,如在12世纪晚期。佛罗伦萨和摩德纳被贵族成员所占据:Daniel Waley, *The Italian City-Republics* (London, 1969), p. 24。

## 三

但至今，我可能正从另一面引出一个更有影响力的反对观点。的确（可以说），城邦可以扩张成一个潜在的霸国并由此幸存下来，但雅典没有如威尼斯、斯巴达和罗马那样做，难道就不是纯偶然事件？但答
360 案还是否定；当机遇出现时，两者都没有抓住，不是因为历史灾难，而是由它们作用下的自身体制的特性和约束直接造成的。

正如修昔底德所言，雅典拥有古希腊诸邦中最强大的海上力量，这一点是几乎毫无争议的，提洛同盟成员国是多么怨恨、容忍，或（如果民主统治的话）欢迎雅典霸权，不管这个问题的正确答案是什么，霸权本身就是一个公认的事实；更重要的是，雅典的地域、人口、耕地面积以及劳里昂银矿的税收收入，都使它具有通过与威尼斯相匹敌的海上霸权（我们可以猜想一下）进行扩张的潜力。但正如修昔底德记载的，从伯利克里的政策中可以明显看出没有实现过这样的扩张，甚至都没有谋求过。①盟国敬献的贡品被细致地分类，以便能够熔融充作军费，任何时候都留有大量现款建造和维护战船以及招募桨手（不是所有的人都是雅典人）；战船也不会被用作商船。海军力量肯定是用来保护战略进口物资，尤其是来自黑海的粮食，而不是像威尼斯人那样用于征服和开发。毫无疑问，盟国的财富被挪用以支付担任公职的雅典公民，是剥削；纯为雅典海上贸易的利益而征收的保护费，是剥削；富裕的雅典公民能在阿提卡以外的地方购买土地，而穷人就只能得到分配给他们的土地，是剥削；无视条约义务私自扣押使用雅典港口和市场，是剥削。但这是一个没有体系，且不在法律范围内的世界，亦没有地租或实物税、高利贷、强迫性劳役，甚至（从斯特拉博那里借用一个很好的细节

---

① 从 Thuc. 2.13，伯利克里对他的同胞关于即将来临的战争的预先假设的防御性策略所需资金来自同盟中的专属财务官的实施的建议似乎是一个合理的推论。

描述）科林斯的残暴殖民者为了瓦罐和青铜器而发掘古墓，然后装船运回到生气勃勃的罗马古玩市场。①

同样，殖民者或受领征服土地公民的定居，或者对于到同盟城邦的人的任命，并不是罗马或威尼斯试图进行霸国扩张的一部分。有些人 361 是被派遣去保护其他城邦的民主和前雅典人，而不是负有进一步任务的代理领事；而受领征服土地的公民，尽管在战争时期，他们仍然会支持雅典人，但他们更想为自己创建一个新的小型城邦——参照雅典的模式，有自己的公民大会和裁判官。② 放逐肯定是一个普通的政策手段，就像在埃伊纳岛和后来的萨摩斯那样，但不是一个征服政策。的确，它的主要动机看上去好像是为在阿提卡没有足够土地的公民提供机会。所以又一次要说，雅典人的扩张，与罗马执政官和威尼斯总督所想的扩张并不一样。

但如果说雅典缺乏物资、没有志向要通过海上霸权进行扩张，难道斯巴达也没有物资、没有志向利用它鼎盛时期与罗马军团差不多强大的陆战军队来进行扩张吗？但在斯巴达人最初征服了美塞尼亚之后，他们比雅典人更不愿意去扩大他们的帝国。文学作品给了一个比社会学上所说的斯巴达人与生俱来的保守性以及他们没法处理好对雅典战争胜利所带给他们的黄金、奢侈品和比所受的外来影响要更有道德意义的解释。但说真的，他们远不及罗马人对征服带来的增长的适应。他们的确对外来影响抱有极大的怀疑；他们深刻地意识到有必要继续保持对黑劳士严密且强力的控制；他们根本不愿意授予外国人公民身份（甚至对他们自己从中挑选出来的少数几个也不行）③；他们特别担

---

① Strabo 8. 6. 23.

② 事实上，他们可能已经做了少许。如果由 P. A. 布伦特（P. A. Brunt）提出的建议是正确的，“cleruchies”只是很多人的群体，往往在盟国的领土上的非居民，没有形成“市级”状态的社区：“雅典人在公元前5世纪在国外定居”，*Ancient Society and Institutions: Studies Presented to Victor Ehrenberg*（Oxford，1966），p. 87.

③ 到克琉墨涅斯三世和和纳比斯时期，这个现象已经非常明显。因为他们认识到，重新确立来库古创建的体系可能不仅需要重新分配土地，而且需要解放黑劳士或让任何庇里阿西人占领它。但是在那时已经太晚了。

362 心财富的流入会破坏他们特别的，即使不彻底的平等结构和文化构建的社会基础。他们在赫拉克勒亚的特拉琴尼亚(Heraclea Trachinia)唯一的殖民地没有成功。修昔底德暗示斯巴达人并不太擅长进行这类的表演，①毫无疑问，将他们的非帝国主义简简单单地归咎于个人的失败是不对的，但这也不是他们特殊的成长经历训练而得的角色。它不仅仅是阻止斯巴达在战败雅典后没进行扩张的政治灾难，也是斯巴达在留克特拉(Leuktra)的失败，将事实上从没有发生过的扩张进程画上句点。绝不要在雅典的例子上狡辩，进而认为斯巴达是有能力进化成强国的，只是被突发事件阻碍了。

雅典和斯巴达肯定不是希腊唯有的两个城邦。即使它们是我们所有资料中最完备的两个，也不能把这当作我们只关注它们而排除其他所有城邦的理由。但并没有其他更熟悉的，或者稍稍接近一些的城邦来打破它的立法机制和传统机制所强加的束缚，以增加罗马和威尼斯的资料可信度。可能最有潜力的候选城邦是科林斯，它的早期联合，它在苏伊士地峡的战略地位，它稳定的寡头统治，②它重视海军的传统③以及它对于手工艺从业者异常宽容的态度，④这些都使得它成为最有力的候选城邦。但没有迹象表明在其专政衰落后有任何——不用说成
363 功了——进一步严密的扩张政策。⑤如果科林斯的贸易，尤其是陶器，数目大且有利可图的话，它就不需要改变传统的给予政治和军事机构的优先权：由于经济原因，没有在制造商和商人中发展出统治阶级，可

---

① Thuc. 2. 92，斯巴达执政官据称依靠严厉的(chalepos)和同时不公平的(ou kalos)统治恐吓大多数居民离开。

② J. B. Salmon, *Wealthy Corinth: A History of the City to 338 BC* (Oxford, 1984), p. 236，把这种稳定归功于寡头的"大致温和"的性格，意味着，"无论作出怎样的决定，他们会认真的劝说大多数公民，而不是强迫他们去接受"。

③ 专家的分歧从科林斯的"海权"开始之日起，绝不确信科林斯人在古希腊中第一个建立舰队；但似乎没有理由怀疑科林斯至少在一段时间内，成为在希腊世界中占主导地位的海军力量。参见：Salmon, pp. 222－233。

④ Herod. 2. 167. 2 ("hekista de Korinthioi onontai tous cheirotechnas").

⑤ 佩里安德(Periander)，亚里士多德称之为"polemikos"(*Pol.* $1315^b$)，可能已怀有建立帝国的野心。但是，如果他做了，接手他的继承人和侄子寡头在他死后没有做，结论是希腊城邦只能靠成为君主国而不是城邦来超越它们体系的限制，这一点再一次被强化。

能会影响科林斯的扩张政策。尽管在波斯战争后的数十年间,科林斯确实企图利用自己的舰队在希腊西北部扩大自己的政治影响力,但这对雅典统治爱琴海没造成任何影响。如果需要进一步的证据表明科林斯离罗马式或威尼斯式的进化还有多远,那么它与其殖民地之间的关系的历史能解答我们。即使,看上去似乎值得商榷,它们当中的一些殖民地可能部分因为商业和/或战略目的而建立,而不仅仅由于人口增长和耕地短缺,它们与雅典独立的小邦殖民地非常相似,而这些小邦殖民地与其母邦的关系,与普通城邦之间的关系也非常相似。①

可能会在希腊本土外找到一些与我的论点相悖的实例。但最完美地阐释了扩张可能性的地方——西西里——非常支持它。不仅是因为锡拉丘兹(意大利西西里岛东部一港口城市)的狄奥尼修斯(Dionysios)专政几乎都要建成了一个能有效统治整个西西里的政权,还因为后来的提木良(Timoleon)以早期的制度形式尝试复兴西西里城邦,而他们的努力也只展现了那种制度形式完完全全必死无疑。确实,在戴蒙尼德斯(Deinomenids)和狄奥尼修斯之间的时期,锡拉丘兹已经
能成为自治的城邦,不仅能独自对抗其他西西里城邦,而且打退了不幸 364
的雅典远征军。但只有在狄奥尼修斯的统治下,它的势力才大规模的增长;而当提木良复辟时,如果能称复辟的话,②它的势力几乎立即就瓦解了。无论如何,提木良自己就是一名专业的雇佣军首领(*condottiere*),他对雇佣兵的依赖达到了和他对手一样的程度,③而他对希腊西西里的重置,总的来说是以狄奥尼修斯而不是克里斯提尼的方式进行的。紧跟重置之后的就是稳定统治的迅速崩溃,随后锡拉丘兹又回到阿喀

① 这可能是科林斯和其殖民地之间的关系比暗示得更接近:A. J. Graham, *Colony and Mother City in Ancient Greece* (Manchester,1964),p. 152,得出结论认为,它"在科林斯的状态中介于自主权和引进吸收之间"。但他声称,"殖民地足够紧密相连的科林斯被视为科林斯的权力向海外延伸一种手段"(p. 142),是确认由于其早期承认一些在外交政策上的独立性的证据,毕竟没有别的证据证明有一个脱离母邦的单独殖民地存在(p. 139)。

② Plut. *Timoleon* 39。该法令的三个报告在他的葬礼上读出,他被认为让"西西里人回到他们的法律",这是一个明显的夸张。Diodorus(16. 82. 5)把它更加谨慎地放在提供一个地方安顿和与锡拉丘兹城邦的分享方面(参见:19. 2. 8)。

③ R. J. A. Talbert, *Timoleon and the Revival of Greek Sicily*(Cambridge,1974),p. 65.

特克勒斯(Agathokles)的专政统治，这些可能都没法提前预测，但反观过去时也不用感到惊讶。用芬利的话说："即使在希腊本土，自主自治的城邦都已无法挽回，自然也不要奢望在它从未茁壮成长过的西西里会出现奇迹。"①

## 四

那么，关于希腊城邦，什么阻碍了它们走进进化的死胡同，并起来对抗它们所塑造的自己？如果能从与罗马和威尼斯的比较中得出什么推理的话，可以说所有的希腊城邦无一例外的极其民主。当然，有些城邦比其他城邦更专制些，但这仅仅意味着它们的政府是在相对少数、相对富有的公民掌控之下，而不是在相对多数、相对贫穷的公民中。至于更关注少数、自生的精英控制的经济、意识形态和强制力，就没有哪一个希腊城邦达到了罗马和威尼斯在实现霸国地位时以它们的体制为典
365 型的专制程度。没有哪一个希腊城邦曾形成可以垄断生产方式、信念和高压手段并且还有能力将这种垄断转移给被挑选的继承者的贵族或者贵族阶级。虽然说从不缺少能力突出又有野心的个人领袖，如雅典的伯利克里和客蒙，斯巴达的波桑尼阿斯和吕珊德，还有忒拜的伊巴密浓达，都远胜他们的同盟和对手。但他们从不支配受控在罗马或威尼斯主要大家族手中的经济、意识形态或强制性资源的规模，这些家族有大量的财富、无可争辩的声望以及进入上层政治和军权的优先特权，而所有这些都让它们有能力和野心去积极追逐——严格来说，它们不算在内——公民城邦的权势。

可能在这点上有人会提出反对意见，说公元前 4 世纪期间，城邦内的不平等急剧加大，不仅在雅典(穷人用文学作品来记载他们对富人与

① M. I. Finley, *Ancient Sicily*, 2nd. edn(London, 1979), p. 101.

日俱增的仇恨)和斯巴达,①还有阿戈斯——据迪奥多罗斯所写,民众煽动针对法律秩序的暴乱,在民众"恢复理智"之前,煽动者自己和暴君都在暴乱中被杀死了。② 但可以说,这一切都是错误的极端化。它只在制度束缚下发生,这种束缚允许"寡头政治"和"民主制"互相转换,犹如希腊人所定义的那样,却排除了在权力顶峰时有效持续集权的可能性。在公元前4世纪的希腊,这只能由一个君主制国家实现;马其顿国王菲利普在希腊世界中陷入困境的事业,对比阿喀特克勒斯在锡拉丘兹的完全相反的事业,应该有相似之处,这该不是无稽之谈。而阿喀特克勒斯重建了被提木良推翻的专政,才为自己在希腊化国王中赢得一席之地。③ 366

这使我最后要再强调意识形态、经济和商业以及/或者政治和军事约束的重要性。正如我已承认的那样,它们彼此相关的重要性也许不可能进行精确分配。但希腊城邦的意识形态不仅强烈反对罗马和威尼斯那样的君主制,还具有强烈的民粹主义思想,也就是说,它对任何个人、家族或群体的集权都怀有敌意,除非是特定时期、特定目的,由整个公民群体赞同的集权。毫无疑问,太过信赖传闻性的证据是很冒险的,但在伯罗奔尼撒战争开始时,雅典人对伯利克里的态度以及战争结束时斯巴达人对吕珊德的态度,都证明了一种集体戒备的心理,这种戒备一贯将个人领袖的星点野心看得比城邦自身势力增长还要重要,但事实却是这些野心促成了城邦势力的增长。④ 正如经常看到的那样,希

① 色诺芬不明确地说,基那敦(Kinadon)属于"希波米安尼斯"(Hypomeiones),而不是一名公民(*Hell.* 3. 3),但推导出他是一位既无份地,又无力承担共餐费用的斯巴达卫队的一员。亚里士多德(*Pol.* 1306[b])将之引用作一名空有胆识,与荣耀无关的人物。

② Diod. 15. 58. 4 (ho de demos pausamenos tes lutes eis ten proüparchousan ennoian apokateste).

③ 迪奥多罗斯先描述了阿喀特克勒斯的生平,并对城邦政策进行评论,认为它们剥夺了政治领袖的对外权限以防止形成专政(19. 1. 1). Finley (n.31),p.106,怀疑阿喀特克勒斯的新称号,认为它并不一定意味着一项重要变革。Diodorus (20. 54. 1)将之作为继承者狄阿多西(Diadochi)的案例之一;如若不是,它也是被授予的王权的附属地位的例证。

④ 它可能一文不值,旨在通过把萨卢斯特(Sallust)所犯的错误的归因于雅典和斯巴达帝国的那种罗马帝国的目标:"in Graecia Lacedaimonii et Athenienses coepere urbis atque nations subigere, lubidinem dominandi causam belli habere, maxumam gloriam in maxumo imperio putare" (Cat. 2.2).

腊人发明了贝壳放逐法(*ostracism*),但罗马人却创造了凯旋仪式。我想说的是——这完全不带评断意味:没有希腊城邦演变成罗马(或威尼斯)那样,不管是好事还是坏事,都由你自己判定。但是如果任何希腊城邦在与一个或多个潜在世界霸国的竞争中以一个独立城邦的身份幸存下来,那它自己就必定有成为世界霸国的能力。但它们当中没有一个这样做过,理由就在于本质上它们无法强化自身的意识形态以及其经济和高压手段没有发展到一个必然阶段。

367 因此,我的结论是,我所拟定的这章标题有两层含义。不仅进化社会学理论的语言契合我的论点,而且我所举证的用以支撑它的实例也能排除任何不实的假设,即如果个人或偶然事件已经不是以往的了,那么一个或多个希腊城邦就可能以公民自治国家的形式,在与我们现在所称的希腊化世界完全相反的希腊世界幸存下来。

# 索　　引

（索引中的页码为原书的页码，即本书的边码）

# 译后记

怀着敬仰和激动的心情,小心翼翼地挪动笔尖,历经两年的时间,终于将这本经典英文著作翻译完成。看着一张张译稿,尽管已经付出了问心无愧的努力,还是禁不住扪心自问:这本书的翻译能否准确地将作者的真实原意传达给读者?由于对著作和编著者有着虔诚的崇拜之心,以至于产生了些许惶恐般的敬畏。

由十四篇论文组成的这本文集,从不同的视角探讨了古希腊城市文明:从古希腊整体的地貌到具体的城乡地貌;从城邦的资源和规模到城市私人空间的布局;从城市的集体、政治活动到民众法庭、公共财产;从城邦的德莫制度到城邦的宗教;从城市的理性到城邦的没落与拯救。无论古希腊城市的地理环境,还是政治、宗教等方面,每篇论文都映射出广阔的视野、独特的视角、科学的推理、严谨的逻辑和创新的思维,极具权威性和学术价值。因此,在翻译前,本书已成经典。

文集的主编奥斯温·默里和西蒙·普赖斯皆是牛津大学西方古典文明领域的著名教授,在研究古希腊城市方面颇有建树。文集的作者群体严谨的治学态度和研究精神令人敬佩。非常幸运的是,刚接到翻译任务后不久,由中国世界古代中世纪史研究会主办、南开大学承办的"世界古代史国际学术研讨会"在南开大学召开(2012 年 6 月 16—18 日),译者有幸在这次国际学术研讨会上认识奥斯温·默里先生。会议期间,聆听奥斯温·默里先生的大会报告,参加其主持的小组讨论,被其高深的学术造诣和严谨的逻辑思维所折服。诚然,文集中每篇论文的作者,包括奥斯温·默里和西蒙·普赖斯在内,大多是来自牛津大学、剑桥大学、伦敦大学、斯坦福大学、哥本哈根大学等知名学府的著名学者和教授，在古希腊历史研究方面的成就令人瞩目。有机会翻译这些大师们的作品，实乃幸事。只是译者学力不逮，译作恐难以体现大师们的学术精要，不足之处，敬请读者批评指正。

在译作付梓之际，感谢主编奥斯温·默里先生和南开大学王敦书教授的良多建议，感谢参与部分译校工作的张伟和郑晓燕，感谢上海师范大学的博士生导师陈恒教授和商务印书馆的同仁所赐予的一切支持！

**图书在版编目(CIP)数据**

古希腊城市：从荷马到亚历山大／(英)默里,(英)普赖斯编;解光云,冯春玲译.—北京:商务印书馆,2015
(城市与社会译丛)
ISBN 978-7-100-11533-9

Ⅰ.①古… Ⅱ.①默… ②普… ③解… ④冯… Ⅲ.①城市史—研究—古希腊 Ⅳ.①K125

中国版本图书馆CIP数据核字(2015)第194107号



**古希腊城市:从荷马到亚历山大**
〔英〕奥斯温·默里〔英〕西蒙·普赖斯 编
解光云 冯春玲 译

商务印书馆出版
(北京王府井大街36号 邮政编码100710)
商务印书馆发行
山东临沂新华印刷物流集团
有限责任公司印刷
ISBN 978-7-100-11533-9

2015年9月第1版 开本640×960 1/16
2015年9月第1次印刷 印张23.75
定价:50.00元